－2002年－

作者在中央驻港联络办办公室

– 1993年 –

英国前首相撒切尔夫人（左一）访华，作者（右一）在外交部会见撒切尔夫人。

1997年6月30日午夜至7月1日凌晨，举世瞩目的中英两国政府香港政权交接仪式在香港会议展览中心隆重举行。（新华社发）

－1997年7月1日1时30分－

香港特别行政区成立暨特区政府官员宣誓就职仪式，在香港会展中心举行。

图为会议主席台。（新华社记者刘建国摄）

– 1997年8月 –

作者在出任新华社香港分社社长到任酒会上致辞。第二排左起分别为周南、霍英东、董建华、马毓真。

– 1998年 –

在香港一次聚会上合影。右一起依次为作者、金庸、庄世平、张浚生。

– 1998年 –

作者在赤柱招待所宴请香港工商界知名人士。右起第二人起依次为李嘉诚、作者、邵逸夫、李国宝。

– 2006年3月 –

作者（右二）作为全国人大大会新闻发言人举行新闻发布会。右三为全国人大常委会副秘书长李连宁。

– 2007年6月 –

作者访美期间会见美国参议院外委会主席卢格。

– 2007年 –

作者率全国人大代表团访美期间在纽约会见美国前国务卿基辛格。

– 2009年10月1日 –

在天安门城楼上参加国庆60周年庆祝大会。

– 1996年夏 –

作者夫妇在伦敦泰晤士河畔合影

– 1993年4月起 –

在钓鱼台国宾馆十号楼举行中英关于香港政制问题谈判。作者为中方代表（左二），左三起依次为赵稷华、陈伟、王桂生。右起第三人为英方代表麦若彬。

– 1996年2月29日 –

作者向英国女王呈递国书，从使馆出发时同英国女王典礼官合影

– 1996年8月 –

作者应邀去英国前首相希思乡间别墅做客，共进午餐。

– 2002年 –

中联办在香港会展中心举行新春酒会。左起依次为郑坤生、邹哲开、王凤超、王玉发、吉佩定、董建华、作者、霍英东、熊自仁、高祀仁、刘山在、陈凤英。

－2004年－

作者（左五）在人民大会堂主持同美国众议院代表团举行会谈。左起依次为林兆木、嘉木洋、杨国梁、胡康生。右起第四人为美方团长曼祖洛。

－2005年6月－

参加美国布什总统在白宫会见盛华仁副委员长率领的中国全国人大代表团。右第二人起依次为吕聪敏、胡康生、史蒂文斯、盛华仁、布什、作者、井上健、周文重、杨国梁、苏格。

– 2000年1月 –

作者在新华分社更名为中央政府驻香港联络办公室揭牌仪式上致辞。

前排右起依次为郑国雄、高祀仁、王凤超、刘山在、邹哲开、陈凤英、郑坤生、王如登。

– 2000年5月 –

钱其琛副总理为中联办新办公楼举行启用仪式。台上左起第一排依次为钱其琛、周寒琼、作者、石广生、熊自仁。台上右边分别为霍英东、董建华、包叙定。

大国较量

中欧关系与香港回归亲历

姜恩柱 著

中信出版集团 · CHINA CITIC PRESS · 北京

图书在版编目（CIP）数据

大国较量：中欧关系与香港回归亲历 / 姜恩柱著
. -- 北京：中信出版社，2016.7（2021.1重印）
ISBN 978-7-5086-6310-4

I. ①大… II. ①姜… III. ①中外关系－国际关系史
－史料－欧洲②中英关系－香港问题－史料 IV.
①D822.35 ②D676.58

中国版本图书馆CIP数据核字（2016）第126157号

大国较量：中欧关系与香港回归亲历

著　　者：姜恩柱
策划推广：中信出版社（China CITIC Press）
出版发行：中信出版集团股份有限公司
（北京市朝阳区惠新东街甲4号富盛大厦2座　邮编　100029）
（CITIC Publishing Group）
承 印 者：中国电影出版社印刷厂

开　　本：787mm × 1092mm　1/16　　插　　页：8
印　　张：24.25　　字　　数：328千字
版　　次：2016年7月第1版　　印　　次：2021年1月第2次印刷
书　　号：ISBN 978-7-5086-6310-4
定　　价：68.00元

目录

序言一

戴秉国

前国务委员

最近，我读了姜恩柱同志所作《大国较量——中欧关系与香港回归亲历》一书文稿，其文厚重，作为在外交战线上相识相知多年的同事和朋友，读来备感亲切，受益匪浅，相信本书的问世，定将受到读者的热烈欢迎。

姜恩柱同志出身贫寒，为人正派，办事认真，勤奋踏实。从他身上看到的是新中国成立后培养教育成长起来的一代外交人员的身影。无论国际局势如何变幻，他们始终对祖国忠诚、理想信念坚定、生活质朴，把青春年华和毕生精力全都奉献给祖国的外交事业，在错综复杂的国际斗争中为维护国家利益和促进世界的和平与发展事业而竭尽全力，这是这一代外交人员的共同特点。

恩柱同志从我国驻英使馆的一名年轻外交官到驻节英伦，由分管欧洲和港澳事务的副外长，调往香港，担任香港回归后中央驻港工作机构第一任主要负责人，又作为全国人大外事委员会主任同美国和俄罗斯开展议会对话，并兼任全国人大新闻发言人，他涉足广泛，阅历丰富。

自 20 世纪 70 年代至 21 世纪初，我国外交走过了一段不寻常的道路。在同西方国家的关系方面，经历了不少重大的事件。70 年代美国为从越南战争中抽身摆脱同苏联争霸的被动局面而调整对华政策，西欧国家纷纷同我国建交，中欧关系开始进入一个蓬勃发展的阶段；80 年代末 90 年代初，东欧剧变、德国统一、苏联解体引发世界格局的大变动，西欧追随美国对我国实行制裁，中欧关系经历了一段困难时期。21 世纪伊始，我国同美国和俄罗斯关系出现新的变化，我国全国人大同美、俄议会进行交流，对我国对美、俄总体外交起到有益的配合作用。

香港虽是弹丸之地，但它的地位和命运同整个国家的地位和命运紧密相连。我国经过同英国的较量如期于 1997 年收回香港，这是中华民族历经百年沉沦后重新崛起的一个重要标志。香港回归后，在香港实施“一国两制”方针，虽非一帆风顺，但取得了一个良好的开端。

姜恩柱同志是上述若干重大事件和活动的直接参与者和见证人。他历经数年，把自己的亲身经历、所见所闻、所感所想写成此书。其内容丰富，材料翔实，具有一定的史料价值；对一些复杂事件的来龙去脉写得简练清晰、一目了然；对一场场谈判交涉的回忆真实生动，引人入胜，体现了斗争的原则性和策略的灵活性，有很强的可读性。此外，书中也不乏知识性和趣味性材料。我相信，这本书对有兴趣了解这段历史的读者会有所助益。从事外事、新闻工作的读者，如能抽空读一读此书，无疑对丰富知识、提高水平是有益的。对关心香港问题的读者，通过阅读此书，不仅可以了解香港的过去，对认识和理解香港当前的现实也是有帮助的。

当前，我们从未像今年这样接近中华民族伟大复兴的宏伟目标。我国外交肩负着维护国家核心利益、凝聚正义与和平磅礴力量的重大责任。恩柱同志此书近 30 万言，通过追忆走过路途的壮丽与艰辛，启迪人们对今天的成就更加珍惜，为更加辉煌的明天而奋斗、努力。

戴秉国

二〇一六年五月

序言二

曾建徽

中宣部原副部长

国务院新闻办公室原主任

资深外交家姜恩柱同志的《大国较量——中欧关系与香港回归亲历》，是一部集中反映中国特色大国外交和香港回归的重要著作。它是一部生动的外交史，又不是一般意义上的外交史，而是系统地记述了他亲身经历的一整个时期中欧关系曲折发展的过程。其中一些鲜为人知的与英、法、德等西方大国反复较量，进行有理有利有节的斗争，从而促使中欧关系正常发展的诸多史实，读来发人深思。

姜恩柱同志毕生从事外交工作。他早年曾长期在我国驻英国代办处和大使馆一线工作，回国后在外交部先后担任各级领导，直至西欧司司长、外交部部长助理、副部长，主管西欧和港澳事务；1995年重返英国出任驻英国大使。所以，长期以来，他一直是我国对欧外交的一位主角，为我国的外交事业做出了很大贡献。

发展与大国的关系，是我国外交战略的一大重点。西欧是西方经济发达国家最为集中的地区，是我国引进四化建设所需资金和技术的重要来源地。我国实行改革开放政策后，经济持续快速健康发展，中国的庞大市场对西欧有着巨大的吸引力。由于互有需要，中国同英、法、德、意等西欧大国在经贸、投资、金融、技术等领域开展了卓有成效的平等、互利、共赢的合作。但与西方大国关系的改善和发展也一直伴随着我国同西方进行的诸如“售台武器”“人权”“西藏”等问题的斗争。这些，在姜恩柱同志的书中都有翔实的记述。

姜恩柱同志在其外交生涯中，亲身经历了20世纪60年代初至70年代初期中英关系的跌宕起伏，70年代末至80年代中欧关系的快速发展，平息1989年北京政治风波后中欧关系的艰难岁月和90年代中期以后中欧关系的重大突破。也就是说，本书中叙述的诸多史实都是他亲身经历的第一手材料。

香港回归是中华民族洗雪百年国耻的重大事件，是按照邓小平同志“一国两制”伟大构想实现祖国和平统一的重要里程碑，是全国关注、全球瞩目的一件大事。1984年中英发表联合声明，宣布在1997年7月1日中国对香港恢复行使主权。但英国并不甘心撤出香港，他们不断设置种种障碍，企图破坏香港平稳过渡。在香港回归的后过渡期，即从1990年4月香港《基本法》颁布实施到1997年6月底，中英两国在香港问题上进行了错综复杂的斗争。其中最突出的是围绕港督彭定康提出的要将香港一直以来行政主导的政治体制改变为立法主导的所谓“政改方案”而进行的斗争。由于中方妥善应对，保证了香港的顺利回归和政权的平稳交接。姜恩柱同志在此书中对他亲身经历的这些事情都有平实生动的介绍。

本书内容的跨度是从20世纪60年代到21世纪初。这40多年中国在欧洲的大国外交实践可谓异彩纷呈，同时又经历了严峻的考验，特别是我国平息北京政治风波后西欧国家追随美国对我国实行全面制裁，使中欧关系骤然从巅峰跌入谷底。经过我国同西欧国家历时4年多的反复较量，西欧国家不得不调整对华政策，中国与西欧国家的关系逐步恢复正常。姜恩柱同志在他的书中对这些情况做了翔实的记述，其中既有双方唇枪舌剑的交锋场景，又有关于我国对外方针的阐述和我国基本情况的介绍，也有针对对方可能存在的疑虑和我国的某些误解所做的阐释，摆事实、讲道理，以理服人，还有一些朴实无华、富有生活情趣的描述，读来令人兴味盎然。

姜恩柱同志作为曾长期执掌和参与对欧外交的资深外交家，将他40多年的外交实践和亲身经历的诸多重大外交事件真实准确、具体生动地记述下来，成为一部珍贵的外交史料。本书可供研究中国外交的专家、学者和涉外部门的同志参考、借鉴；可供国际新闻部门的干部作为案头读物，也可供高等院校国际政治、国际关系专业的师生作为教材，还可供中国对外交工作和国际形势有兴趣的人士阅读。相信读过此书的人都会感到获益匪浅。

曾建徽

二〇一六年五月

序言三／

宋明江

我国原驻欧盟大使

中国国际问题研究所原所长

1949 年 9 月 21 日，毛泽东主席在第一届全国政协开幕词中向全世界庄严宣告：新中国诞生了，中国人民从此站起来了！紧接着，毛主席又在 10 月 1 日的开国大典上宣读了《中央人民政府公告》，并将《公告》由外交部照会各国政府。这一重大宣示标志了近代中国百余年的外交屈辱史彻底结束，开启了新中国独立自主的外交新时代。由于历史的原因，我们同美、英、法、德等西方国家以及前苏联和现在的俄罗斯的关系，在新中国的外交史上居于特殊重要的地位，我国同这些国家关系的改善和发展走过了艰难曲折和复杂的历程。

姜恩柱同志是近半个世纪这一历史进程的重要见证人之一，他撰写的《大国较量——中欧关系与香港回归亲历》一书对此做了全方位的反映。他从 20 世纪 60 年代初直到 2008 年从全国人大外事委员会主任的岗位上退下来，40 多年来，外交工作始终不曾间断，亲身参与了许多重大外交事件的处理，包括许多交涉和谈判，积累了丰富的经验。特别是他的外交生涯大部分时间是主管我国与西欧国家的关系，可以说是参与了我国与西欧国家关系的改善和发展变化的全过程。其中非常重要的一件事是在中英关于香港问题达成协议之后，为切实落实协议和香港《基本法》，打掉港英方面抛出的“三违反”的所谓“政改方案”，中英双方举行了十七轮谈判。姜恩柱同志被任命为中方代表。他深知这是一场维护国家主权和确保香港繁荣稳定的艰苦谈判，责任重大。他废寝忘食，夙兴夜寐，做出了巨大努力。每轮谈判前他都精心细致地做好相关准备，谈判后及时将情况书面报告外交部和中央领导。谈判桌上，立场坚定，摆事实讲道理，有理有利有节，反应机敏得体，始终掌握主动。虽然最后双方未达成协议，但通过谈判斗争，否定了英方“三违反”的做法，捍卫了国家主权，为香港的平稳过渡和确保香港的繁荣稳定取得了主动权。

姜恩柱同志这本《大国较量——中欧关系与香港回归亲历》既是一部回忆录，又可视为一部外交断代史，涵盖了中欧、中美、中俄关系。他以朴实生动的笔触记述了50多年来许多重大外交事件，既有宏观叙事，又有微观描写，既记事，又摹人，举凡事件的来龙去脉、背景、人物、时间、地点、引语、数据，无不精准有据，间或还顺笔写出一些外交趣闻、历史掌故和人物素描，增加了故事性、趣味性和可读性。这是一部难得的外交信史，可圈可点之处甚多，弥足珍贵。例如，关于香港问题前因后果的叙述和分析，使一般不熟悉香港事务的读者（包括从事外交工作的人员）读后都能比较容易地理解其中的关键和要害。又如，关于同法国等国在售台武器上的斗争的回顾，体现出外交工作的复杂性、政治敏感性、原则的坚定性和策略的灵活性，对人们正确认识外交工作会有很大帮助。再如，关于英国政治、经济、社会、文化、外交以及对美国、俄罗斯人文特点的介绍都是一般书籍所没有的，具有权威性，有助于增进读者对国外的了解。

本书还有一个特点值得读者注意，即作者回顾每一重大事件的同时，都伴随着深入的分析和评论，以及作者自己对问题的思考和工作建议，给予读者的不仅是知识和信息，还有思想和认识问题的方法，具有很大的启迪性。

20世纪八九十年代，笔者曾多年同姜恩柱同志合作共事，深知他的为人和作风。读了他的书稿，越发觉得他著此书时严肃认真的态度，一定花费了大量的心血。这是一本好书，所以我诚意推荐此书给读者。

二〇一六年四月

第一章

中欧关系艰难岁月

如果说历史有什么教训的话，那就是：没有均势，就没有和平。历史是不以人的意志为转移的，它没有驻足的停息之地，历史的暗流仍在深处涌动。

在我整个外交生涯中，最为艰难的时期莫过于20世纪80年代末90年代初那个阶段。

自文艺复兴后，欧洲曾是西方历史光芒的汇聚焦点，工业革命更带来生产力的飞跃；思想的传播、文明的进步和生产的发展为人类历史进程做出了巨大的贡献。与此同时，欧洲各国博弈不断，连年爆发冲突和战争。20世纪上半叶，历史上两次最大规模的杀戮都发生在这里。“二战”结束后，英国在世界上的霸主地位已为美国所取代，美苏分治欧洲的格局逐步形成。欧洲的历史海洋似乎宁静下来，过去的世仇实现和解，共同推动欧洲一体化的进程，反映了欧洲乃至人类对避免战争寻求和平的渴望。正如基辛格博士在他《白宫岁月》回忆录中所说，如果说历史有什么教训的话，那就是：没有均势，就没有和平。历史是不以人的意志为转移的，它没有驻足的停息之地，历史的暗流仍在深处涌动。20世纪80年代末90年代初，突然狂风大作，巨浪翻腾，欧洲的均势再次被打破。法国总统密特朗哀叹说，欧洲从此进入一个新纪元，这一新纪元“将不乏冲突、斗争和误解”。

历史上，伴随欧洲文明进步和生产飞跃的，却是欧洲列强轮番在世界各地进行空前野蛮的扩张和疯狂的掠夺。其间也给处于封建制度统治下的中国人民带来漫漫长夜和深重的苦难。英国文豪莎士比亚说：“黑暗无论怎样悠长，白昼总会到来。”1949年新中国成立，中国人民终于迎来了光明，遭西方列强凌辱的历史从此结束，中国同欧洲的关系也掀开新的一页。然而，中欧关系的历史长河不会总是风平浪静的，不时也会出现汹涌的波涛和旋涡。不过与 19 世纪和 20 世纪的情形所不同的是，被波涛掀翻、被旋涡卷进去的将不再是中国，因为中国这时早已不再是虚弱的一方。

1964 年，就在我国同欧洲大国之间的隔绝之窗刚刚打开一条缝隙之际，我进入了外交部，其后长期从事与西欧有关的外交工作。80 年代后期，我任外交部西欧司司长，1990 年和 1991 年先后开始担任外交部部长助理和副部长，分管欧洲和港澳事务。

从封锁禁运到建交高潮

自新中国成立到 20 世纪 60 年代初，西欧国家追随美国推行孤立我国的政策，对我国实行封锁禁运，同我国建交的只有瑞典、丹麦、芬兰、瑞士和挪威等几个国家。在西欧大国中，英国从 1954 年同我国建立半建交的代办级关系，十年后法国同我国建立了大使级外交关系。

西欧同我国相互隔绝的局面直到 20 世纪 70 年代初才被打破。当时，美国深陷越南战争的泥潭，为了摆脱困境、扭转同苏联争霸中的被动状况而不得不调整对华政策。我国在联合国的合法席位得以恢复，西欧国家纷纷同我国建交，出现了一阵同中国建交的高潮。同我国建交的有意大利、奥地利、比利时、卢森堡、冰岛、马耳他、希腊、联邦德国和西班牙，英国和荷兰同我国的外交关系也从代办级升格为大使级，欧洲共同体同我国建立了正式外交关系。70 年代末，葡萄牙和爱尔兰也加入同我国建交的行列。至此，除梵蒂冈以外的所有西欧国家全都同我国建交，我国对西欧工作出现了一个崭新的局面。

这段时间，正是我国十年“文革”后期。“文革”动乱结束，拨乱反正，国家由乱到治，此时也正是我国内外战略进行重大调整的时期。邓小平同志在会见外宾时对我国战略调整做了最具权威性的阐述。

邓小平同志谈我国战略调整和对欧政策

20 世纪 80 年代，邓小平同志分别会见了英国前首相卡拉汉、丹麦首相施吕道和欧共体主席德洛尔。这三次会见，我都有幸在场陪同。邓小平同志会见外宾，事先不需要外交部提供谈话参考要点，我们只报送一般性资料。邓小平会见外宾前也不听我们汇报。我们等邓小平同志抵达落座后，有时只把来宾抵华后的一些新情况简要做个汇报。邓小平同志坐在沙发上沉思不语，对会见，他早已胸有成竹。

过去，鉴于美、苏两个超级大国争夺世界霸权所带来的危险，我国提出“世界战争迫在眉睫”的论断，为此进行了各方面的部署。60 年代末 70 年代初，国际形势发生重大变化，叶剑英、陈毅、徐向前、聂荣臻四位元帅受毛主席委托，对国际形势进行了长时间反复深入的讨论和研究，熊向晖和姚广对此进行了记录。研究的结论是：在可预见的时期内，美国或苏联单独或联合发动侵华战争的可能性都很小。这一判断极为重要，为毛主席所采纳。

长期以来，我国国内工作都是“以阶级斗争为纲”。实际上，由于国内和国际因素的影响，阶级斗争还将在一定范围内长期存在，但社会中的大多数矛盾已不具有阶级斗争的性质，阶级斗争已经不是社会的主要矛盾。国内的主要矛盾是人民日益增长的物质文化需要同落后的社会生产之间的矛盾。

1978 年 12 月召开的党的十一届三中全会决定不再提“以阶级斗争为纲”，决定把党和国家的工作重心转移到经济建设上来，实行改革开放政策。这是我国的一个重大历史性转折。这就是当时的背景。

邓小平同志会见这三位外宾时，进一步具体地介绍了我国国内工作重点和对外战略的全面调整。

英国工党党魁、前首相卡拉汉于 1980 年 5 月中旬访华。我们向他表示，我们邀请他三次，这次终于成行，我们感到特别高兴。卡拉汉说，英国有句老话，晚做比不做好。

邓小平同卡拉汉做了长谈。他介绍了我国经济政策和远景设想。他说，我们提出的现代化是中国式的现代化，中国现代化的目标，是在20年内使人民收入大体上增加3倍，变成小康之家。邓小平又说，在20年内大体上要增长3倍，这不容易。卡拉汉赞扬邓小平为中国的四个现代化做出了杰出的贡献。

后来，邓小平同志又明确提出“三步走”的战略构思。第一步是80年代以1980年为基数，使经济总量翻一番；第二步是到20世纪末，使经济总量再翻一番，进入小康社会；第三步是在21世纪上半叶，再翻两番，基本实现现代化，达到中等发达国家水平。

实践已经证明，邓小平同志提出的前两步发展目标已经提前实现。1987年按不变价格计算，中国国内生产总值已达到1980年的2倍，提前3年完成了第一个翻番的目标。1995年中国经济总量达到1980年的4.3倍，提前5年完成了翻两番的战略目标。进入21世纪，我国正在持续稳健地向第三步目标迈进。

日本著名学者池田大作评论说，世界上没有哪个经济学家能像邓小平先生那样对中国经济发展前景做出如此准确的预测。

会见后，卡拉汉向中方陪同人员高度评价邓小平，认为邓小平先生是一位强有力的领导人。卡拉汉还说，通过这次访问，使他深信，中国需要和平，有和平的愿望。他将以极其关切的态度注视着中国从事现代化建设的伟大事业。从此，卡拉汉成为我国人民的一位好朋友。

1986年3月23日，邓小平同志会见丹麦首相施吕道时说，中国过去一个相当长时期内有个观点，即战争不可避免。但是经过七八年的观察，我们改变了这个观点。我们现在的观点是：战争应该避免，也可以避免。问题在于和平的力量，一切不愿意战争的力量要发展起来。现在中国考虑的是国内搞建设，国际上搞和平。中国要取得发展，要实现四个现代化，没有和平的国际环境是不行的。所以最近几年我们改变了过去传统的政策，执行独立自主的外交政策，这是我们应该走的唯一正确的道路。

欧共体委员会主席雅克·德洛尔于1986年7月初访华。

欧洲共同体成立于1958年，最初只有法国、联邦德国、意大利、荷兰、比利时和卢森堡等六国。1973年初吸收英国、爱尔兰和丹麦加入，扩大到九国。

至 1986 年初又接受希腊、西班牙和葡萄牙为成员，增至十二国。欧共体十二国的人口为 3.21 亿，面积为 225.5 万平方公里。1985 年共同体十国的国内生产总值为 22 185 亿美元，对外贸易 13 105 亿美元，约占世界贸易总额的 1/3 左右。欧共体成为仅次于美国的第二大经济体。

欧共体包括欧洲煤钢联营、欧洲经济共同体和欧洲原子能共同体。我国早于 1975 年 5 月就同欧洲经济共同体正式建立关系，并于同年 9 月在欧共体总部所在地布鲁塞尔设立中国驻欧共体使团。1983 年 11 月，我国同欧洲煤钢联营和欧洲原子能共同体也建立了关系，从而实现同欧共体的全面建交。

雅克 · 德洛尔原为法国社会党人，80 年代前期曾任法国财经部长，1985 年初出任欧共体委员会主席。欧共体委员会是欧共体执行机构，其权限近年来有所扩大，地位亦有提高。欧共体委员会主席不仅可以参加欧共体首脑会议和外长会议，而且可以代表欧共体出席西方七国首脑会议。雅克 · 德洛尔担任欧共体委员会主席时间很长，直到 1995 年。

德洛尔这次访华是他出任欧共体委员会主席后第一次来我国访问。

邓小平会见德洛尔时说，近几年来，中国改变了对国际政治的一些看法和观点，确定了独立自主的外交政策。中国希望有一个长期的和平环境来搞建设。

邓小平着重向德洛尔阐述了我国对欧洲的看法和政策。他表示，我们多年的信念是希望有一个强大联合的欧洲，因为有一个联合强大而又执行独立政策的欧洲，和平就有希望。我们认为，欧洲肯定不希望绑在别人的战车上。因此，欧洲的发展强大就是和平力量的发展和强大。我们同欧洲的共同点很多，最大的共同点是彼此都希望和平，都是制约战争的和平力量。这就是我们双方发展政治、经济关系的基础。

德洛尔说，欧共体的目标是使欧洲实现完全的独立。由于世界上存在着美、苏两个超级大国，使欧洲客观上处于依赖和独立自主这两者之间。

德洛尔强调说，他不赞成美国的立场，也批评苏联的态度。他对中国的情况和所从事的事业十分重视。因为中国找到了一种独特的发展模式，他希望中国同欧共体的关系能成为南北平等有效合作的典范。

邓小平赞同德洛尔关于发展中国与欧共体关系的观点。他强调说，中国同欧共体之间的关系一定要发展，并概括两点依据说，欧洲在政治观点上同我们接近，在向我国技术转让方面态度比美、日开放。

吴学谦国务委员兼外长同德洛尔会谈时，介绍了我国对外政策调整，指出，我国不同任何一个大国结盟，愿在和平共处五项原则基础上同美、苏发展关系。欧洲是维护世界和平的重要力量，不仅欧洲国家和人民需要和平，而且它们有雄厚的经济和技术力量。

德洛尔阐述了欧共体内外政策。他说，欧共体最近通过修改《罗马条约》，决心逐步实现经济、政治和外交的一体化，并有朝一日在防务上也实现一体化。欧共体十二国当时最关心的是推动美、苏对话，对苏保持一定的警惕性；不同意美国推行战略防御计划这一咄咄逼人的行动，反对美国的贸易保护主义。欧共体认为，欧美应该是平等的伙伴关系，美国不应该把欧洲看作是二等伙伴。欧共体还认为，如建立起公正、有效的国际秩序，就可以减少冲突并使世界朝多极化方向发展。

邓小平同德洛尔谈了我国同欧洲发展关系的战略考虑，概括提出了发展同欧洲关系的两条依据。这次谈话至今已相隔约 30 年，其间国际格局和中欧双方的情况也已发生巨大而深刻的变化，但这篇谈话的基本精神至今仍有很强的现实指导意义。

德洛尔谈话态度坦诚，西欧领导人很少有像德洛尔这样直接向我方表达对欧美关系和美苏垄断世界事务的看法。他还毫不隐晦地说出欧洲联合的长远目标，使我们清楚地了解推动欧洲一体化深层次的战略意图，这有助于增进中欧之间的相互了解和政治互信，对中欧关系的发展产生积极的影响。

鉴于同欧共体关系的重要性，我国早在 1975 年就已在布鲁塞尔设立了驻欧共体使团。

德洛尔这次向中方提出希望在北京设立欧共体代表处，我方当即表示欢迎。1988 年，欧共体委员会代表团在北京开始办公。

正如邓小平同志阐述的对欧战略考虑，我国高度重视同西欧的关系。鉴于我国当时同美苏两霸关系的状况，我国把发展同西欧关系放在外交全局中十分重要的位置。

自美国总统尼克松70年代初访华开启的中美关系正常化的过程漫长而曲折，直到1979年1月才实现中美建交。建交后不久，美国国会通过干涉中国内政的《与台湾关系法》，中美双方经过艰苦谈判于1982年达成《八一七公报》，两国关系才进入一个相对平稳的阶段，但摩擦和麻烦依然不断，台湾问题仍是影响中美关系发展的主要障碍。中苏经过70年代的严重对抗，80年代初，我国向苏联提出消除“三大障碍”，要求苏联从中苏边境地区和蒙古撤军，从阿富汗撤军，劝说越南从柬埔寨撤军，以实现中苏关系正常化。但苏联在解决“三大障碍”问题上迟迟不松动，中苏关系的改善尚未取得实质性进展。

在这一背景下，我国大力加强同西欧的关系。我国把西欧看作是牵制美苏、推动世界和平的一支重要力量。西欧是我国引进四化建设所需资金和技术的重要来源地，我国努力推动同西欧的经贸合作，并制定出提高对欧贸易在我国整个外贸中比重的具体政策。从西欧来说，西欧在地缘政治上需要利用我国来制衡苏联。由于受70年代中期世界经济危机的打击，西欧国家普遍需要摆脱经济萧条，调整产业结构，对外开拓新的市场。在我国实行改革开放政策后，西欧加大了发展对华关系的力度，试图通过发展对华关系，在政治上对我国施加影响，在经济上占领我国市场，获取实惠。

由于双方共同利益的增多，从70年代末至80年代末，中国同西欧关系得到蓬勃发展，双方高层互访不断。我国党的总书记、国家主席、政府总理、外长以及全国人大和全国政协领导人分别接连出访，西欧国家领导人来访也络绎不绝。我国同英国经过谈判就解决香港问题达成了协议；我国同葡萄牙通过谈判就解决澳门问题发表了联合声明；中欧经贸合作迅速起步，并不断发展。我们从事西欧工作的同志经常夜以继日地紧张工作，忙得不可开交，很少有喘息的机会。

中欧关系经历了生机勃勃的黄金十年。

80 年代末风云突变

然而，80 年代末中欧关系却风云突变。

1989 年 6 月初，我国政府平息了北京政治风波后，当时由法国、联邦德国、英国、意大利、荷兰、比利时、卢森堡、西班牙、葡萄牙、希腊、爱尔兰、丹麦等十二国组成的欧共体追随美国对我国实行全面制裁，把欧中关系从黄金时期的巅峰一下子推向深暗的谷底。

6 月 5 日，欧共体委员会单方面决定取消原定在布鲁塞尔举行的中国—欧共体第一次部长级混合委员会和经济事务部长级会晤。当时正在布鲁塞尔的我国外经贸部长郑拓彬被迫中断访问，发表抗议声明后折返回国。

6 月 27 日，欧共体首脑会议在马德里发表《关于中国的声明》，决定对我国实行全面制裁，停止对我国的贷款，中止同我国的政治往来和军事合作。

7 月 15 日，由英国、法国、联邦德国、意大利、美国、加拿大、日本组成的西方七国首脑会议通过的政治宣言，宣布对我国实行制裁，“中断同中国的一切部级和高层双边往来以及同中国现有的武器贸易”，“世界银行将推迟审查新的贷款项目”。

那一段时间，西欧各国政要纷纷发表谈话，指责和攻击我国；各国电视、广播、报刊等新闻媒体对我国的诬蔑和谩骂连篇累牍，铺天盖地而来。

6 月 29 日，我紧急约见欧共体现任主席国西班牙、上任主席国希腊和下任主席国法国等三国驻华大使，这三位大使分别是布雷戈拉特、迈戈洛科莫斯和马乐。我约见他们是奉命对欧共体对我国实行制裁的决定做出反应。我向他们介绍了平息政治风波的真相，强调这是为了维护我国宪法和秩序迫不得已而采取的；指出欧共体首脑会议的决定是对中国内政的粗暴干涉，这是根据错误的判断而做出的错误决定，我代表中国政府对此表示深切遗憾和强烈愤慨；我们认为，欧共体这种施压的举动是不明智的，到头来对它自身也没有好处，希望欧共体停止目前的错误决定；我还重申中国的改革开放政策不变。这三位大使都神情严肃，认真地用笔记下了我的交涉，并表示将尽快向本国政府报告。

在此后相当长的时间里，除了交涉和抗议之外，我国同欧共体及其成员国之间的各种官方往来几乎全都停顿。往昔欧共体各国访华代表团络绎不绝，我国外交部门庭若市，车水马龙，现在却变得冷冷清清，门可罗雀。我们仅限于同这些国家驻华使节保持有限的交往。我分别单独同这些国家驻华大使进行接触，向他们介绍我国情况，指出，新中国自成立以来很长时间里都是在西方对我国的封锁制裁中度过的。中国过去遇到过许多困难，再大的困难，我们都挺过来了。现在中国政府是稳定的，完全有信心有能力解决目前暂时的困难和问题。

那时，令局势更为严重的是，东欧国家纷纷陷入混乱，改旗易帜。柏林墙倒塌，德国实现统一，而有着70年历史的苏联这一庞然大物竟轰然解体。在这种风高浪急的形势下，西方势力欣喜若狂。它们加紧对我国发动更加凌厉的攻势，一波接一波，此起彼伏。它们以维护人权为借口，肆意干涉中国内政，鼓动所谓“民运”分子在中国内部滋事；它们停止同我国的政治往来和中断对我国的贷款项目；有的国家公然向我国的台湾省出售武器；在香港问题上，英国企图推翻同中国已经达成的协议，实行反攻倒算；西方国家还把西藏昔日最大的封建农奴制总头目达赖说成是“人权卫士”，授予他诺贝尔和平奖。我国同西欧国家的关系面临更为严峻的局面。

看来，西欧国家对我国实行全面制裁，既有地缘政治上的考虑，也有意识形态方面的因素。七八十年代，西欧国家同中国发展关系的一个重要的战略考虑是“联华制苏”。苏联解体后，俄罗斯国力一落千丈，短时期内已不再对西欧构成威胁。在西欧国家看来，中国的战略利用价值明显下降。西方势力出于用西方社会制度一统天下的妄想，一直寄希望于中国通过改革开放抛弃原有的社会制度，但通过北京政治风波，他们看到中国仍坚持走社会主义道路，坚持中国共产党的领导，这使他们大失所望。西欧有些人士还对中国的国内形势做出错误的估计，以为中国情势危急，政府极度虚弱，不堪一击，只要西方对华实行全面制裁，在中国的脊背上狠狠猛击一掌，中国政府就会应声倒地。所以他们使出浑身解数，对我国进行施压。

然而，他们万万没有想到的是，中国人民饱尝十年“文革”动乱之苦，人心思稳，人心思定。中国共产党领导人经历过多少大风大浪的考验，有挽狂澜于既倒的魄力和能力。中国顶住了来自西方的压力，沉着应对，站稳了脚跟。中国继续坚持以经济建设为中心，稳步推进改革开放。中国非但没有被压垮，反而取得了令人瞩目的巨大成就。中国经济持续快速发展，政治局势稳定，人民凝聚力增强，国际地位和影响日益提高。

面对这些现实，经过我国同西欧国家历时几年的反复较量，西欧国家才不得不调整政策，中国与西欧国家的关系亦逐步恢复正常。

芬兰不参加反华大合唱

在西欧各国普遍中断同我国往来的情况下，芬兰是一个例外。当时芬兰尚未加入欧共体，是一个中立国家。

北京政治风波刚平息后，芬兰驻华大使于瓦里宁约见我。于瓦里宁曾任芬兰外交部政治司长，是一位职业外交官。我应询向他介绍了平息政治风波的真相。他表示，他相信我所介绍的情况，他要据此报告芬兰政府。

几天后，我们收到芬兰总统科伊维斯托致李鹏总理的来信。科伊维斯托总统在信中表示，芬兰愿同中国继续发展关系，希望中国能本着公开和民主的精神克服当前的困难。这是北京政治风波后第一位西欧国家元首向中国政府做这样友好的表示。

芬兰同我国的政治往来和经贸合作一切都照常进行。芬兰外贸部长萨洛莱宁如期于11月访华，这在当时特别引人瞩目。不料这却招致其他西欧国家政府和传媒对芬兰的非议和指责。芬兰总统科伊维斯托在1990年元旦讲话中不得不回应说，芬兰对外坚持奉行不卷入大国利益冲突的谨慎克制政策，芬兰不参与国际（反华）大合唱，不参与芬兰无决定权的国际制裁活动。

芬兰对外奉行不卷入大国利益冲突的政策有它特殊的历史背景。芬兰曾于1939年11月同苏联发生战争，虽给苏联造成重大伤亡，但最终被战败，而被迫同苏联签订了向苏割让领土的和约。1941年德国希特勒发动侵苏战争，芬兰参与了对苏战争。“二战”后，芬兰作为战败国与苏联签订了和约。从此，芬兰对外奉行不介入大国冲突的“积极的和平中立政策”，把同苏联关系置于对外关系的首位，同时同美国和西欧国家发展友好关系。

芬兰早在1950年就同我国建交，建交以来两国关系一直发展顺利。1982年起就任芬兰总统的毛诺·科伊维斯托曾于1988年访华。

北京政治风波后，芬兰不顾外来的压力，继续同我国进行官方政治往来。1990—1991年，芬兰议会第一副议长海旦麦基·奥兰德尔、外交部国务秘书维托尔以及贸工部长龙输达洛等先后访华。我国外经贸部长郑拓彬以及彭冲副委员长等访问了芬兰。

1990年4月，芬兰外交部政治司司长布洛姆贝格来北京同中方举行政治磋商，我同他会谈。次年5月，我应邀访问芬兰，受到芬兰方面热情友好的接待。芬兰外长韦于吕宁在会见我时表示，中国是一个伟大的国家，是世界强国之一，芬兰重视中国在国际上的地位，芬兰将致力于继续加强和发展同中国的友好合作关系。

访芬期间，我还会见了两位老朋友，即芬兰总统办公室主任卡莱拉和芬兰国防军总参谋长黑格龙德中将。卡莱拉曾于1988年随芬兰总统科伊维斯托访华，我与他在那时就相识。卡莱拉对我说，科伊维斯托总统对1988年访华至今记忆犹新。那次访华后的事实表明，两国关系发展的基础是坚实的。芬兰对华政策不受国际形势变化和其他因素的影响，不能因一时一事而损害其长期所做的努力。黑格龙德中将是我80年代初在美国哈佛大学进修时同在一个进修班的校友，我们相处一年增加了相互了解。他得知我去芬访问，特地安排由他夫妇在土尔库宴请我，并陪同我观看了当时在土尔库举行的世界冰球锦标赛；回到首都赫尔辛基又在他办公室会见我，除叙旧外，还交换了对当时欧洲形势的看法。在此后不久，在西欧国家军方仍然冻结同我国军方往来的情况下，他来北京同我国军方进行接触，我在颐和园请他夫妇便餐。

在我同芬方会谈会见中，芬方也坦诚地告诉我，由于欧洲局势的急剧变化，芬兰外交上面临第二次世界大战后的最大挑战，芬兰作为奉行中立政策的小国，正面临寻求新的安全依托的问题。

后来，在东欧剧变特别是苏联解体后，芬兰在对外政策上做出重大调整，将发展同欧盟的关系作为它的外交重点，于 1995 年 1 月正式加入欧盟。同时，继续同我国发展友好关系。

南欧国家对华态度务实

冷战后的国际秩序不能没有中国参加

南欧意大利、西班牙和葡萄牙等国毗邻地中海，同中东阿拉伯、非洲和拉美有着特殊的关系，在国际问题上同我国共同语言较多，对我国态度比较友好和务实。

为打破欧共体等西欧国家对我国的制裁，我们首先同南欧国家逐步恢复往来。在西欧大国中间，改善同英国和意大利的关系，发展同德国的关系，同时同法国进行斗争，并同后来态度转坏的英国进行较量。

欧共体对我国的全面制裁持续半年之后，不得不有所松动。首先是西欧国家看到它们对中国制裁起不了什么作用；而且当时西欧国家经济困难，我国作为巨大的市场对西欧仍有吸引力；西欧国家还发觉，美国虽带头对华制裁，但私底下却与中国接触，美国国家安全事务助理斯考克罗夫特于 1989 年 12 月公开访华。日本在 1990 年恢复对华第三批日元贷款，抢先同中国恢复经贸合作，而西欧却落在后面。

在这种情况下，欧共体政治合作委员会于 1990 年 1 月在都柏林会议上决定，适当放宽同中国人员往来的限制，各成员国可自行决定向中国提供政府贷款，赞成世界银行向中国提供项目贷款。

同年 6 月 18 日，欧共体外长会议决定，1990 年联合国大会召开期间，欧共体“三驾马车”外长同钱其琛外长恢复接触。就在欧共体“三驾马车”外长同中国外长会晤前夕，即 1990 年 8 月 2 日，发生了伊拉克入侵科威特的严重事件。西欧在中东有巨大的经济和政治利益，不仅在中东有相当数量的投资，而且中东是西欧重要的能源供应地。我国对安理会要求伊拉克军队无条件撤出科威特的决议案投了赞成票。我国主张海湾危机应通过和平方式解决，不赞成大国对海湾的军事卷入，支持发挥联合国作用。这一事件使西欧国家意识到，中国作为联合国安理会常任理事国，要寻求解决海湾危机和世界上重大问题不能没有中国的参与和合作。

9 月 28 日，钱其琛外长在纽约会晤欧共体“三驾马车”外长，即意大利外长德米凯利斯、爱尔兰外长柯林斯和卢森堡外长普斯。

德米凯利斯 80 年代曾先后担任意大利国家投资部长、劳工和社会福利部长和副总理，1989 年 7 月起在安德雷奥蒂政府担任外长。

德米凯利斯向钱其琛表示，欧中关系十分重要，尽管因为“过去发生的事件”使双边关系出现了问题，但世界局势发生了重大变化，欧共体同中国在许多国际问题上看法趋于一致，一个冷战后的新的国际秩序不能没有中国参加。他希望尽快实现欧共体同中国关系正常化。欧共体不仅应恢复同中国的经济关系，而且还要通过政治对话促进相互了解。他感谢中国在伊拉克入侵科威特问题上采取的立场，肯定中国在解决柬埔寨问题上发挥的关键作用。

德米凯利斯还讲了一段很有意思的话。他表示，他们注意到中国国内政治局势已逐步稳定，并说，过去一段时间，曾以为可以影响中国的制度，现在认识到，适合欧洲的，不一定适合中国，不同的社会制度也能进行合作。他这番话讲得相当坦率，实际上承认他们企图颠覆中国的社会制度，但没能得逞。

钱外长简要介绍了我国政治、经济形势，指出，我国改革开放政策不会改变。

关于海湾危机，钱外长说，中国对安理会关于从科威特撤军的决议投了赞成票，但中国对此是有困难的，因为安理会五个常任理事国中有三个国家还在对中国进行制裁，这是一种不正常的状态。钱外长强调，反对侵略和维护主权独立是我国的一贯立场。关于人权问题，我们赞赏意外长的观点，我们认为，每个国家的情况都有区别，人权应由各国的法律来体现，并得到各国法律的保护。

钱外长同欧共体“三驾马车”外长的这次会晤对促进欧共体在数周后做出取消对我国的大部分制裁措施起了积极作用。

欧共体 1989 年 6 月决定对我国实行全面制裁的内容主要包括三个方面：一是停止对华贷款；二是停止同中国的军贸活动；三是停止同中国进行部长级及其以上高层往来。

10 月 22 日，在卢森堡举行的欧共体外长会议做出决定，取消 1989 年 6 月欧共体首脑会议宣布的大部分对华制裁措施。具体说，就是可以进行双边部长级接触，逐步恢复文化、科技合作，逐步恢复同中国的合作项目，同意国际机构向中国的发展项目提供资助。但是欧共体成员国仍然不能同中国进行部长级以上的高层往来，继续禁止同中国的军贸活动。

而我方就是要争取突破对方的限制，先进行总理一级的往来，进而实现国家元首的互访。

双方共同语言较多

1984 年 11 月，李先念主席访问了西班牙和葡萄牙，那次访问双方谈得相当融洽。

西班牙自 30 年代末由佛朗哥实行了长达 36 年的独裁统治，1975 年 11 月佛朗哥去世后，由胡安 · 卡洛斯一世担任国王。西班牙经过复杂、曲折的民主化进程后，政局由动荡逐步趋于稳定，并建立了西方议会民主制度。1981 年，西班牙加入北约，并于 1986 年 1 月加入欧共体，这对于此后促进西班牙的经济发展发挥了重要的作用。

胡安 · 卡洛斯一世国王和费利佩 · 冈萨雷斯首相对我国态度很友好。

胡安 · 卡洛斯一世是西班牙波旁王朝末代国王阿方索十三世之孙、胡安 · 博尔冯的儿子。1931 年波旁王朝覆灭后，阿方索十三世携家人流亡国外。1947 年，佛朗哥宣布西班牙为君主国，自任终身国家元首。随后，他将胡安 · 博尔冯的儿子胡安 · 卡洛斯接回西班牙接受系统教育。胡安 · 卡洛斯中学毕业后进入军事学院和马德里大学学习，后又到政府各部门实习，了解国情，学习从政。1969 年，佛朗哥立胡安 · 卡洛斯为他的继承人。1975 年佛朗哥去世，胡安 · 卡洛斯出任国王。

费利佩 · 冈萨雷斯于 1974 年当选为西班牙工人社会党总书记，1982 年工人社会党在大选中获胜组阁，他出任首相，后来在 1986 年、1989 年和 1992 年三次大选中又接连获胜，三次连任。在他任首相期间，推进了西班牙的经济社会改革，并且取得成效。

冈萨雷斯首相在会谈中高度评价中国在国际事务中的地位和作用。他认为，中国在世界上的影响很大，这主要基于两个因素：第一是中国主张通过对话谈判来缓解当前紧张的国际局势，第二是中国非常重视国际合作与发展，在联合国内外所做的一切都有利于和平。有鉴于此，西班牙政府将确保西中友好合作关系能得到更大的发展。

西班牙方面非常关心香港问题，因为西班牙同英国之间存在直布罗陀问题。

直布罗陀位于伊比利亚半岛南端，面积 5.8 平方公里。它扼地中海与大西洋通道的咽喉，战略地位重要。它原属西班牙，于 18 世纪通过签订条约割让给英国，现在为英国和北约的军事基地。当地居民约 3 万多人，多为英籍意大利、马耳他和西班牙人。西班牙一直要求收回直布罗陀。联合国多次通过决议，敦促西班牙同英国谈判解决直布罗陀的非殖民化问题。英国则以尊重当地人的自治愿望为由，拒不同西谈判主权问题。美国和一些西欧国家则避免在直布罗陀主权归属问题上明确表态。

莫兰外交大臣一直非常关注中国是如何同英国打交道来解决香港问题的，他希望了解香港问题与直布罗陀问题的异同点，并说明西班牙既照顾现状，又考虑到西班牙和英国不久都将是欧共体成员的前景，但西班牙不会放弃自己的主权要求。

陪同李主席访西的吴学谦外长详细地介绍了我国对解决香港问题的基本方针后分析说，香港问题与直布罗陀问题既有共同点，也有不同点。新界是租借，有期限；香港居民的构成与直布罗陀居民的构成不同；香港是金融贸易中心，而直布罗陀是军事战略要地。接着吴外长表示，我国同西班牙和英国都有友好关系，我们希望西班牙同英国继续通过谈判加以解决。

莫兰外交大臣认为，吴学谦外长的介绍对他很有帮助。

吴学谦外长把莫兰关于世界上讲西班牙语的人口有3亿、西班牙同拉美有特殊关系的话题接过来，介绍了我国同拉美国家关系的现状后提出，有些拉美国家领导人对我国还不甚了解，西班牙在拉美很有影响，希望西班牙继续对拉美国家做工作，推动尚未同我国建交的国家同我国建立和发展关系。莫兰外交大臣很爽快地答应，西班牙将乐于从中协助。

李主席访问西班牙后，西班牙首相冈萨雷斯于1985年访华。

葡萄牙位于欧洲伊比利亚半岛的西南部，与西班牙毗邻。自1932年起萨拉查在葡萄牙实行独裁统治。1974年4月，葡萄牙一批中下级军官组成的“武装部队运动”推翻了统治葡萄牙长达40多年的极右政权。政局起初相当混乱，政府更迭频繁，后来才逐渐趋于稳定。葡萄牙于1986年1月同西班牙、希腊一起加入欧共体。葡萄牙经济比较落后，工业基础薄弱，人民生活水平比较低。加入欧共体后，葡萄牙经济逐步有所发展。

葡总统埃亚内斯系军人出身，曾任陆军参谋长，1976年6月当选为葡总统，1980年再次连任总统。他主张走西欧社会民主道路。

葡总理马里奥·苏亚雷斯是资深的社会党领导人，他学生时代即投身反对葡独裁统治的斗争，曾多次被捕入狱，1973年开始担任葡社会党总书记，曾先后出任过外长、国务部长和总理。1986年3月当选为总统，成为葡60年来第一位文人总统。

李主席同埃亚内斯总统举行了会谈。在会见苏亚雷斯总理时，葡方赞扬我国在工农业等各方面所取得的成就，并向中方介绍了葡萄牙与欧共体的谈判情况，指出，葡谋求加入欧共体，不仅是从经济上考虑，而且是为了实现欧洲团结，使欧洲在体制上和政治上得到加强，以便在美、苏两个超级大国中间发挥作用。葡方还提到，葡对中国支持民族解放运动、支持民族独立的立场一直是注意的，也是清楚的。葡方这句话显然是有所指的。莫桑比克、安哥拉等曾经是葡萄牙的殖民地，我国对莫桑比克和安哥拉人民反对葡萄牙殖民统治的武装斗争曾给予支持。

李主席回应说，我们赞成建立一个团结、强大的欧洲。我们赞同葡萄牙同第三世界国家发展平等友好合作关系；我们曾经支持莫桑比克、安哥拉等民族解放运动，现在它们政治上独立了，我们希望它们同葡萄牙搞好关系；我们绝不会破坏非洲葡语国家同葡萄牙的关系，希望葡萄牙对它们也要平等相待。

会谈中的一个重点是澳门问题。

1979 年 2 月中葡建交时，两国政府达成谅解，即澳门是中国的领土，在适当时候通过谈判加以解决。80 年代中国同英国经过谈判就解决香港问题达成了协议（在李主席访葡后不久即 1984 年 12 月签署了中英联合声明），所以葡方想利用李主席访葡时试探中方对解决澳门问题的考虑。

李主席表示，这个问题两国建交时原则已经确定了，主权是我们的。至于管理问题以后如何解决，今天不谈这个问题。

但伽马外长在同吴外长会谈中不肯放过，想进一步了解中方解决澳门问题的具体考虑。他直截了当询问吴外长，中方是否在 1997 年一并收回澳门。吴外长告诉伽马外长，具体时间我方尚未考虑。解决澳门问题时，我们会同葡方谈判的。伽马外长听后如释重负，连忙说，这样就好。他就担心中国事先不打招呼突然收回澳门，使葡政府措手不及。

在李主席访葡后，葡萄牙总统埃亚内斯于 1985 年 5 月访华。后来中葡双方经过谈判于 1987 年就解决澳门问题达成协议。葡方将于 1999 年 12 月将澳门归还中国。在此之前，葡方在处理澳门行政管理方面，需要中国的支持和配合。

主张尽快恢复对华关系

西班牙：理解中国

1990 年 11 月下旬，西班牙外长奥多涅斯访华。他是欧共体松动对我国制裁后西欧国家第一位来访的外长。

中方给予奥多涅斯外长很高的礼遇。钱其琛外长同他举行会谈，杨尚昆主席和李鹏总理分别会见，吴学谦副总理会见并宴请。

在会谈会见中，我方对西班牙政府采取明智的对华政策表示赞赏。奥多涅斯外长表示，中国面临一些暂时的困难，西班牙对此表示同情、理解和支持。他这样明确地对我国表示同情、理解和支持，在西欧国家外长中还是第一次。他还说，他从第一次访华到现在八年来，中国发生了很大的变化。中国经济持续发展，人民生活不断改善，他坚信中国改革开放政策将取得更大的成就。奥多涅斯外长转达西班牙国王对杨尚昆主席的问候。杨主席邀请西班牙国王再次访华，奥表示国王希望再次访华，将尽快做出安排（后来西班牙国王胡安·卡洛斯一世于 1995 年 3 月第二次访华）。杨尚昆主席和李鹏总理向奥介绍了中国国内情况，强调中国将继续坚持改革开放政策不变。奥会见后对记者说，中国将继续对外敞开大门，并根据自己的国情进行政治和经济改革，不抄袭西方的模式，而要建立自己的模式。

奥多涅斯外长访华后，中西两国高层交往很快得到恢复。

中西两国经贸关系亦得到快速的发展。两国贸易额从 1989 年的 4.98 亿美元，上升到 1993 年的 10.07 亿美元和 1995 年的 18.9 亿美元。

令人感到惋惜的是，当年为恢复中西关系做出贡献的西班牙外长奥多涅斯在访华时已身患癌症，在他回国数年后不幸病逝。

意大利：反对孤立中国

意大利是西欧大国之一，其经济实力和政治影响仅次于德国、法国和英国。

“二战”后，意大利政府更迭频繁，像走马灯似的不断变换。每届政府平均寿命不足一年。但政府对外政策有相对的连续性和稳定性。意大利外交上是立足西欧，联合美国，主张改善和发展包括中国在内的第三世界国家关系。

中意自 1970 年 11 月建交以来，两国关系发展迅速，高层互访不断。意大利总统佩尔蒂尼于 1980 年访华；我国华国锋总理和胡耀邦总书记先后访意；80

年代末欧共体对我国实施制裁后，意大利在欧共体内部主张尽快恢复欧共体同中国的关系。

当时担任意大利总理的是朱利奥·安德雷奥蒂。安德雷奥蒂系天主教民主党人，是意大利老资格的领导人，自 1954 年起曾担任过财政部长、国防部长等重要职务，70 年代两度出任总理，80 年代在四届政府里任外交部部长。1989 年 7 月他第三次出任总理，主持战后第 49 届意大利政府。

1990 年 4 月 30 日，意大利外交部秘书长博塔伊访华。

吴学谦副总理会见博塔伊时说，他同意大利安德雷奥蒂总理多次见过面，是老朋友。他请博塔伊转告安德雷奥蒂总理，中国改革开放政策是长期的基本国策，是不会变的。中国将集中主要精力，经过几十年的奋斗，摆脱贫困落后，把自己国家建成具有中国特色的社会主义强国。博塔伊表示，这一信息很重要，他会尽快报告意总理。

1991 年 9 月 15 日至 21 日，意大利总理安德雷奥蒂访华。他是 1989 年欧共体对我国实行制裁以来第一个来访的南欧国家政府首脑。江泽民总书记在会见安德雷奥蒂时指出，国与国之间的关系不应基于意识形态，而应建立在和平共处五项原则的基础上。意总理对此表示赞同。他认为，国家之间的关系不应根据一国内部的社会制度来决定，这是非常正确的。在同李鹏总理的会谈中，李鹏总理表示赞赏意大利政府为推动欧共体与中国恢复关系所做出的积极努力。意总理称赞中国作为安理会常任理事国在海湾战争问题上所起的积极作用，并强调，应该承认中国在世界舞台上发挥的重要作用，意愿同中国发展友好合作，并积极参与中国现代化建设，希望从速度和质量上加强两国的经贸合作。

在北京同我国领导人会谈会见后，安德雷奥蒂总理去外地参观访问。沿途他不时谈自己的看法，特别是在广州会见中外记者一个多小时的讲话中，充分显示了他作为一位政治家的风采。他认为，“孤立中国是个极大的错误”，他这次亲眼看到了有生气的人民和前进中的中国。中国是个大国，对中国发表看法之前，应该先到中国来看一看实际情况。有记者问他，你是否认为中国已经摆脱了国际孤立？安德雷奥蒂总理回答说，认为可以孤立中国是不对的，孤立中国不利于世界问题的解决。他举例说，海湾危机爆发后，如果没有作为联合国安理会常任理事国之一的中国的贡献，世界必将面临另一种局面。又有记者问，中国共产主义是否能继续下去？安德雷奥蒂总理直截了当地说，苏联模式的共产主义已经垮台，但中国的共产主义原来就不同于苏联。中国有自己的历史和现实条件，中国根据自己的情况寻求自己的社会制度，很难说它不会成功。安德雷奥蒂对中国有透彻的了解。他这样说是很有见地的，不能不令人佩服。

这次访华期间，安德雷奥蒂当面向李鹏总理发出访问意大利的邀请。

李鹏总理欧洲破冰之行

四个月后，李鹏总理去意大利进行了回访。李鹏总理出访不只是意大利，还访问了其他国家，并出席国际多边活动。

1992 年 1 月 27 日至 2 月 6 日，李鹏总理先对意大利和瑞士进行了访问，在瑞士出席了世界经济论坛达沃斯年会，在年会上发表了题为《九十年代的中国经济》的演讲，然后去纽约出席联合国安理会首脑会议，会后再返回西欧对葡萄牙和西班牙进行了访问。

李鹏总理这次西欧四国之行，是北京政治风波后我国政府首脑第一次出访西欧。西欧媒体评论说，李鹏总理这次纽约和西欧四国之行是中国打破西方制裁的一大胜利。

李鹏总理在意大利受到了热情友好的接待。李鹏总理同安德雷奥蒂总理举行会谈，并分别会见了意总统、两院议长以及公民党总书记福拉尼等。当时苏联刚刚解体，两极格局终结，美国成为唯一的超级大国。在会谈会见中，意方对苏联解体加剧欧洲局势的动荡感到忧虑不安。他们不愿看到单极世界的出现，而希望世界朝多极化方向发展，认为中国在其中可以发挥自己的作用。意方还表示，愿努力推动欧共体加快恢复和改善对华关系的进程。

李鹏强调我国赞成联合国在国际事务中发挥更大的作用，主张建立公正、合理的国际政治经济新秩序；我国愿同意大利等西欧国家发展稳定的友好合作关系。

李总理还介绍了我国的国情，指出我国执行的政策不同于苏联；重申我国将坚持改革开放，加强和完善民主法制建设，坚定地走中国特色社会主义道路；中国的稳定和发展有利于维护世界的和平与发展。李鹏还强调西欧同中国发展经贸关系存在巨大潜力，我国今后五年的进口将不少于5000亿美元，其中相当多的部分是用于引进西方的先进设备和技术。

在访意期间，中意双方签订了中国广州引进意大利聚乙烯设备项目。

在访问西班牙同冈萨雷斯首相的会谈中，李鹏总理感谢西班牙为恢复中国与欧共体关系所起的重要作用。认为，中西两国关系应成为不同社会制度、意识形态和文化传统的国家在和平共处五项原则基础上进行合作的典范。

冈萨雷斯充分肯定中国改革开放进程是积极的，表示中国的改革得到了西班牙的理解和支持。对苏联解体后的形势，他同意大利总理有相似的看法，而且他讲得更加明确和具体。他说，西班牙对苏联解体后欧洲局势动荡、世界力量对比失衡深感不安。他坦率地说，西班牙对苏联解体一点也不高兴，相反感到担忧和不安。苏联变化剧烈，造成局势的失控，这使西班牙认识到，必须在政治稳定的基础上进行改革。关于人权问题，他明确不同意西方大国的立场。他说，他不赞成以人权为借口干涉别国内政，也不能在没有经济和社会进步的情况下空谈人权。他刚访问过非洲的安哥拉，安哥拉只搞民主，实行多党制，而经济水平低下，社会相当混乱，完全处于无政府状态。国际社会对此却视而不见。

西班牙国王卡洛斯一世虽因滑雪右腿受伤尚未痊愈，但仍出面会见并宴请李鹏总理。

李鹏总理还同冈萨雷斯首相共同参加了两国投资保护协定和武钢改造以及程控电话合作项目的签字仪式。在此之前，中方派出的采购团在西班牙签订合同，成交约5亿美元。

一年以后，即1993年2月中旬，西班牙首相冈萨雷斯率领包括西班牙企业家在内的100多人的庞大代表团访华。

江泽民总书记会见冈萨雷斯首相时向对方介绍了 1992 年 10 月召开的中共十四大确定的建设社会主义市场经济的大政方针。冈萨雷斯首相赞扬邓小平对世界和平与发展有着非常透彻的了解。

李鹏总理同冈萨雷斯首相举行会谈时，冈萨雷斯表示，西班牙怀着友好和尊重的心情注视着中国的历史性变化和进步，认为中国在 21 世纪国际关系中的地位将是特别重要和突出的，没有中国的稳定，就没有世界的稳定，西班牙希望中国发展。

西班牙同中国发展关系，既有政治上的考虑，也有经济上的考虑。这次访华，中西双方签订了中国从西班牙引进两台 35 万千瓦发电设备和购买一大批西班牙程控电话的合同。

冈萨雷斯在记者招待会上强调说，近几年中国的发展速度惊人，西班牙愿同中国进一步加强各方面的关系。

陪同首相访华的西班牙外长索拉纳在离京前对我说，西班牙争取欧共体今年 9 月取消对华最后两条限制，即对国家元首互访和军工合作的限制，他愿为此努力。我对他表示感谢。不久西班牙方面的这一努力部分得到了实现。后来，索拉纳外长出任北约秘书长和欧盟对外关系委员。

解决澳门过渡期有关问题

李鹏总理还访问了葡萄牙。

李总理从纽约飞抵葡萄牙首都里斯本时，正值 2 月 2 日中国农历春节除夕。代表团在驻葡使馆同使馆同志一起包饺子，欢度春节，气氛非常热烈。李鹏总理在一片掌声中对大家说，这次出访西欧并到纽约参加联合国安理会成员国首脑会议，所到之处都受到热烈的欢迎，这说明我们并不孤立，我们的朋友遍天下。钱外长说，我们的总理在国外过年，这是新中国成立以来的第一次，这证明我们的外交形势很好。

李鹏总理在同葡萄牙席尔瓦总理会谈中提出，今年上半年，葡萄牙是欧共体主席国，希望欧共体尽快完全取消对中国的制裁，使欧中关系完全正常化。席尔瓦总理表示，双方都已发出了良好的信号，应该再做进一步努力。葡方需要新的信号，希望中国帮助。显然，这是暗示中方进一步做出让步或妥协。李鹏总理把对方的要求给顶了回去，指出，在人权标准问题上，不能让占世界五分之四的人口接受占五分之一人口的标准。

李鹏总理访问葡萄牙期间，解决澳门过渡期有关具体问题是会谈的一个重点。

澳门历来是中国的领土。1535 年，葡萄牙人贿赂明朝广东地方官吏，取得在澳门码头停靠船舶进行贸易的权利；1553 年又以曝晒水浸货物为由上岸居住；第一次鸦片战争后，葡乘机扩大其在澳门侵占的地盘，1887 年葡迫使清政府签订《中葡会议草约》和《中葡北京条约》，塞进了葡“永驻管理澳门”的条款。

新中国成立后，我国政府多次阐明对澳门问题的立场，即澳门是中国领土的一部分，澳门问题属于历史遗留下来的问题。

解决澳门问题是继解决香港问题后洗刷中国近代屈辱历史、推动祖国统一大业的一件大事，也是中葡两国关系史上的一件大事。

在解决澳门问题上，中葡两国进行了良好的合作。1979 年 2 月中葡两国建交时，双方曾就澳门问题达成谅解，即澳门是中国领土，至于归还的时间和细节将在适当时候由两国政府谈判解决。1985 年 5 月葡萄牙总统埃亚内斯访华时，中方正式向葡方提出就解决澳门问题举行谈判的建议。

两国政府随后于 1986 年 6 月至 1987 年 3 月在北京举行四轮会谈，就解决澳门问题达成协议。1987 年 4 月葡萄牙总理席尔瓦访华，中葡双方正式签署了联合声明。联合声明规定，我国将于 1999 年 12 月 20 日恢复对澳门行使主权，并将在澳门实行“一国两制”、“澳人治澳”、高度自治。联合声明经中国全国人大和葡萄牙议会批准后，中葡双方于 1988 年 1 月 15 日互换了批准书，从此澳门进入回归祖国之前的过渡期。在过渡期内，澳门的行政管理由葡萄牙政府负责，但对处理涉及 1999 年后的重大事宜需同中方磋商。中方着手起草制定《中华人民共和国澳门特别行政区基本法》（以下简称《澳门基本法》），《澳门基本法》后来于 1993 年 3 月八届全国人大第一次会议通过，自 1999 年 12 月 20 日起实施。

在澳门过渡期，有三大问题需要解决。

1. 中文成为澳门官方语言问题。葡文原是澳门的官方语言。在中方的敦促下，1991 年 12 月 12 日葡部长会议通过了《关于中文在澳门的官方地位的法令》，1992 年 1 月 13 日起在澳门实施。该法令规定“中文在澳门和葡文具有同等官方地位和法律效力”。

2. 澳门约有 600 名中高级公务员，其中绝大多数是葡人，而华人很少，中方希望葡方逐步增加华人的比重。

3. 法律本地化问题。在澳门的法律都是用葡文书写的葡萄牙法律，中方关注的是应先将这些法律译成中文并将其本地化。

此外，还有澳门修建新机场、土生葡人以及东方基金会等几个具体问题需要商谈解决。澳门修建新机场问题，这是由澳门总督韦奇立于 1991 年 11 月访问北京时提出的。我方的态度是，中方对有利于澳门经济发展而澳门自身财政能力又允许的，都给予支持和合作，当然中方也表示这不应给未来的澳门特区政府增加负担。中方表示，我们过去对此多次表示过支持，中方的立场从未改变。

在李鹏总理同席尔瓦总理的会谈中，双方还就起草澳门基本法等问题交换了意见。席尔瓦承认，起草基本法是中国的事情，葡愿通过对话为这项工作提供合作，希望澳门基本法不比已经颁布的香港基本法差。李鹏总理表示，澳门基本法正在征求各方意见，愿听取葡方通过适当渠道提出的意见。香港基本法有些条文可作参考，但澳门与香港本来就有区别，澳门也有自己的一些特殊问题。李鹏总理敦促葡方加快解决澳门公务员和法律本地化的进程。席尔瓦保证说，澳葡政府将尽最大努力解决这两个问题。

2 月 4 日晚，刚从印度访问归来的葡总统苏亚雷斯一下飞机就径直去总统府会见并宴请李鹏总理一行。苏亚雷斯表示，葡方愿在政治、经济、文化等各方面同中国发展亲切、友好的关系，并使这种友好关系能贯穿整个澳门过渡期，以确保澳门的稳定和发展。

李鹏总理这次访葡后，葡萄牙席尔瓦总理和苏亚雷斯总统先后访华。

葡萄牙总理席尔瓦 1994 年 4 月 10 日至 16 日访华期间，江泽民主席和李鹏总理分别同席尔瓦举行了会见和会谈。

李鹏总理在肯定解决中文成为官方语言和法律本地化问题的进展后，指出公务员本地化问题进展缓慢，敦促葡方予以重视。席尔瓦总理表示，葡方将尽最大的努力。

双方重点讨论了土生葡人问题。所谓土生葡人是指在澳门出生的具有葡萄牙血统的人，当时约有六七万人。他们中间有相当部分是澳葡政府公务员。这些人担心他们未来的国籍问题。

李鹏总理表示，中国政府总的态度是，尊重这些土生葡人本人的意愿，可允许他们自由选择葡萄牙籍或中国籍。中国政府无意将具有葡萄牙血统的在澳门出生的土生葡人视为中国公民，希望他们消除疑虑，继续安心留居澳门。席尔瓦听后表示，他对中方的开放态度感到欣慰，认为李鹏总理的这一表态可满足澳门这部分居民的愿望。

席尔瓦还表示，葡萄牙愿为欧盟同中国关系全面正常化继续做工作。

席尔瓦在会谈后举行的记者招待会上说，葡萄牙一贯主张欧盟同中国的关系实现正常化，欧盟目前没有理由继续维持现存的对华制裁措施，而应在不牺牲必要的价值观和原则的情况下，实现同中国关系的正常化。席尔瓦还说，无视中国的存在是错误的，因为中国是一个能对亚洲稳定做出重大贡献的世界大国。

1995 年 4 月 11 日至 17 日，葡萄牙总统苏亚雷斯访华期间，江泽民主席同苏亚雷斯举行了会谈。

中葡领导人都对双方在澳门问题上的良好合作给予了肯定。葡方承诺将尽力推动中文官方地位、公务员本地化以及法律本地化这三大问题继续取得进展，并注意到中方对澳门给未来特区政府预留财政储备这一问题的关注。

双方还讨论了东方基金会的问题。葡方在 1987 年中葡联合声明签署之前在葡萄牙成立了一个东方基金会。澳葡政府利用与澳门娱乐公司谈判签订博彩专营合约的机会，要求澳门娱乐公司给东方基金会拨款，这样就把一大笔本来属于澳门的资金转移给葡萄牙的东方基金会。1986—1994 年，澳门娱乐公司拨给东方基金会的资金多达十多亿澳门元。经中方一再做工作，葡方才提出解决这一问题的方案。

苏亚雷斯总统访华时向江泽民主席表示，从 1996 年 1 月起，澳门娱乐公司停止向东方基金会拨款。

江泽民主席指出，这是葡方朝解决这一问题向前迈进了一步。东方基金会问题解决后，我们对东方基金会在澳门依法开展的文化活动和同我国内地进行往来不持异议，但东方基金会现在的资金必须要用于澳门。

这样，东方基金会等几个具体问题就此全都得到了解决。

1999 年 12 月 20 日澳门回归祖国。当时我在香港工作。我也有幸参加了澳门回归庆典和澳门特别行政区成立仪式。

几百年难得的历史机遇

欧共体自 1989 年 6 月对我国实行的全面制裁，延续了五年零三个月。到 1994 年 9 月江泽民主席应邀成功访法，才突破了对方对同我国进行国家元首互访的限制，标志着欧共体推行制裁和孤立中国政策的失败，这是中国外交上的一个重大胜利。

在江泽民主席成功访法后三个多月，即 1994 年 12 月 22 日，欧共体轮值主席国德国外长金克尔代表欧共体通报我国称，欧盟决定取消禁止同中国进行国家元首级互访和军事往来的限制措施。由于江泽民主席应邀访问法国早在三个多月前已经实现，这是一个迟到的然而仍然值得欢迎的决定。

在金克尔通报上述决定的同时，还通知中方，在取消对华武器禁售问题上，欧盟内部尚未取得一致。换句话说，西欧国家对华制裁措施并不是痛痛快快地、完全彻底地取消，而是留下一条尾巴，舍不得完全割掉。出乎人们预料的是，这条尾巴竟然留得如此之长，一拖就长达 20 多年，直到我 2015 年写这本书的时候仍然没有割舍的迹象。

在这 20 多年的漫长岁月里，中国领导人多次向欧盟及其成员国领导人严肃提出，此事早已时过境迁，欧盟对华仍禁止军售，这是不合时宜的。中国并不打算从欧盟国家进口武器，中国国防现代化主要靠自己。保留这一条限制措施在政治上是对中国的歧视。中方还向欧方指出，1998 年中欧双方同意建立“建设性伙伴关系”，经过 2001 年双方同意建立“全面伙伴关系”，到 2003 年双方决定提升建立“全面战略伙伴关系”。欧盟多年来一直是中国第一大贸易伙伴和第一大出口市场，而中国是欧盟第二大贸易伙伴。欧盟至今仍禁止对华军售，这与中国同欧盟及其成员国关系的现状是极不相称的，希望欧盟尽快取消对华军售禁令。然而欧盟却一直以内部未能取得一致为借口而一拖再拖。

实际上，欧盟一直面临来自美国的施压和来自日本的反对。在欧盟内部，有的成员也以种种借口对解除这一限制持消极态度。其实在这些借口的背后，折射出西方有些势力对中国发展强大的疑虑和担忧。这从一个侧面促使我们要深思，并从中得出自己的结论。

80 年代末 90 年代初，西方对我国的制裁和随后的国际格局大变动，对我国来说，是一场危机，然而危机中蕴藏着机遇。

真理一开始往往不被人所认识，但它终究会为实践所验证而发出绚丽的光彩。在 80 年代末 90 年代初那场国际格局大动荡大变动之初，邓小平同志讲过一番话，至今一直深深印在我的脑海中。邓小平同志充满自信地说，中华人民共和国是打了 22 年仗才建立起来的，是在被封锁、制裁、孤立中成长起来的。中国是垮不了的，而且还要更加发展起来，这是民族的要求，人民的要求，时代的要求。他还强调指出，现在中国遇到一个难得的发展机遇，“许多人不懂得这是中华民族的机遇，是炎黄子孙几百年难得遇到的机遇”，“不要看现在有人孤立我们，日子难过一点，但现在确实是一个机遇，不要丧失机遇”。

小平同志这番话是于 1990 年春夏之交在会见外宾时说的。当时西方仍在对我国实行制裁，东欧已发生剧变，柏林墙倒塌，苏联已处于动荡中但尚未解体。那时小平同志已经透过纷繁复杂的重重迷雾，提出世界格局大变动给中国提供了几百年难得遇到的历史性机遇这一重大课题。小平同志提出这个重大论断的时候，我不在场，我是事后在听小范围传达时知道的。如果说，当时我对小平同志这一论断理解还不充分的话，事后我反复琢磨，愈加感到它的深刻。时隔二十几年后的今天，我国经济规模已跃居世界第二位，人民生活水平连续上了几个大台阶，国家综合国力已大幅提升，事实已经雄辩地证实了小平同志当年预见的正确，人们不能不从内心钦佩这位伟大政治家的超凡智慧。

第二章

反对法兰西等国干涉我国内政

1989 年北京政治风波平息后，法国在西方国家中率先对我国实行制裁，并不断进行干涉我国内政的活动，后来竟发展到一再向台湾出售武器，危害我国主权安全和统一。我国为此同法国进行了一场持续数年的激烈斗争。

奥斯陆上演指鹿为马的闹剧

1989 年 10 月 5 日，挪威诺贝尔委员会主席奥尔维克宣布，决定将 1989 年度诺贝尔和平奖授予达赖喇嘛，以表彰他“一直反对使用暴力”，声称其“为解决国际冲突……提出了建设性和面向未来的建议”。

在此之前，挪威诺贝尔委员会在酝酿获奖人选时，报界曾时有透露。达赖的名字在预测名单中比较靠后，但结果却出乎意料。

诺贝尔奖是根据瑞典化学家诺贝尔遗嘱所设基金提供的奖金，自 1901 年起每年由四个机构颁发。文学奖、科学奖和医学奖由瑞典三个机构颁发，而和平奖则由挪威一个机构颁发。负责颁发和平奖的机构是由挪威议会任命的五名成员组成的诺贝尔委员会。该委员会标榜独立，不隶属于挪威议会，但对受奖人的选择上往往带有强烈的政治倾向和意识形态色彩。“二战”后获得和平奖的既有美国黑人马丁·路德·金，也有苏联持不同政见者萨哈罗夫、波兰团结工会负责人瓦文萨以及标榜人权的大赦国际组织。

挪威诺贝尔委员会选定达赖喇嘛，这是令人玩味的。20 世纪 50 年代末民主改革之前，西藏长期实行政教合一、僧侣和贵族专政的封建农奴制度，其黑暗和残酷程度比中世纪西欧的农奴制有过之而无不及。达赖是旧西藏农奴制度的总代表。为了反对民主改革，保住封建农奴制不变，以达赖为首的西藏少数反动上层人物于 1959 年发动了蓄谋已久的武装叛乱。中央政府迅速平息了这场叛乱，彻底废除了野蛮黑暗的政教合一的封建农奴制，解放了百万农奴，完成了西藏历史上划时代的变革，开创了西藏经济社会发展的新纪元。

达赖集团叛乱失败后逃往国外，他们一直不愿看到封建农奴制覆灭，而千方百计地妄图加以恢复。他们组织建立"流亡政府"，60 年代末 70 年代初重组叛乱武装，在境外对西藏边界进行了历时十多年的军事骚扰。后来随着形势的变化，他们调整策略，披上"和平非暴力"的外衣，谋求走所谓中间道路，用西藏"变相独立"代替赤裸裸的"西藏独立"，但是他们一直没有放弃暴力活动。就在 1987 年和 1989 年，在达赖集团的煽动和蛊惑下，拉萨接连发生严重的骚乱事件。

对这些基本事实，挪威诺贝尔委员会不可能不知情。那么为什么要将和平奖授予达赖呢？显然同当时的形势密切相关。

1989 年东欧国家纷纷发生剧变，西方势力喜出望外。达赖在国际上加紧活动，兜售他的"五点和平计划"，提出要走"中间道路"，蒙蔽国际舆论。我国平息了北京春夏之交的政治风波后，西方国家政府、议会和舆论对我国一片攻击、谩骂声。在这种形势下，挪威诺贝尔委员会迎合西方需要把和平奖授予这个长期从事分裂祖国活动的达赖，就不足为奇了。

挪威诺贝尔委员会已经宣布其决定，这已是既成事实。我们需要考虑的是如何缩小和限制其负面影响。

10 月 7 日，我国外交部西欧司负责人约见挪威驻华大使霍尔维克，向挪威政府提出交涉，对挪威诺贝尔委员会的决定表示极大的遗憾和愤慨，指出这一决定是对达赖分裂中国活动的公开支持和对中国内政的粗暴干涉。

随后，我国驻挪威大使也向挪威外交部提出交涉。

挪威方面进行辩解称，挪威外交部事先不知情，挪威政府坚持西藏是中国领土不可分割的一部分，挪威对西藏政策不变。

11 月下旬，挪威外交部向我方通报了挪威领导人出席颁奖仪式及分别会见达赖的安排。我方随即再次提出严正交涉，要求挪威方面取消这些安排。但是挪威方面一再解释它有"难处"。

12 月 10 日，挪威领导人出席颁奖仪式。在此前后，挪威国王、首相和外交大臣分别会见了达赖。挪威媒体在简要报道中称这些会见系“私人性质”。

特别值得注意的是，在颁奖仪式上，挪威诺贝尔委员会主席奥尔维克首先讲话，他竟然把西藏称为“国家”，并且大肆吹捧达赖提出的“五点和平计划”，认为这是“合情合理的”。

达赖在答词中重申坚持他于 1987 年 9 月在美国国会人权核心小组讲话中提出的“在西藏恢复和平与人权的五点和平计划”和他于 1988 年在法国斯特拉斯堡欧洲议会散发的“七点新建议”的讲话。

达赖这两次讲话构成了达赖谋求所谓走“中间道路”最为核心的内容，最主要的有以下几点。

一是声称“人民解放军于 1949 年进入西藏时，西藏是一个完全独立的国家”。而历史事实是，西藏自 13 世纪中叶元朝起就一直是中国领土不可分割的一部分，从来就不是独立的国家。即使在民国时期，军阀混战，内战频仍，但中央政府仍在十分艰难的条件下维护了国家在西藏的主权。国际上没有一个国家和政府承认过西藏独立。达赖这样说是要篡改西藏 700 多年的历史。

二是提出“西藏政府设于拉萨，应该有一个经民选的行政长官、一个两院制的立法机构和独立的司法体系”，这就是企图推翻由中国宪法规定的自 1965 年成立西藏自治区以来已经在西藏实行了二十多年的民族区域自治制度。

三是要谋求“大藏区”。“大藏区”不仅包括西藏，而且还要把现在四川、云南、青海、甘肃等省的藏族聚居地划入，总面积约占中国全国面积的四分之一。实际上，在中国历史上从未有过“大藏区”行政区划的概念。中国各民族历来是大杂居、小聚居。西藏和其他藏族聚居地的行政区划是中国元朝以来就形成的。原西藏地方政府从来没有管理过西藏以外的其他藏族聚居区。

四是要求“大藏区”内的其他民族迁出，说什么要使“移民入藏的汉人回到中国”。在一个主权国家范围内，各民族公民都有自由选择居住地的权利。汉族和其他民族去西藏，西藏各族到内地经商、求学和工作，这是正常现象，有利于各民族的相互交流，共同发展。西藏自治区自成立以来，藏族和其他少数民族始终占总人口的95%以上，根本不存在中国政府向西藏大规模移民的问题。

五是提出“在西藏建立和平区就需要中国将军队和军事设施撤走”。这就是要求中央政府将军队撤出“大藏区”。军队是一个国家维护主权、领土完整、国家安全和社会稳定的基本保障。任何国家都不会同意把军队从自己的国土上撤走。

以上这五条要求，就是要篡改西藏是中国领土不可分割的一部分的历史，推翻在西藏实行的行之有效的民族区域自治制度，妄图建立历史上根本不存在的“大藏区”，并狂妄地要中国军队和其他民族从“大藏区”撤出。这哪里是什么走“中间道路”，这分明是闹独立，搞分裂，要分裂中国。这根本不是挪威诺贝尔委员会所说的“为解决国际冲突……提出建设性和面向未来的建议”，而是要在中国制造无休止的纷争和动乱。如果让这些主张得逞，中国将永无宁日。显然，达赖的上述主张正是适应了西方反华势力遏制、分裂中国的战略需要。

挪威诺贝尔委员会表彰达赖“一直反对使用暴力”，只是一种政治谋略而已，其真实意图已暴露无遗。

12月11日，我紧急约见挪威驻华大使霍尔维克，奉命向挪威政府提出抗议。

挪威大使辩解说，达赖去挪威不是正式访问，只是为了接受和平奖；授奖达赖的安排与以往一样，国王、首相、外相会见都系“私人性质”，只有达赖一人参加；为了避免误会，挪方事先将有关安排向中方通报；达赖去挪威奥斯陆以外的地方，地方郡长均不安排会见；挪威政府在西藏问题上的立场不变；等等。对此，我一一进行了批驳。我指出，达赖长期从事分裂祖国、破坏民族团结的政治活动，就在这次授奖讲话中他还继续鼓吹“西藏独立”。挪威诺贝尔委员会决定授奖达赖有着明显的政治目的。该委员会主席在讲话中居然明目张胆地支持西藏独立。挪威领导人出席颁奖仪式并会见达赖是对达赖集团鼓吹西藏独立的公然支持和对中国内政的粗暴干涉。我还重申我国中央政府同达赖谈判的立场没有变。我们同达赖谈判决不能以他的“五点计划”为基础。西藏独立、半独立或者变相独立都不行。我们同达赖谈判纯属中国的内部事务，不允许任何外国政府、组织或个人插手。

挪威大使听了我的这番话后未再纠缠。我方就此事的交涉暂告一段落，但这一事件的影响远远不止于此。

把和平奖授予达赖一事不仅给中挪关系带来损害，使中挪两国关系出现了一段波折，而且由于给达赖戴上一道和平奖得主的光环，为以后有些西方国家领导人会见、支持达赖提供了一个新的冠冕堂皇的借口，给我国与有关国家关系不时增添新的无休止的麻烦。也许这正是始作俑者的初衷。这些年来，西方反华势力一直将政教合一、封建农奴制总代表达赖打扮成“和平使者”和“人权卫士”。这种颠倒黑白、指鹿为马的做法是十分荒谬的，也是发人深思的。它提醒我们，西方反华势力始终没有放弃遏制中国、分裂中国的图谋，而达赖集团只不过是西方反华势力手中的一枚棋子而已。

反对法国向台湾出售武器

1989 年我国平息北京政治风波后，法国在西方国家中率先对我国实行制裁，并不断进行干涉我国内政的活动，我国驻法使馆教育处屡遭冲击和骚扰。法国警方还在巴黎机场对我国公民过境横加刁难和粗暴对待。对法国方面这些恶劣行径，我国外交部多次向法方提出严正交涉和抗议。但法方非但没有收敛，反而变本加厉，干涉我国内政的活动不断加码升级，后来竟发展到一再向台湾出售武器，危害我国主权安全和统一。我国为此同法国进行了一场持续数年的激烈斗争。

言而无信、一错再错

1989 年 11 月，我们获悉，法国拟向台湾出售 6 艘拉法耶特级护卫舰，价值约 20 亿美元。法国同台湾正在进行商业谈判。

我们随即进行紧张的交涉。12 月底我奉命召见法驻华代办，要求法方澄清并制止这笔交易。我还警告法方，如法方一意孤行，中方将不得不做出强烈反应。

法方很快做出回应。法国外长迪马约见我国驻法大使周觉表示，法国考虑到中国政府的强烈要求，决定不再同台湾进行这笔交易。迪马还强调这是“法国最高当局的决定”。

法国方面之所以能如此迅速地做出这个决定，事后得知，这是由于当时法国驻华大使马乐在其中起了很大的作用。马乐是法兰西资深大使，是一位“中国通”。他长期从事对华关系方面的工作，对中国的情况非常了解，看问题比较客观和务实。马乐大使坚决反对向台湾出售护卫舰，认为这不符合法国的利益，为此，他在巴黎分别紧急求见了迪马外长和罗卡尔总理，向他们陈述此事的严重性和由此给法方带来的后果。迪马外长听后“深感震惊”，要马乐尽快面见密特朗总统。密特朗总统因公务实在繁忙而未能安排接见，迪马外长还是向密特朗总统做了汇报。法最高领导层采纳了马乐大使的意见。

法国政府做出不向台湾出售武器的决定，中方当然表示肯定和赞赏。与此同时，我方对法方的动向继续保持警觉，一些迹象表明，法方暗地里并没有停止同台湾的商谈。不久，法方同台湾方面的接触就浮出水面。法方不顾我方的强烈反对，竟派工业部长福鲁去了台湾。

中方为了推动法方坚定其不同台进行护卫舰交易的立场，也采取了措施。1991 年 1 月中旬，邹家华国务委员兼国家计委主任访问了法国，会见了罗卡尔总理、法财政部长、外贸部长和装备部长，向对方阐述了中方立场，做他们的工作。访法期间，双方签署了我国第二汽车制造厂同法国雪铁龙合作的汽车项目，并就中国大城市地铁和核电站项目等进行了探讨。

1991 年 4 月，法国外长迪马访华，迪马是 1989 年后访华的法国最高级别的官员。中方给予他隆重的接待。江泽民总书记、李鹏总理分别会见，钱其琛外长同他举行了会谈。双方就相互增设总领事馆达成协议。中方同意法国除已在上海设总领事馆外，另在广州设立一个总领事馆。法方同意中国除在马赛有总领事馆外，在法国增设一个总领事馆，设领地点和领区范围另行商定。

中方希望通过此访使两国关系改善的势头继续向前推进。然而，就在我随同钱外长去法国驻华使馆出席迪马外长举行的答谢宴会期间，迪马外长把钱外长拉到一旁，令人意外地向钱外长通报了一个爆炸性的最新消息，那就是法国打算向台湾出售护卫舰。不向台湾出售护卫舰是法最高当局做出的决定，时隔仅仅一年有余，现在却来了一个一百八十度的大转弯。一个大国的政府竟然如此说话不算数，言而无信，出尔反尔，这实在是罕见的。

法方为什么会突然颠覆原先的决定呢？原来法台早在 1989 年就开始酝酿这笔交易，后因中方的强烈反对而暂时搁置，然而法台商业谈判并没有停止。在东欧剧变和苏联局势混乱的形势下，法国政府对中国局势也做出了错误的判断，以为中国政府也维持不了多久。台湾当局当时在西欧加紧推行实质外交，并重点做法国的工作，希望以此取得突破。它向法国提出建造高速铁路、地铁和核电站等涉及金额巨大的民用大项目来引诱法国，推动法同台做军火交易，破坏中法关系。而法国当时失业和外贸逆差严重，对台湾提出的这笔大买卖居然动了心。

在这个时候，恰巧法国总理易人，罗卡尔总理因政见分歧等原因，已被密特朗总统免职，接替罗卡尔的新任总理是克雷松夫人，而克雷松夫人的丈夫同台湾过从甚密。新任总理比其前任在售台武器问题上的态度更趋积极。

还有一个不能不提及的因素，这是事后我们从法国以及我国台湾和香港的报纸上得知的，那就是台湾和法国军火商用大把大把的金钱对法国有关人士“做了工作”，“有钱能使鬼推磨”发生了效用。然而，他们当时万万没有料到，后来竟然东窗事发，事情败露，牵带出一桩轰动法国和我国台湾社会的特大丑闻。

1993 年 12 月，曾赴法国考察护卫舰建造的台湾“海军上校”尹清枫突然离奇地遇害，尸首飘浮在台湾宜兰附近的海面上，由此牵出了台湾购买法国军舰的舞弊案。真相渐渐明朗，令人惊讶。台湾购买法护卫舰最终成交价格竟远远高出法军火商的最初报价。于是，舞弊案像滚雪球一样越滚越大。特别调查小组一个接一个地成立，一批又一批的高级军官被查问。警方找到杀害尹清枫的嫌疑人郭力恒，此人拒不认罪，但被查出他收受过有关人士的贿赂，被判无期徒刑。其他多名受贿官员，也受到了审理。台湾军火商汪传浦被起诉涉嫌非法收取巨额佣金，但汪传浦已逃亡海外，下落不明。

在法国，出售护卫舰的汤姆逊公司通过亿尔富石油公司经理西尔文同钟古夫人联系，钟古夫人利用她同法国外长迪马的特殊关系，对迪马施加影响。但后来不知由于什么原因，西尔文同汤姆逊公司因佣金问题相互翻了脸，打起官司来。官司一打，案情由此败露，并且越揭越深，牵连的人越来越多。收取佣金人数之多、职位之高、佣金金额之大，都是惊人的。后来，西尔文被判处五年徒刑，出狱后于2005年病死；钟古夫人被判一年半徒刑；迪马则声名狼藉，于2000年被迫辞去宪法委员会主席职务，他先被判有罪，后又宣布无罪，但是他的政治生涯就此结束。

这三人的结局还不算是最坏的。遭遇更惨的是当时在台湾涉及此案的一些法国人。他们回到法国后不久就离奇地丧命，有的“病死”，有的“失足坠楼”而亡。这个案子涉及法商界、军界乃至政界高层人士，极其敏感和复杂。负责审理案件的女法官约丽因主持此案而声名远扬，但她也因此而陷入危险的境地，整日惶恐不安，胆战心惊，最后不得不选择远走高飞。她于2002年悄然离开法国返回原籍挪威。后来她在一本书中写道：“我离开法国，因为我不想让任何人有办法和时间来报复。”

此案距今已时隔二十多年，出售护卫舰的法国汤姆逊公司已改名为台利斯公司，但这件大案直至前两年仍余波未了。

正由于上述几方面原因的综合作用，法方做出了向台湾出售6艘拉法耶特级护卫舰的决定。尽管我们在北京和巴黎密集地向法方进行严正的交涉，要求法方取消这笔交易，但法方仍然于1991年6月6日通报中方，法国政府已做出向台湾出售护卫舰的决定。次日，我紧急召见一年前已接替马乐的法国新任驻华大使马腾，要求法方改变这一错误的决定，并就此尽快同中方磋商。同时，我国驻法国大使蔡方柏向法外交部长办公室主任凯赛吉扬提出同样的建议。

当时，我方的考虑是通过磋商来约束和限制法国同台湾的关系，使之不发生任何官方关系。

6月下旬至7月初，田曾佩副外长在巴黎同法方外交部秘书长谢尔进行磋商，并会见了迪马外长。法方态度蛮横，磋商相当艰难。经反复斗争，双方达成了最低限度的谅解，但在一些重要问题上，双方立场仍有很大距离。中方表示，今后可继续交流看法，谋求问题的进一步解决。

8 月底，法国汤姆逊公司就出售拉法耶特级护卫舰同台湾正式签约。

9 月 27 日，法国外交部发表了公报。公报称：

法国政府决定批准法国工业家就出售不装备武器的护卫舰舰体同台湾进行谈判。

这是一项纯商业交易，不意味着与台湾当局发生任何官方关系。

法国政府在做出这一决定时考虑到了中国对其安全和领土完整的关切。法国重申 1964 年 1 月法中联合声明中的表述，即中华人民共和国政府是中国唯一合法政府。

次日，我国外交部副部长召见法国驻华大使马腾，就法国政府批准法厂商向台湾出售不装备武器的护卫舰舰体提出严正交涉，并表示不满和抗议。同时指出，我们注意到法国外交部就此事发表的公报，中方要求法方遵守中法建交原则和国际关系准则，严格信守向中方做出的保证，不向台湾出售任何武器，不同台湾建立任何官方关系和进行任何官方接触，并将法台关系严格限制在民间经贸关系的范围内。

与此同时，中方对法国参与售台军舰的有关公司采取措施，停止同它们的往来。

在当时的形势下，中方的考虑是以此限制法方的错误决定。

然而，法方并没有就此打住，而是得寸进尺，越走越远。时隔不到半年，到 1992 年 1 月，迪马外长在纽约同钱其琛外长会晤时又提出，法国拟向台湾出售“幻影 2000”战斗机。中方立即表示坚决反对。

此后，法国在同台湾谈判的同时，对中方则说此事尚未做最后决定，是否出售，要看中方在经贸关系上能否对法方做出经济补偿。法方的如意算盘是待价而沽，在摸清中方态度后，再权衡利弊做出最后决定。

针对法方的这一做法，中方的立场是：第一，警告法方，如法做出出售战斗机的决定，中方将被迫做出强烈反应；第二，法向台湾出售战斗机与中法正常经贸关系是两个不同性质的问题，法方要求中方为此提供经济补偿是没有道理的；第三，在法做出不售决定后，中方愿做出新的切实努力，促进两国经贸关系的发展。我向法驻华大使马腾郑重表明了我方的上述态度。

5 月，法国总理贝雷戈瓦以口信方式向李鹏总理提出一个冠冕堂皇的“全面审议”法中关系特别是经贸关系的建议。

李鹏总理在复信中严正警告法国，如法向台出售幻影战斗机，中国政府是不能接受的，在这个问题上没有谈判的余地。同时也指出中法关系正常情况下两国经贸关系的发展前景。

一个多月后，法国在同台湾谈判进入最后关键阶段派工业贸易部长卡恩访华。我国外经贸部长李岚清同卡恩举行会谈，李鹏总理和邹家华副总理分别会见。中方重申坚决反对法向台出售战斗机，同时向法方提出了一个双方可能进行合作的项目清单，其中包括近期大宗商品进口和技术引进项目以及中期和远期的合作项目，总金额约 135 亿美元，折合 700 亿法郎。卡恩表示，法政府尚未就向台湾出售战斗机做出最后决定，他将带中方提出的合作项目清单回去研究。中方再次对法方提出严正警告，希望法方要慎重行事。

随后中方在北京和巴黎又多次向法方提出交涉。然而法方不顾中方的强烈反对，于 12 月 22 日正式通知中方，法国已决定向台湾出售幻影战斗机。实际上，在此之前，法台已签署了法向台湾出售 60 架幻影战斗机、价值 38 亿美元的合同。

中方做出强烈反应

中方一再对法方提出严正警告，但法方却置之不理。中方不能不做出强烈反应。

12 月 23 日，我紧急召见法国驻华大使马腾，奉命要求法国政府在一个月内关闭其驻我国广州的总领事馆。同时，我国政府立即采取了其他几项措施。一是严格限制同法国进行副部长级以上人员往来。二是撤销两国当时正在商谈的大型项目，其中包括广州地铁和大亚湾核电站二期工程。中方停止购买法国小麦，不再同法国商谈新的大型经贸项目。三是对参与售台战斗机的四家法国公司实施制裁，不准中方企业同它们进行接触。这四家法国公司是：达索飞机制造公司、汤姆逊公司、马特拉公司以及斯奈克玛—国家航空发动机研究制造公司。

由于法国的一意孤行，中法关系骤然下降到多年来的最低点，陷入 1964 年中法建交以来最困难的阶段。

1993 年 3 月法国举行大选，社会党惨败下台。保卫共和联盟上台组成以巴拉迪尔总理为首的新政府。法国新政府开始重新评估其前政府的对华政策。

实际上，法国所处的国际环境已发生深刻的变化。80 年代末 90 年代初在欧洲发生的自“二战”以来最为深刻的变动，使欧洲政治版图完全改观。经过这场巨大的变动，法国的国际处境明显地较前恶化，法国是这场大变动中的一个输家。在美苏两超争霸、两大集团紧张对峙的冷战时期，法国奉行独立的外交政策，在美、苏两个超级大国之间纵横捭阖，它既联合美国抗衡苏联，又借重苏联制约美国，在东西方关系中发挥了独特的作用。苏联解体、两极格局终结后，法国丧失了它在美、苏之间周旋的特殊地位，外交上的回旋余地明显减少。德国分裂时，法国凭借它在政治上的优势，在欧盟内发挥主导作用，一方面运用法德轴心来推动西欧联合，另一方面又利用欧盟一体化来制约联邦德国。德国迅速实现统一后，法、德力量对比发生了不利于法国的变化。统一后的德国不仅巩固了它作为欧洲第一经济强国的地位，而且由于它在人口和国土面积上成为西欧第一大国，它正谋求在政治上发挥与此相适应的作用。法国在欧盟内的政治主导地位的基础已发生动摇，法国作为欧洲大国的地位已较前下降，在国际上的影响力也相对减弱。

随着我国经济持续稳定发展，政局稳定，国际地位不断提高，西方国家开始重新估量中国。意大利、英国和德国等其他西欧国家同我国的关系相继得到了恢复，这对法国是很大的震动。法国 1992 年和 1993 年经历了战后最严重的经济衰退，它试图通过售台武器带动它同台湾的经贸关系，但实际上它并没有从台湾获得多少民用大项目。而中法关系严重受挫后，法国企业在巨大的中国市场上处于明显不利的地位。法国对华贸易从 80 年代末的位列西欧国家对华贸易的第二位，到 1993 年已下降到第四位，不仅落后于德国，而且落后于英国和意大利。法国社会党政府错误的对华政策引起一些政界和经贸界人士的不满。1995 年 5 月法国将举行总统选举，密特朗决定不再参选。1994 年，法国各党派为竞选总统进行争夺时，开始意识到要高举改善对华关系的旗帜。法新政府不得不对其前政府的对华政策做出调整。

同法国总理特使谈判

法国新政府上台两个多月后向中方提出要求派特使访华。

法国政府拟派雅克 · 弗里德曼作为巴拉迪尔总理的特使访华。弗里德曼曾任法航董事长和联合保险公司的董事长，是巴拉迪尔总理的密友，同时也是希拉克的同学和朋友。

1993 年 7 月，弗里德曼第一次访华。

朱镕基常务副总理会见了他。他向朱镕基副总理转交了一封巴拉迪尔致李鹏总理的信件。巴拉迪尔总理在信中除表示希望同中国改善关系外，重点是以所谓“国家连续性”为由表示难以取消前政府的对台军售合同。

我在钓鱼台国宾馆同弗里德曼举行了两轮会谈。

弗里德曼在会谈中除说明法前政府对台军售具体情况外，重点强调法新政府愿就与台湾关系的原则做出公开承诺。法国政府愿重申承认中华人民共和国政府是代表全中国的唯一合法政府，台湾是中国领土不可分割的一部分。法国不寻求与台湾建立任何官方关系或进行任何具有官方性质的往来。我则重申反对法向台湾出售武器的坚定立场。对法方要求谈经贸关系问题，我则指出，首先要解决对台军售这一涉及中法政治关系的基础问题。

12 月下旬，弗里德曼在法国外交部亚澳司司长布朗什梅松等陪同下第二次访华。

钱其琛外长和李鹏总理先后分别接见，我同他举行了会谈。双方讨论的重点是如何处理法售台武器问题。

弗里德曼向中方表示，法新政府要取消前政府的对台军售合同，确有困难，但将采取最大限度的限制措施，并且今后将不再出售前政府决定售台的那些种类的武器。法希望中法关系能翻过旧的一页，开始新的一页。法新政府强烈希望恢复坚实、友好和建设性的中法关系。为了表示法方的诚意，“将功补过”，他提出法国政府政治上愿做欧共体成员国的工作，尽快取消对中国的制裁，支持中国加入关贸总协定。

李鹏总理和钱其琛外长向弗里德曼阐述了我国政府对法国售台武器问题的原则立场。

我同弗里德曼举行了六轮会谈。

在会谈中，我表示赞成要使中法关系翻过旧的一页，开始新的一页，但翻开的新的一页绝不能带有旧的污点。为此，我要求法方做出承诺，今后不再向中国的台湾省提供任何种类的武器和武器装备。这是中法关系翻开新的一页的最关键的问题。

弗里德曼进行了辩解，称目前世界上没有任何国家做过不售台武器的承诺。我据理对其进行了批驳。

弗里德曼声称，如法方做出这一承诺，将违反法对国家主权的观念。我指出，我们对此不能同意。法国是主权国家，中国也是主权国家，法国不能借口出售武器是自己的主权行为，而对中国的国家主权造成损害，否则，整个国际关系就会出现混乱。

他指责中方对美售台武器和对法售台武器采取“双重标准”。我驳斥他说，中方不存在“双重标准”问题。法售台武器和美售台武器的历史背景和具体情况不同，把这两个问题混淆在一起显然是不适当的。

中美两国 1979 年 1 月建交前，美在台湾有驻军，双方通过谈判，美从台撤了军，废除了同台湾的条约，同台湾断了交。中美建交后，经过三年的谈判，双方于 1982 年 8 月就美售台武器问题达成了协议。美国方面承诺“它向台湾出售的武器在性能和数量上将不超过中美建交后近几年供应的水平，准备逐步减少对台湾的武器出售，并经过一段时间导致最后的解决”。美国售台武器，这是一个历史遗留下来的问题。中国方面反对美售台武器的立场是明确的和一贯的。

我向弗里德曼详细介绍了美从台撤军、废约、断交后遗留下来的售台武器的历史背景和中方对此所持的坚决反对的原则立场。然后着重指出，希望法不要以美对台军售为由去学美国的霸权主义，不要在欺侮中国人民和损害中国主权、安全方面与美攀比。我还指出，美向台出售战斗机问题至今还未了结。

弗里德曼又辩解说，法国现有350万失业者，今后几年法军工企业将有几万人失业，法有一个强大的军工企业集团，它们会指责法国政府对中国让步过多。我说，冷战结束后，军工企业困难是普遍现象，售台武器解决不了法军工企业的困难，解决其军工企业的困难应寻求长远的解决办法。如果各国为了自己的军工企业，而不顾国际关系准则，向建交国的有关地区特别是反对中央政府的地区出售武器，整个国际秩序就会出现混乱。

弗里德曼听了我的批驳后没有做进一步的纠缠。他向中方的要求迈出了一大步，表示同意就今后不再售台武器做出承诺。

于是，双方讨论的重点转向法方做出承诺的措辞表述上。双方反复争论的焦点在于公报稿中有关法售台武器的关键一段，特别是这一段话的最后一句措辞。

关于这一段法方最初建议的表述是:“中国方面感到遗憾的是，向台湾出售武器使双边关系近来受到了损害，并认为这可能有损于中国的主权、统一和安全。考虑到这种忧虑，法国政府承诺今后不再批准向台湾出售这类装备。”

法方的这段措辞显然不行。法方向台湾出售武器不是什么“可能有损于”，而是确确实实“损害了中国的主权、统一和安全”。中方对此不是“感到遗憾”，而是坚决反对。而法方承诺今后不再向台湾出售“这类武器”。“这类武器”，这是一个含糊而不是清晰的概念，而且它所界定的范围狭窄。显然，这是中方不能接受的。中方的要求十分明确，这就是要求法方承诺，今后不再向台湾提供任何种类的武器和武器装备。

我方提出，将第一句改为“中国方面重申，向台湾出售任何武器都损害中国的主权、安全和统一，是中国政府坚决反对的”。对法方承诺今后不再向台湾出售武器的范围，中方要求法方承诺今后不向中国的台湾省“提供任何种类的武器和武器装备”，以杜绝一切可能的漏洞。

中方遂提出自己的措辞稿，法方又提出修改意见，来来回回，经过好多个回合，最后双方同意在公开发表的公报稿中的表述为法国“今后不批准法国企业参与武装台湾”。法方就这段文字的确切含义做出承诺，这一承诺满足了我方的要求，实现了我方的预定目标。

27 日晚双方完全达成一致。28 日上午，我同弗里德曼草签了两国政府联合公报稿。

1994 年 1 月 12 日，中法双方同时在北京和巴黎发表了两国政府联合公报。

联合公报全文如下。

中华人民共和国政府和法兰西共和国政府联合公报

法兰西共和国总理爱德华·巴拉迪尔先生的特使雅克·弗里德曼先生于 1993 年 12 月 23 日至 28 日访问了北京。

雅克·弗里德曼先生受到李鹏总理和钱其琛副总理兼外长的接见，并与姜恩柱副外长举行了会谈。

经过会谈，双方达成了以下结论：

双方认为，中法两国应在建交原则的基础上，恢复传统的友好合作关系。

中国方面重申了在台湾问题上的一贯立场。法国方面确认，法国政府承认中华人民共和国政府是中国的唯一合法政府，台湾是中国领土不可分割的一部分。

中国方面重申，向台湾出售任何武器都损害中国的主权、安全和统一，是中国政府坚决反对的。考虑到中方的关切，法国政府承诺今后不批准法国企业参与武装台湾。

中国政府和法国政府愿意加强政治磋商，举行定期会晤，发展两国间的经贸合作。中方表示，欢迎法国企业在中国市场上平等参与竞争。

双方商定，法国总理爱德华·巴拉迪尔先生将于近期对中国进行正式访问。

在这个公报中，法国政府就处理台湾问题特别是不再售台武器做出了庄严的承诺，这为中法关系恢复到正常轨道上来重新奠定了政治基础。

中法联合公报发表后，法国报刊、电视、电台纷纷报道对联合公报的反应和评论。《解放报》援引了法外长朱佩的话说，这次法中关系完全正常化，使两国重新恢复了信任关系，他对此感到十分高兴。《费加罗报》发表法前部长、议会法中友好小组主席佩雷菲特的文章，该文批评法国于1989年在西方七国首脑会议和欧共体带头提出对中国实行制裁，并在其后对台湾出售武器，使法中关系恶化，致使法国在中国市场上的份额不断减少（1981年为4%，到1992年降为1.8%），而同期德国和意大利所占份额则增长了一倍。法国民用工业部门对中法关系改善感到欢欣鼓舞，但也有些社会党议员认为“法迫于压力，放弃了售台武器的政策”，接受了中国对法国采取不同于美国的做法，并指责法政府对中国让步过多，丧失原则。

联合公报发表后，我国逐步恢复了同法国副部长级以上的往来；允许法国企业参与在华平等竞争，但不予以照顾；对参与售台武器的四家法国公司继续不同它们合作。

打破限制，江泽民主席访法

联合公报发表两个多月后，法国总理巴拉迪尔于1994年4月7日至10日访华，这是1978年以来法国总理第一次访华。巴拉迪尔总理转达密特朗总统对江泽民主席的访法邀请，江泽民主席愉快地接受了邀请。

密特朗是法国社会党资深领导人，1981年当选为法国总统。他曾于1983年5月对中国进行国事访问，随后他多次接待中国领导人访法。1989年后中法关系出现重大波折，这同密特朗总统的判断和决策不能说没有关系。然而他这次通过巴拉迪尔总理向江泽民主席发出访法邀请，不失为明智之举。当时欧共体仍禁止其成员国同中国进行国家元首级的互访。法国率先突破这一限制，后来居上，成为西欧大国中第一个邀请江泽民主席往访的国家。

1994年9月8日至12日，江泽民主席对法国进行了国事访问。这是一次结束中法关系反复波折长达五年的困难时期、开始两国友好合作关系新阶段的重要访问，也是1989年西方对我国实行制裁后我国国家元首第一次正式访问西欧大国，标志着西方孤立中国政策的破产。我有幸作为陪同人员之一参加了这次访问。

法方对江主席去访非常重视。密特朗总统当时已是78岁高龄而且已身患绝症，面色蜡黄。他亲自去巴黎奥利机场迎接，并陪同江主席到马丽尼国宾馆下榻。他为江主席举行的国宴规格甚至超过那几年为英国女王伊丽莎白和美国总统克林顿举行的欢迎宴会，法国巴拉迪尔总理，国会两院议长，外长、国防等五位部长，三位前总理以及法经济企业界头面人物共220多人出席。巴黎市政府也为江主席举行了隆重的欢迎仪式，有1000多人参加。法国舆论强调，接待江主席访法的重大意义在于“法国又回到戴高乐将军所选择的对华友好合作的道路上来”。

江泽民主席同密特朗总统举行了会谈，分别会见了法总理巴拉迪尔，参议长莫诺里，前总统、法民主联盟主席德斯坦，社会党第一书记埃马纽埃利，并对法工商界人士发表了演讲。除巴黎外，江主席还访问了马赛、波尔多和图卢兹，乘坐法高速火车，参观核电站和空客飞机公司。

这次访问取得了显著的成效。

法方在会谈中的表态反映出法国已对我国国内形势做出了重新估量。1989年北京政治风波后，密特朗对我国形势一再做出错误的判断和错误的决策。但时隔几年之后，中国政府不仅没有被压倒，而且中国经济持续发展，政局稳定，中国的综合国力日益上升。法方终于不得不承认这一客观事实。密特朗在会谈中对江主席说，你是一个伟大国家的代表。中国的伟大不仅因其幅员辽阔，人口众多，而且由于它有着古老的文化和悠久的历史。密特朗还承认中国经济上取得的成就。他说，中国经济增长率使我们感到羡慕，这应归功于中国领导人，也是中国人民艰苦奋斗的结果。他还说，中国在国际上的地位越来越重要，法国愿以江主席此访为起点，推动两国关系迅速发展。

江主席阐述了中方的立场。双方一致同意要面向21世纪，在平等互利的基础上持续稳定地发展两国关系。在会谈中，中方不能不提台湾问题。江主席介绍了我国在台湾问题上的立场，指出，台湾问题涉及中国的主权、统一和领土完整，希望并相信法方会根据两国建交原则和1994年初的两国联合公报的精神慎重处理。密特朗对法售台武器问题做了一些辩解，同时又表示，法始终认为只有一个中国；中国大陆与台湾的分裂是战争造成的后果，法国今后不会采取任何行动使这种分裂正式化；有关台湾问题，法不予干涉。

江主席还与法方就国际形势和地区热点问题、联合国、核问题等深入交换了意见。双方一致认为，世界走向多极化有利于世界的和平与稳定；中法两国加强磋商合作是促进世界和平与稳定的重要因素。朱佩外长建议两国外交部之间建立定期磋商机制，钱其琛外长当即表示同意。据此，我于1995年赴法访问，同法外交部举行了首轮磋商。

经贸关系是双方商谈的另一个重要议题。法方强烈希望加强两国经贸关系。法雇主协会主席在一次讲话中提出，法国企业对中国市场特别感兴趣。因为欧洲市场的需求已相对饱和，法国企业在世界市场上能获得的新份额，有50%以上在亚洲、26%集中在中国。这番话清晰地道出了法国强烈要求发展对华经贸关系的原因。中方表示愿意发展两国经贸关系，但强调法国企业应增强竞争力，既要重视近期项目，也要着眼于长远。在江主席访法前夕和访法期间，双方就当时已经比较成熟的项目签订了合同和意向书，共计金额181亿法郎（约合33.5亿美元）。中方原拟购买法国小麦，但法方报价居高不下，未签合同，仅签订了意向书。

法国一向以“人权祖国”自居。密特朗总统在会谈中，没有提出这个问题。在欢迎宴会致辞中，他重点回顾了中法关系发展历程，强调希望以江主席访法为新的起点，在两国关系史上谱写新的篇章。接着他话锋一转，还是不忘提人权问题。他说，法国在1789年提出的自由、平等、博爱的原则已被世界广泛接受，法无意给其他国家上“人权课”，但是希望随着经济的发展，在维护个人权利和自由方面也有进步。密特朗总统刚刚声称无意给别国上“人权课”，但很显然他还是要给中国上“人权课”。在宴会开始前几分钟，我正陪同江主席准备前往宴会厅，我方西欧司工作人员从法方翻译那里看到密特朗总统的欢迎词，得知密特朗在欢迎词中要提人权问题，而我们为江主席事先起草的答词中没有谈人权问题。我赶紧向江主席做了汇报，答词中临时增加了一段回应密特朗的话。江主席说，中国政府从本国的国情出发，十分重视人权；中国人民为了反抗外来侵略和压迫，争取国家的独立和人民的基本权利，进行了长期艰苦卓绝的斗争；新中国成立以来，特别是近十多年来，我国在发展经济、保障人民的生存权和发展权方面取得了显著的成就，在民主、法制方面也取得了重要的进展。江主席这番话把法方的“教师爷”式的“训导”给顶了回去。在会见巴拉迪尔总理时，法总理不识相地提交了一份所谓人权名单。江主席严肃地指出，我们一贯尊重人权，有的人有不同信仰，我们是尊重的，但是任何人不能触犯法律，我国司法是独立的，别人不得干预。在会见法社会党第一书记埃马纽埃利时，江主席还指出，世界是丰富多彩的，各国都有自己的历史传统，经济发展水平和教育水平也不同，地理位置和自然条件也有差异，一种模式解决不了世界上所有的问题。

9月12日，江主席在法国雇主协会、巴黎工商会和法中委员会三家联合举办的演讲会上发表重要演讲。法国政界、经贸界约800人出席，演讲会气氛热烈，与会者不时爆发出长时间的热烈掌声。

江泽民主席在这次演讲中根据我国同西欧国家关系的现状和总结我国同西欧国家关系发展的经验教训，有针对性地提出了我国同西欧国家发展关系的四项原则：一是面向21世纪，努力发展长期稳定的友好合作关系；二是相互尊重，求同存异；三是互补互利，促进共同发展；四是加强在国际事务中的磋商与合作。这四项原则具有重要意义，成为我国对西欧关系的指导性原则。法方认为，江主席选择在巴黎阐述我国对西欧的政策，显然是对法国在西欧地位的重视。

江主席这次访问法国取得了圆满成功。1989 年，法国在西欧国家对华制裁中充当了急先锋，时隔五年，经过曲折和反复、斗争和较量，它又在突破欧盟同我国国家元首互访限制方面奋勇争先。江主席这次访问不仅标志着中法关系的正常化，而且是我国对西欧关系的重大突破，对于推动其他西方国家同我国改善和发展关系，带动我外交全局具有重大影响。时隔三个月，即 1994 年 12 月，西欧国家就完全取消了同我国进行国家元首级互访的限制。法国《费加罗报》认为，此访意味着“欧美国家 1989 年以来孤立中国政策的终结”。

荷兰再掀出售潜艇风波

1991 年 5 月上旬，我去荷兰海牙同荷兰外交部举行政治磋商，同荷兰外交部政治总司长范 · 瓦尔索姆举行会谈，并会见了荷兰外交大臣范 · 登布鲁克等人，双方除在人权问题上发生争论外，在其他问题上都谈得不错。荷方特别强调，希望改善同中国的关系。范 · 登布鲁克向我表示，荷兰正寻求怎样进一步改善和加强同中国的关系，使荷中两国关系得到稳步的发展。他认为，荷中关系有着广阔的发展前景。

范 · 登布鲁克的这次调子积极的谈话音犹在耳，可是在我结束对荷兰等国的访问回到北京后不久，我们却得到一个令人意外的消息，给中荷关系的发展前景罩上一道浓重的阴影。

企图撕毁过去的协议

据 5 月 19 日的荷兰周报《星期天报》报道，荷兰鹿特丹造船厂正与法国等有关船厂一起同台湾商谈为台湾建造潜艇。时隔三个多月，9 月 4 日的台湾“《中国时报》”报道，台湾海军已派人赴荷洽购潜艇。这些报道立即引起我们的高度警觉。

荷兰虽然国土面积不大，只有 4.1 万平方公里，但人口不少，有 1445 万，经济相当发达，历史上是个老牌的资本主义国家，现在是欧共体的重要成员。

中荷两国自 1954 年 11 月建立代办级外交关系后，直到 1972 年 5 月才升格为大使级外交关系。可是到 1981 年，又因荷兰批准向台湾出售两艘潜艇，两国关系发生严重倒退，又从大使级降格到代办级。后来中荷双方经过谈判，荷方向中方承诺今后不再批准向台湾出售武器，并明确将这一承诺写进了联合公报和内部换文，中荷两国才于 1984 年 2 月重新恢复了大使级外交关系。

现在仅时隔 7 年，难道荷方会如此健忘，又故态复萌，要重蹈 80 年代初的覆辙？为了寻找答案，我们首先要把情况弄清楚。于是，我们千方百计从多方面了解情况，密切追踪和分析研究事态的发展。

根据荷兰新闻媒体透露的消息和我们从其他渠道了解的信息，荷兰售台武器交易的大体轮廓逐渐浮出水面。荷兰同台湾确实在洽商潜艇交易，涉及向台出售两艘"海象"级潜艇，包括武器装备和零部件，并向台转让技术在台建造四艘同类潜艇，总金额约 15 亿美元。

从最初看到有关报道起，我国驻荷兰大使馆就多次要求荷兰政府对此做出澄清。荷方官员一方面不否认荷兰造船厂商同台湾方面进行接触，另一方面又声称荷兰政府尚未收到厂商的申请，并重申荷方不向台湾出售武器的政策不变。

10 月上旬，我国驻荷兰大使王庆余约见荷兰外交部亚大司司长范 · 托伦，要求荷方就此做出进一步的澄清。范 · 托伦表示，据他迄今所知，这些报道没有根据，目前可以明确地说，荷兰政府关于不向台湾出售军品、设计图纸及技术的政策没有改变。

我们注意到，范 · 托伦回答中虽然明确说"这些报道没有根据"，但他加了一个限制性的短语："据他迄今所知"。他虽肯定说"荷兰政府关于不向台湾出售军品、设计图纸及技术的政策没有改变"，但他加了一个时间限制词："目前"。显然，这种表态似乎有意为今后可能发生的变化预埋伏笔。

更加令人担心的是荷兰首相吕贝尔斯就此所做的表态。

吕贝尔斯是荷兰老资格的领导人，1973 年他刚 34 岁时就出任荷兰经济大臣，1978 年担任基民盟在荷兰二院的议会党团主席，1982 年 11 月起出任荷兰首相，

1989年11月又连任至今。他曾以首相身份于1987年访华，主张同中国发展友好关系。

10月18日，荷兰首相吕贝尔斯在例行记者招待会上回答记者关于荷台潜艇交易一事时表示，经济部和外交部正在同鹿特丹造船厂商讨此事，但拒绝做进一步说明。我们特别注意到，荷兰首相这次没有重申荷兰不向台湾出售武器的政策不变，这里面可能隐含着文章。

与此同时，我们还从多种渠道得知，荷兰鹿特丹造船厂同台湾方面有关出售潜艇的商业谈判正在进行或可能已完成谈判，但尚未签合同。而荷兰议会中，主要政党都持赞同态度。基民盟和自由党当时是执政党，这两个党在二院150个议席中占76席，这两个党在议会二院不反对这笔交易，作为最大反对党的工党原先持反对立场，现在工党的态度也出现后退。荷最大工会组织荷兰工会联合会亦赞同这些交易。主张向台湾出售潜艇的力量有所上升，天平正向主张出售的方向倾斜。

我国外交部西欧司负责人召见荷兰驻华大使杨乐兰，提出交涉，再次向荷方表明中方对此事的严重关切，重申我国政府坚决反对荷兰向台湾出售任何种类的武器、军事装备和转让技术，不管这是直接的，还是间接的，以整体还是零部件的方式进行。杨乐兰除再次重申荷忠实执行1984年决定，这次又增加了新的说法，称目前还有一些困难。荷兰议会和政党中有人主张售台武器而议会对政府决策有最后决定权。荷兰大使的说明表明事态又有新的发展。

打掉荷方幻想

在这期间，荷外交大臣范·登布鲁克在同我国驻荷兰使馆临时代办的谈话中，一方面重申荷兰将遵守1984年荷中两国联合公报中关于荷不会批准售台武器的承诺，另一方面又提出中荷将来有必要保持良好接触，以避免双方对该公报的性质做出不同的解释或出现误判，并进一步说，不想出现使中方认为我们违反了1984年联合公报而我们不这样认为的事情。显然，荷方试图对1984年联合公报做新的解释。

果然，1992 年 1 月中旬，荷方向我方提出，荷兰外交大臣已决定派魏南茨作为特使访问中国。考虑到新闻界关于荷兰可能卷入向台湾出售和提供潜艇的报道所产生的混乱，荷方认为，应派魏南茨先生向中国当局澄清事实。我方急需了解荷方的真实态度，对荷方拟派特使来华的建议，很快就答复同意。

20 世纪 80 年代初期，中荷两国谈判恢复大使级外交关系的中方代表是时任副外长的周南，而荷方代表正是魏南茨先生。魏南茨是荷兰资深外交官，1987 年任荷兰外交部政治总司长，1989 年起任荷兰驻法国大使。

1992 年 1 月下旬，魏南茨特使来北京。他抵京的当天下午，我就在钓鱼台国宾馆同他举行会谈，会谈持续了好几个小时。

魏南茨单刀直入地说，中方允许法国向台湾出售不装备武器的护卫舰体使荷方感到，中方的对台政策特别是对台军售政策出现了一些新的内容，荷兰不能处于低人一等的境地。荷兰政府严格遵守 1984 年达成的协议，但法方与中方磋商后于 1991 年 9 月 27 日做出的安排使形势发生了变化。荷方期望本着友好的精神，与中方协商讨论，寻求解决这一问题的方法。

很明显，法国售台护卫舰对其他国家产生了消极影响。荷方以为我国对建交国向台湾出售武器的政策发生变化，这当然是误判。中方一直是坚决反对任何国家向台湾出售武器的。荷方向我们提出这个问题，看来是想试探我方。

我逐一批驳了魏南茨的上述说法，指出：中国反对任何与我国建交国向台湾出售任何种类武器的立场没有改变。魏南茨先生关于中方改变政策使荷方面临困难的说法很不恰当。我们反对法国向台湾出售军舰舰体，并已向法国政府提出严正交涉和抗议，法方的这一行动损害了两国关系。荷兰应遵守 1984 年关于不再向台湾出售武器的庄严承诺，以任何借口违背这些诺言都是没有道理，也是站不住脚的。现在的问题不是荷兰受到低于他国的待遇，而是荷兰不应采取损害中国主权的行为，不应违背两国 1984 年达成的协议。

我还有意识地向对方介绍了我国政治经济形势，谈了中荷两国的经贸关系，指出，我国正实施“八五”计划和十年规划，我国经济的持续发展决定了我国同西欧国家的经贸关系将会有更大的发展。中荷两国如政治关系较好，将有利于经贸关系的发展；如政治关系不好，就不能不使正常的经贸关系受到消极的影响，这一点请荷方慎重权衡。

双方就原则问题进行交锋后，魏南茨试探性地亮出荷方的初步具体方案。他提出，荷方完全可以接受法国去年 9 月 27 日公布的模式，即荷方向台湾出售不带武器的潜艇，发表一个公报，指出这是商业交易，荷方注意到中方对安全和主权的关注，愿重申 1972 年中荷建交公报原则，还可加进法国声明中没有的内容，例如荷可以保证不同台湾建立官方关系等。具体措辞双方还可讨论。

荷方提出这一具体方案，表明它想仿效法国。荷方过去同中方有正式协议，荷方就今后不再向台湾出售武器，向中方做过庄严的承诺。如果允许荷方撕毁协议，这将不仅严重损害中荷关系，而且会给其他国家带来恶劣的影响，造成严重的后果。

对魏南茨提出的这一方案，中方断然不能接受。我严肃地指出，看来，魏南茨先生这次来华不是荷方所称的“澄清误解和混乱”，而是借口所谓形势出现了新的因素而要求推翻 1984 年中荷双方达成的协议。对此，我们不能不感到非常惊讶。荷方的主张意味着荷方想采取损害中国主权的行动，这是中国决不能接受的。借口所谓形势变化推翻自己的诺言，不是一个严肃和负责的政府所应该做的。我特别严正警告荷方，如荷方坚持售台潜艇，势必严重损害两国关系，包括两国的经贸关系。我们希望荷方重新考虑和慎重处理这一影响两国关系的重大问题，避免两国关系再次出现波折。

会谈后的当晚，魏南茨对我方官员说，中方的立场十分强硬，荷方希望获得大致同法国相同的待遇看来很难。他又想了一个新方案，即荷方可否向台湾仅出售分段的零部件而且不含任何武器，这不能算作向台湾出售潜艇，他希望就这一方案明天再同姜恩柱副外长商谈。

我们随即进行了研究。我如果第二天继续同魏南茨讨论，会给荷方一个错误信号。中方的立场必须坚定而明确，不能有丝毫的含糊。为了不给荷方以任何幻想，对魏南茨同我讨论新方案的建议，我们明确予以拒绝。第二天我没有同魏南茨会晤。

吴学谦副总理按原定计划会见了魏南茨，我在场作陪。魏南茨又大致重复同我谈过的内容，称法方的决定使荷面临困难，荷政府受到来自企业界的压力等等。吴学谦副总理严肃指出，荷兰打算售台潜艇，这是一个对中国政府和中国人民来说非常敏感的问题，这等于支持台湾岛内主张搞“两个中国”的势力。请转告荷兰政府，这是我们绝不能接受的，希望荷兰政府认真慎重加以考虑。吴副总理还明确告诉魏南茨，我们已经就法国售台不带武器的护卫舰舰体向法国政府提出严正交涉和抗议，法国这样做，势必影响和损害两国关系。

吴学谦副总理是魏南茨这次来华会见的中国政府最高级别的领导人。吴学谦副总理代表中国政府高层所表明的立场，这是荷方不能不认真掂量的。

魏南茨表示，吴学谦副总理的谈话非常重要，他将认真研究。

魏南茨离京回国前，对中方官员表示，他认为，此事发展的结局将是悲观成分要多于乐观成分。他这样说，明显是企图进一步向中方施压。

看来，魏南茨这次来，是一次带有摸底性质的访问。荷方的意图是试探参照法国模式向台出售不带武器的潜艇舰体或者以向台转让技术和提供零部件在台建造的方式进行。我方将它坚决顶了回去，让荷方了解中方明确而坚定的立场，同时也给对方一个清楚的信息，这就是，如荷方能妥善处理售台潜艇，严格遵守 1984 年协议，将有利于两国关系，包括经贸关系的发展，中方会在可能的范围内为推动两国经贸关系的发展做出新的努力。否则，中荷关系将会受到严重损害。80 年代初，荷方因售台武器导致两国关系大倒退的教训是荷方不能不慎重考虑的。

魏南茨特使访京回国半个多月后，荷兰最大报纸《电视报》在头版透露，魏南茨访问了北京，称此行结果是“空手而归”。

荷方态度转变

在此期间，我们静观荷兰政府如何下决心。不久，我们得到两个信息：一是荷兰驻华大使杨乐兰向我递交荷兰外交大臣范·登布鲁克致钱其琛外长的信，另一个是关于荷兰首相吕贝尔斯对记者的谈话。

2月中旬，我应约会见了荷兰驻华大使杨乐兰。杨乐兰向我递交范·登布鲁克外交大臣致钱其琛外长的亲笔信。信中埋怨中方在售台武器问题上对不同国家采取不同标准，埋怨荷中1984年恢复大使级外交关系以来两国经贸关系没有多少发展，荷兰1991年对华出口较1983年没有明显的增加。对荷兰外交大臣的来信，我答应将尽快向钱外长报告。接着，对荷方的上述指责，我逐一进行了批驳。我特别强调指出，如果荷售台潜艇，中方将不得不做出强烈反应，此事关系重大，请荷方慎重处理。关于两国经贸关系，我说，荷方关于1984年以来两国经贸关系没有多少发展的说法是不符合事实的。1991年两国贸易额达15亿美元，比1983年的2.7亿美元增长了四倍多。荷兰对华出口1991年为4.3亿美元，比1983年的9000万美元，也增长了四倍多。而且，目前我们正在为加强同荷兰的经贸合作继续做出重大努力。

看来，荷兰外交大臣来信的调子出现了微妙的变化，其侧重点似乎是要敦促我方在发展经贸关系上继续做出努力。

汉斯·范·登布鲁克外交大臣曾任律师，1976年当选为荷兰二院议员，1981年9月任荷兰外交部国务秘书，1982年11月起任荷兰外交大臣。他曾于1985年和1987年两次访华，主张以务实的态度发展同中国的关系。

就在荷兰外交大臣致函钱其琛外长的同时，荷兰首相吕贝尔斯在回答有关提问时的调子也有变化。他在回答记者关于荷中两国1984年协议时说，协议就是协议，违背协议只会给自己在道义上和其他方面造成损失。他这次答记者问的倾向也很清楚，是要维护和遵守原来的协议。

荷兰政府的信息已经逐渐清晰。为了争取形势继续向好的方向转化，我们正如在同魏南茨会谈中所说的那样，正加紧为两国经贸关系的发展做出新的努力。当时中荷企业之间正在商谈几个大项目，特别是购买荷兰福克飞机。福克飞机公司隶属荷兰一个大财团，这个财团在荷兰很有影响。我国民航部门同荷兰福克公司谈判购买福克–100型飞机，谈判已进行两年多。双方商务谈判已取得实质性进展。我国有关部门加快了谈判的节奏，并于2月14日清晨同荷方正式签署了合同。中方购买7架福克–100型飞机，价值1.58亿美元，加上相关备份器材和地面设备，总共约2亿美元。

2月14日中午，荷兰外交部亚大司司长范·托伦通知我国驻荷兰大使王庆余，当天上午，荷兰内阁在经过非常困难的权衡后决定，不批准售台潜艇、不带武器的舰体或潜艇零部件。

2月15日，我应约会见了荷兰驻华大使杨乐兰。杨乐兰大使奉命递交荷兰外交大臣范·登布鲁克和经济部国务秘书范·罗依两人联合致荷兰二院议长的信。此信表面上是对议长1991年10月29日来信转达议会议员质询的答复，实际上是将荷兰政府在售台潜艇问题上态度变化的过程和最后决定通知议会，寻求议会的支持。荷方以这种形式将荷兰政府的决定通报中方，看来也是经过周密考虑的。

信中提到，“政府就荷兰可能向台湾出售不装备武器的潜艇同中国政府进行了接触”，接触表明，“荷兰进行这种交易将遭到他们的强烈反对，并将给中华人民共和国和荷兰的政治经济关系带来严重后果”，“荷兰十分重视继续同中华人民共和国保持平稳的关系并遵守1984年联合公报”，“正因为如此，尽管有法国先例，政府仍将不批准向台湾出口在荷兰建造的不装备武器的潜艇舰体或其零部件”。杨乐兰大使在递交信件后做了补充说明，希望两国经贸关系有新的实质性的进展。

我对荷兰政府的最后决定表示赞赏，指出这一决定有利于中荷在各个领域关系的进一步改善和发展。中方也希望加强同荷兰的经贸合作。我还告诉荷兰驻华大使，我方今日已转达外经贸部长李岚清对荷经济大臣的访华邀请，购买福克飞机的合同已于昨天签署，中方有关部门正积极考虑购买荷兰的挖泥船。此后不久，我有关公司同荷企业签署了购买第一批荷挖泥船的合同，价值约1亿美元。

在荷兰内阁做出决定后，荷兰议会就此举行了为期两天的激烈辩论，最后以89票对50票有条件地通过了政府的决定。

这一结果不仅避免了中荷关系又一次出现灾难性的倒退，维护了两国关系的正常发展，而且对挫败台湾对西欧推行实质外交和遏制法国等一些西欧国家向台出售武器也具有积极意义。

2 月 17 日，钱其琛外长复信荷兰外交大臣，对荷兰的决定表示欢迎和赞赏，告诉对方，为推动两国经贸关系的进一步发展，中方最近做出新的重大努力，并欢迎荷兰外交大臣年内访华。后来，范 · 登布鲁克外交大臣于当年 10 月下旬对我国进行了访问。

荷兰售台潜艇风波到此基本得到了平息。在处理这场风波的过程中，荷兰首相吕贝尔斯和外交大臣范 · 登布鲁克的政治决断起了重要作用。他们两人在 80 年代初曾反对荷兰向台湾出售潜艇。后来正是在他们的主持下，荷兰政府向中方做出今后不批准售台武器的承诺，使两国大使级外交关系得以恢复。这次他们又顶住了各方面的压力，不为一时的小利而损害荷兰的长远利益，做出正确的选择，信守过去的承诺，维护了中荷两国关系的平稳发展。

在荷兰政府做出这一明智决定之后的很长时间里，主张售台潜艇的有关势力仍不死心，依然与台湾联系，并又以美国售台武器为由，向荷兰政府施压，但荷兰政府都不为所动。吕贝尔斯首相明确表示，美国在售台武器问题上有着与其他国家所没有的特殊情况，荷兰与中国有“君子协议”，荷兰不能与美国相比。吕贝尔斯首相信守承诺的严肃态度是值得称道的。

第三章

德国统一和中德关系的恢复

90年代初，除在达赖问题上给中方制造麻烦外，德国继续对我国实行制裁，在台湾问题上出现摇摆，险些向台湾出售军舰，在人权问题上同中方纠缠不休，在中德关系上不时掀起风浪。中德关系的改善和发展也一直伴随着我国围绕这些问题同德方的周旋、较量和斗争。

1989年北京政治风波平息后，联邦德国参与了西方对中国的制裁，致使中德关系严重倒退，下降到1972年两国建交以来的最低点。

联邦德国在做法上与法国有所不同，它在对华施压的时候，留有一定的余地，不时向中方发出一些缓和的信号。

1989年8月的一天，我应约会见了联邦德国驻华大使韩培德。韩培德大使说，他奉命向中方表示，联邦德国对保持同中国的良好关系有兴趣，无意干涉中国的内政，亦无意在国际上孤立中国。

9月下旬，联邦德国总统魏茨泽克致电我国国家主席杨尚昆，祝贺中华人民共和国成立40周年。这虽是一份礼节性贺电，系国际通常做法，但在当时的政治气候下，这明显是一个政治姿态。

然而，随后几年的事态发展表明，中德两国关系的恢复并不像看起来那么容易，而是走过了一段坎坷不平的路程。

改变欧洲格局的重大历史事件

在那段时间里，联邦德国驻华大使韩培德经常邀请我到他位于北京东直门外大街农展馆附近的大使官邸共进午餐。我一般带一位同事一起前往。我向他介绍我国国内情况，强调我国继续坚持改革开放，敦促德方在改善对华关系方面迈出步子。韩培德大使则着重向我介绍东欧局势和联邦德国在推动德国统一问题上的最新进展。当然，他是站在联邦德国的立场上来谈这些问题的。

从韩培德大使同我多次谈话看来，联邦德国政府的注意力主要集中在如何应对东欧剧变及其为德国统一所带来的历史性机遇上。

我向韩培德大使介绍中方对东欧局势和德国统一问题的原则立场。我们尊重东欧各国人民自己所做的选择。我们主张德国统一问题应由两个德意志国家，根据两国人民的意愿，在符合两国人民利益和欧洲和平稳定的前提下自行协商解决。

那一段时间，我们一直密切观察和跟踪研究德国统一问题的进展情况。

德意志民族是一个伟大的民族，素以勤奋、智慧、组织纪律性强、做事认真严谨而著称于世。

公元前德国境内就居住着日耳曼人，公元 9 世纪，在东法兰克王国的基础上建立了早期封建国家。公元 10 世纪至 19 世纪，德意志民族曾建立“神圣罗马帝国”，称霸欧洲，后来陷入长期的封建割据。19 世纪中后期，普鲁士“铁血宰相”俾斯麦战胜奥地利和法国，于 1871 年建立了统一的德国。但是随着德国从自由资本主义发展为垄断资本主义，其民族沙文主义和军国主义迅速膨胀，走上了对外侵略扩张的道路。20 世纪上半叶，它先是挑起了第一次世界大战，结果以失败而告终。战后希特勒上台，又发动了第二次世界大战，再次遭到惨败。这两次世界大战给欧洲乃至全世界造成了无穷的灾难。如何彻底铲除这一战争策源地，就成为“二战”后处理德国问题最根本的出发点。

“二战”后形成的美、苏分治欧洲，北约同华约两大军事集团紧张对峙的格局，就是以德国分裂为基础的。德国的分裂已经延续了 40 多年。而这一格局被普遍认为是维持欧洲和平与稳定的重要前提。谁也没有怀疑过，德国的分裂是会长久持续下去的，不少人内心甚至希望德国的分裂是永久的。然而，到 20 世纪 80 年代后期，随着苏联戈尔巴乔夫推行“新思维”，全面抛弃苏联的社会主义制度，否定苏共领袖人物和苏共历史，在思想和政治上造成极大的混乱。自 1989 年夏天起，一场政治风暴来势凶猛，横扫东欧，东欧各国纷纷剧变，整个欧洲局势发生激烈的动荡。联邦德国乘东欧局势混乱之际，紧紧抓住这一难得的历史性机遇，以令人眼花缭乱的速度推进同民主德国的统一，竟然在短短的一年时间里结束了战后长达45年的分裂状态，实现了德国的统一。局势的这一发展令人目瞪口呆，出乎许多人的预料。德国分裂的结束，产生了釜底抽薪的作用，从根本上摧毁了美、苏分治欧洲的基础。基础荡然无存，美、苏分治欧洲的格局也就随之彻底改变。

德国的统一对欧洲乃至世界格局产生了巨大而深远的影响。这一重大历史事件发生的情景，惊心动魄，至今仍一幕幕在我脑海里浮现，好像发生在不久前一样。

民主德国、联邦德国关系的演变

1989年春夏之交，波兰、匈牙利和捷克斯洛伐克等东欧国家的政局相继发生激变，对民主德国造成冲击。大批民主德国人逃往联邦德国，民主德国执政党和政府对局势逐渐失去控制，领导人相继更换。11月9日，民主德国政府在混乱中宣布开放东、西柏林之间的柏林墙和民主、联邦德国边界，使得局势一发而不可收拾。民主德国和联邦德国各政党主张推进德国统一的呼声不断出现，而且越来越高。11月17日，新任民主德国部长会议主席莫德罗发表声明，主张与联邦德国建立两个德国“条约共同体”。第二天，联邦德国总理科尔提出实现德国统一的“十点计划”，主张民主德国进行“根本的政治和经济改革”，发展德国邦联结构，并通过消除欧洲分裂，使德国人民在自决情况下获得统一。当天，民主德国政府发言人迅速对此做出反应，认为科尔的计划不符合现实，德国统一问题尚未提上议事日程。一个月后即12月19日至20日，科尔访问民主德国，同莫德罗举行会谈。双方商定两国将建立以经济合作为中心内容的条约共同体。民主德国方面答应从圣诞节起取消两国旅行签证，释放所有政治犯，打开东、西柏林之间的勃兰登堡门。科尔则允诺向民主德国提供100亿~150亿马克的财政和经济援助。

一个多月后即1990年2月1日，民主德国在统一问题上的立场发生明显变化，民主德国部长会议主席莫德罗明确提出，德国统一已提上日程。他主张通过建立条约共同体、成立邦联、向邦联机构移交部分主权以及自由选举这四个阶段来建立邦联形式的统一的德意志国家。他还主张通过签订对联邦德国和约来解决“二战”遗留问题，在形成邦联的过程中，两个德国实行“中立”。当日，科尔迅速对莫德罗提出的上述主张表示欢迎，但坚决拒绝统一后的德国实行“中立”。

2 月 4 日，民主德国执政党统一社会党改名为德国民主社会主义党。该党主张建设一个具有邦联结构的联合、民主和人权的欧洲，在欧洲范围内解决德国统一问题。

2 月 7 日，联邦德国政府向民主德国建议立即开始有关建立货币联盟和进行经济改革问题的谈判。

2 月 13—14 日，民主德国部长会议主席莫德罗访问联邦德国。联邦德国方面表示将向民主德国提供近 60 亿马克的直接和间接贷款。双方决定成立专家委员会，研究建立两德货币经济联盟问题。

2 月 20 日，民主德国人民议院通过宪法修正案，规定新议会由 400 名议员组成，任期四年，不设直接候选人。莫德罗在议会发表声明，主张德国统一后应实行非军事化。

3 月 18 日，民主德国举行大选。主张尽快实现两德统一的基民盟、德社盟等组成的德国联盟获胜。这次选举结果对德国统一进程具有决定性的影响。

4 月 12 日，民主德国的德国联盟、自由民主联盟和社民党联合组成新政府，基民盟主席德梅齐埃出任总理。他正式提出民主德国将同联邦德国在联邦德国《基本法》第 23 条基础上实现德国统一，与联邦德国建立货币、经济和社会联盟。

联邦德国《基本法》第 23 条对该法适用范围做出规定，明确该法“先在”联邦德国的 12 个州生效，并为德国其他部分加入联邦德国预留了空间，规定“本法在德国其他部分加入联邦共和国之后，也将在那里生效”。这就是说，民主德国新政府实际上主张以民主德国加入联邦德国的形式来实现统一。

4 月 24 日，德梅齐埃总理访问联邦德国，决定两德从 7 月 1 日起建立货币、经济和社会联盟。经过不到20天的谈判，两国就建立货币、经济和社会联盟的“国家条约”达成协议，并于5月18日由民主、联邦德国财政部长在波恩正式签署。这一条约的签署标志着民主德国从此放弃经济主权，政治独立也开始丧失。

7月1日，两德货币、经济、社会联盟的“国家条约”正式生效。民主德国马克作废，联邦德国马克成为民主德国流通货币。民主德国全面引进联邦德国的经济社会制度，联邦德国在金融、货币、财政和信贷等方面的法律规定适用于民主德国。同时，取消两德之间的边界。

7月23日，民主德国人民议院以三分之二多数通过决议，决定民主德国将根据联邦德国《基本法》第23条加入联邦德国。

8月31日，联邦德国内政部长和民主德国国务秘书签署两德第二个“国家条约”，即“统一条约”。这一条约规定，民主德国取消现有的14个行政专区，恢复1952年7月进行行政区域改革前的5个州建制，这5个州按联邦德国《基本法》第23条集体加入联邦德国，统一后使用联邦德国目前的国名、国旗、国歌，首都设在柏林。

9月20日前后，民主德国议会和联邦德国议会两院先后通过“统一条约”。

10月3日，民主德国正式加入联邦德国，德国实现统一。

东欧局势的剧变为德国统一创造了条件。而德国统一以民主德国加入联邦德国的形式实现，关键在于1990年3月18日的大选。在大选中，力主尽快实现统一、全面引进联邦德国政治经济制度的民主德国基民盟、德社盟等组成的德国联盟得到联邦德国的全力支持，科尔曾六次去民主德国为其竞选助威。结果德国联盟在议会取得优势，它同社民党和自民党组成联合政府上台执政。这是一个重要的转折点。它们上台后先于5月18日同联邦德国签署建立货币经济社会联盟的第一个“国家条约”，全面放弃民主德国的经济主权，采用联邦德国的经济制度，继而于8月31日同联邦德国签署政治统一的第二个“国家条约”，全面接受联邦德国的社会政治制度，加入了联邦德国。

苏联的退让

1989 年 11 月 28 日，科尔提出统一德国的十点计划后，苏外交部发言人指出“这不是现实的问题”。12 月 6 日，戈尔巴乔夫同法国总统密特朗在基辅会晤时强调“必须尊重第二次世界大战后形成的现实”。但随着民主德国局势的变化，戈尔巴乔夫为摆脱内外交困的局面，特别是争取联邦德国的财政经济援助，在德国统一问题上迅速改变了立场。1990 年 1 月 29 日至 30 日，民主德国部长会议主席莫德罗访苏同戈尔巴乔夫举行会谈，戈尔巴乔夫表示，德国统一问题无疑已列入欧洲议事日程上。莫德罗访苏回国后，在德国统一问题上的立场发生了变化，随即提出通过四个阶段建立邦联形式的统一的德意志国家的方案。当年 2 月 10 日至 11 日，科尔访苏同戈尔巴乔夫会谈。戈尔巴乔夫表示，必须由德国人自己解决统一问题，包括统一的时间、速度、条件以及统一后的国家形式等，苏联将尊重德国人的决定。

这段时间，苏联仍坚持统一后的德国应实行中立。苏外长谢瓦尔德纳泽于 2 月 2 日建议就德国统一问题在国际上举行公民投票。但到 4 月 6 日他访问美国时，不再坚持统一后的德国实行中立，但仍坚决反对德国统一后留在北约。戈尔巴乔夫 4 月 10 日会见英国外交大臣赫德时仍坚持这一立场。

6 月 21 日，联邦德国政府宣布为向苏联提供 50 亿德国马克银行贷款提供担保。7 月 15 日至 16 日，科尔访苏，苏联方面则同意德国统一后立即取得完全的不加限制的主权，并可自由决定归属哪个联盟。换句话说，苏不再反对统一后的德国留在北约。

9 月 10 日，联邦德国同苏联就解决德苏之间由于两德统一和民主德国引进联邦德国马克而产生的经济负担问题达成一致。根据协议，联邦德国同意向苏提供 120 亿德国马克以补偿苏军在德驻留费用和 30 亿德国马克的直接财政援助，民主德国向苏提供价值 25 亿德国马克的农产品等。

美国顺水推舟

美国并不希望德国统一，但在德国统一的趋势不可阻挡时，它就顺水推舟，转而采取支持的态度。

在美国看来，以联邦德国兼并民主德国的方式实现德国的统一，符合美国瓦解华约、削弱苏联的战略目标，因此它坚持统一后的德国必须留在北约。1989年11月29日，美国国务卿贝克对科尔“十点计划”表示支持，同时提出，不应以中立换取统一，德国必须继续作为北约和欧共体的成员。

英法无可奈何

法英两国表面上支持德国统一，但实际上坚决反对，并千方百计加以阻挠。

法国对德国统一提出先决条件，密特朗总统先后访问苏联基辅和民主德国，企图联合苏联和民主德国来牵制联邦德国，但未能奏效。

英国首相撒切尔夫人在科尔提出德国统一的“十点计划”后的第二天就迅速表示，德国统一问题没有提上议事日程。1990年2月10日她又提出，德国统一问题应在欧安会三十五国范围内讨论和磋商，协商对象包括美、苏、英、法四大国，北约成员国和欧共体十二国，试图以此来加以阻挠和拖延。2月25日，她更明确表示，英国反对德国匆忙统一。

事后她在回忆录《唐宁街岁月》一书中毫不掩饰她坚决反对德国统一的强硬立场。她认为，统一的德国是如此强大和具有压倒优势，以至于不会安分守己地置于一个欧洲新架构之中，这将使原已不稳定的欧洲大陆变得更加动荡不安。她在书中详细描述了她如何为阻止德国统一而竭尽全力，然而最终却发现英国已无能为力。她说，当时，她所推行的对德政策是旨在鼓励民主德国发展民主的同时拖延其与联邦德国的统一，但她不得不承认，她的这一政策遭到了“惨败”，这使她深感惋惜。她在回忆录中不无自豪地谈到她在80年代初会见戈尔巴乔夫后，敏锐地感到此人“值得信赖”，“这是个可以与之打交道的人”，她据此向其他西方领导人发出信号。后来，戈尔巴乔夫当上了苏共总书记，苏联垮台了，这其中也有她的一份功劳。然而，她怎么也没有想到，也正是戈尔巴乔夫的退让，导致了德国的统一，而这又使英国对德政策遭到失败。世界上最好的老师就是生活本身。1996 年我在担任驻英大使期间，有一次撒切尔夫人向我详细谈了这段历史，她对戈尔巴乔夫为什么放弃民主德国，把民主德国拱手相让，仍然不能理解。

鉴于民主德国局势的演变，联邦德国全力推进统一已成不可阻挡之势，而苏、美态度发生变化，英、法虽然反对德国统一，但已无可奈何。

1990 年 2 月 13 日，苏美英法四国同民主、联邦德国外长制订出一个“二加四方案”，即先由两德商讨有关统一的法律、经济和政治问题；再由两德外长同四国外长讨论与德国统一有关的外部问题，包括德国统一后的联盟归属、四大国权利、柏林地位和战后边界问题。经过多次反复磋商和紧张的双边和多边会谈，1990 年 9 月 12 日，“二加四”外长在莫斯科签署了《关于最终解决德国问题条约》。这一条约的主要内容有六点：一是确定德国现有边界的最终性并据此缔结德国波兰边界条约；二是德国申明奉行和平政策，保证不染指核和生化武器，在四年内把军队裁减至 37 万；三是规定苏军在 1994 年底前撤出民主德国地区，苏军撤出后，隶属北约的德国部队可进驻；四是美、英、法军“应德国邀请”在柏林保持现有驻军数量；五是统一后的德国可自由结盟；六是四大国结束对德国的权利和责任，统一后的德国对内对外享有完全主权。

德国统一的最后一道障碍是要克服欧共体的抵制。欧共体其他国家对德国统一的态度同英、法相似，它们都惧怕德国统一。它们对“二加四”方案将自己排除在外非常不满，但是它们又不能不顾及今后同德国的关系。因而它们主张加速欧共体一体化建设，试图通过深化欧共体一体化对德国加以制约。

联邦德国为减少欧共体的阻挠，曾一再推迟同欧共体讨论德国统一问题。后来在民主德国、联邦德国统一已取得决定性进展的情况下才同意同欧共体进行讨论。联邦德国重申统一后留在北约，承认战后德国边界，并提出加速欧共体一体化建设来争取法国的赞成。

1990 年 4 月 28 日的欧共体首脑会议表示，“无保留地”支持和赞成德国统一，批准分阶段接纳民主德国的计划。

1990 年 10 月 3 日，分裂了 45 年的民主德国、联邦德国实现了重新统一。统一后的德国人口达 8250 万，面积为 35.7 万平方公里，国内生产总值 1.5 万亿美元，成为欧洲综合国力最强的国家，是仅次于美国、日本的世界第三大经济强国。

德国的统一改变了整个欧洲的政治版图，已经并将继续对欧洲局势产生巨大而深远的影响。统一后的德国成为欧盟内部的主导力量，法国和英国的地位和作用随之下降。德、法、英三者的相互关系也因此发生变化。欧洲其他国家为此而相应调整自己的政策。法国总统密特朗预言说，欧洲从此将进入一个“不乏冲突、斗争和误解”的新纪元。英国首相撒切尔夫人设想，今后英、法应该加强联合，以制衡德国的影响。她还提出，法国政治家们应该认识到，任何稳定的欧洲力量对比都需要有美国在欧洲的长久存在。我们看到，德国统一近 20 年后的 2009 年，法国总统萨科齐宣布改变戴高乐将军在 20 世纪 60 年代所做出的退出北约军事一体化组织的决策，决定重返北约，向美国靠拢。法国这一重大政策变化的根本原因在于统一后的德国变得日益强大，法国已经深深感到仅仅依靠深化欧盟的一体化来牵制德国已远远不够，而需要采取新的战略，这就是借重美国，通过北约的机制来对德国加以制约。

中国是少数一贯支持德国统一的国家

在世界各大国中间，中国一贯同情并且支持德国统一。我国也面临着解决台湾问题实现国家最终统一的任务。当然，台湾同大陆分隔与德国分裂的性质是截然不同的。德国分裂是德国发动世界大战而被打败的结果。台湾同大陆分隔则是中国内战遗留下来的问题和外国势力干涉所造成的。

我国主张德国统一问题由两个德意志国家根据两国人民的意愿，在符合两国人民利益和欧洲和平稳定的前提下自行协商解决。我国尊重东欧各国人民自己的选择。

1990 年 3 月底，联邦德国驻华大使韩培德转交了联邦德国外长根舍致钱外长的口信。根舍主要通报了德国即将统一的情况，称“德国人即将实现民族统一，实现这一目标也是中华人民共和国长期以来以令人感激的方式所支持的”，联邦政府意识到其应尽的责任。

10 月初，韩培德大使向吴学谦副总理面交科尔总理致李鹏总理的信。科尔总理在信中称，今天德国统一，他对所有为德国人的自决权做出努力并为德国统一铺平道路者表示感谢。重申统一后的德国将“为世界和平服务并推动欧洲联合”，以及重申德国在“二加四”谈判中所做的各项承诺。

吴学谦副总理表示将尽快报告李鹏总理，接着就德国统一问题全面阐述了中国政府的立场。吴学谦说，中国政府和中国人民一贯理解、同情和支持德意志人民要求实现统一的愿望。我们尊重德国人民的选择，欢迎德国最终实现和平统一，我们希望德国统一将有利于欧洲和世界的和平、稳定和发展。中国过去同两个德意志国家有着良好关系，今后愿意在和平共处五项原则的基础上同统一的德国加强和发展中德之间业已存在的友好关系。

吴学谦还表示，我们对科尔总理多年来为增进两国友好合作关系所做的努力表示赞赏，希望科尔总理今后为改善和发展两国关系做出更大的努力。

与此同时，杨尚昆主席、李鹏总理和钱其琛外长分别致电德国总统魏茨泽克、总理科尔和外长根舍，对德国统一表示祝贺。

1990 年 4 月初，联邦德国驻华大使韩培德邀请我在他的官邸举行工作午餐，向我介绍德国统一问题最新进展时，特别强调联邦德国不同意苏联关于最后签订一项和平条约的建议，因为对德交战的国家太多，讨论起来势必旷日持久。而欧洲以外的国家不能参加欧安会，没有发表意见的机会，它们如同德国有一些悬而未决的问题，则可通过双边谈判加以解决。

我特别注意他的这一段话，因为中国系对德交战国家，但又属于欧洲以外的国家。他的这番话实际上是同中方打招呼。

鉴于我国未参加“二加四”会议，也不是欧安会成员国，因此关于结束我国在德国问题上权利和责任问题以及关于我国同统一后的德国的关系等问题，我们同意通过双边谈判来解决。

后来，德国方面向中方提出，根据德国统一条约，原联邦德国同中国签订的条约和协议，自德国统一之日起，将适用于整个德国。德方这一立场对我们来说也没有什么困难。

1990年12月下旬，我约见韩培德大使，就我国与原民主德国、联邦德国所签条约协议如何处理问题同他交换意见，经过商谈，双方就两条原则达成一致。

一是中国与原联邦德国所签条约、协议原则上将自动延伸至全部德国，原则上不再重新谈判，个别如有需要也可商谈。

二是双方互换各自掌握的中国与原民主德国所签条约、协议清单。中国外交部将就处理这些条约、协议的一般原则同德方磋商，并负责就其主管的政治、领事、司法互助类条约、协议的处置问题与德方磋商。其他的条约、协议由我有关部门与德方对口部门商量。

这样，双方需要商谈的实际上主要是对中国与原民主德国所签条约和协议做如何处理的问题。

1991年，我国外交部条法司同德外交部条法司之间经过几轮磋商，双方确认中国与原民主德国所签条约和协议，绝大部分将终止。双方同意保留关于相互提供使馆馆舍地皮的协议，由两国外交部行政部门磋商。我国驻联邦德国使馆原在波恩，德国统一后，首都迁往柏林，我国在柏林建大使馆，需要对方提供地皮。我国与原民主德国签订的相互为对方使馆提供馆舍地皮的协议，我方认为有必要保留，德方对此表示同意。有关民航、海运和机组人员签证的协议，部分内容仍可适用，双方尽快商谈签订新的协议。以两国外交部为主的处理中国与民主德国所签条约、协议的磋商就此告一段落。

有关中国与原民主德国所签的三项经贸方面的协定，由我国外经贸部同德方商谈，双方就解决中国与原民主德国记账贸易遗留问题的基本原则签署了换函协议。

至此，因德国统一而产生的我国与原民主德国、联邦德国所签条约和协议问题的处理就此结束。

邓小平对德国的忠告

在德国统一取得实质性进展但尚未统一之前，邓小平同志就向德国人提出忠告，统一后的德国不要使人感到恐惧，在处理国际相互关系时更要谨慎些。

邓小平同志这番话很有针对性，许多欧洲国家一直对德国统一疑虑很深。邓小平同志的劝告非常中肯，同时也是做德国的工作，希望德国在处理对华关系时要谨慎、务实。

邓小平同志这段话是在北京会见联邦德国前总理施密特时说的。

施密特是德国具有战略眼光的政治家。他 1946 年加入社民党，1969 年起历任国防部长、经济和财政部长、财政部长。1974 年 5 月至 1982 年 10 月任总理。

他一向看重中国在国际上的地位和作用，积极评价我国的改革开放政策。他曾于 1975 年、1984 年和 1988 年访华。1989 年北京政治风波后，西方对我国实行制裁，他公开表示不能用西方标准来衡量中国的事情，呼吁西方不应停止同中国的往来。

1990 年 5 月，他作为中国人民外交学会的客人访华，邓小平同志同他会见，外交学会会长韩念龙和我陪见。

施密特十分敬重邓小平，称赞“邓小平是他熟悉的少数几位伟人之一”。

当时北京政治风波刚过不到一年，西方国家仍在对中国实行制裁。苏联已陷入混乱之中，处于解体的前夕。邓小平同志谈了北京政治风波对中国的影响和他对世界局势的看法。

邓小平指出，我们对制裁不在意。中国被制裁了几十年，从 1949 年建国开始到 1972 年被制裁了 23 年。我们长时间被制裁，是在孤立的环境中过来的。

施密特认为，苏联正经历着逐渐衰弱的过程，要持续多少年，10 年、20 年还是 30 年，他也不知道。随着苏联的作用逐渐削弱，中国在亚洲和世界的作用将逐渐加强。

施密特提出这一看法反映出他的战略眼光。当时西欧不少国家领导人以为随着东欧剧变和苏联的混乱，中国政府也维持不了多久。

邓小平同志已经透过当时东欧剧变、苏联混乱这一纷繁复杂的局势提出两极格局结束、建立新的国际秩序这一重大命题。他指出，现在7个工业发达国家主宰世界一切，甚至制裁别国，谁给它们的权力？国际政治秩序由7个国家垄断很不健康。苏联、东欧的变化，破坏了旧的秩序，需要建立新秩序，但绝不能由7国首脑主宰一切。

邓小平同志还谈道，美国人应该学得谦虚一些，日本不应因战后的蓬勃发展对自己的政治经济估计过高。谈到这里时，邓小平同志特别点到了德国。他指出，统一后的德国不要使人感到恐惧，在处理国际相互关系时更要谨慎些。这样世界就会看到，即使穷国也能生存，这就形成了平衡的格局。

二十多年后的今天来重温邓小平同志对当时美国、日本以及德国的忠告，至今还有着现实的意义。

在波浪中颠簸前进

我国一贯同情和支持德国统一。在德国实现统一的时候，我国领导人专门致电德国领导人，表示祝贺。德国领导人也多次对中方表示感谢，强调永远不会忘记中国对德国统一的支持。

然而出乎中方预料的是，就在德国统一的第二天，即1990年10月4日，德国总统魏茨泽克竟然不顾中方的强烈反对，在波恩会见了西藏分裂主义头目达赖。我们感到非常气愤。我国外交部西欧司负责人约见德国驻华大使，向德方提出抗议。二十多天后，魏茨泽克在波恩特地去观看我国广州杂技团演出，并就会见达赖一事向中方做了一些解释，试图缓解中方的不满。

那一段时间，除在达赖问题上给中方制造麻烦外，德国继续对我国实行制裁，在台湾问题上出现摇摆，险些向台湾出售军舰，在人权问题上同中方纠缠不休，在中德关系上不时掀起风浪。中德关系的改善和发展也一直伴随着我国围绕这些问题同德方的周旋、较量和斗争。

售台军舰风波

德国统一后不久，中德关系中出现的一项重要交涉案就是德国售台武器问题。

1991 年初，台湾向德国有关造船厂探询购买 10 艘潜艇和 16 艘护卫舰，总价值 125 亿马克，约合 80 亿美元。

当年 7 月，德国霍华德造船厂、布洛姆和福斯造船厂等组成的财团向德国联邦政府提出申请，要求联邦政府批准这笔交易。11 月 11 日，德《世界报》透露了此事，并称“在波恩联合政府内部赞成向台湾出售军舰的人越来越多”。

我们获悉这一消息后，立即请我国驻德国大使馆要求德方做出澄清。我国驻德国大使梅兆荣向德方提出了交涉。1992 年 1 月，德国联邦安全委员会举行会议，讨论此事。联邦安全委员会由总理、外长、经济部长、财政部长、国防部长、内政部长以及司法部长等 7 人组成。讨论的结果是否决了这项申请。

我们接到使馆的报告后松了一口气。两个月后，钱其琛外长访问德国会见科尔总理时对德国这一明智决定表示赞赏和欢迎。

谁知此事并未就此了结。台湾当局并不善罢甘休，而是继续加紧做德方的工作。当时德国经济特别是东部地区经济日趋困难，德国造船业萧条。而美国和法国又先后做出向台湾出售战斗机和军舰的决定。德国国内主张向台湾出售军火的势力备受鼓舞，加紧进行游说活动。德国副总理兼经济部长默勒曼（自民党）坚决主张出售。联盟党、自民党以及社民党一些人也支持这笔交易。德国造船业集中的北部四个州的州长有的也公开表示支持。而科尔总理本人的态度暧昧。

11 月，德国有关财团再次向联邦政府提出申请。据 12 月 15 日《世界报》的报道称，台湾想先行购买两艘潜艇，并继续订购 6 艘。德国有关财团这次向政府提出的申请涉及两艘潜艇，价值 7 亿马克。

鉴于事态发展的严峻性，钱其琛外长致函德国外长金克尔向他晓以利害。我们在北京向德国驻华大使提出严正交涉，要求德方坚决否决这项申请，并指示我国驻德大使梅兆荣立即向德总理府和外交部提出交涉，全力打掉这笔交易。

梅兆荣大使随即向德政府有关部门开展密集的交涉和活动。

在同德方的交涉中，中方要求德方对售台军舰的报道予以澄清。中方强调指出，这是一个重大原则问题，事关中国的主权、安全和统一，中方坚决反对与我建交国向台湾出售武器；中国一贯支持德国统一，也期待着德国支持中国的统一大业；中国经济正进入高增长期，正是扩大中德两国经贸合作的有利时机。对法国同意向台湾出售战斗机，中方已向法方提出最强烈抗议，并将继续采取措施。

不久，情况出现转机。

据我们了解，1982年以来，德国联邦政府执行《武器出口控制法》。该法对武器出口有比较严格的规定，原则上不许向北约以外的紧张地区出口武器。如出口，必须先修改此法，而修改这项法律必须得到议会三分之二的多数通过。当时德国最大的在野党社民党奉行限制武器出口的政策，尤其反对向北约以外的地区出口武器。造船业比较集中的北部几个州都是社民党执政。该党成员、下萨克森州州长施罗德公开主张向台湾出售武器，他还代表北部其他几个社民党执政的州长，要求科尔总理批准售台武器。他的这一主张和行动均背离了社民党的政策，随即在社民党内引发了一场激烈的争论。社民党领导层坚持限制武器出口的既定政策。社民党议会党团经济政策发言人罗特和军品政策监督代表巴赫分别发表声明，反对这笔武器交易，明确表示反对政府修改《武器出口控制法》，不同意政府向北约以外的紧张地区出口武器。社民党总部对施罗德发表支持售台武器的言行也提出了批评。在这种情况下，原先主张售武的施罗德不得不公开转变态度，声明今后将严格遵守社民党的政策，不再支持向台湾出售武器。这使德国国内主售派的力量受到削弱。

不久，德国一直主张售台武器的经济部长默勒曼因卷入丑闻而于1993年1月引咎辞职，这使主售派力量受到进一步削弱。

这种情况促使形势向有利的方向转化。

另据我们了解，德国前外长根舍和现任外长金克尔均坚决反对售台武器。金克尔于1992年11月访华，他在会见李鹏总理时表示，德国人民永远不会忘记中国人民在德国统一问题上给予的支持，在涉及台湾问题时德国坚持只有一个中国的政策。金克尔外长刚刚向中方做了上述表态。

而就在这时，我国于 1992 年 12 月宣布对法国售台武器实行制裁措施，这使德方看到中国反对售台武器的坚定立场。

1993 年 1 月 28 日，德国联邦安全委员会开会，做出了不批准有关财团为台建造两艘潜艇申请的决定。德方通报中方称，这不仅指不批准两艘潜艇，而且是一项带有“根本性”的方针，意思是说带有一劳永逸的性质。

在联邦安全委员会做出上述决定的当天，德国外交部发言人舒马赫强调金克尔外长一直主张拒绝批准售台潜艇，并陈述了三点理由：一是售台潜艇将明显违反德国出口武器的政治原则；二是将违反德国自中德建交以来所奉行的“一个中国”政策，因为中国在德国分裂时一直支持德国对国家统一的要求；三是不符合德国的整体政治利益和长远的经济利益。鉴于中国作为联合国安理会常任理事国、地区性大国和未来市场的重要性，维护同中国的关系明显比这笔军火买卖重要。

这位发言人所阐述的不仅是金克尔外长本人的意见，实际上也是德国政府经过反复权衡后做出上述决定的通盘考虑。这一决定实际上有利于维护德国的利益。

德国政府做出不批准售台武器的决定，避免了两国关系可能出现的一场危机，有利于两国关系的改善和发展。对我国来说，也有利于遏制美法售台武器后可能引起的连锁反应。

欲同台湾通航

与德国售台军舰风波几乎同时发生的另一件事是德国欲同台湾通航问题。

1991 年，德国汉莎航空公司鉴于德国同台湾货运量的增加，开始酝酿同台湾通航。台湾当局出于推行实质外交的需要，也积极加以推动。

我们获悉德方这一意向后，就向德方指出，通航不是一般经贸往来，而是涉及国家主权的政治原则问题，德方必须同中方磋商，而不能采取单方面行动。

我们考虑，经过商谈同德方达成一个解决办法，既有利于在这个问题上维护我国国家主权的原则，也有利于以此来规范其他同我建交国同台湾通航问题。因此，我们打算在维护我国国家主权的前提下有条件地同意德台通航。

1992 年 4 月下旬，我应约会见德国驻华大使韩培德。韩培德大使向我表示，今春德国政府没有批准对台军售，但德商界要求同台通航。由于德台之间贸易量增加，同台通航确有必要。

我讲了三点意见。一是我们不反对与我国建交国同我国台湾省进行纯民间经贸往来，但坚决反对这些国家同台湾建立任何官方关系或进行带有官方性质的往来。二是通航问题不是一般经贸往来，而是涉及国家主权的政治原则问题。三是德国欲同台湾通航，必须事先通过外交途径与我方磋商并征得我方同意，在双方未达成一致之前，希望德方不要采取单方面行动。

韩培德大使表示接受中方上述意见，双方同意就此举行磋商。

随后，我国外交部西欧司负责人同德国驻华大使就此进行具体磋商。在磋商中我方提出以下主张：（1）德方必须重申中华人民共和国政府是代表中国的唯一合法政府，台湾是中华人民共和国不可分割的一部分；（2）德国同台湾通航纯属商业运输安排，是非官方的，德国政府不得与台湾当局签订任何官方协议和具有官方性质的航空协议；（3）德国汉莎航空公司是德国国家航空公司，必须另外成立一家私营航空公司与台湾一家私营航空公司经营德台航线；（4）运营该航线的台湾飞机不带任何官方航空公司所持有的名称、旗、徽、制服和服饰，飞台的德国飞机也要进行必要的技术处理。

从 1992 年 5 月至 1993 年 3 月，双方共举行五轮磋商，最后双方达成一致。在这期间，德国驻华大使韩培德任期已满调离回国，新任大使傅泰民于 1992 年 9 月到任。

1993 年 6 月初，德新任驻华大使傅泰民代表德国政府就德台通航问题致函给我，来函中基本接受了中方的上述各项主张。我随即复函加以确认。双方换函构成两国政府就此达成的协议。

6月8日，德国政府发表新闻公报，其中包含了双方换函的主要内容。公报全文如下：

德意志联邦共和国政府同中华人民共和国政府就德国同台湾通航问题进行了友好磋商并达成一致：

1. 磋商是在联邦政府“一个中国”政策基础上进行的。根据这一政策，中华人民共和国政府是中国的唯一合法政府。

2. 将由德国私营康多航空公司和中国台北华信航空公司经营德意志联邦共和国和台湾之间的航线。该航线纯属商业运输安排，其性质是非官方的。

3. 德国联邦政府不与台湾当局签订任何官方协议和具有官方性质的航空协定，也不与之发生任何官方接触。

4. 运营该航线的台湾飞机不带有任何官方航空公司所持有的名称、旗、徽、制服和服饰。根据德国“一个中国”政策，飞台湾的德国飞机将进行必要的技术处理。

5. 德台航线航班不经停香港。双方换文构成两国政府间关于德台通航问题的一项协议。

这项协议的达成，照顾到德国同台湾实际的商业需要，同时把德台通航严格限制在非官方范畴内，有利于维护我国国家主权原则，这也有助于制约和规范其他与我国建交国同台湾的通航问题。

“我们不会愚蠢到对中国没有清楚的估计”

1991年5月中旬，我去德国同该国外交部举行政治磋商，我的一项具体任务是为钱其琛外长访德做准备。我会见了德国外交部第二把手外交国务秘书斯卡特鲁普。此人1988年任联邦德国外交部政治司长，在德国统一“二加四”谈判中任联邦德国主要谈判代表，在推动德国统一方面立下了汗马功劳。我会见他时转达了钱外长给根舍外长的口信。德方表示，德国重视同中国发展长期的友好关系，要从长远着眼，本着现实主义态度，加强和深化同中国的友好关系。并表示将认真研究钱外长访德事宜，相信根舍外长也将考虑访华问题。

1992 年 3 月中旬，钱其琛外长访问德国，同根舍外长会谈，会见了科尔总理和各政党主要负责人，敦促德方采取措施，进一步改善对华关系。

那时苏联刚刚于 1991 年底解体。苏联解体对中国会产生什么影响，这是许多西方政界人士关心的一个大问题。有些西欧政界人士甚至以为苏联解体后中国也难逃厄运。

针对这些错误估计，钱其琛外长向德方强调，中国从来不依赖别人，过去就不依赖苏联，将来也不依赖任何一个国家或集团。正因为我们过去不依赖苏联，苏联解体后中国依然能生存。中国独立自主的能力很强。

德国社民党名誉主席莫德罗表示同意，他说，有些人现在不明白，几年以后就会日益明白这一点。

关于中国今后发展前景，钱外长向德方介绍了邓小平视察南方讲话。强调指出，中国将继续改革开放，但这是为了自己的利益，而不是为了取悦别人。中国将根据中国的实际情况有计划有步骤地进行政治改革。

科尔表示，这一点非常重要，这样我们就可以重新恢复过去我们之间的活跃关系。

钱外长转达了李鹏总理欢迎科尔总理访华的邀请。科尔表示希望以后有机会接受这个邀请，但他关于希望恢复同中国关系的表态，是一个重要的积极信号。

通过这次访问，使德方增加了对我国情况的了解和理解，减少了德方对苏联解体对中国的负面影响和对中国今后发展趋势的疑虑，促使德方在改善对华关系方面迈出更大的步伐。

半年后，德国副总理兼外长金克尔于 10 月底至 11 月初访华。

钱外长原来邀请根舍外长访华。根舍外长因与科尔出现分歧，关系不和，于 1992 年 5 月辞职，由金克尔接任。

金克尔在就任外长四个月后向记者称，他打算为德外交政策“寻找新的方针”。如果说他的前任根舍是把解决东西方问题放在中心地位，那么他想把这一外交范围扩大到第三世界，扩大到中国、伊斯兰世界以及俄罗斯和其他独联体国家。

金克尔访华期间，钱其琛副总理兼外长同他举行会谈，江泽民总书记和李鹏总理分别会见。

江泽民总书记向金克尔介绍了不久前刚召开的中共十四大情况，强调这次大会奠定了邓小平关于建设具有中国特色社会主义的理论基础，确定了今后社会主义市场经济的模式。

对柏林墙拆除、苏联解体后的国际形势做何估计，李鹏总理会见金克尔外长时开门见山地指出，世界上有两种看法，一种认为，世界从此太平，另一种看法是这可能给世界带来新的矛盾和问题，中国持后一种看法，事实越来越证明我们的看法是对的。金克尔表示完全同意。

对中德两国在世界上的地位与作用的估计问题，李鹏总理表示，中国对德国在世界上的地位非常清楚，德国现有8000万人口，国内生产总值欧洲第一，技术先进。德意志民族是个勤劳、智慧的民族，德国人工作起来像钟表一样准确。但现在有人害怕你们强大。中国不害怕，我们同你们没有任何利害冲突。金克尔当即表示，德国对中国的意义、地位和可能性从未低估过，我们不会愚蠢到对中国没有清楚的估计。他还强调，德国愿意在各个方面同中国保持良好的关系。通过他这次访问，两国关系已经实现正常化。

金克尔外长明确流露出德方对同中国改善发展关系在政治和经济上的考虑。德国统一后希望成为世界政治大国，甚至想争取当联合国安理会常任理事国。而中国是安理会常任理事国，争取中国的理解和支持十分重要。金克尔同钱外长会谈时明确地透露出德方的这一考虑。

金克尔说，当今世界发生深刻变化，东西方对峙消失后，联合国面临新的任务。中国作为联合国安理会常任理事国，有十分重要的作用。在政治上，中国对德国来说是一个极为重要的国家。由于中国对德国如此重要，所以不能让德中关系长期处于不明朗状态。钱外长对他希望改善关系的意见表示完全赞同，并表示，我们愿意看到统一后的德国在国际事务中发挥更为积极的作用。

金克尔外长不仅原则性地提及中国对德国在政治上的重要性，而且具体地试探性地提出联合国安理会改革以及德国成为安理会常任理事国的可能性问题。金克尔提出，如果日本或者第三世界其他国家要求成为安理会常任理事国，德国也将参加讨论。

钱外长很策略地表示，安理会现有五个常任理事国，大家对此都很谨慎，不那么积极。其中中国的态度不是最消极的。

金克尔表示，对此德国完全理解。他知道再谈下去也不会有什么结果，于是连忙又说，双方无须再深入探讨这个问题，只是希望中国对这一问题的态度更加宽容些。他对中国方面的要求已说得很明确。

在访华结束前举行的记者招待会上，金克尔在回答记者提问时更明确地说，日本等国成为常任理事国，德国也希望成为常任理事国。但德国不会采取进攻性姿态，不会发动攻势。他这番话把德国在这个问题上的目标、政策和做法阐述得很清楚。实际上这是德国同中国改善和发展关系在政治上的一个重要考虑。

德国同中国改善和发展关系的另一个考虑则是经济上的。

金克尔外长在同钱外长会谈中提出，在欧共体国家与中国的经贸关系中，德国排在第一位，希望能继续保持。金克尔外长在会见邹家华副总理时表示，德国迄今是中国在欧洲的最大贸易伙伴，德国希望能保持和加强这一地位。他这番话的意思是说，德国的目标不仅是保持而且要加强它作为中国在欧洲最大贸易伙伴的地位。

金克尔外长在记者招待会上对这次访问的成果做了如下的概括。他说，希望这次访问后，两国关系实现正常化。中国是世界上人口最多的国家，又是安理会常任理事国，在解决国际、地区问题方面有很大的分量。中国市场巨大，是世界经济发展的一个重要因素。德国是中国在欧洲最重要的贸易伙伴，德国对保持和加强这一地位很有兴趣。

金克尔这番话全面概括地指出改善和加强德中关系的必要性和重要性，以及他这次访华的成果，这是符合实际的。然而，他的这次访问在德国国内却引起了很大的争论，有些媒体批评金克尔放弃了把人权问题作为改善德中关系的条件，对中国做出了太大的让步。有的媒体还对金克尔赞扬中国的积极变化表示不满。

金克尔外长这次访华，正如他本人所宣布的标志着中德关系已经实现正常化。

他访华回国一个多月后，德国议会在改善对华关系方面做出了一个重要的决定。

德国是 1989 年北京政治风波后西方唯一由议会做出对华制裁决议的国家。联邦德国联邦议会两次通过对我国进行谴责和制裁的决议。联邦德国政府也决定停止向中国提供出口信贷担保，致使德中贸易的发展受到影响。1989 年中德贸易额为 49.88 亿美元，1990 年降为 45.3 亿美元，1991 年略升到 54 亿美元，1992 年为 64.7 亿美元。联邦德国议会这些决议使德企业对华出口受到伤害，引起德工商界的不满。钱外长 1992 年 3 月访德时特别向德方提出这个问题。钱外长访德后，德议会于 6 月 24 日决定取消对中国的出口限制。金克尔外长访华回国后，德国联邦议会于 12 月 10 日以多数票通过一项决议，取消其先前所做的“制裁”中国和限制对华合作的两项决议。要求联邦政府加强同中国的外交关系，同中国的经济关系正常化，并按德国制定的适用于所有国家的原则来处理同中国的发展和援助合作。

这项决议虽在人权问题上继续向中方施压，要求联邦政府敦促中国改善人权状况，但总的来说，这是德国逐步取消对华制裁、改善对华关系方面所采取的一个重要的积极步骤。这就为两国更高层领导人的互访即两国政府首脑和国家元首的互访扫清了障碍。

在西欧对华关系上一马当先

密集的高层互访

1993 年 11 月至 1995 年 11 月这短短两年时间里，中德两国进行了密集的高层互访。科尔总理连续两次访华，我国全国人大常委会委员长乔石、总理李鹏和国家主席江泽民先后访问德国。这些互访有力地推动了两国关系迅速和全面的发展，使之远远走在中英、中法关系之前，成为中国同西欧大国关系中最为突出的一对双边关系。

德国于 1990 年 10 月实现统一后，美、俄、英、法四大国占领军陆续从德国撤军，至 1994 年完全撤出，这使德国不仅从法律上而且从事实上彻底摆脱了战败国阴影的困扰，成为真正完全意义上的主权国家。这使它有可能开始施展从世界经济大国走向世界政治大国的抱负。而欧盟既是德国实现这一目标的基础，也是它赖以推进这一目标所需借助的平台。通过推动欧洲一体化建设，既使它在其中发挥主导作用，又借此来减轻欧洲其他国家对它的疑虑。为此，德国统一后就加紧推动欧洲一体化建设。1990 年 10 月 4 日，科尔总理在德国政府声明中强调“德国是我们的祖国，统一的欧洲是我们的未来”。随后，科尔政府提出建立欧洲统一大市场的白皮书，为欧洲内部形成一个人员、服务、商品和资本自由流通的大市场奠定了坚实的基础，对实现欧洲经济货币联盟产生极大的推动作用。1992 年，德国又联合法国，力促欧共体成员签署和批准了欧洲联盟条约，即《马斯特里赫特条约》，使欧洲一体化进入了以欧共体共同的外交与安全政策和内政司法合作为三大支柱的新阶段，欧共体改称为欧盟。

在致力于欧盟深化的同时，德国也努力推动欧盟的扩大。它积极推动与其关系密切的奥地利、瑞典和芬兰于 1995 年 1 月加入欧盟。后来，又通过三次扩大，欧盟从 15 国扩展到 28 国，人口从 3.4 亿增至 5 亿，2014 年其国内生产总值为 18.45 万亿美元，成为世界第一大区域组织联盟。

然而，鉴于德国对外侵略的历史，其他欧洲国家对德国始终怀有很深的戒心，更担心统一后的德国不断加强其政治地位，扩大其政治影响，成为欧盟事实上的霸主。为此，它们千方百计对德国加以防范和牵制。这是统一后的德国更需要谨慎应对的一个重大课题。

德国实现统一后，其政治地位逐步上升的同时，经济上却出现了严重的困难，西部地区经济步入衰退，东部地区经济社会转轨的难度远远超出预料。自

1990年起，德国政府连续多年每年向东部地区投入1000多亿马克，用于基础设施建设和社会保障，但东部地区的问题依然严峻。

1989年后，经过对我国几年的观察，特别是通过两国外长互访，德国政府领导层增加了对我国国内局势的了解，看到中国不但没有受到苏联解体的负面影响，反而因此使自己在国际上的地位和作用得到提高，中国的崛起已成不可阻挡之势。德国欲通过同中国改善和发展关系，以利于它在政治上寻求我国的理解和支持；同时，趁英、法同中国关系发生波折的时机，大力抢占中国的市场，迅速扩大同中国的经贸关系，以利于缓解它国内的经济困难。

就我国而言，当时我国同意大利、西班牙等南欧国家已实现政府首脑互访。我国同法、英两国关系先后出现重大波折。在这种情况下，推动中德关系取得改善和发展尤为重要。鉴于德国的地位和影响，争取同德国关系的突破，对于彻底打破西欧对华制裁具有决定性作用。德国有雄厚的工业基础和先进的技术，德国在中国投资的项目多为生产性的，对向我国转让技术的态度较为开放。引进德国的先进技术和经验，扩大同德国的经贸合作，也是我国推进经济建设所需要的。

1993年秋季，德国方面经过周密考虑，认为德国总理科尔访华的时机已经成熟。科尔以统一后的德国总理身份第一次访华，这是自1989年西方对我国制裁后，德国总理第一次访华，标志着德国对中国制裁的结束。

在科尔这次访华前，德国政府先是于9月在欧盟国家中率先提出以中国为重点的新亚洲政策，继而又于11月初派总理特使、德国外交国务秘书斯卡特鲁普来北京打前站。我同斯卡特鲁普举行了会谈。斯卡特鲁普告诉我说，他来京前同科尔进行了深谈，科尔总理请他转告中国朋友，他十分重视这次访问，希望双方能就加强政治、经济、科技文化等领域的合作广泛交换意见，争取在尽可能多的领域里达成协议。德方转达的科尔的这番话，就是科尔为自己这次访华定下的基调，希望尽可能多地拿到具体成果的急迫心情溢于言表。当然，争取在尽可能多的领域里达成协议，这也同中方的考虑相吻合。双方就此进行了具体商谈，为科尔访华成功进行了充分的准备。

11 月 15 日至 20 日，科尔率领 180 多人组成的庞大代表团访华。

一个多月后，我国全国人大常务委员会委员长乔石应邀对德国进行了访问。

时隔半年，我国李鹏总理应邀于 1994 年 7 月 3 日至 9 日对德国进行回访，这是我国同西欧大国关系上的一个重大突破。

一年后，即 1995 年 7 月 11 日至 15 日，我国国家主席江泽民应邀对德国进行正式国事访问，这是自 1972 年中德建交以来我国国家元首第一次访问德国。

1995 年 11 月，科尔总理率领 200 人组成的代表团访华。

我参加了科尔总理上述两次访华的接待工作，作为陪同人员之一，先后随同乔石委员长、李鹏总理和江泽民主席访问德国，参加了我国领导人同科尔总理的会谈和会见等活动。

科尔身材高大魁梧，当时虽已年过六旬，但精力充沛。他是德国资深政治家，1947 年加入基民盟，1973 年起任基民盟主席，1982 年起出任联邦德国总理，并两度连任，1990 年当选为德国统一后的第一任总理，1994 年又获得连任，后来在 1998 年大选中失利下台。他总共担任总理长达 16 年，是第二次世界大战后德国在任时间最长的政府总理。

他政治生涯中最大的成就莫过于在他担任总理期间结束了德国的分裂。在东欧、苏联局势混乱之际，他抓住机遇，推进并实现了德国的统一。他作为德国统一的功臣被载入德国的史册。

他重视对华关系，曾于 1984 年和 1987 年两次访华。东欧剧变苏联解体后，他对中国的国内局势及中国在国际上的地位和作用做出比较接近实际的判断，从而在对华关系上做出正确的决策。在同我国领导人的会谈中，可以看出他对华所采取的务实态度。

我国领导人十分重视做科尔总理等德国领导人的工作，同他谈得很深入、坦诚、透彻，晓之以理，动之以情。江泽民主席和李鹏总理均同科尔总理建立了良好和密切的工作关系。

七个方面的共识与成果

1. 当时，西欧国家对我国国内形势存在不少误解，以为中国只进行经济改革，不搞政治改革，而西方国家希望中国搞政治改革，也就是采用西方的三权分立、议会选举。当时西方媒体还散布“中国政局不稳论”，不时又制造将来中国强大了会对世界造成威胁的“中国威胁论”。

针对这些误解和错误论调，我国领导人向科尔阐述了中方的看法。强调指出，我国实行改革开放 15 年来已经取得了巨大成就，这一政策已经深入人心，将长期坚持下去。中国在进行经济体制改革的同时，也推进政治体制改革。中国进行政治体制改革的方向不是采用西方的模式，而是要建立适合中国国情的民主和法治。尽管我们在前进道路上还有矛盾和困难，但我们对发展前景充满信心。

科尔听后赞扬中国这几年发生的巨大变化，对中国根据自己的国情进行建设表示理解。他说，他怀着巨大的尊敬和钦佩，目睹了中国这些年来的发展。

我国领导人表示，西方有人散布“中国威胁论”。我们认为恰恰相反，如果中国不发展，才是对世界的威胁。科尔点头表示同意。

我国领导人指出，现在世界上有两种论调。一种认为中国政局不稳，现在的方针政策难以保持下去，存在领导危机；另一种则认为中国非常强大，对世界构成威胁。这两种论调都不对，以江泽民为核心的中央领导集体将继续贯彻执行邓小平的理论、方针和路线。

科尔表示，中国历史悠久、幅员辽阔，有伟大的历史，也有伟大的前途。中国有 12 亿人口，其稳定和发展不仅关系到中国自身的利益，也是整个世界的利益所在，中国的成功对世界至关重要，认为中国不稳定的人是愚蠢的。他对中国的稳定丝毫不担心。他非常钦佩邓小平先生的政策和取得的成就，希望这种政策继续下去。他一点也不理解认为中国强大会威胁别国的论点。

2. 中德双方就总的国际形势交换了意见，对世界向多极化发展有相似的看法。

我国领导人阐述了对世界多极化趋势的看法说，冷战结束后，人们关心世界和平能否保持下去。保持和平的关键是保持力量的平衡，如一个国家的力量过于强大，它就想统治世界，就不可避免地导致战争；如果只存在两个强国，也会产生冲突，冷战时期就是如此。如果世界上有四五个强国或国家集团，保持军事、经济力量的均衡，战争就打不起来。世界正处于重要的发展阶段，这就是向多极化发展的阶段。

科尔同意中方关于世界向多极化方向发展的看法。科尔说，世界正在发生重大的变化，世界上不仅只有一个强国，而是正出现许多强国。两个大国已经不能主宰世界了。欧洲力量明显上升，有3亿人口，无论在经济还是政治上，都具有重要的地位。拉美、北美、亚洲、中国、日本，还有俄罗斯都正在发生变化。

3. 关于中德两国在国际上的地位和作用的估计，双方有着近似的看法。

我国领导人指出，中德两国不仅在各自地区发挥重要作用，而且在世界上也有重要影响。科尔认为，21世纪中国将在世界上发挥巨大作用，德国也将对欧洲一体化进程产生重要影响。

4. 双方都强调重视同对方发展关系，对双边关系的定位在提法上有新的变化。

在这几次访问会谈中，对双边关系的提法，中方领导人先是提出，“我们愿意同德国在平等互利的基础上发展友好合作关系”，后来又提高到“同德国发展面向21世纪的全面合作关系”。德国总理先是提出“德国愿同中国发展长期可靠的伙伴关系”，后来又表示，“德中两国可以在所有领域建立特殊的关系”。这些提法上的变化反映出双方对两国关系重视程度的提高。

5. 关于台湾问题，1993年11月科尔访华时表示，德国自阿登纳时代以来一直奉行“一个中国”政策，不与台湾发展官方关系，不售台武器。

1995年7月江泽民主席访德期间，同科尔会谈时指出，中国一贯支持德国统一，也期待德国支持中国的统一事业。

科尔表示，中国是世界上少数一贯支持德国统一的国家之一，对此，德国永远不会忘记。科尔重申，德国将继续奉行阿登纳制定的一个中国政策，现在和将来都不会改变。他还说，尽管德企业界有人认为同台湾发展关系有利可图，但德国政府不能为了金钱而出卖原则。

1995 年 11 月，科尔访华期间同我国领导人会谈时，再一次重申德国将坚持一个中国政策。尽管德国国内也有其他声音，有不少诱人的东西存在，但我们不会改变，今后也不会变。

6. 中德两国高层互访有力地促进了两国在各个领域的合作。中德两国政府决定相互增设总领馆，中方在慕尼黑，德方在广州增设总领馆。

1993 年 11 月，科尔访华同李鹏总理会谈时半认真半开玩笑地说，尽可能多的合同才是最好的合作。李鹏总理笑着回应道，你的意思是多多益善。科尔点头表示赞同。那一次会谈中，科尔还特别向中方介绍德国在职业培训教育方面的经验。他说，德国的职业培训是世界上最好的。科尔这样说，并非言过其实，德国的职业培训的确被公认为是世界一流的。科尔接着说，上大学固然重要，然而能上大学的毕竟是少数。没有适当数量和质量的专业人员，中国就不可能实现自己宏伟的建设目标。德国愿与中方合作，双方成立工作小组。职业培训正是我国急需要加强的，中方接受了德方的这一建议。后来两国政府有关部门经过商谈，于 1994 年 7 月李鹏总理访德期间，双方签订了职业教育合作协议。

在江主席和李总理访德，以及科尔总理访华期间，每次中德两国有关部门和企业都签订了价值数十亿美元的协议和合同。

7. 随着大批经贸合同和协议的签署和落实以及德国对华投资的增加，中德两国经贸关系进入了一个快速发展的阶段。中德双边贸易从 1992 年的 64.71 亿美元增加到 1995 年的 137.1 亿美元。

后来，中德贸易长期保持两位数增长。2014 年中德贸易额达 1538 亿欧元，占中国对欧盟贸易的近 1/3，超过中英、中法贸易的总和。

上述高层互访表明，中德双方在世界向多极化方向发展和中德两国在国际上的地位与影响等重大问题上有着近似的看法，双方在政治和经济上都有加强相互关系的需要。这些共同点不是短期而是长期起作用的积极因素，为两国关系的进一步发展提供了坚实的基础和前进的动力。

奉劝西方政治家手不要伸得太长

另一方面，通过这些访问我们也清楚地看到双方在某些问题上的分歧。这些消极因素不时对双边关系的进一步发展造成干扰和麻烦。

1995 年 5 月，德国副总理兼外长金克尔不顾中方强烈反对执意会见了西藏分裂主义势力头目达赖。中方为此向德方提出了抗议。

鉴于金克尔在恢复中德关系方面所做出的积极努力，我国领导人仍耐心地继续做他的工作。

同年 7 月，江泽民主席对德国进行国事访问期间，同金克尔共进早餐。金克尔主动提及他会见达赖一事。他为自己辩解说，他是把达赖看作宗教领袖而会见的，同时他重申德国对西藏是中国领土的一部分不持异议。江主席向金克尔介绍了我国西藏在各方面所取得的成就，并阐述了中央政府对达赖的政策。金克尔对他会见达赖表示歉意。

次日，钱其琛副总理兼外长在同金克尔对口会谈时对他说，我们知道你对发展中德关系所做的贡献，但你会见达赖使我们很失望，因为达赖和一小撮分裂分子以及外来势力企图干扰和破坏中国的稳定。

李鹏总理于 1994 年 7 月访问德国期间各项活动都进行得很顺利，但在结束对波恩和柏林的访问后去图林根州时发生了一个意外的事件。

李鹏总理一行抵达图林根州的机场时，该州州长福格尔等出面迎接并陪同前往位于魏玛的歌德故居参观。当代表团抵达一条狭窄小路里面的歌德故居时，发现有少数人聚集闹事，而且人数越聚越多。

在由柏林去图林根之前，我们获悉在魏玛的歌德故居前有少数人要捣乱，中方立即向德国总理府和图林根州政府交涉，德国总理府和图林根州内政部国务秘书均承诺采取一切必要措施，并确保中国代表团的安全。

德国人一向办事认真严谨，德方既已做出这样的承诺，代表团就继续按双方商定的日程进行活动。但出乎我们意料的是，德方这次却食言了，并未兑现自己的承诺。我们发现，现在聚集在歌德故居外面一块空地上的人越来越多，并且不断喊叫，一片喧闹声，这已直接影响到代表团的正常活动。我遂向图林根州州长福格尔提出交涉，责问他德方为什么不履行自己的承诺，要求德方立即采取措施，保证代表团活动的正常进行和代表团的安全。福格尔州长显得很无奈，他解释称，这主要是该州社民党团主席和几个绿党议员等进行捣乱，该州警方无法对议员采取行动。另据了解，参加捣乱的既有反对前民主德国政府的人，也有出自党派斗争和对现政府不满而借题发挥的人。看来该州政府对局面有些控制不住。代表团不得不缩短在图林根的访问，提前两小时飞往下一站慕尼黑。

在去机场的路上，李鹏总理对陪同的图林根州州长福格尔说，尽管出现这些事，我们仍然是朋友，我邀请你方便时访华。

事后，正在法国访问的德国总统赫尔佐克发表谈话，对少数人在魏玛闹事提出批评。科尔总理托人向中方表示歉意，强调捣乱者是一小撮，他们不代表他本人的对华态度，也不代表德国政府的对华政策，更不代表绝大多数德国人的立场。他请求中方原谅。此外，我国驻德国使馆也收到一些德国人的电话和来信，这些电话和来信表示对在魏玛发生的事感到羞耻，并对中方表示歉意。

当晚代表团飞抵慕尼黑，出席了巴伐利亚州州长施托伊伯为李鹏总理举行的盛大宴会，顺利地完成对德国的访问。这次德国之行，尽管出现上述不愉快的事件，但无损于整个访问的成果。

在这些高层互访中，双方交锋最多的是人权问题。

人权问题一直是德方向中方施压的一个议题。从更广范围和更深层次上看，人权问题是西方用来对付不同社会制度国家的一个政治工具。它们往往以人权问题为借口，干涉别国内政，扶植别国国内不同政见者，以推进颠覆别国合法政府和社会制度的长远目标。实际上，这也是西方对华推行“西化”“分化”战略的一个组成部分。

自北京政治风波平息后，德方就一直借人权问题同中方纠缠不休，往往摆出一副教师爷的架势，指手画脚，盛气凌人。中方坚决反对德方这种干涉中国内政的做法，不断同德方进行说理斗争。

经反复较量，到中德恢复高层互访时，德方提人权问题已不像先前那样咄咄逼人，而是较为委婉。我国领导人耐心地全面阐述我国在人权问题上的立场和观点，在某些具体方面，争取到德方一定的理解。但总的来说，中德双方坚持各自的基本立场，不时也发生争执。实际上，这是一场长期而复杂的斗争。

科尔总理1993年11月访华同李鹏总理会谈时提出，他委托其随行的德外交部国务秘书卡斯特鲁普向中方递交一份名单。李鹏总理没有接他的茬儿，而是阐述了我国在人权问题上的原则立场，然后说，你所说的名单，可在下一级官员中谈。科尔表示同意。

会谈后，卡斯特鲁普向我递交了一份名单。我向他表示，这是我国司法部门的事，你们不能干预，明确拒绝了德方的无理要求。

不料科尔总理却在记者招待会上煞有介事地宣布，他们做了一件前人没有做过的事情，他向中方递交了一份名单，中国有关部门正在进行审核，但他认为，在看不到积极结果之前暂不公开。

李鹏总理1994年7月上旬访德同科尔会谈时，阐述我国在人权问题上的观点，指出：我国一向尊重人权，既承认人权的普遍性，又重视因各国历史背景、文化传统、社会制度和发展水平不同而产生的特殊性。李鹏总理通过介绍我国一百多年来遭受西方列强侵略欺凌的历史和列举当前西方国家在人权问题方面存在的问题，揭露了西方在人权问题上的虚伪。李总理指出，《维也纳人权宣言和行动纲领》，反映了人权问题的普遍性和多样性。已经站起来的中国人民决不允许别人借人权问题干涉中国的内政。中国的人口每年增加1500万，相当于原民主德国地区的人口，我们每年要花多少钱养活这1500万人！别的国家没有这个任务。我们不允许出现混乱，混乱意味着贫穷，稳定才可以有繁荣。

科尔说，他注意到李鹏总理最近在维也纳说过一句话，即中国愿意就人权问题进行对话。德国也愿本着友好的精神，充满信任和谨慎地同中国对话，以寻求建设性的解决途径。他常讲，中国人口众多，不能拿欧洲人的生活标准往你们身上套。

李鹏总理在会见德国社民党主席沙尔平时，沙尔平提出，希望中国政治发展符合国际上能够接受的标准，强调这与“干涉内政”没有关系，并希望我国释放被拘捕的罪犯。

李鹏总理批驳沙尔平说，德国在欧洲历史上有过光辉的业绩，曾出现过歌德、席勒、贝多芬以及几乎被你们忘记的马克思等许多伟大人物，但德国也曾在欧洲称霸一时，在欧洲历史上有过不光彩的一页，特别是在人权问题上。中国是尊重人权的。中国宪法明确规定了公民享有充分自由的权利。中国尊重“世界人权宣言”，积极参与了 1993 年《维也纳人权宣言和行动纲领》的制定，这个纲领既包括西方的一些人权观，也包含发展中国家和东方人的人权观。承认发展中国家首先应有生存权和发展权。人权，首先要有人，然后才有权。也就是马克思所说的，人只有吃饱肚子，能够生存，才可能从事文化、艺术等活动。

李鹏总理还指出，触犯刑律的人应当受到应有的惩处，是完全正当的。任何一个法治国家都是这样做的，也是无可指责的。我奉劝西方的政治家，要管好自己的事情，手不要伸得太长，不要去管别人的事情。中国知道自己应当怎样去管自己的事和怎样生活。

江泽民主席 1995 年 7 月中旬访德同德国总统赫尔佐克会谈时阐述了我国在人权问题上的立场。

赫尔佐克总统听后表示，德国希望中国保持稳定，理解中国强调集体人权。如果吃不饱饭，个人人权是得不到保障的。他对中国以世界 7% 的耕地养活世界 20% 的人口，从而保障基本人权表示敬佩。

江主席在同科尔总理会见时表示，在人权问题上，双方可本着相互尊重的原则进行对话，增进了解，反对在联合国人权委员会每年搞反华议案。

科尔总理一方面表示，他很重视中国的人权观点，了解中国稳定的重要性；但另一方面，他又以委婉的方式向中方施压。

科尔总理 1995 年 11 月中旬访华同李鹏总理会谈时，李总理再次向科尔指出，欧盟和美国连续五年每年在联合国人权会上提反华提案，中国人民对此非常反感。鉴于中德、中欧之间的良好关系，明年可否改变一下方式，不再搞这种提案，而改成双边对话，我们不反对对话，但不赞成搞对抗。

科尔表示，相信他可以在这个问题上发挥作用。

欧盟和美国连续五年在联合国人权会上提反华提案，连续五年遭到否决。后来从 1999 年起，欧盟在联合国人权会上不再提反华提案，而是同中方举行人权对话。

中方成功地打破了欧盟同美国在联合国人权会上对中国的联合施压，而通过双边人权对话，继续同欧盟在人权问题上进行周旋。又是十多年过去了，延续至今日，这种双边人权对话已演变成一场旷日持久的斗争。

第四章

中英关系跌宕起伏

英国在外交上一向以老谋深算著称，并长期坚持『台湾地位未定』的立场，罗伊尔虽然对其他问题表了态，但未正面表示不再支持任何形式的制造『两个中国』或『一中一台』的图谋。其中有没有暗藏的玄机，我方需要英方做进一步的澄清。

1995年11月，我参加接待德国总理科尔访华后，即将被派往伦敦，出任驻英大使。

我年轻时曾长期在驻英代办处和驻英大使馆工作。现在将再次回到伦敦，我的心情不免有些激动，引起我对多年前往事的回忆。

人生转折

我在中学求学时，那是一个朝气蓬勃、热火朝天大搞经济建设的年代。在普遍重视数理化的社会氛围中，许多同学都想将来学理工科。

我早就萌生一个念头，将来想做一名工程技术人员。然而后来才慢慢懂得，这只是个人的主观愿望而已。社会是复杂的，人生旅途不是笔直平坦的，现实生活往往充满变数。

我就读的是上海市榆林区长阳中学。这并非什么名校，而是一所20世纪50年代初才新建的中学。老师们责任心强，对学生既要求严格，又关心爱护。我们同学大多勤奋好学。

学校教育质量比较高。高中毕业时不少同学考入全国知名院校。

1960年高中毕业时我填写了志愿，报考清华、哈工大的自动控制系，以及北大的原子物理系。参加高考后去上海崇明岛农村劳动了三周。返沪后不久，我焦急地等来的不是所报考院校的录取信，而是出乎意料地被选为留苏预备生。

自己受中苏友好教育的熏陶，涉猎了不少俄国和苏联的现实主义文艺作品，对苏联充满了向往，能去苏联学习，感到异常的兴奋。我是全校唯一的留苏预备生，学校老师为我感到高兴和自豪，同学们投来羡慕的目光。我们全家人的激动自不待言。

就在这种亢奋的状态下，我于 8 月底的一个夜晚带着简单的行装，乘火车自上海于第三天清晨抵达北京。这是我有生以来第一次来到伟大祖国的首都。那天天气晴朗，太阳从东方冉冉升起，湛蓝的天空飘动着朵朵白云，阳光从云端射出一道道耀眼的光芒。北京火车站的钟楼响起“东方红”的悠扬乐声。我深深吸口气，沉浸在幸福之中。接待新生的校车经过巍峨的天安门城楼，沿着宽敞的长安街，把我们带到位于西郊魏公村的北京外国语学院留苏预备部。留苏预备生来自全国各地，共有 100 多人。我们报到后就开始熟悉情况安顿下来。

北京外国语学院是外语人才荟萃之地，在教师队伍中聚集了一批国内知名的外语权威和专家。学院规模不大，但教学设备齐全，环境幽静。学院分东、西两部分，分别称为东院、西院，中间为一条偏僻的乡间小路所隔，这条小路就是如今宽阔的苏州街。留苏预备部位于东院，院内绿树成荫，花团锦簇，我们都为能在这样优雅的环境中接受培训而感到高兴，一个个摩拳擦掌，准备大干一场。

然而不久，情况却发生了意想不到的变化。当时中苏关系正急剧恶化，苏联突然从中国撤回专家，撕毁合同，大批援建项目中途停顿。在这种形势下，向苏联派遣留学生的计划自然被打乱甚至撤销。我们这批人去苏留学的愿望顿时化作泡影，大家满腔的热情好像被泼了一盆冷水，骤然凉了下来。组织上决定将我们这批人转到北京外国语学院英语系学习。大家思想上虽有矛盾和纠结，但都服从组织安排，于是就转入英语系。

北京外国语学院英语系教师中有王佐良、周珏良、许国璋、克鲁克、伊瑟贝尔等一批国内英语权威和外国专家。学校治学严谨，对学生各方面要求很严，我们过着紧张而有序的校园生活。严格的英语口语训练为我们日后参加工作打下了基础。学习辩证唯物主义和历史唯物主义，教我们如何树立科学的世界观、观察事物处理问题运用正确的方法论。学习后我感到茅塞顿开，终生受益匪浅。

那几年正是我国天灾人祸造成的经济困难时期，食品供应异常紧张，国家对大学生给予特殊照顾，保证一定的口粮。即使这样，学校仍有不少同学得了浮肿病。由于我自幼家境贫寒，经历过有上顿没下顿的苦日子，这时我倒并不感到怎么难熬。大家物质生活虽然匮乏，然而在精神上却很富有和充实。那些年也是政治激情燃烧的年代。我们在北京郊区三间房人民公社参加社会主义教育运动，同农民同吃同住同劳动，白天下地干活，晚上开会开展社教运动，搞得热火朝天。

就在还有一年即将完成学业的时候，1964 年夏季，学院要我提前毕业留校，当我们年级的政治辅导员。学校老师的言传身教，给我印象很深，能当上一名“人类灵魂的工程师”，感到无上的光荣。此后我就从思想上做好了一辈子当教师的准备。

谁知世事难料。就在我当上政治辅导员刚一个多月的时候，英语系党总支书记通知我，调我去外交部工作，就这样，我的工作方向又突然发生了转变。

数年后，我了解到，留校当政治辅导员的同学，在后来的“文化大革命”运动中受到批斗，有的甚至遭遇虐待，受了不少罪，我却因调离外国语学院而躲过了这一劫。

我拿着通知书，很快去位于东单外交部街的外交部报到，在参加了短期培训班学习后，就被派往我国驻英国代办处工作。这是我人生的一大转折，从此决定了我今后一生的工作方向。

在西方的重要阵地

传奇人物熊向晖

我于 1964 年底赴伦敦，在我国驻英国代办处先当学习员，不久即转为使馆职员。一同去的还有王英凡等人。比我们早一年抵馆的吕聪敏到机场迎接我们。

后来，王英凡在国内参加“文革”后被派往别的使馆。吕聪敏回国后在部内美大司当参赞。几十年后，吕聪敏担任李鹏总理外事秘书、国务院外办副主任和全国人大常委会副秘书长。王英凡担任外交部副部长和我国驻联合国代表。我和吕聪敏、王英凡在年轻时分手后，各自转了一大圈，最后竟然又一起在全国人大外事委员会共事，这真是缘分。

我国驻英国代办处位于伦敦西区的普特兰街 49 号，这是一处闹中取静的地方。驻英代办处门前的这条街是连接牛津广场和摄政公园的一条宽阔的大街，在靠近摄政公园的这一段名叫“普特兰街”，而靠近牛津广场的另一段名叫“格兰汉姆街”。牛津广场处于伦敦最繁华的牛津街和摄政街的交汇处，名为广场，实际上只是一个十字路口而已。从我国驻英代办处到牛津广场和摄政公园，均只有步行七八分钟的距离。驻英代办处馆舍是一座四层楼的古建筑，被列入伦敦文物保护的范围。这里曾是清政府驻英公使馆的所在地，后为国民党政府驻英使馆。英国同新中国建立外交关系后，英国政府将这座馆舍转交给我国政府。我们在驻英代办处工作期间，使馆同志在图书馆发现有一地下室，里面存有不少清政府和国民党政府驻英使馆留下的文件档案，使馆专门将这些珍贵的文件档案送交中央档案馆。驻英代办处因馆舍不够，除普特兰街 49 号外，还新买了普特兰街 31 号一座楼房，当时正在施工改建。此外，在离代办处大约有十五分钟行车路程的梅得维尔 42 号还有一座公寓楼，我们新到使馆的同志就住在梅得维尔 42 号，每天早晚坐班车上下班。

当时与我国建立外交关系的欧洲国家屈指可数。我国驻英国的外交代表机构虽然是代办处，但部门齐全，人员相当多，是我国在西方国家中一个重要的据点。

英国虽然在 1950 年 1 月就宣布对新中国的承认，但建交谈判迟迟没有进展。1954 年日内瓦会议期间，周恩来总理同英国艾登首相经过商谈达成协议，于 1954 年 6 月 17 日建立代办级外交关系。但此后由于英国仍一直配合美国阻挠恢复我国在联合国的合法席位，推行“两个中国”政策，中英关系长期一直维持在代办级关系。我国驻英国第一位常驻代办是知名的国际问题专家宦乡，

1962 年起由熊向晖接任。

我们到驻英代办处后，在食堂用餐时远远看到熊向晖常驻代办，他中等身材，脸色微黑，很少说话。代办处年轻人都有些怕他，有时远远看见他从楼梯走下来，我们就赶紧绕开躲避，生怕同他直接相遇。

熊向晖代办拟派我们几个人去牛津大学学习，但未能实现，我们不得不就近在伦敦找个一般的学院学习了一段时间。不久，因人手紧张就索性把我们留在代办处工作。

熊向晖代办亲自出面召集我们几个人谈了一次话。要我们几个人轮流在代办处不同部门分别工作一段时间，然后再转到别的部门。他强调，这样安排对年轻人有好处，年轻人切不能眼高手低，一定要认真做好每一件具体工作。我先分配在领事部办护照签证，继而在办公室搞礼宾交际，后来又去研究室学习办案和研究英国内外政策。这段时间我们接受了外事工作的初步训练，也使得我们对代办处的运作有所了解。

吕聪敏在办公室负责礼宾交际工作，他回国休假期间，他的工作由我临时接替。在此期间，我经常陪熊代办会客和外出活动，充当翻译，有机会近距离接触熊代办。

有一天，我接到一个从法国打来的国际长途电话，说是要找熊向晖代办本人说话，并通报了她的姓名。我向熊代办报告后，他眉头一皱，把手一摆，要我告诉对方他不在。作为刚参加工作不久年轻幼稚的我，对熊代办这一做法感到有些纳闷，对自己同志怎么能这样。过了很久，在一个偶然的机会，我才了解到熊代办这样做的原因。原来这位来电话的同志平时对自己要求不严，常提出一些令人为难的要求。熊代办不愿同这种人打交道。

我陪熊代办会见外宾时，常带一个本子，并用笔做记录。熊代办不止一次嘱咐我要少用笔记，多用脑子记。有一次我陪他去英外交部，回代办处后他要我将双方谈话内容写份电报报回国内。当晚我将起草好的电报交给机要室送熊代办审批。机要员告诉我，熊代办自己已经动手写好电报并已发出，我当即意识到这是熊代办有意给我锻炼和实践的机会。

有一回我陪他乘火车去苏格兰。这是我第一次在英国坐火车，也不知道座铺卧铺是什么样子。我找到头等车厢我们的座位号，就请随后跟来的熊代办坐下。不一会检票员来查票，发现我们坐错了车厢，这是头等座铺车厢，就领我们穿过几节车厢到了头等卧铺车厢。安顿下来后，熊代办没有责怪批评我，但我很长时间感到内疚。

通过这几件事，我对熊代办原先的印象逐渐改变，对他的为人开始有所了解。

熊代办从未对我们说起过他过去的经历。直到“文化大革命”期间，我才知道熊代办的严肃和沉默寡言同他过去的经历不无关系。

“文革”期间，驻外使馆回国的同志集中在外交部东楼搞运动。驻英代办处战斗队派人外出调查熊向晖代办的历史。有一天，周恩来总理传达毛主席的指示说，熊向晖立过功。毛主席的指示一言九鼎，战斗队也就停止了对熊代办的审查。

熊向晖出身名门望族，他父亲曾任湖北高等法院刑庭庭长。熊向晖 1936 年在清华大学读书时就秘密加入中国共产党，后来遵照周恩来同志指示到时任国民党第一军军长胡宗南的部队“服务”。胡宗南后来任国民党第八战区和第一战区副司令长官和司令长官。熊向晖从 1939 年至 1947 年 5 月任胡宗南的侍从副官兼机要秘书。熊向晖以他的才华赢得了胡宗南的信任和器重，成了胡宗南的亲信。在关键时刻，熊向晖不止一次将胡宗南企图闪电式武装袭击延安和陕北的作战部署及时报告党中央，为保卫党中央、粉碎胡宗南进攻陕北的计划立了大功。当时，胡宗南对熊向晖并未产生怀疑，按原计划派熊向晖去美国留学。但在熊向晖抵美一个月后，国民党通过破获我党北平地下电台，追至西安，逮捕了熊向晖的联系人，胡宗南才意识到熊向晖可能是共产党。后来，熊向晖在美国通过苏联驻美使馆同党中央取得联系，并在建国前夕回国。

知道他的经历后，熊代办在我心中的形象变得高大，我们对他愈加尊敬。可惜我没有能继续在他手下工作，“文革”后他没有再返回伦敦。70 年代初，熊向晖作为周总理的助手，参加了中、美重大外交活动；我国恢复在联合国的合法席位后，他担任中国出席联合国大会的中国代表团代表；1972 年任中国驻墨西哥首任大使，回国后任中央调查部副部长；80年代任中国国际信托投资公司党组书记、副董事长。

其间，我同熊向晖同志曾时有联系。70年代末他陪王震同志访问英国，点名要我随行。当时西欧司因已安排我另有任务，故选派别人前往。我从香港回京后，同熊老曾多次见面，这时他已重病缠身。有一次我去他家看望他。他家陈设非常简朴，家具都是旧的。2004年我去看望他时，他谈兴很浓，谈话间不时流露出他对毛泽东主席和周恩来总理的无限景仰和怀念之情。他谈到60年代初他参加接待英国蒙哥马利元帅访华期间，毛主席曾提到，将来中英升格大使级外交关系时，要熊向晖出任首任驻英大使。这是他第一次向我透露此事。后来不知什么原因他未去英国而去墨西哥出任大使。显然，他对此是有些遗憾的。那一次我们谈了一个多小时，哪知这是最后一次见面，熊老于2005年9月9日在北京病逝。毛主席于1976年9月9日辞世，在29年后的同一天，熊老随他所崇敬的毛主席而去，也许这是巧合。我怀着悲痛和景仰的心情去八宝山公墓参加了熊老的遗体告别仪式。

两国关系陷入破裂边缘

我去驻英代办处工作时，正值英国工党威尔逊政府刚上台执政。威尔逊政府在1964年至1970年执政期间，除派贸工大臣贾维访华外，同我国几乎没有什么往来。1966年我国国内开始“文化大革命”。1967年外交大权一度旁落三天。极“左”思潮给对外工作带来影响和冲击。那一年，香港发生反英抗暴斗争，港英政府大肆镇压逮捕了大批香港爱国同胞。我国也关押了一些在华英国人士。两国关系因此急转直下，双方交涉、抗议接连不断。

有一天，工党政府外交大臣布朗召见沈平临时代办，沈平刚落座，布朗就以严厉的口吻向中方提出抗议，快速讲完后就起身拂袖扬长而去，根本不留任何时间和机会给沈平做回应。此后，沈平为了防止类似情况的发生，每当对方说完一段话，就马上打断对方，表明中方的立场。对方下一段话刚说完，再插话补充做出回应。这一招果然奏效，以后英方就不再搞这种无意义的小动作了。

然而中英关系继续恶化，竟然由“打嘴仗”发展成“武斗”。我国驻英代办处后门是车库，英国警察用车子把后门堵死，代办处人员同对方交涉无效。对方还经常挑衅，碰撞我方人员，甚至掏出手枪进行威胁。我们代办处员工不得不奋力反抗，双方动起手来，大打出手，幸好没有发生人员伤亡。第二天英国各报纸在头版刊登了这场暴力冲突的大幅照片。那时我刚离英回国不久，事后才得知详情。8 月的一个夜晚，我正在外交部东楼，突然从窗户看到东方远处火光冲天，浓烟滚滚。第二天消息传来，原来是有“红卫兵”放火，烧毁了位于光华路的英国驻华代办处的办公楼。这是一起严重的涉外事件，损害了我们国家的形象，对外造成恶劣的影响。此时，中英两国关系几乎到了破裂的边缘。

1966 年，我们驻英代办处同志根据国内指示，分两批回国参加“文革”。第一批以熊向晖代办为首的代办处大部分同志先行回国，原计划参加“文革”后几个月就回来，然后是其余同志回国。可是第一批同志回北京后，何时返回就一直杳无音信。我属于第二批，我们一直焦急地等待着消息。直到 1967 年 7 月中旬，我们才接到通知让我们回国。哪知我们刚回到北京，中英两国由于关系急剧恶化，双方都宣布冻结对方代办处人员离境。如果我们再晚两天动身，就被“冻结”在伦敦回不来。为此，我们暗自感到庆幸。

我在北京东单外交部街的外交部大楼里参加“文革”一年多，1968 年 10 月又派回驻英代办处在研究室工作。由于代办处人手少，我既要办理双边关系中政治类的案子，又要研究英国内外政策，并且兼任馆长的翻译。我的宿舍也从梅得维尔搬到代办处本部，住在楼上一间约七八平方米的斗室里，经常加班加点，工作到深夜。

熊向晖常驻代办回国后，代办处一直由沈平政务参赞担任临时代办主持馆务。

沈平原是一位知识分子，参加革命后赴延安就读于陕北公学和延安自然科学大学部，后来任中央交际处保卫科长，新中国成立时调入外交部，曾任驻日内瓦总领事。

沈平同志个子不高，为人稳重，说话慢条斯理，有主意，有见解。有一次，沈平要我起草一份给外交部的报告，我在报告里如实写了代办处的工作情况和取得的成绩。沈平看了稿子后拿起笔来把成绩这一段全部删掉，并对我说，向部里报告不要讲自己的成绩，这样不好。通过这件事，我对沈平临时代办的敬佩油然而生。

沈平临时代办后来调回部里，先任亚洲司司长，后担任驻意大利大使。

我参加工作初期，熊向晖常驻代办和沈平临时代办是我接触到的代办处两位主要领导，他们两位的为人、水平、作风，以及对年轻人的培养爱护一直铭刻在我的记忆之中。

昔日帝国的外交战略调整

我们去英国时，正值我国经过三年困难时期后经济刚刚有所改善。但总的来说，我国当时仍是短缺经济，各种商品都很紧张，粮食、糖果、棉布以及许多工业品一律都实行凭票供应。

而英国是经济高度发达的国家。我们抵达伦敦时，希思罗机场候机楼的规模和繁忙，以及从机场到市区宽阔的高速公路都是我们前所未见的。伦敦是世界大都会、国际金融商业中心，非常繁华。代办处距离牛津街和摄政街交叉路口的牛津广场只有一箭之遥，这两条大街上高档商店林立，商品琳琅满目，街上彩灯高挂，不同肤色的行人川流不息，一派繁荣景象。那时我们国家经济困难，外汇紧张，驻外使馆人员待遇很低，每月发给的津贴很少。我们除了去一般商店买些牙膏牙刷和肥皂等日用品外，大的商场从不敢问津，只是在星期日商场关门休息时，我们去街上散步偶尔驻足瞅一下商店的玻璃橱窗，代办处同志相互开玩笑，这叫“橱窗购物”。

然而，随着时间的推移，我们对英国繁华表面背后所隐藏的深层次的问题也逐渐有所了解。

英国 19 世纪曾经是世界头号强国，经历了几乎一个世纪的鼎盛时期。到 20 世纪初，大英帝国的殖民地遍布全球五大洲，总面积约为英国本土的 100 倍，人口约为英国本土的10倍。大英帝国成为人类历史上罕见的“日不落帝国”。

然而，物极必反，盛极而衰。人类历史上任何一个大帝国都不可能永远保持兴旺昌盛，总有一天会衰落下去。大英帝国也逃脱不了这一客观规律。19世纪末，英国的工业生产已为后起的美国所超越，到20世纪第二次世界大战后，英国的世界霸主地位已为美国所取代。

英国在第一次世界大战特别是第二次世界大战中遭受惨重的损失，元气大伤。第二次世界大战后，民族解放运动风起云涌，遍布世界各地的英国殖民地纷纷独立，大英帝国的基础受到动摇，国力逐渐衰落，20世纪50年代它同法国一起入侵埃及遭到惨败，这是衰落的一个重要标志。然而，它依然在海外维持大量军事基地和驻军，英镑继续作为国际储备货币，英国仍竭力维持着世界大国的地位。这时，英国像《红楼梦》里的贾府，表面上富丽堂皇，繁花似锦，但内囊早已经空虚。

20世纪六七十年代我在英国工作期间，英国政府几经更迭。从1964—1970年的工党威尔逊政府，到1970—1974年的保守党希思政府，再到1974年工党政府重新上台执政，先是威尔逊后是卡拉汉担任首相，1979年，又由保守党撒切尔政府取而代之。我目睹了英国政坛的风云变幻、工党和保守党之间的循环往复、一批又一批政治人物的更替和沉浮。

在这期间，英国经济继续走走停停，工潮不断，困难重重。为刺激出口、缓解国际收支危机、遏制持续恶化的“英国病”，工党威尔逊政府被迫于1967年11月宣布英镑贬值。

当时，英国在外交上的处境正如前美国国务卿艾奇逊所说，“英国丧失了帝国，却未找到自己的位置”。这一段时间，也正是英国在外交战略上进行痛苦调整试图寻找自己定位的时期。

20世纪60年代是英国殖民体系彻底瓦解的时期。第二次世界大战后，英国昔日遍布世界各地的殖民地一批又一批宣告独立。随着这些殖民地的独立和国际形势的发展变化，英国对南亚、东南亚、中东和阿拉伯地区的控制力和影响力大大下降。到60年代，英国在非洲、亚洲、南太平洋以及加勒比海地区的殖民地和保护国纷纷摆脱了英国的统治，宣布独立。至此，英国昔日的殖民体系彻底解体。英国凭借英联邦组织把这些新独立的国家维系在一起，英国在其中发挥主导作用，但随着国际形势的变化和英国在国际上的影响力下降，英联邦也越来越松散。

由于英国殖民体系的结束和英国国力的衰落，英国再也无力在海外维持大量的驻军，英国决定在防务上实行收缩。1968 年 1 月，威尔逊政府宣布从苏伊士运河以东撤军的决定。1970 年上台的希思政府鉴于当时苏联海上力量迅速膨胀的态势，暂时放缓了从苏伊士运河以东撤军的进度。到 1974 年上台的工党政府执政期间才最后完成了从苏伊士以东撤退转而向欧洲收缩的进程。由于英国在军事上的撤出，它在亚洲和中东地区再也不能像以往那样发挥作用，英国作为世界性大国也随之开始了向欧洲大国的转变。

英国在外交政策上的调整过程相当曲折和复杂。

英国传统的对欧洲大陆的政策是自视为全球性大国，它要凌驾于欧洲大陆国家之上，在它们之间纵横捭阖，防范和阻止任何一个欧洲大陆国家在欧洲称霸。出于这一政策考虑，它在“二战”后不愿成为普通的欧洲国家，故而拒绝加入欧洲联合进程。当法国、德国、意大利、荷兰、比利时和卢森堡等六国组成欧洲共同体时，英国则组织瑞士等欧洲七国成立小自由贸易区与之抗衡。时至 50 年代末 60 年代初，欧共体显示出勃勃生机和活力，小自由贸易区难以相匹敌，而英国国力继续衰败，德、法两国在经济总量上先后超过英国。面对这一趋势，英国反复权衡，最终做出了痛苦的抉择，决定调整战后一直奉行的对欧洲的政策，转而向欧洲靠拢。

1961 年 8 月，麦克米伦政府提出加入欧共体的申请。英国既想加入欧共体，又想同美国继续保持特殊关系。而法国则认为，英国申请加入欧共体同英国与美国保持特殊关系这两者之间难以调和，英国不应在这两者之间骑墙，而必须从中做出选择。加入欧共体遇到的另一个难题是英国如何处理同其他英联邦国家的传统联系。英国加入欧共体必然要影响到英国同其他英联邦国家的经贸关系，特别是影响到英国从这些国家继续进口廉价的农产品。而英国则想尽可能少受影响。英国派出以掌玺大臣希思为首的代表团同欧共体举行谈判，谈判非常艰难并陷入僵局。就在这时，法国总统戴高乐公开否定了英国的申请。英国并未就此放弃，提出不能把“不”当作是对英国申请的答复。工党威尔逊政府于 1967 年 5 月再次提出加入欧共体的申请。然而这一次申请又再次遭到戴高乐将军的否决。

英国同欧共体之间的僵持局面直到希思政府上台才出现转机。英国第三次提出加入欧共体的申请。希思早就提出，英国的前途在欧洲，他出任首相后，决心对英国外交政策做出重大调整，他适当拉开同美国的距离，把英美关系的定位从“特殊关系”淡化为“天然关系”。此时，法国戴高乐将军已辞去总统职务，而新当选的蓬皮杜总统鉴于英国态度的变化，尤其是出于钳制实力日益增长的德国的考虑，遂改变了对英国申请的态度。英国同欧共体经过艰苦的谈判终于达成协议，英国于 1973 年 1 月正式成为欧共体的成员。

然而，英国国内，特别是工党对谈判结果，尤其是农业方面的安排存在争议。工党威尔逊政府 1974 年上台后又同欧共体重开谈判，经过近一年的激烈讨价还价，双方才达成妥协。1975 年 6 月，英国政府经过公民投票决定仍留在欧共体。至此，标志着英国外交重点转向欧洲的历史性调整宣告完成。

我在驻英代办处工作期间，目睹了英国衰落过程中这些外交战略上的重大调整。英国作为一个世界一流的强国，它的衰落并没有像历史上有的大国那样突然崩溃，而是经历了一个漫长的历史过程。直至今日，英国在国际上仍保持它作为二等强国的地位和影响力，这是一个值得深入研究和探讨的课题。

洪流冲走“台湾地位未定论”

20 世纪 70 年代初，英国政府同我国新到任的驻英临时代办裴坚章就两国互派大使问题举行商谈，那时我作为助手和翻译，有幸参与了这一过程。

英国是第一个宣布承认新中国的西方大国。它早在 1950 年 1 月 6 日就宣布承认中华人民共和国政府为中国“法律上之政府”。但经过 20 年，中英两国迟迟不能建立完全的外交关系，主要障碍是英国在台湾问题上采取错误的立场。

1950年在北京举行的中英两国建交谈判中，中方明确提出建交的先决条件，要求英国政府先行解决它同台湾蒋介石集团的关系。但英国当时不愿完全割断同台湾当局的关系，仍保留在台湾淡水的领事馆，在联合国继续反对驱逐蒋介石集团的代表。英方虽承认中华人民共和国政府对香港的中国国家财产具有执行管理之全权，但事后又违背这一承诺，阻挠在香港宣布起义的中国和中央两家航空公司的70多架飞机飞回大陆，并非法、无理地将这些飞机判给“美国民用运输公司”所有。事实证明，英国政府并不肯接受我国提出的合情合理的建交条件。不久朝鲜战争爆发，英国追随美国，出兵参加朝鲜战争，并对我国实行禁运，中英建交谈判就此搁浅。但英方谈判代表并未撤走，而是继续留在北京，中英两国联系渠道也未完全隔断。

1953年，朝鲜战争实现停战，国际形势趋于缓和。1954年，在第一次日内瓦会议期间，英方主动向中方提出，希望同中方探讨中英关系问题。由于英方没有改变在台湾问题上的立场，两国不可能建立正式的外交关系，但为了响应英方改善关系的愿望，周恩来总理同英国艾登首相商定，两国建立代办级外交关系，并就此于1954年6月17日发表了公报。从此，中英两国向建立外交关系的方向迈出了一步，但长期仍处于半建交状态。1961年联合国大会上，英国玩弄两面手法，一方面投票支持苏联提出的恢复中国在联合国合法席位的议案，另一方面又投票赞成美国提出的把中国代表权问题作为重要问题需经联合国大会三分之二多数通过才能做出决定的议案。英国一直坚持这种两面态度，一直到70年代初才出现松动。而英国态度的松动同当时国际形势的发展变化有关。

保守党希思政府1970年6月上台后，正值美国酝酿调整对华政策的时候。尼克松总统上任时，美国对中华人民共和国推行了20多年的孤立和敌视政策已遭到明显的失败。中国并未被孤立，国际地位和影响反而逐步提高。美国由于深陷越南战争的泥潭，国内反战运动风起云涌，不得不进行战略收缩，而苏联却乘机向外扩张。美国为了寻求从越南脱身，并扭转它同苏联争霸的被动局面，正转而谋求同中国接近。美国国家安全事务助理基辛格于1971年先后秘密和公开访华，尼克松总统于1972年2月对中国进行了历史性的访问，持续了20多年的中美关系的僵持局面被打破，开始走向实现中美关系正常化的复杂而曲折的过程。美国对华政策这一重大调整，引起一系列连锁反应，导致国际关系格局的深刻变化。

在这种情况下，英国唯恐落后，不得不改变它的对华政策。

而1969年中苏在珍宝岛爆发军事冲突后，苏联对我国安全的直接威胁加重。为了抗衡苏联，我国的对外战略也正在酝酿着重大的调整。我国也需要改善同美、英等西方国家的关系。

在希思政府上台前夕，英外交部助理次官威尔福德于1970年4月访华，向中方提出，英国政府希望同中国改善关系。

1970年5月1日，毛泽东主席在天安门城楼上接见了英国驻华临时代办谭森，向他表示，“祝英国发展，请问候女王陛下”。毛主席这一表态向英方传达了一个十分重要的政治信息。我国政府根据毛主席这一谈话精神，妥善处理了火烧英国驻华代办处的善后事宜，并释放了被关押的英国记者格雷等人。

同年10月1日我国国庆时，英国打破了过去多年不向我国发国庆贺电的惯例，由希思首相向我国发出国庆贺电。几个月后，港英当局也释放了一些被拘捕的香港爱国同胞。

中英双方的上述步骤使两国关系得到进一步的转圜。

1970年10月、11月，我国先后宣布同加拿大和意大利建交。英国外交部远东司司长摩根随即向中方表示，现在同中国签订类似中加、中意建交公报那样措辞的协议，把目前中英关系升格为大使级，对英方来说没有困难。

1971年1月中旬，裴坚章临时代办去拜会英外交部驻议会次官罗伊尔时，罗伊尔正式向裴坚章提出，英愿意同中国互派大使，希望我方做出答复并建议在伦敦商谈。

罗伊尔是英外交部分管对华关系的主要官员，他的职务相当于我国外交部副部长或部长助理。他正式向中方提出愿就升格大使级外交关系同中方举行谈判的建议。但这仅是一个原则性的建议，他并未阐述涉及的有关具体问题。

两天之后，英首相希思在访问印度期间发表讲话。希思在讲话中主动提到恢复中国在联合国的代表席位问题。希思说，“要想孤立中国并把它排斥于世界政坛之外，肯定是一种错误。”他接着明确表示，“北京应当占有中国在联合国中的席位。北京待在联合国之外的时间越久，我们所面临的紧迫问题就越难解决。”希思首相的这番话实际上就解决中国在联合国的席位问题表示了倾向性的意见。

3 月 2 日，周恩来总理在北京接见了英国驻华代办谭森，全面阐述了我国政府关于中英互换大使问题的立场。

3 月下旬，裴坚章临时代办去会见罗伊尔，裴代办按外交部指示答复说，关于互换大使问题周总理同谭森谈话时已把我国政府的态度说得很清楚，问题的关键是英国政府能否奉行独立政策，在恢复中国在联合国合法权利和撤销英国在台湾领事馆两个问题上不再采取“脚踏两只船”的态度。如果英国在这两个原则问题上明确改变态度，两国建立完全的外交关系就没有障碍。

关于我国提出的英国在两个原则问题上采取“脚踏两只船”的态度，一是指英国在恢复中国在联合国合法权利问题上，一方面投票支持主张驱逐蒋介石集团、恢复中国合法席位的阿尔巴尼亚提案，另一方面又投票支持所谓恢复中国席位系“重要问题”需联合国三分之二会员通过的美国提案；二是指英国一方面承认中华人民共和国政府为中国合法政府，另一方面英国仍在台湾淡水保留领事馆。

此后，英国的态度进一步明朗化。6 月下旬，罗伊尔约见裴坚章临时代办。罗伊尔表示，英国政府愿意直截了当地接受中方提出的两个原则条件。接着他交给裴代办一个书面文件，在书面文件中最关键的是做出两项实质性承诺，即中方同意交换大使，英将采取步骤撤销英国驻台湾的官方代表机构；英国政府不打算支持关于中国在联合国代表权的“重要问题”的议案，也不打算支持任何旨在推迟中华人民共和国在联合国代表席位的程序。罗伊尔还提出，英拟任命艾迪斯为驻华大使，征求我方意见，并附交一份艾迪斯的简历。

裴坚章外交经验丰富，他又追问罗伊尔，这是否意味着英不再赞成和支持任何形式的制造“两个中国”或“一中一台”的图谋。罗伊尔回答说，英继续支持阿尔巴尼亚的提案，赞成驱逐蒋介石集团、恢复中国在联合国的合法席位，不再支持“重要问题”需要三分之二多数通过的程序。

英国在外交上一向以老谋深算著称，它在上述两个原则问题表了态，但罗伊尔未正面表示不再支持任何形式的制造“两个中国”或“一中一台”的图谋。其中有没有暗藏的玄机，我方需要英方做进一步的澄清。更加重要的一点是，英方长期坚持“台湾地位未定”的立场，这次在表述中回避了对台湾地位问题的表态。

英国是“台湾地位未定论”的始作佣者。英国外交部发言人于 1949 年 9 月表示，台湾实际上已经归还中国，因它已为蒋介石军队所占领。但 1950 年朝鲜战争爆发后，英国外交副大臣杨格又否认台湾已归还中国。随后英国正式提出台湾法律地位未定论。英国承认自己受 1943 年《开罗宣言》和 1945 年《波茨坦公告》的约束，认为台湾应归还中国，与此同时，又提出台湾的法律地位需待缔结对日和约时最后确定。1965 年和 1966 年，英国驻联合国代表在联大辩论表决中国代表权问题时，投票赞成恢复我国在联合国的合法席位，同时鼓吹台湾法律地位未定。1971 年 5 月，英国苏格兰事务副大臣还声称台湾地位未定。鉴于上述情况，要求英方明确对台湾地位问题的态度就显得十分重要。英国是《开罗宣言》和《波茨坦公告》的签字国，它有义务明确承认中国对台湾的主权。而如果让英方含混过去，就可能为西方反华势力进行台独分裂活动提供托词和借口。对于这个重要问题需要同英方进行讨论并得到解决。因此国内决定在北京同英方进一步谈判。

从 1971 年 7 月中旬起，中英双方在北京就升格大使级外交关系问题举行谈判，中方谈判代表是乔冠华副外长，英方谈判代表先是谭森代办，后是艾惕思代办。

中方在北京谈判中要求英方澄清它在台湾地位问题上的立场。

这时，英国外交部驻议会次官罗伊尔约见裴坚章临时代办表示不满。他说，裴坚章过去向他提出过两个问题，英方的答复已远远满足了中方的这两个条件，现在乔冠华在北京又提出台湾地位问题这个新因素。然后他把话锋一转说，英方虽然对此感到遗憾，但仍决定在北京同中方继续商谈。

罗伊尔埋怨中方提出新因素，言外之意是指责中方节外生枝。

裴坚章当即批驳了罗伊尔的指责，指出，中方提出这两个原则问题，其实质就是台湾地位问题。

随后台湾地位问题就成为在北京谈判中的重点议题。

针对英方重弹中方提出一个新因素的论调，中方进一步严肃地指出，这不是什么新因素，因为中方提出两个原则性问题的含意和出发点就是必须承认台湾是中国领土不可分割的一部分。

英方还埋怨说，中国同加拿大和意大利等国建交谈判中都没有提台湾地位问题，为什么对英国要外加新的要求。中方有力地指出，英国与加拿大、意大利等国不同，英国是《开罗宣言》和《波茨坦公告》的签字国，有责任和义务明确承认中国对台湾的主权。中方还进一步指出，台湾地位未定论，无论从法律观点还是从政治观点都是站不住脚的。1945 年 7 月促令日本投降的《波茨坦公告》就明确规定，“《开罗宣言》之条件必将实施”。当时的中国政府接受了日本投降，这就完成了《开罗宣言》的条件。1949 年蒋介石集团逃到台湾后，台湾问题就成为中国的内政而不牵涉法律问题。这一点连当时的美国政府也是承认的。

中方在谈判中要求英方承认台湾是中华人民共和国的一个省，要求英方就今后不再提倡台湾地位未定论做出保证。在商谈保证措辞过程中，英方一再玩弄文字游戏，提出模棱两可前后矛盾的措辞，中方对英方的花招保持高度警惕，坚持自己的立场。双方经多次反复磋商，最后英方才就今后不再使用台湾地位未定的措辞，今后不宣传、不提倡台湾地位未定，也不从事这类活动，做出内部保证，并就具体措辞达成了一致。

谈判历经 8 个月，终于在 1972 年 3 月上旬全部达成协议。

在中英谈判期间，即 1971 年秋季联合国大会上，英方改变了过去脚踏两只船的态度，公开声明美国双重代表权政策不符合联合国宪章，四次投票反对美国及其追随者企图阻挠恢复我国合法席位的提案的动议，投票支持阿尔巴尼亚提案。英方以上述行动履行了早先对中方所做的承诺。有鉴于此，在最后发表的联合公报稿中删去了有关内容。

关于英方就台湾地位问题所做的内部保证，多年后，我得到一个消息称，英国对改变台湾地位未定问题上的立场，当时外交大臣霍姆态度积极，但遭到当时英司法方面最高负责人检察长的反对，最后还是由希思首相亲自拍板才定下来的。关于英国在 1971 年秋季联合国大会上的投票取向，是由霍姆外交大臣决定的。英国事先将自己的投票意向通知了美驻英大使艾纳伯格。艾纳伯格大使请示国内后答复英方表示反对。但霍姆外交大臣表示英国立场已定不能再改。

中英双方于 1972 年 3 月 13 日在北京和伦敦同时公布了中华人民共和国政府和大不列颠及北爱尔兰联合王国政府关于两国关系升格的联合公报。

联合公报全文如下：

一、中华人民共和国政府和联合王国政府一致确认，互相尊重主权和领土完整、互不干涉内政和平等互利的原则，决定自 1972 年 3 月 13 日起将本国派驻对方首都的外交代表升格为大使。

二、联合王国政府承认中国政府关于台湾是中华人民共和国的一个省的立场，决定于 1972 年 3 月 13 日撤销其在台湾的官方代表机构。

三、联合王国政府承认中华人民共和国政府是中国的唯一合法政府。

中华人民共和国政府对联合王国政府的上述立场表示欣赏。

在联合公报中，最关键的一句话是第二段第一句，即联合王国政府承认中国政府关于台湾是中华人民共和国的一个省的立场。这就是英国终于明确了台湾的法律地位，台湾是中华人民共和国的一个省。

中英两国在经过 18 年的代办级关系后终于建立了大使级外交关系，从而使两国关系揭开了新的一页。

在发表建交公报的当天，英国外交大臣霍姆在英国下院回答议员有关台湾地位问题的质询时表示，联合王国政府承认中国政府关于台湾是中华人民共和国的一个省的立场。中国政府和台北都认为，台湾是中国的一部分。英国在开罗和波茨坦都曾主张台湾应当归还中国，这一观点没有改变。英国认为，台湾问题是中国的内政，要由中国人民自己解决。

霍姆做上述表态时，希思首相也在场。

第二天，英国报纸和广播、电视对中英升格大使级外交关系普遍表示欢迎。大多数报纸评论认为，英国承认台湾是中华人民共和国的一个省，台湾问题是中国的内政，应由中国人民自己解决。这意味着英国已放弃了台湾地位未定的立场。英政府法律顾问被洪流冲到一边去了。

3 月 13 日中午，英外交部驻议会次官罗伊尔出面在兰开斯特宫举行宴会，庆祝中英升格为大使级外交关系。兰开斯特宫是英国政府举行正式会见和宴请活动的地方，类似我国北京人民大会堂。宫内装饰精致，金碧辉煌。

裴坚章和使馆其他同志包括我本人应邀出席。应邀出席的还有英朝野政要及社会知名人士。

罗伊尔在致辞中赞扬升格大使级外交关系是英中两国关系中的历史性事件。裴坚章在致答词中赞扬中英关系从此掀开新的一页。工党影子内阁代表哈罗德·利弗讲话中对保守党政府这一决定表示欢迎，并意味深长地指出，这是今年来保守党政府在对外政策上第一次得到工党的赞许。

终于走上正常化轨道

宋之光大使到任

中英两国升格为大使级外交关系后，我国首任驻英大使宋之光到任。

宋之光大使原籍广东，年轻时曾留学日本，回国后参加革命，在新四军工作。新中国成立后调入外交部，先后任外交部西欧司副司长、驻法国使馆政务参赞、驻民主德国大使。他在英任职五年，1977 年回国后，任外交部部长助理，然后出任驻日本大使。

宋之光大使为人正直，平易近人，关心同志。我在他手下工作从他身上学到很多东西。此后多年我一直同他保持联系。他离休后，我经常去他家看望他。

在过去中英处于代办级外交关系时，中英两国几乎没有什么高层往来，相互了解也就更谈不上。随着外交关系的升格，中英两国发展关系的各方面条件已经成熟。

从国际上来说，美、苏两个超级大国争霸的态势已发生变化。美国由于越南战争的失败，国内反战情绪高涨，经济困难，被迫收缩战线，在战略上转取守势。而苏联利用这一机会向外扩张，1968 年出兵捷克斯洛伐克，随后加紧向波斯湾、南也门和非洲索马里推进，直接危及英国在这些地区的残存利益。与此同时，苏联在中苏边境和蒙古增加驻军，陈兵百万，并对外放风要对我国有限的核设施施行“外科手术”，一举加以摧毁，这对我国的安全构成了严重威胁。中英双方在抗衡苏联的扩张势头方面有比较多的共同语言。

从英国对外关系看，英国已接近完成对欧洲政策的调整。1973 年 1 月，英国同爱尔兰、丹麦一起正式成为欧共体的成员。欧共体从最初的六国扩大到九国，标志着西欧联合趋势的发展。在我国看来，西欧是抗衡美、苏两个超级大国的一支重要力量。我国从全球力量平衡考虑，积极支持英国加入欧共体，支持西欧联合强大。

中英之间仍有香港这个历史遗留问题。香港对中英双方来说都很重要。英国在香港有重大经济利益，英国通过同香港的贸易和在香港的投资赚取大量利润。香港的外汇储备存在伦敦，在英国黄金外汇储备中占有相当的比重。香港也是英国在远东的重要军事据点。在新中国成立后几十年来，我国对外进出口贸易主要通过香港转口来进行，香港也是我国主要外汇来源地。在我国国内“文化大革命”期间，受极“左”思潮影响，对港工作一度出现失控现象。在此之后，我国采取措施，逐渐处理和解决后遗症。我国的立场是：香港是历史遗留问题；解决香港问题要同英国谈判，不会采取突然行动，而且现在也不会谈判；但是我们要求英方释放在押的香港爱国人士，制止蒋介石集团特务在香港的活动，并要制止苏联及其他国家利用香港搞情报据点。英方为稳定香港，对中方的要求采取合作的态度。

当时我国对外贸易额相当少。英国同我国的贸易量虽然不大，但在 20 世纪 60 年代末 70 年代初，英对华贸易额在西欧国家中仍占第一位。英国希望扩大对华贸易，而我国当时虽想多引进一些英国的先进设备和技术，但受支付能力的制约，增加进口仍有一定的限度。

总的来说，中英两国在国际问题上的共同语言增多，双方在政治上和经济上都有改善关系的现实需要。

外长互访的融冰之旅

两国开展高层交往的第一步是实现两国外长互访。历史上英国外交大臣从未访过华。而新中国成立后的 20 多年中，我国同英国连大使级外交关系都没有，自然就谈不上我国外长访英了。

在宣布升格为大使级外交关系的当天，英国外交大臣道格拉斯·霍姆在英国下院公开表示他希望访华。半年后，霍姆以 69 岁高龄于 1973 年 10 月底至 11 月初访华。正如他自己所强调的，他是英国历史上第一位对中国进行访问的外交大臣。

霍姆中等身材，瘦削的脸庞，说话语速很快。他出身苏格兰的贵族世家，20 世纪 60 年代中期一度担任首相，后来在希思政府里担任外交大臣。

霍姆访华期间，姬鹏飞外长同他举行了会谈。周恩来总理会见霍姆，同他做了长谈。霍姆转达了希思首相对毛主席和周总理的敬意，并向周总理提出，希思首相希望有机会访华。周总理当即表示欢迎。周总理称赞希思是一位年轻有朝气的首相。那时希思首相年仅 56 岁，正是年富力强大有作为的时候。

除会谈会见外，霍姆还兴致勃勃地在北京进行了参观游览，并去上海参观。

在结束访问前，霍姆在英国驻华使馆举行的记者招待会上表示，中方主人对他接待的热情和英中双方会谈的广度和深度均远远超出英方的预料。他来华前，英中之间的坚冰已经融化，现在融化的水已经变成温水，使他和中方可以一起在其中游泳。

霍姆这次访华，毛主席没有会见他，这一点当然会引起记者的注意和关心。有位记者提了一个显然使霍姆难堪的问题，即为什么毛主席没有会见他。其实，在霍姆启程访华前夕，宋之光大使专门设宴为他饯行，霍姆外交大臣提出，他非常尊敬毛主席，希望访华期间能有机会拜会毛主席。我们随即将霍姆这一要求报告国内。事后从西欧司主管处得知，国内考虑到中英关系的重要性和霍姆外交大臣的资历，已做了毛主席会见霍姆外交大臣的准备。但哪里知道霍姆系英国贵族，一派绅士气派，他本人以为既然已在伦敦向中国大使提出，抵京后就无须再提，如重复，则有失体面。而几乎同时访华的法国外长舒曼不仅在巴黎向我国驻法大使提出会见毛主席的请求，而且到北京后又加以重申。结果毛主席会见了舒曼，而没有会见资历比舒曼深得多的霍姆。对此，霍姆内心一定会感到遗憾的。然而，他毕竟是一位外交家，他并没有向中方流露丝毫的不悦。他同样以绅士风度回答了记者的提问。他说，他同中国外长四天的会谈和同周恩来总理的长谈，毛主席一定都已知道了；毛主席只会见舒曼外长，其他外长如德国外长谢尔等都没会见，可能是为了平衡吧。当然，他并不了解真正的原因，我们事后当然也不便向他言明。

时隔半年，姬鹏飞外长对英国进行了回访。这是中国外长第一次访英。霍姆外交大臣破例亲自去机场迎接，并在伦敦近郊一座有着500多年历史的王宫汉普顿宫举行了盛大的欢迎宴会，宴会前专门安排姬外长检阅了仪仗队。

姬鹏飞在宴会上致答词中强调，自从中英两国升格大使级外交关系以来，两国关系在政治、经济、文化等各方面都得到了进一步的发展。

姬鹏飞在英国外交部大楼里同霍姆举行了两次正式会谈，并去唐宁街10号会见了希思首相，双方谈得相当融洽。姬外长正式转达了周恩来总理对希思首相的访华邀请。希思表示很高兴接受邀请。在希思看来，中英两国都是从世界角度看问题，所以在许多问题上看法相似。希思还谈到欧洲共同体的扩大对欧洲和世界都具有重要作用，现在英国致力于加强欧洲的统一和独立。英方在会谈中还流露出对苏、美垄断世界事务倾向的不安。英方强调，英国主张，欧共体应该发展成为一个经济、政治和防务上的实体，在世界上发挥作用；英国也乐于看到中国在世界上发挥作用。姬鹏飞表示，毛主席和周总理都赞赏英国加入欧共体，我们希望看到一个在经济、政治和防务上强大独立的欧洲，这对世界有好处。在双边关系方面，英方表示，同意向中国出售VC10客机和斯贝军用发动机，也可考虑向中国出售垂直升降的鹞式飞机。随后，我国向英国购买了一批VC10客机。后来王震同志又专门访英，向英方购买了30台斯贝军用发动机。

姬鹏飞外长访英下榻于离驻英使馆不远的丘吉尔旅馆。在英方举行欢迎宴会的前一天晚上，我和办公室主任向姬外长汇报，英方没有邀请随姬外长访问的处级工作人员参加欢迎宴会。姬外长听后流露出不快的神情，并生气地说，如果是这样的话，明天他也不去参加。第二天清早，我们使馆就收到了英国外交部礼宾司送来的给代表团全部处级工作人员的请帖。我们推测，可能是英方事前疏忽所致；也可能是英方通过在姬外长客厅里安装的窃听器听到了他的表态，而赶紧采取的补救措施。究竟是哪种可能，谁也说不准，也无法做进一步了解，但最终结果还是我们所希望看到的。

老骥伏枥的蒙哥马利元帅

1972年底，使馆接到国内指示，要宋之光大使去看望蒙哥马利元帅，面交周恩来总理的一封信。

我国计划于1973年在伦敦大英博物馆举办出土文物展，这是首次在西方国家展出。由英国泰晤士报业集团负责筹划和主办。《泰晤士报》是英国最有影响力和最具权威性的报纸，普遍认为是英国政府的喉舌。当时泰晤士报业集团的老板是汤姆森，主编是汉密尔顿。汉密尔顿在“二战”期间曾在蒙哥马利元帅麾下担任过中校营长，他曾多次同我们谈过他在蒙哥马利元帅手下服务的故事。

蒙哥马利元帅是“二战”期间叱咤风云、立下赫赫战功的英国将领，他担任英国第八军团司令。1942年他在北非阿拉曼战役中打败希特勒的隆美尔将军，并把隆美尔赶出埃及；1943年迫使德军在突尼斯投降；他还率军攻占西西里岛，在意大利本土登陆；1944 年他率领英国和加拿大军团横扫法国北部、比利时、荷兰和德国西部；1945 年 5 月 4 日在占纳堡荒原接受德国北部军的投降；“二战”后他一度担任英帝国总参谋长；1951—1958 年任北约军队副司令。

蒙哥马利元帅关心中国，曾于 1960 年和 1961 年两次访华，同毛主席和周总理做过长谈，熊向晖和当时担任外交部西欧司副司长的宋之光参加了接待。毛主席曾亲笔写了一首词《水调歌头 · 游泳》赠送给蒙哥马利元帅。蒙哥马利元帅在北京公开发表他关于解决当时世界问题的三项原则：一是他主张承认只有一个中国；二是承认有两个德国；三是世界各国军队都撤回本国去。在当时的国际形势下，各方对承认两个德国虽有共识，但美、英等国鼓吹“两个中国”，美、苏、英、法等国在国外都派有驻军，他提出这些主张的针对性是显而易见的。他公开在北京提出这些主张，我国对此表示完全支持。

1972 年 10 月，泰晤士报业集团老板汤姆森和主编汉密尔顿访华。周恩来总理接见他们时，他们向周总理面交了蒙哥马利元帅写给毛主席和周总理的两封信。蒙哥马利在信中表示他对毛主席和周总理的敬意和问候，信中还特别提到，毛主席赠送给他的亲笔书写的词是他最为珍贵的收藏。

蒙哥马利元帅写这两封信的主要目的是向毛主席和周总理介绍汤姆森和汉密尔顿，希望毛主席和周总理能接见他们。这是西方社会高层对外交往中常用的做法。对方一般在动身访华时就向中方提出希望能会见中国领导人，他们要当面转交某某给中国有关领导人的信件，我国有关部门则视情况做出处理。

我国驻英使馆接到国内指示后，就约好汉密尔顿同宋之光大使一起于 1973 年 1 月去蒙哥马利元帅家。我随同前往。

蒙哥马利元帅家住伦敦近郊的一处农庄，主要建筑是一栋三层楼的农家房子，两旁各有一两间平房，并附有磨坊，中间是一空地。我们抵达后，汉密尔顿领我们直接去主人二楼主卧室去见蒙哥马利元帅。

蒙哥马利元帅当时已是 85 岁高龄，身体欠佳，用靠垫倚着坐在床上。他脸庞瘦削，但眼睛仍炯炯有神。宋之光大使向他说明来意，强调我们是按照毛主席和周总理的指示来看望他的，向他转达毛主席和周总理对他的敬意和亲切问候，并向他面交了周总理给他的信，把信件全文向他陈述一番。

周总理在信中说，毛主席看了你的来信，很高兴，托我写信问候你这位老朋友，感谢你对中国和他本人的好意和关怀。信中还说，我们得悉你身体欠安，毛主席和我都十分关切，祝愿你早日恢复健康。

信中还特别提到，我还清楚地记得你1961年在北京提出的一些原则。不管当时许多人对你有什么看法，现在可以肯定，越来越多的人，包括当时的一些反对者，正在逐步接受这些原则，你为此可以感到欣慰。

信中最后说，我国古代一位政治家和军事家曹操有一首诗说“老骥伏枥，志在千里；烈士暮年，壮心不已”。我殷切希望你能以你特有的勇气战胜疾病，为世界和平做出更多贡献。我盼望再次有机会在中国接待你。

这封信写得情真意切。

蒙哥马利元帅当时神志清楚，听后颇为感动，他不断回忆叙述他60年代初访华的情景，并请宋之光大使向毛主席和周总理转达他的崇敬和问候。后来在谈话中间，我们渐渐发觉，他对过去的事情尤其是他当年访华的情景虽然记得很清楚但对近期的事已记不清。他问毛主席和周总理好吗？宋大使回答说，毛主席和周总理都很好。过一会他又重复同样的问题。宋大使再次作答。不一会儿他又不断反复提问。经过几个来回，看到他这样的健康状况，我们不便久留，汉密尔顿先生也用眼神示意我们可以告辞，于是宋大使就向蒙哥马利元帅告别。

随后汉密尔顿先生带领我们去参观蒙哥马利家的主屋两旁的配房。在主屋两旁的平房里，一边屋里停放着蒙哥马利元帅在“二战”期间使用过的指挥车，这是一辆比普通卡车稍长但装有顶篷和铁皮墙的车子，上面有一张卧床和通信设备。另一边平房里陈列着他战时使用过的一些物品。

后来，我国出土文物展于1973年在大英博物馆举办，希思首相亲临参观，展览在伦敦乃至整个英国引起轰动，取得巨大成功。

三年后，蒙哥马利元帅于1976年3月25日病逝，终年88岁。

蒙哥马利元帅去世后，他一直珍藏的毛主席赠送给他的亲笔题写的词竟被公开拍卖。我们从报纸上得到这一消息时深感惋惜，由于我们得到消息时为时过晚，已无力挽回，否则我们会向有关部门反映，竭尽全力把它买下送回国内。毛主席这首词原件究竟流落何处，我们也不得而知。

首相访华一波三折

中英两国外长互访后，下一步就应该是筹划更高层次领导人的访问了。然而在安排英国首相访华问题上进行得并不顺利，而是一波三折。

不言而喻，西方国家领导人是为他自己国家和所属政党利益服务的，然而在治国理政的风格表现上往往各有不同，有的不失为政治家，有的只是政客而已。政客往往鼠目寸光，其立场常为一时一事的眼前利益所左右，朝三暮四；而政治家则具有战略眼光，不仅顾及当前，更考虑长远，其大政方针则显现出一定的连续性。

希思首相属于政治家之列。他在 20 世纪五六十年代曾历任劳工大臣、掌玺大臣、工业贸易和地方发展大臣；60 年代初曾主持英国申请加入欧共体的谈判工作，被认为是坚定的欧洲派；60 年代中期出任英国保守党领袖后，在美国哈佛大学演讲时提出，他力主推进西欧联合，西欧应同美国建立更为平衡的关系，而英国的前途在欧洲。他出任英国首相后就致力于这些政策主张的实施。

希思的这些政策主张同当时我国关于支持西欧联合平衡美、苏的原则立场相吻合。正因为这样，我国对希思首相访华十分重视。中英双方进行磋商后宣布了希思首相访华具体日期。可就在这时，英国国内局势却出现了令人意外的发展。

希思在外交上取得了重大成就。他冲破重重阻力，历经艰难，推动英国加入欧共体取得了成功，实现了英国外交重点转向欧洲的历史性转变；在对华关系上也取得了突破，建立了中英大使级外交关系。然而他在内政上却遇到多年来罕见的麻烦：生产停滞、通货膨胀严重、失业率居高不下；北爱尔兰局势持续动荡；国内工人罢工更是此起彼伏，搞得希思政府焦头烂额。

这时我们驻英使馆正在为希思首相访华做最后的准备。宋之光大使计划在

1973年年底动身回国陪同希思首相访华。12月中旬，宋大使派我先行回国，参与有关工作。不料我抵京去外交部西欧司刚投入准备工作，西欧司却突然接到使馆的报告称，希思首相由于国内工人罢工和中东局势引起的能源危机，不得不推迟访华，推迟至何时视情况发展而定。于是我又赶紧返回使馆。

不久，英国国内局势的发展又出现了新的变数。1974年3月，英国提前举行大选，结果保守党失利，希思政府下台。而在西欧联合问题上摇摆不定和对华态度比较消极的工党领袖威尔逊重新上台执政。新上台的威尔逊政府忙于同欧共体重开谈判，双方争论不休，英首相访华一事更是束之高阁。

希思在首相任上未能实现他访华的夙愿，所以他希望以保守党领袖的身份去中国访问。不忘老朋友是我国政府的一贯传统，我们当然欢迎希思先生到访。于是他作为我国半官方机构中国人民外交学会的客人于1974年5月下旬至6月初访华。我国政府给予希思以很高礼遇，同他在首相任上访华相差无几。毛泽东主席和周恩来总理分别会见；邓小平副总理同希思举行了三次会谈，并为希思举行欢迎宴会。除北京外，希思还去上海、西安、昆明、广州参观。中方对他接待之隆重，出乎希思的预料，他对中国之行非常满意。

希思返回英国不久，去英海滨城市出席一年一度的保守党年会。而使馆恰巧派我去参加这次年会。由于我同希思秘书联系有关希思访华的具体事宜，在年会期间，希思身为保守党领袖和前首相请我这个年轻外交官同他共进午餐。他兴致很高，不断流露出他对毛主席、周总理和邓小平副总理的尊敬和钦佩之情，对中方的接待一再表示非常满意。此次访华后，希思又十几次访华，成为中国人民的好朋友。

1976年，工党领袖威尔逊辞去首相职务，由卡拉汉继任。

卡拉汉长期从事工会工作，在党内颇有威望。他曾在工党政府里先后任财政大臣、内政大臣和外交大臣。他出任首相后任命他的女婿欧文为外交大臣，有人对此有非议，指责他任人唯亲。他理直气壮地出来回应说，他不是任人唯亲，而是举贤不避亲。后来人们发现欧文确有能力，这种非议也就逐渐淡化和停息。

卡拉汉在发展对华关系上态度比威尔逊积极。

1978年10月中旬黄华外长访英。我于1977年底调回国后，任西欧司一处副处长，这次陪同黄华外长访问。

黄华外长会见了卡拉汉首相，同欧文外交大臣举行了会谈，并会见了英前首相希思等。

这次访问解决了双方驻对方使馆馆舍的修建问题。我方位于普特兰街49号的馆舍已有100多年的历史，早已成危楼。我方向英方申请重新修建，但英方以该馆址系历史性建筑，属文物保护范畴而一直拖延不批。我方后又提出可维持馆舍外表不变，内部按我方工作需要改建，英方也一直置之不理，一拖就是十多年，直到这次黄华外长访英前，英方才正式同意我方这一方案，同时提出希望增建英驻华使馆办公楼。我有关部门同意。后来，我国驻英使馆旧馆舍拆建工程于80年代完工，驻英使馆得以迁回普特兰街49号办公。

双方在会谈中讨论了政府首脑互访问题。卡拉汉表示欢迎华国锋总理访英，黄华外长则重申了华国锋总理对卡拉汉首相的访华邀请。卡拉汉首相表示他愉快地接受邀请。随后，卡拉汉曾三次计划访华，却都因故未能成行。

半年多之后，英国于1979年5月举行大选，工党落选。卡拉汉像希思一样，带着未能在首相任上访华的遗憾下台。

英国在职首相访华真可谓“好事多磨”，先是保守党的希思，继而是工党的卡拉汉，都未能在首相任上成行，先后历经十年，直到1982年9月英国首相访华才终于得以实现，那已是在保守党领袖撒切尔首相任职期间。撒切尔首相访华时，可惜我无缘参与接待，因为那时我已在美国进修。

两国关系进入一个新阶段

1979年7月我陪宋之光部长助理会见英国驻华大使柯利达。柯利达奉命提出香港新界租约问题，说新界租约为期99年，将于1997年6月30日到期，现在离1997年只有十几年时间，这涉及投资者利益问题，英方想允许新界土地契约可以跨越1997年。9月，宋之光正式答复柯利达，希望英方不要这样做，因为这不符合我们的政策。

一个多月后即10月底至11月初华国锋总理访问英国期间，英方在会谈中又重点谈了新界土地契约期限问题。

华国锋总理访问英国。这是新中国建立以来我国总理第一次对英国进行正式访问。

此时英国已由保守党撒切尔政府执政。保守党政府对此访高度重视。华国锋这次访问系政府首脑访问，而不是国家元首访问。通常情况下外国政府首脑访英，英方只派部长级高官去机场迎送，女王也不出面，这次华国锋总理去访时，不但撒切尔首相亲自去机场迎送，而且女王设午宴招待并陪同华国锋总理参观白金汉宫，这些都是罕见的。伦敦城市长晚宴规模之大也是少有的。难怪英国媒体报道称这次“几乎给予正式国事访问的全部礼遇”。

华国锋总理同撒切尔夫人会谈中，双方除就当时许多重大的国际问题特别是对苏联战略态势问题坦率地交换了意见外，主要讨论了中英双边关系问题。

英方主动提出，愿向中方出售种类广泛的防务装备，如中国愿意购买垂直升降的鹞式飞机，英亦愿出售。在卡拉汉任首相时，英方就向中方表明了这一态度。这是英方对我国友好的表示，表明英方对我国的政治信任度增强。中方对英两届政府顶住苏联的压力做出向我国出售鹞式飞机的决定表示赞赏，并说明我们想把武器采购工作搞得快一些、好一些，但同时要考虑自己的支付能力。

英方要求就解决英国在新中国成立前的在华资产问题举行谈判，实际上是想要中方做出赔偿。中方把英方这一要求顶了回去，说明了我国在这个问题上的原则立场。对北洋政府时期的债券和蒋介石政府欠下的债务，我们一概都不承担偿付的责任。至于涉及英国公民的私人不动产和个人财物，这个问题比较复杂，我们还需要进行调查研究，然后准备解决。与此同时，中方提醒英方，我们也要提出英方在香港没收和非法处理新中国政府的财产问题，包括宣布起义的中国和中央两家航空公司的飞机问题。至于土地，新中国建立后，我们已宣布所有土地收归国有。

英方着重谈了关于新界土地契约期限问题，这是英方第一次在这样高层的会谈中提出这个问题。英方鉴于租借新界期限到1997年6月30日为止，希望中方同意将新界土地契约期限可以延长至1997年6月30日之后。这是涉及我国领土主权的重大原则问题，中方当然不能同意。华国锋总理同撒切尔首相会谈时，卡灵顿外交大臣表示，在新界土地契约问题上，中国政府如果不能接受英方的建议，英方就不打算按此计划做下去，请中方能考虑一下，用什么其他办法解决。

华国锋总理表情严肃地表示，中国政府是经过认真研究才做出答复的。在领土问题上，中国政府需要很慎重，并重申，将来在解决这个问题时，中国政府总会同英方商量的。无论怎样解决，是会照顾到投资者利益的。

撒切尔首相在出席华总理在我国驻英使馆举行的答谢宴会上致辞说，通过华总理这次“历史性访问”，“已把我们共同的利益提高到新的水平，并为今后进一步发展这些利益打下了稳固的基础”。

英方在这次访问中提出香港新界租约期限问题，实际上是试探我国关于解决香港问题的立场和态度。香港问题对我国来说，这是一个涉及国家主权和尊严的重大问题，香港的地位和命运同我们整个国家的地位和命运紧紧相连。

中国近代史上由封建社会沦为半殖民地半封建社会，鸦片战争是一个重要的转折点。1840年英国发动鸦片战争，强迫腐败的清朝政府于1842年签订《南京条约》，永久割让香港岛。1856年英法联军发动第二次鸦片战争，英国于1860年迫使清朝政府签订《北京条约》，永久割让九龙半岛。1898年英国又乘西方列强在中国划分势力范围之机，强迫清朝政府签订《展拓香港界址专条》，租借新界地区。中国沦为外受西方列强欺侮宰割、内受封建统治压迫剥削的半殖民地半封建社会，中华民族陷入了深重的苦难，人民处于水深火热之中。中国人民始终不承认英国依据不平等条约对香港的非法占领。在第二次世界大战期间，蒋介石国民政府曾要求英国归还香港，但遭到英国的拒绝。由于国力虚弱，只得退缩屈从。

华总理这次访英后，我国有关部门组织专门班子，就如何解决香港问题进行了全面深入和大量的研究，最后邓小平同志提出用“一个国家，两种制度”的构想来解决香港问题。从1982年9月起，我国同英国经过大约两年的激烈斗争和艰苦谈判，终于就解决香港问题达成协议，英国同意于1997年7月1日将香港归还中国。这是我国外交上的一个重大胜利。

1984年12月19日，中英两国政府签署了解决香港问题的联合声明，从此中英两国关系进入了一个新的阶段。

1986年10月12日至18日，英国女王伊丽莎白二世应李先念主席的邀请对我国进行了为期一周的国事访问。这是历史上英国君主第一次访问中国。这次访问具有重要的象征意义。

英国发动鸦片战争时，正是英国维多利亚女王统治时期。现在在解决香港问题后由维多利亚女王的第五代继承人来中国访问，对我国来说，这是结束那一段屈辱的历史；对英国来说，这意味着，它届时将同那一段不光彩的殖民统治时代彻底告别。所以中英双方对这次访问都高度重视。

伊丽莎白二世是1952年继位、1953年登基的。她既是英国国家元首，同时她还是澳大利亚、新西兰、加拿大、牙买加等十多个英联邦国家的元首。她登基以来曾访问过许多国家。她举止庄重，谈吐得体，谨慎小心，对外一般不谈政治，在英国民众心目中很有威望。她在英国国内出席有关公众活动，往往受到民众的自发欢迎。

英方为显示英国君主的排场和豪华，女王访华的陪同人员队伍庞大，其中包括女王丈夫菲利普亲王，英外交和联邦事务大臣杰弗里·豪爵士和夫人等36人，随行记者200多人。女王还携带皇家远航豪华游艇“大不列颠”号和护卫舰“约克”号来华，分别停泊在上海和广州码头。

我国给予英女王热情友好和高规格的接待。钓鱼台国宾馆第18号楼刚刚改建装修完毕，我方安排英女王作为第一位国宾在此下榻。当时，我方对外国国宾的接待工作已进行了改革，简化了礼仪，但为了给予英女王隆重的接待，我方做了破例的安排。女王抵达钓鱼台时，2000名群众列队欢迎，吴学谦国务委员兼外长全程陪同。

10月12日下午，女王及其随行人员分三批抵达。先是英外交和联邦事务大臣杰弗里·豪乘班机抵京，继而是女王丈夫菲利普亲王乘专机抵达，最后是英女王乘专机抵达北京首都机场。吴学谦外长等迎接。在由机场到钓鱼台国宾馆的路上，女王一路上情绪很高，特别注意沿途正在建造的新建筑。下榻国宾馆第18号楼后，她称赞18号楼极其美观。菲利普亲王还对吴外长说，这应该是他第二次来中国，1945年他在英皇家海军服役，曾驾艇在香港与新界之间巡逻，有一次不慎误入中国领海。

在北京期间，李先念主席同英女王会见，并在人民大会堂为女王举行了盛大的欢迎宴会。邓小平主任、胡耀邦总书记分别同女王会见。国务委员姬鹏飞和吴学谦外长分别同杰弗里·豪举行了会晤。

李先念主席对女王来访表示热烈欢迎，指出，女王这次访问是历史上英国国家元首第一次访华，是中英关系史上的一个里程碑，对促进中英两国关系和两国人民之间的友谊将起到重要的作用。

伊丽莎白女王表示，这次能来中国访问非常高兴，实现了她长久以来的愿望，英国人民对她这次访问抱着很高的期待。

在李主席为女王举行的欢迎宴会上，女王在致答谢词时说，她一直热切地盼望着这次访问，现在她能够亲眼看到中国的实际情况，真是比千言万语所能表达的都要好得多。英国人民极为钦佩中国在农业、工业、教育、公共卫生以及科技方面取得的进展。她认为，英中关系“比以往任何时候都更加密切，这在很大程度上要归功于我们共同为香港前途而设计出的解决办法”。

邓小平主任在钓鱼台养源斋会见女王，并设午宴招待。邓小平主任说，中英两国历史上有点纠葛，香港问题解决以后，两国所有的纠葛都消失了，现在要做的事情就是发展两国和两国人民之间的友好交往，增进两国人民之间的友谊。

女王表示，近年来英中关系发展得很好，两国合作使事情顺利进行是很重要的。

席间，邓小平主任在谈话中提及第二次世界大战期间英国首相丘吉尔时，给他以很高的评价，说丘吉尔可以称得上是一位伟人。菲利普亲王说，可惜丘吉尔在世时没有受到应有的尊重。

菲利普亲王这句话事后引起我的联想。丘吉尔总是以嘴上叼一根粗大雪茄的形象出现在公众面前和电视镜头上。他年轻时曾在布尔战争和印度当过战地记者，后来改行从政。在20世纪30年代，他不断奔走呼号，大声疾呼，坚决反对当时英国首相张伯伦的对德国希特勒的绥靖政策。后来事态的发展证明了他的正确。当希特勒疯狂发动侵略战争，一个个欧洲国家纷纷沦陷，英国也面临直接威胁的危急关头，丘吉尔于1940年临危受命，组建战时内阁。他在议会发表了著名的演讲，他说："我所有能奉献的，只有热血、辛劳、眼泪和汗水。"这句话后来成为全世界知晓的名言。他还用最精练的语言宣布战时内阁的政策和目标。他说，政策是"在海上、在陆地上、在空中与敌人作战"；目标，"那只有一个词：胜利"。他的这篇演讲成为一篇动员令，对唤起英国和英联邦人民奋起抵抗和打败希特勒的侵略起了巨大的鼓舞作用。

第二次世界大战期间，英国首相丘吉尔领导英国和英联邦国家在战胜希特勒法西斯方面建立了卓越的功勋。可是在"二战"胜利前夕，他却在英国大选中落选而由艾德礼领导的工党上台执政。1951年丘吉尔东山再起，第二次出任首相，后来于1965年病逝。英国政府为他举行了国葬。丘吉尔的灵柩安放在炮车上，由卫队护送，在圣保罗大教堂举行了隆重的宗教仪式。英国举国上下表示哀悼，以此承认丘吉尔为"二战"胜利所做的杰出贡献。当时，我在我国驻英国代办处工作，从英国电视实况转播中观看了为丘吉尔举行国葬的全过程。

后来，英国在伦敦议会大厦附近的广场上特地为丘吉尔树立了一尊铜像，并将丘吉尔在"二战"期间英国战时内阁使用的地下指挥部对公众开放。这个地下指挥部位于伦敦白厅财政部大楼旁边，离唐宁街首相府不远。地下指挥部设有战时内阁会议室、丘吉尔办公室、卧室、随行人员办公室以及机要通信室等。我曾不止一次参观了这个地下指挥部，并应邀坐在当年丘吉尔的座椅上拍照留念。

在女王访华期间，姬鹏飞国务委员和吴学谦外长分别同英国外交和联邦事务大臣杰弗里·豪举行会晤，重点讨论了香港政治体制问题。

港英政府拟于1987年对香港今后政治体制如何发展进行检讨。

英方向中方提交了有关与基本法衔接的三份纪要。中方允予研究。中方表示，香港政治体制等重要问题如何改革，都要先在联合联络小组中讨论并取得一致意见；港英政府1987年进行政治体制检讨，应与基本法相衔接，检讨中不宜提直接选举问题，因为基本法起草委员会和咨询委员会中很多人都不赞成；1987年可进行检讨，但不能为港人可以直接选举的看法铺平道路；希望英方采取十分慎重的态度，要考虑如何有助于香港的稳定和繁荣，我们主张不必匆忙提出直接选举问题。英方表示，英方事先对直接选举问题并无定见，英方在香港立法局议员直选问题上会采取慎重的态度。英方虽然做这样的表示，但后来的事态发展表明，英方当时对中方只是敷衍搪塞，实际上心中已另有打算。

在北京为期三天的正式会见和参观后，女王一行去上海、西安、昆明和广州四个城市参观访问。每到一地，都受到隆重、热烈的欢迎。

为配合女王访华，在上海举办了为期两天的中英经贸合作座谈会。两国经贸界人士签署了16个合作项目的意向书或协议。

女王在停泊于上海东长治路码头的皇家游艇上举行了答谢宴会。李主席和夫人林佳楣破例专程从北京赶去上海出席。宴会结束前，女王对李主席表示，希望李主席能去英国进行回访。李主席愉快地接受了邀请。

答谢宴会结束时，已快到午夜。上海市民蜂拥而至，像潮水般涌向附近马路上。从东长治路码头返回锦江饭店宾馆途中，经过外滩、南京路、淮海路，沿途只见人山人海，已经是里三层外三层挤得水泄不通，人们都要一睹英国女王的风采。

然而，就在我国官方和民间在北京和上海都给予英方异常热情和真诚友好的接待之后，女王随行人员在西安访问时却发生了一件令人非常意外的事情，次日到昆明后此事已被炒得沸沸扬扬。

原来，女王丈夫菲利普亲王前一天在西安会见英国留学生谈到访华印象时，说了几句不合时宜也很不得体的话。菲利普亲王这番话顿时使英国留学生感到意外和吃惊，留学生们议论纷纷，有的表示不满，有的愤愤不平，认为这是不懂得作为客人的起码的礼貌，对主人缺乏应有的尊重。而英国几家报纸竟把这一消息刊登在显著版面，成为特大新闻。在昆明我得知这一情况并核实无误后，当即找陪同英女王访问的英国驻华大使伊文思提出交涉。伊文思大使听后皱起眉头，露出一副尴尬的表情。他答应立即向上报告。果然，英方很快做出反应。不一会，杰弗里·豪找到吴外长，就此表示歉意。当日晚宴前，菲利普亲王本人又主动向吴外长表示，他无意中做了一件错事，对此他表示道歉。既然菲利普亲王本人已向中方认错，我方考虑还是尽快平息此事。英国记者没有从中方得到可供进一步炒作的材料，这场风波就平息了下来。

据我所知，菲利普亲王平时说话就比较随便，有时还爱开玩笑。20 世纪六七十年代我在驻英国使馆工作期间，就不止一次遇到这种情况。

我们每年都要参加女王在白金汉宫为外国驻英使节举行的冬季接见会。外国驻英使馆馆长及其夫人偕若干名外交官夫妇参加。各国驻英使馆外交官按顺序排列。女王及其家人从一个个使馆队伍前走过，逐一同馆长打招呼。在我国“文革”期间，我国驻英代办处从代办到主要外交官员，都是男的，夫人们回国后都还没有随任，参加女王冬季接见会自然都是清一色男的。女王走到我们使馆队伍时，很有礼貌地同代办握手、寒暄。菲利普亲王紧随其后，他半开玩笑地对我们说，怎么你们都是和尚？到第二年，他又说，怎么今年你们还都是和尚?! 要回答他这个问题，不是一两句话就能说清楚的，而且他也不等你回答就走开了。所以，我们代办也就一笑了之。

10 月 18 日晚，女王在广州参观完毕后，在皇家游艇上举行告别招待会。最后，女王和菲利普亲王逐一接见以吴外长为首的中方有关陪同人员，我也在其中。他们向我们每人赠送了一幅有女王亲自签名的女王和菲利普亲王的合影，以资留念。

第五章

香港回归前的激烈较量

彭定康的政改方案，企图改变香港现行的政治体制，以此在香港回归后，造成一个英方可继续施加影响而我国中央政府不易驾驭的局面，甚至企图最终把香港变成一个独立或半独立的政治实体。这是一个包含着险恶用心的计划。中方当然决不能同意和接受。

1989年我国平息北京政治风波后，英国参与了对我国的制裁。在香港问题上先是抬高要价，后来又公然改变同中方合作的态度，采取同我国对抗的方针，从而使两国关系出现严重的倒退。

在香港回归的后过渡期，即从1990年4月香港《基本法》颁布到1997年6月底，中英两国在香港问题上进行了错综复杂的斗争，尤其突出的是关于修建香港新机场和围绕香港政治体制发展而进行的博弈。由于中方妥善应对这两场大的斗争，保证了香港的顺利回归和政权的平稳交接。

修建香港新机场问题

问题的由来与发展

香港原有一个机场，名叫启德机场。启德机场位于九龙半岛，跑道是在香港岛和九龙半岛之间的维多利亚海湾里填海造成的。香港岛和九龙半岛都是摩天大楼林立，飞机起降于港岛和九龙半岛的两大群水泥森林中间的狭长空隙走廊，我曾多次乘飞机在启德机场起降，目睹起降的难度。随着香港经济的发展，启德机场相当繁忙，客货载运量已趋饱和，由于受地理位置的限制，已没有扩展的空间。

1989年10月，港英当局提出了一个香港有史以来最庞大的基础设施建设计划，其中包括在港岛西南面的赤鱲角填海兴建新机场，建设与新机场配套的通往港岛的机场铁路和高速公路、桥梁以及港岛西区海底隧道等，总投资约上千亿港元，历时十多年完工。

这些计划公布后，香港和外来的投资者都不敢贸然参与，因为这些工程跨越 1997 年 6 月 30 日香港回归中国之后，涉及未来的中华人民共和国香港特别行政区政府（以下简称香港特区政府），而没有中国政府的明确支持，这些工程的融资就困难重重。为了解决这一难题，英方才不得不找中方商谈。

中方从香港的现实需要和长远发展考虑，赞成兴建香港新机场。中方主要关注的是港英当局不能在香港回归前把财政储备都花光，而应给未来的香港特区政府留下足够的财政储备。建设新机场应讲成本效益，不应让未来的香港特区政府背上沉重的债务包袱。

1990 年 7 月，英国外交国务大臣弗朗西斯·莫德访华时，中英双方同意成立专家组共同研究修建香港新机场问题。同年 10 月，中英双方正式开始谈判。经过中英联合联络小组和专家组等一系列会谈，双方于 1991 年夏达成协议，形成了一个书面文件，即《关于香港新机场建设及有关问题的谅解备忘录》。

谅解备忘录确定，新机场建设要符合成本效益，本着不在财政上给香港特区政府造成负担的原则。具体规定：在 1997 年 6 月 30 日前港英政府“将在最大程度上完成”机场核心项目建设；跨越 1997 年 6 月 30 日偿还的债务总额不超过 50 亿港元，如超过，须由双方磋商；港英政府将预留 250 亿港元财政储备给未来的特区政府。

根据英方当时提供的资料，按 1991 年价格计算，新机场核心项目预算总成本为 986 亿港元。

梅杰首相来京签谅解备忘录

至 1991 年初，欧共体国家虽取消了对我国的很多制裁措施，但对政府首脑和国家元首互访仍未开禁，继续禁止同我国军事合作和向我国出售武器，双方在人权问题上存在深刻的分歧，摩擦不断，争论激烈。

英国在西欧大国中率先同我国恢复高层往来，主要是因为它在香港问题上有现实的需要，特别是在建设香港新机场问题上需要取得中方的支持。

1991 年 9 月初，英国首相梅杰访华。这是 1989 年以来西方大国政府首脑第一次对我国进行访问。

在此之前，英国外交大臣赫德于 1991 年 4 月初访华。赫德外交大臣向中方转达了梅杰首相希望同中国恢复信任、加强和发展英中关系的愿望。江总书记引用陶渊明的诗句“悟已往之不谏，知来者之可追”，意即两国关系要采取向前看的态度。李鹏总理重申，我们认为香港修建新机场是需要的，中国政府对此愿持合作的态度。

会谈后，我陪同赫德外交大臣去参观颐和园后湖苏州街。在入口处立有一石碑，上面写明此处 1860 年为英法联军所烧毁，1900 年又为八国联军所破坏，现予重建。我想把他们引开未成，赫德外交大臣及其随行人员都粗通中文，他们看到这一石碑后，其助手自言自语地说，“啊，我们是坏蛋！”赫德本人一言不发，板着脸，闷闷不乐，进去匆匆看过几家店铺后就快快离开。其实，这并非是中方有意为难他，使他难堪，参观颐和园是英方提出的要求，我事先也不知道此处有这一石碑。况且，这一石碑说的是历史事实，无可厚非。

五个月后，梅杰首相来北京访问，他这次访华主要是同李鹏总理共同签署《关于香港新机场建设及有关问题的谅解备忘录》。双方在联合新闻公报中表示，这个谅解备忘录的签署体现了中英两国政府随着 1997 年 6 月 30 日的临近在香港问题上加强合作和发展中英双边关系的愿望，双方将密切合作以实施备忘录中的各项规定。

江泽民总书记和李鹏总理分别同梅杰首相举行了会见和会谈。

两国领导人重点讨论了中英双边关系和香港问题。双方强调，决心不折不扣地贯彻执行中英联合声明，双方还重申，在今后六年中，双方将按照联合声明，密切磋商和合作，以实现香港 1997 年政权的顺利交接和保证香港的长期繁荣稳定。

在同李鹏总理会谈中，梅杰首相以他收到英反对党人士和大赦国际等组织的来信为借口，提出要谈人权问题。他说，他提出这些问题不是为了对抗，而是表明西方对这些事的“关注”。

李鹏总理回答说，我这里也收到一位历史学家的来信，来信表示欢迎梅杰首相访华，赞成发展中英关系，但希望不要忘记中国一百多年来受西方列强欺凌的历史，信中还回顾了英法联军1860年火烧圆明园和八国联军1900年侵占北京的历史，至今伦敦大英博物馆还陈列着大量从中国抢去的文物，希望英国不要以人权为借口干涉中国的内政。李总理说，中国并不反对就人权问题进行讨论，但不同的人对人权有不同的标准，不能让全世界所有国家都接受西方的人权标准。

虽然在人权问题上有交锋，但梅杰首相向李总理强调，在香港问题上的合作对双方的利益都是至关重要的。他本人非常关心恢复同中国的良好和建设性的关系，他将致力于英中两国之间重建信任和信心。

从梅杰首相这一表态来看，这次访问本来可以成为中英两国恢复和发展关系、加强在香港问题上合作的新起点，但是后来的事实表明，这一期望并未成为现实，相反，这次访问之后，随着苏联的解体和英方对国际形势和对华政策做了重新评估，英方在香港问题上同中方合作的政策却发生了向相反方向的变化。

财务安排突破规定，双方达成妥协

梅杰首相的承诺音犹在耳，两国政府首脑签署的谅解备忘录墨迹未干，英方已将它置于脑后。英方并未按已签署的备忘录办事，而是大大突破了备忘录所做的规定。

1992年3月，英方提出新机场建设的第一个财务安排方案。新机场核心工程成本从原先的986亿港元提高到1122亿港元，增加13.8%，其中机场铁路成本从125亿港元剧增至221亿港元，增加77%。同时，港英政府打算主要靠举债建设新机场，预计将给特区政府留下730亿港元的沉重债务负担。此外，如果工程出现延误、成本上升等，港英政府承诺要追加投资 225 亿港元，这就是所谓的“或有债务”。中方向英方指出这一方案违反双方签署的谅解备忘录的原则和规定。1992 年 7 月，两国政府代表为此举行了会谈。后来英方又相继提出第二个、第三个财务安排方案，仍然都是建设成本高、总体预算大幅上升、给未来香港特区政府留下沉重财政包袱的方案。

直到 1994 年 2 月，英方在中方建议的基础上，提出第四个财务安排方案，才向备忘录确定的原则和规定靠拢。中英双方又经过反复讨论，最后达成以下主要共识：机场总体预算成本为 1582 亿港元；同意英方总体注资额不少于 603 亿港元；1997 年留给未来特区政府的债务从原先不超过 50 亿港元提高到不超过 230 亿港元。1994 年 11 月由中英联合联络小组双方首席代表就香港新机场总体财务安排达成了协议，由中方首席代表郭丰民和英方首席代表戴维斯正式共同签署了会议纪要文本。有关香港新机场建设问题的斗争才告结束。

在此期间，正当中英双方就新机场建设进行唇枪舌剑处于胶着状态的时候，一场性质更为严重的在香港政治体制发展问题上的斗争又拉开了帷幕。

推行代议政治体制的图谋

突破惯用提法

1992 年 4 月 24 日，英国首相梅杰在伦敦宣布，任命保守党主席克里斯托弗 · 帕腾接替卫奕信，担任香港第 28 任，也是英国统治下的最后一任港督。克里斯托弗 · 帕腾后来抵香港上任后取中文名为彭定康。

在此半个月前英国刚举行大选，保守党以微弱多数取胜，梅杰继续担任首相。

在这次选举中，七名曾经在上届保守党政府担任过副大臣或以上职务的保守党议员落选，其中包括彭定康。在英国，按照规定，在政府担任副大臣以上职务的，必须先当选为下院议员，否则就不能担任。彭定康作为保守党主席，为保守党在这次大选中险胜立下了汗马功劳，而且他同梅杰和赫德关系密切，本应“论功行赏”，安排他出任内阁大臣。可是现在他因落选议员，如何为他做出安排就成了一个问题。据英国报纸透露，梅杰首相曾劝说其他的议员让出席位给彭定康，但当即遭到有关议员的拒绝。在这种情况下，梅杰不得不另想他法。

据说，早在撒切尔夫人1990年11月辞去首相职务之前，保守党领导层曾经议论过，1997年将香港交还中国之前，要打破过去由职业外交官担任港督的惯例，改派一位政治人物去担任英国统治下的最后一任香港总督。这是参照“二战”后英国撤出有关殖民地时的做法而提出的意见。20世纪40年代英派“二战”期间曾任东南亚战区最高指挥官的蒙巴顿勋爵去印度，60年代派丘吉尔的女婿、英驻法大使索姆斯去南罗得西亚，并在撤出这两地之前搞所谓“还政于民”。在英国看来，这是一条“成功”的经验。英国保守党领导层认为，鉴于香港交还中国前形势复杂，职业外交官任港督对华态度“太软”，难以驾驭复杂的局势，必须派一位强势的政治人物去坐镇。而彭定康当时正无其他合适的安排，于是他们就想到要派彭定康去香港。

彭定康于1979年起当选为下院议员，开始从政；1979—1981年先后担任兰开斯特公爵郡大臣和社会事务大臣的议会私人秘书；1983年起先后任教育科学国务大臣和海外发展国务大臣；1989年任环境大臣；1990年11月梅杰取代撒切尔夫人出任首相后，任命彭定康为保守党主席。梅杰是保守党领袖，是保守党的一把手，而保守党主席主要负责该党的组织工作，这个职位相当于一个内阁大臣的级别。

英大选第二天，时任副督导长的顾立德同梅杰首相商议，并由顾立德出面就派其出任港督一事征求彭定康本人的意见，彭定康欣然接受。

梅杰首相在宣布对彭定康的任命时说，“管理好到1997年的过渡时期，从而确保香港的自由、稳定与繁荣，是政府最为优先考虑的问题之一，而克里斯托弗·帕腾先生（彭定康）是最为合适的港督人选”。

我们敏锐地注意到，梅杰首相这段简短的讲话中出现了新的提法。中英联合声明中的标准措辞是，在香港的过渡时期内，“英国政府负责香港的行政管理，以维护和保持香港的经济繁荣和社会稳定”，也可简称为维持香港的繁荣和稳定。现在英方在“繁荣和稳定”之前加上了“自由”一词。

5月中旬我在北京会见英方一位高级官员时，对英方言论中这一超越联合声明、不符合双方通常用语的新提法表示关注，希望英方予以澄清。英方这位负责官员解释说，英方使用“自由”一词，没有任何其他用意。我表示，既然如此，希望英方还是回到“维持香港繁荣与稳定”的惯常提法，以免误解。以后事态的发展表明，英方使用的“自由”这一新的提法，并不是没有其他用意，而是有明显的意图。

一再提高要价

7月上旬，我应邀访问英国。这次访英，香港政治体制发展问题将是一个重点议题。

在香港政治体制发展的问题上，中英双方一直存在着分歧和矛盾，不断进行争论和斗争，但迄今为止，在中英总体关系良好的情况下，双方还是能通过商谈就一些具体问题达成妥协，基本维持合作的局面。

英国方面早就有在撤出香港之前推行代议政治体制的打算和谋划。

英国为维持它对香港的殖民统治，一直在香港实行以行政为主导的政治体制，通过任命总督来管理香港。长期以来，总督管制香港主要依靠五大系统：一是行政局和立法局这两个决策咨询机构；二是以布政司为首的行政系统，布政司为总督的首席政策顾问；三是以首席检察司为首的司法部门和各级法庭；四是直接对总督负责的包括廉政专员公署在内的监察系统；五是总督象征性统率但实际上直接受英国防部指挥的英军驻港司令部。

以行政为主导体现在各个方面。在行政与立法的关系上，立法局在名称上是“立法局”，但实际上只是在立法方面向总督提供意见的咨询机构。它协助总督立法，参与法案的辩论和审议，立法权则属于总督。总督担任立法局的主席，决定召开会议和议程。法案的动议权在行政局或布政司。法案须由总督批准。

立法局的议员全部由总督委任，总督有权解散立法局。

从这种政治体制的实际运作来看，总督权力高度集中，独揽行政、立法、司法大权于一身，总督发号施令，全港听命于港督，港督听命于英国政府。这种政治体制有利于维持英国对香港的统治。

然而，就在中英两国政府就解决香港问题达成协议、于 1984 年 12 月正式签署联合声明、英国承诺于 1997 年将香港交还中国的时候，港英政府于当年 11 月提出了推行代议政治体制的白皮书，其目的是要对香港的政治体制实行改革，改变立法局作为咨询机构的性质，使香港由行政主导逐步改变为立法主导；逐步减少和取消对立法局议员的委任制，改为由选举产生，最终搞“还政于港”，而不是“还政于中国”。白皮书明确提出，其主要目标是要“逐步建立一个能更直接向港人负责而又稳固地立根于香港的代议政治体制”。为此，白皮书提出，1985 年第一次实行立法局部分议员通过功能组别间接选举产生，计划于 1991 年引进立法局部分议员分地区直接选举产生。

中英联合声明签署后，中国方面着手起草和制定香港基本法。中方反复向英方表示，将来香港特别行政区的政治体制，必须由香港基本法来加以规定。现在的香港政治体制不应做大的变动，所进行的政治体制改革应该同基本法相衔接。在基本法定案之前，中方反对在香港立法局搞直接选举。英方如果想使现在做出的改变在 1997 年后继续存在下去，就要先同中方商量并取得中方的同意。目前基本法正在制定中，等到基本法确定了以后再来进行政治体制改革也不晚。

然而，英方却有自己的既定打算。它想加紧推行政治体制改革，造成既成事实，以便对香港基本法的制定施加影响，使其设计的那一套政治体制改革延续到 1997 年之后。

中方从 1985 年 7 月至 1990 年初经过 4 年零 8 个月的紧张工作，在广泛征求港人意见的基础上，制定了香港基本法草案。基本法草案将我国在香港实行“一国两制”、“港人治港”、高度自治的方针用基本法律的形式规定下来。基本法草案为香港特别行政区设计了符合“一国两制”方针、以行政为主导的政治体制。这种政治体制以保障香港稳定繁荣为目的，它兼顾社会各阶层的利益，有利于资本主义经济的发展。它既保持原有政治体制中行之有效的部分，又能循序渐进地逐步发展适合香港情况的民主制度。根据这一总的精神，基本法草案对香港特区与中央的关系，香港特区行政、立法、司法这三者之间的相互关系、行政长官和立法会产生办法等都做出了具体规定。

在基本法草案起草过程中，中方通过各种渠道同英方进行了沟通。双方在不同级别上就1997年前后政治体制衔接问题进行了频繁的接触和磋商，双方就立法机构坐“直通车”过渡的问题达成谅解和默契。为此，基本法起草委员会对港英最后一届立法局过渡为香港特区第一届立法会做出了设计。英方多次向中方承诺要与基本法相衔接。

1989年北京政治风波后，英方突然改变态度，提高了要价。英方向中方提出，要求修改基本法草案中关于在香港驻军的条款。中方把英方这一无理要求坚决顶了回去，强调指出，在香港驻军是中国的主权，已写入基本法，这是已经解决的问题，不应再提出来讨论。

英方又以“民意”为借口，向中方提出，要求增加立法局直选议员的名额。坚持要求将1991年立法局直选议席由10席增至20席，1995年再增至24席。

当时，香港基本法草案已处于即将定案的关键时刻。为此中英双方又就立法局政治体制衔接问题进行了紧急磋商。

1990年1—2月，钱其琛外长同英国外交大臣赫德通过互换七封书信的方式进行磋商。中方做出了让步，提出1991年立法局直选席位为15席，1997年为20席。

英方坚持1991年立法局直选议席不能低于18席，并要求1997年香港特别行政区第一届立法会直选议席为24席。

中方基于基本法起草委员会达成的共识，即香港的民主发展应遵循循序渐进的原则，提出1997年立法局直选议席为20席，1999年为24席，2003年达到立法会全部议席的一半即30席。

1990年1月20日，钱其琛外长在给英国外交大臣赫德的书面信息中明确表示，“为了实现1997年前后政治体制上的衔接和政权交接的平衡过渡，中方愿意考虑英方把1991年立法局直选议席从15名增至18名的想法”。

2月12日，赫德在给钱外长的书面信息中写道：“我现在准备就以下文字同中国政府确认一项谅解。如果基本法最后文本中规定香港特别行政区立法机关的直选议席1997年为20席，1999年为24席，2003年为30席，英国政府准备于1991年实行直选时把直选席位限制在18席。”这样中英双方就直选议席达成了谅解。关于立法局选举委员会组成的成分和比例，钱外长于2月8日在给赫德的答复中明确表示，“只能按照基本法草案附件一第二款所规定的成分和比例，因为附件一在起草委员会第八次全体会议已获全体委员三分之二的多数通过”。

2月12日，赫德在给钱外长的书面信息中确认：“我原则同意你提出的成立选举委员会的安排。这一选举委员会可于1995年成立。”英方在这一书面信息中明确表示，双方在选举委员会问题上的合作已无障碍。这样，在基本法草案最后定案之前，中英双方已就香港立法机关政治体制发展的进度正式达成了协议和谅解。

1990年4月4日，《香港基本法》经第七届全国人大第三次会议批准后正式颁布。

同时，第七届全国人大第三次会议就香港特区第一届政府和立法会产生办法做出决定。规定香港特别行政区第一届立法会由60人组成，其中分区直选产生议员20人，选举委员会产生议员10人，功能团体选举产生议员30人。该决定还就“直通车”安排即原香港最后一届立法局议员符合一定条件者过渡为香港特区第一届立法会议员做出了具体规定。

1990年4月5日，英国外交部发表声明说，基本法为香港将来作为中华人民共和国特别行政区奠定了基础。在基本法草拟期间，英国政府与中国当局进行了细致而周密的讨论，修改了其中许多条文。英国政府总的认为，基本法依照了中英联合声明的规定，采纳了联合声明的内容，虽然其中某些条文无可避免地不能与英国政府的意见一致，但该项写法已经反映了联合声明的精神。

1990年4月18日，英国政府向议会提交白皮书，赫德在白皮书前言中说，

“香港立法局会在1991年引入18个直选议席”，基本法亦对1997年后的香港特区第一、第二、第三届立法会直选议席做出规定。这些结果可确保我们设立的制度会顺利延续，并在1997年后继续发展，因而可以消除有关前途的一项主要隐虑。

1991年9月，港督委任17名立法局议员，首次举行立法局分区直选，选举产生18名议员。

可是就在这时，英方又节外生枝，提出要加快香港政治体制改革的步伐，向中方提出增加1995年香港立法局直选议席的要求。中方指出，基本法已对第一届立法会直选议席做出了规定，不可能再改。

我正是在这样的背景下，动身前往英国访问的。

1992年7月6—9日，我访问英国，那是英国一年中最好的季节，阳光明媚，蓝蓝的天空飘着朵朵白云。在从下榻的旅馆去外交部途经海德公园时，我从车窗里看到不少人只穿着内衣内裤躺在草地上晒太阳。

我在英国外交部同英外交国务大臣顾立德会谈，并出席了他在家中为我举行的晚宴。

顾立德从1984年起先后担任能源部政务次官、保守党督导员和副督导长；1992年4月大选保守党取胜连任后，顾立德升任外交国务大臣，主管中国和香港事务；1995年7月英内阁改组后，顾立德升任政府督导长。在他任外交国务大臣的这几年时间里，我同他打交道比较多。

在同顾立德会谈和晚宴交谈中，我向他提出，1995年香港立法局选举关系到能否坐“直通车”跨越1997年的问题。中英双方必须就此进行磋商并取得一致。顾立德告诉我，英方将在今年晚些时候或明年初就此同中方磋商。顾立德一方面乐观地认为，今后五年在英国同中国合作实现香港平稳过渡的问题上，他看不出有什么大的困难和问题；另一方面，他又表示，鉴于1989年的事情以及中国情况的变化，英国议会有少数人批评英国政府1984年同中国达成的协议是对英国利益的出卖。目前保守党政府在议会只有21席的微弱优势，工党和保守党少数极右势力可能会要求加快香港民主化的进程，增加直选席位。针对他所说，我向他简要介绍了我国国内经济持续发展、政局稳定的情况，然后指出，基本法已对香港回归祖国后特区新一届立法会直选议席做出规定，这一点不可能变更，也是不容讨论的。英方任何想要改变 1995 年立法局直选议席数目的想法都是不能接受的。英国国内党派之争不应也不能影响中英两国之间达成的国际谅解和协议。

在会见英国外交大臣赫德时，我向赫德强调，香港政治体制发展应考虑如何有利于香港的繁荣稳定和 1997 年平稳过渡，希望英方对此采取谨慎态度。赫德则向我强调他对彭定康的支持。他说，港督彭定康有很高的政治地位，是梅杰首相和他本人的好朋友，彭定康所做出的决定将是有充分根据的。显然，赫德是在为彭定康造势。

在伦敦会谈会见活动后，英方安排我去巴斯参观。此地因保存了古罗马人占领英国期间于公元一世纪建造的罗马浴池遗迹而闻名。巴斯（Bath）的英文就是浴池。如今这是一座美丽的旅游城市。事有凑巧，这里也正是彭定康不久前落选的选区。巴斯市市长会见我时，漫不经心地提到了这一点。当时彭定康被任命为港督的消息已经公布。这位市长以英国人惯有的幽默对我说，我们巴斯不要克里斯托弗 · 帕腾，把他送到香港去了。我也一听了之。

包藏祸心的政改方案

就在我结束对英国访问的那一天，即 1992 年 7 月 9 日，彭定康飞抵香港走马上任。

彭定康上任伊始，雄心勃勃，走街串巷，四处视察。他采用“彭定康”的中文名字，寓有“稳定、安康”之意，以争取港人的好感。可是这一切都是为了大显身手，改变同中国在香港问题上的合作转而推行对抗的方针所做的铺垫。此后他在香港任职的 5 年，给香港带去的却不是稳定和安康，而是动荡和不安。

彭定康经过短短几个月的策划，就于 10 月 7 日提出长达 3 万多字洋洋洒洒的施政报告，抛出了香港政治体制改革的方案。这个方案是要对当时香港的政治体制做出重大变动。立法局一直是港督的咨询机构，港督兼任立法局主席（1991 年立法局议员总共 60 名，其中：港督兼任立法局主席，布政司、财政司和律政司为当然官守议员；港督委任 17 名议员；功能团体产生 21 名议员；分地区直接选举产生 18 名议员）。而彭定康的政改方案拟改变立法局长期以来作为港督咨询机构的性质，赋予立法局更大的权力。港督不再兼任立法局主席，立法局主席改由议员互选产生；改变原来的一部分立法局议员既担任官守议员同时担任行政局议员的制度，而使两者完全分开；立法局总数 60 名议员中，完全取消委任议员，除按规定 20 名议员由分地区直接选举产生外，其余 40 名由功能组别和选举委员会产生的议员，原本均应由间接选举产生，现都改为由变相的直接选举产生。

彭定康政改方案提出功能团体的选举要全部取消法团投票，改为个人投票；功能团体的选民范围扩大至全香港的工作人口。这样就把功能团体这一间接选举变成分行业的直接选举。对于 1995 年选举委员会的组成和比例，中英两国曾达成过明确的协议，基本法已对此做出规定，现在彭定康政改方案改变了基本法规定的并经两国外长确认的选举委员会的组成，提出选举委员会“全部或大部分委员由直接选举产生的区议员出任”。这就是说，本应由间接选举产生的功能团体和选举委员会产生的议员，也改为由变相的直接选举产生。立法局原应三分之一议员由直选产生，现在变成全部 60 名议员都由直选或变相的直接选举产生。

此外，彭定康的政改方案还提出取消香港区域组织的委任制，改为全部由直接选举产生；扩大区议会的职权，改变区域组织的非政权性质和职能。

在彭定康政改方案公布之前，英外交大臣赫德在纽约曾向钱其琛外长做了简要通报，并在北京向中方提交了文本。中方明确表示，对 1995 年立法局选举安排，必须先经双方磋商并取得一致，并应与基本法相衔接。但英方不顾中方的反对，仍然执意发布。

在彭定康政改方案发表后，中方立即做出反应，表示强烈反对。我们把这个方案概括为“三违反”，即违反中英联合声明，违反与基本法相衔接的原则，违反双方过去已达成的协议和谅解。我们严肃地指出，这个方案从内容到提出的方式，都是“三违反”。

1984年签署的中英联合声明规定，中英两国政府要加强合作，共同审议为1997年顺利过渡所要采取的措施。彭定康的政改方案涉及1997年顺利过渡的问题，它没有同中方磋商就单方面提出，所以它违反了中英联合声明的有关规定。

中英双方曾就香港政治体制发展的具体问题进行过反复磋商。英方多次向中方承诺要使1997年前香港的政治体制发展同中方制定的香港基本法相衔接。《香港基本法》已于1990年4月颁布。基本法和中国全国人大有关决定已对香港回归祖国后第一、第二、第三届立法会直选议员逐步增加的具体比例和议席数做出规定。而彭定康的政改方案却要对香港政治体制做出急剧改变，这就同基本法无法衔接。英方违反了它的承诺。

彭定康的政改方案违反了中英双方已经达成的协议和谅解，特别是违反了钱其琛外长和赫德外交大臣于1990年初通过互换七封信件，就香港立法局直选议席数目和选举委员会组成达成的协议。双方曾同意1997年前香港立法局60名议席中直选议席为20席。

彭定康提出的政改方案，不仅要推翻两国外长于1990年达成的协议和谅解，而且对1995年整个立法局选举完全做了另一番设计。它要把立法局全部议员变为全面由直接（或变相直接）选举产生。这其中大有文章。

中方是赞成在香港发展民主的，同时，中方认为，发展民主要按照基本法规定，从香港的实际情况出发，遵守循序渐进的原则，只有这样才有利于维护香港的繁荣与稳定。而彭定康的“三违反”的政改方案，要对香港政治体制做出急剧的变动，不仅不能与基本法相衔接，而且为平稳过渡制造障碍和混乱，不利于香港的繁荣和稳定。人们会问，如果英方搞民主是真正为了香港好，为什么在它统治香港150多年的时间里不搞民主，直到它撤出香港之前才忽然发起“慈悲”，大搞“民主”。这是值得人们深思的。

彭定康打算在1995年对香港立法局全体议员都实行全面的变相的直选。英方的意图是要通过这一举措，扩大立法局的权力，提高立法局的地位，将香港以行政为主导的政治体制，逐步蜕变成立法主导，把它强加于中方，企图以此来制约1997年香港回归祖国后香港特区的行政当局，造成一个英方可继续施加影响而我国中央政府不易驾驭的局面，甚至企图最终把香港变成一个独立或半独立的政治实体。这是一个包含着险恶用心的计划。中方当然决不能同意和接受。这意味着一场严重的冲突已不可避免。

如意算盘落空

彭定康抛出政改方案两周后，于1992年10月21日至22日访问北京。他的如意算盘是以提出政改方案的既成事实来迫使中方接受，要中方以他的方案为基础，提出反建议。他到北京后先同国务院港澳事务办公室主任鲁平会谈，接着同我会谈，最后由钱其琛国务委员兼外长会见。

22日上午，我在钓鱼台国宾馆同彭定康会谈时，阐述了我们对香港政治体制发展的立场。指出他的施政报告提出要对香港现行政治体制做出重大的改变，这既不符合中英联合声明的有关规定和精神，也同基本法不衔接，还违反了双方过去已经达成的谅解和英方的承诺。彭定康为他的政改方案进行了辩解。他说，在中方不同意增加立法局直选议席比例的情况下，他报告的建议就是要寻找其他解决办法。我对他的这一说法进行了批驳。他还说，这是为了尊重民意。我当即指出，什么是香港真正的民意？连彭定康本人在施政报告中也承认，香港大多数居民都希望同基本法相衔接，这就是大多数港人的民意。要说尊重民意，就应该尊重这个民意。我还对他如一意孤行可能产生的严重后果提出警告。双方会谈气氛紧张，谈得很僵。

会谈后我设午宴招待他，席间双方又继续进行激烈的争论。他说，他不能接受中方关于他的方案是“三违反”的说法，他对中方这种说法“感到厌烦”。他这样说是很不礼貌的。我也毫不客气地回敬他说，近几年来，我们对英方在执行中英联合声明过程中一再节外生枝的做法也确实“感到厌烦”。这顿午餐最后不欢而散。

当天下午，钱其琛外长会见彭定康，我陪见。彭定康说，这两天会谈中方的同事已坚定而有礼貌地表示反对他的建议。钱外长表示，鲁平主任和姜恩柱副外长所谈的都是中国政府的立场。彭定康又说，他乐意继续同中方讨论，唯一的时间限制是明年春天要进行立法方面的工作。在这里，他就同中方讨论的时间提出了限期。钱外长会见外宾时经常面带微笑，这一次态度很严肃，一针见血地指出，现在的问题是，港英当局提出的一些计划对中英合作提出了挑战，阁下说，明春是个限期，到时候就要执行了，这样就没有什么合作可言了。钱外长直截了当地警告他，双方是继续进行合作，还是分道扬镳，这是应该严肃考虑的问题。我们不希望对抗，而希望合作，但我们不能为了合作而合作，完全按照港英政府安排好的日程表和议程行事。钱外长这番话明确拒绝了彭定康企图安排的议程和限期。钱外长还进一步指出，港英政府如果坚持这样做，中方就只好另起炉灶，这是中方的底线。钱外长这里所说的另起炉灶，是指中方拒绝接受英方搞的立法局选举，香港回归祖国时将把它推倒重来，按照香港基本法的规定来组建香港特区第一届立法会。

这里我还要提及一个细节。彭定康上任前连必需的功课都未做好，这是令人吃惊的。彭定康在他的回忆录里承认，他提出政改方案之前，并不了解中英两国外长已于1990年初就香港1997年政治体制发展衔接问题互换书面信件，直到他北京之行前夕才得知此事。他责怪英国外交部和他身边官员事先没有向他介绍。他说，这一疏忽使他失了分，但又诡辩称，这七封信件并不表示中英双方就有关问题达成了协议和谅解。

彭定康在北京碰了壁，他的如意算盘落了空。第二天，英国报纸评论说，彭定康在北京受到了冷遇。港督以往访京，通常会受到中国总理的接见，这次李鹏总理没有会见。彭定康此次北京之行失败，英中在香港问题上陷入了外交僵局。

彭定康北京之行失败后，他极力为自己的政改方案辩解，否认他的政改方案是“三违反”，否认英国曾就1995年立法局选举问题与中方达成过协议，并公开歪曲事实。为了澄清事实，让世人了解事实真相，中方不得不于1992年10

月28日公布了1990年初两国外长就“九七”前香港政治体制衔接等问题进行磋商的七封信件。

对抗与谈判

朱镕基责问英方

11月11—19日，时任国务院常务副总理的朱镕基应邀访问英国。我陪同前往。香港问题在这次访英活动中占据突出的位置。

朱镕基副总理在同赫德外交大臣会谈时，阐述了我国政府对彭定康政改方案的严正立场，直接责问对方，中英联合声明还要不要信守？中英双方已达成的谅解是不是不算数了？朱副总理强调指出，这些都是原则问题。在原则问题上，中国政府从来是不含糊的，请英方不要低估这个问题的严重性。中方希望合作，不希望对抗，但也不怕对抗。任何人对此都不要做出错误的估计。

赫德对朱副总理的责问避而不答。他说，港督表示愿坐下来同中方讨论，香港现在出现了要求实现政治民主化的温和压力，在香港实行民主，不会危及中国。他还说，他感到吃惊的是，为何中方难以接受。朱副总理回敬他说，我们的惊奇比你们还要大得多。双方立场距离相差甚远，会谈在争执中结束。

在赫德为朱副总理举行的欢迎宴会上，专门安排彭定康出席，他在祝酒词中特别提到，英中关系今天面临着香港政治体制发展的分歧，希望通过对话解决问题。最后他强调，今晚港督在场，表明英国政府对港督努力的全力支持。

朱副总理针对赫德关于希望通过对话解决分歧的观点，提出只要双方严格遵守中英联合声明、与基本法相衔接的原则以及两国过去已经达成的协议和谅解，相信现在出现的问题是能够得到解决的。

朱副总理去唐宁街10号会见梅杰首相时，梅杰首相为英方的立场作辩解，提出双方需要坐下来讨论港督的方案。他还说，英国对华政策和对香港政策都没有改变。对此，朱副总理表示不能同意，并指出，许多香港人都认为英国对香港政策有了重大的改变。

朱副总理在英国皇家国际事务研究所发表了演讲，公开表明了我国政府反对彭定康政改方案的坚定立场，指出这场争论和对抗是由英方挑起的。在回答听众提问时表示，彭定康的政改方案为香港的平稳过渡和政权的顺利交接设置了障碍。朱副总理尖锐地提出，人们不禁要问，中英联合声明还要不要信守，中英双方达成的谅解是否就一阵风吹了。这是一个重大的原则问题。在原则问题上，中国政府和人民是从不含糊的。那天出席演讲会的知名人士听后为之一震。朱副总理的话音刚落，不少听众面面相觑，交头接耳，开始意识到问题的严重性。

出于对中英关系变化的担心，香港股市急剧下跌，当日恒生指数下降 206 点，18 日又下挫 240 多点，跌破 6000 点大关。

在此之前，香港知名人士就强烈批评彭定康的政改方案。前行政局首席议员钟士元，前布政司、港英房屋委员会主席钟逸杰，以及工商界李嘉诚、法律界李福善等都公开批评彭定康政改方案违反基本法，损害香港的平稳过渡。

中方强烈反对彭定康政改方案，英国政府则公开提高了支持彭定康的调子。10 月 22 日，梅杰首相在下院回答议员质询时表示，港督拥有英国政府和整个下议院对此举的完全支持。11 月 16 日，赫德对记者说，“我们完全支持这些建议”。

政改方案引起一片质疑

英首相梅杰和外交大臣赫德声称，彭定康得到英国政府和下院的全力支持。实际上，彭定康的政改方案在英国政府内部、议会以及经贸界都引起了很大的争议，这是多年来罕见的。

12 月 9 日，英国上院就香港问题举行辩论。政府大臣表示全力支持彭定康的政改方案，前首相撒切尔夫人亦对此大加赞扬，对中国进行指责。反对党工党代表布莱克斯通女男爵对彭定康处理问题的方式是否符合英国的长远利益提出了质疑；前港督麦理浩和前香港行政局首席议员邓莲如等对英中双方各打五十大板，建议通过调解解决分歧；而英中贸易协会主席夏普勋爵、英前检察长肖克罗斯勋爵等则公开批评彭定康犯了错误，认为彭定康的政改方案确有“三违反”之处，主张加以修正。

随着英国同中国对抗的持续，英国国内不赞成同中国对抗而主张继续同中国合作的声音不断扩大，变得越来越强烈，这使得英国政府领导层也不能完全置之不理。

这里，我还要提及一件事。

1992 年 12 月，新加坡政府资政李光耀在香港发表演讲，并接受香港记者采访。李光耀认为，彭定康就 1995 年香港立法局选举提出的政改方案，从某种意义上讲，是西方国家阴谋的一部分，目的是要把更多的“民主”带进中国。

在李光耀发表这一讲话不久，英驻华大使麦若彬专门来见我。麦若彬说，他奉命对此做出澄清。李光耀先生是英国的一位值得信赖的老朋友，但他的讲话是完全错误的，英国和港英政府事先并没有积极寻求其他国家支持这套政改方案，并没有参加反华阴谋。

对此，我谈了几点意见。

我说，李光耀先生对西方尤其是对英国的殖民历史有比较多的了解，对香港和大陆的情况也有一定的了解，他对彭定康提出政改方案背景的分析引起人们的重视，这是很自然的。当然，这只是李光耀先生自己的看法。至于英方对香港政治体制要做出重大改变，究竟出于什么考虑，那英国方面自己应该很清楚。

我说，中方对英国在香港问题上政策的变化，有自己的分析和判断。我们对英方政策的判断不仅仅是根据它的言论，更重要的是根据它的行动。英国统治香港 150 多年，香港并无民主可言。现在英国于 1997 年从香港撤出之前却突然要加速所谓的民主发展，人们不能不对英方的意图提出疑问。联系到英国过去撤离殖民地时往往要留下这样或那样的问题和后遗症，这个问题就更加令人深思。

我还指出，香港问题是一个关系到我们国家根本利益的问题，在这个重大问题上，中方是决不会让步的，希望英方对此不要做出错误的估计。

听了我的上述意见后，麦若彬大使进行了一些辩解，但表示将向伦敦报告。

十七轮谈判

面对中国政府的坚决反对、广大港人的强烈批评，以及英国国内的不同意见，英国政府不得不要求同中国政府举行谈判。

1993 年 2 月上旬，英外交大臣赫德致函钱其琛外长，提出英方愿在没有先决条件的情况下同中方谈判。

会谈前的磋商

中方希望英方能改弦易辙，回到同中方合作的轨道上来，以利于香港的平稳过渡，所以就同意同英方举行谈判。

钱外长在复函中强调会谈的基础是中英联合声明、与基本法相衔接的原则，以及中英双方已达成的协议和谅解，而不是在其他什么方案的基础上。考虑到当时港英当局一直威胁要把政改方案刊登在港府的宪报上提交立法局讨论，中方不断告诫英方，劝其放弃这种边谈判、边交立法局讨论的要挟做法。钱外长在信件中指出，如果在中英双方达成协议之前，就把港督的政改方案提交立法局讨论，这只会为这次谈判设置障碍，希望英方审慎考虑。

接下来的两个多月里，我同英国驻华大使麦若彬就举行谈判的问题进行了紧张的内部磋商，磋商地点在当时位于东四的外交部大楼。双方确定谈判总的议题是香港 1994/1995 年选举安排问题，包括 1994 年区域组织选举安排和 1995 年立法局选举安排。双方就谈判的新闻发布、谈判人员组成以及谈判以什么作为基础的问题进行了商谈，就参加会谈人员的身份问题进行了长时间的争论。英方坚持要让港英政府的官员作为正式代表参加会谈。中方一贯反对“三脚凳”，认为，这次谈判是中英两国政府之间的问题，香港是中国的领土，香港不能成为第三方，对英方的建议表示坚决反对。最后双方同意，每方只有一个正式代表，其他人员只能以顾问和专家身份参加会谈。英方原来想以彭定康政改方案作为讨论的基础，要中方就此提出反建议。中方坚持要以“三符合”作为会谈的基础，经过反复商谈，英方最终接受了中方的意见。双方于4月7日就会谈有关问题达成一致。双方同意要以中英联合声明、与基本法相衔接的原则，以及中英双方过去达成的协议和谅解这三项原则作为这次会谈的基础。

4月13日，中英两国政府在北京和伦敦同时宣布两国政府于4月22日在北京就香港1994/1995年选举安排问题举行会谈。我被任命为中国政府代表，英国政府代表为英驻华大使麦若彬。

麦若彬系英国职业外交官，曾任港英政治顾问和英外交部副次官，1991—1994年任驻华大使。谈判期间，大部分时间由他担任英方代表。他由于谈判紧张，积劳成疾，到谈判后期，他腰背疼痛非常严重，不得不回伦敦做手术治疗，由英外交部副次官韩魁发接任英方代表。麦若彬于1994年离任回国。

我方参加同英方谈判的有外交部港澳办主任赵稷华、国务院港澳事务办公室二司司长王凤超和香港新华分社研究室主任陈伟等。

彭定康的政改方案是要对当时香港政治体制做出重大改变的“三违反”的方案。中方的目的就是要尽可能打掉这个方案，把英方拉回到“三符合”的正确轨道上来。

谈判在北京钓鱼台国宾馆10号楼举行。从1993年4月22日开始，直到当年11月27日结束，共谈了17轮，历时7个多月。

谈判主要议题

谈判的议题非常具体，相当复杂，主要涉及四个方面的问题。

第一，会谈应根据什么原则作为基础。

本来这个问题在会谈之前已经得到解决，双方同意要以“三符合”作为会谈的基础。我们深知，单有这个大的原则还不够，还必须具体加以落实。我指出，如果对过去已达成的协议和谅解不愿确认而要加以修改或推翻的话，那就无法保证今后再达成的协议会得到遵守。为此，我们首先要求英方对过去双方已达成的协议、谅解和共识加以具体确认。但英方一再玩弄文字游戏，最后提出了一个表面上似乎有所前进的表述，使得会谈得以继续向前。但是在以后涉及具体问题的讨论中，英方又回到原先的立场，对过去双方已经达成的协议和谅解，有的一直不肯确认，有的则避实就虚，口头上给予一定程度的确认，实际上又不肯遵守和落实。

中英双方已一致同意，这次会谈总的议题是1994/1995年香港选举安排问题。但在会谈中，英方一再提出超越这次会谈范围的问题，企图干预属于中国主权范围内的事务。英方提出香港特区筹委会香港委员应该由中英双方磋商产生，1995年的选举委员会应作为以后产生香港特区行政长官的推选委员会的模式等。英方提出这些问题，是一种谈判策略，其目的是为了摆脱谈判中的被动局面，企图以此制造谈判的筹码，同中方讨价还价。中方严肃指出，这些问题都是属于基本法和中国全国人大决定中已有明确规定的问题，都是属于中国主权范围内的事情，不应是本次会谈讨论的内容，把英方顶了回去。

第二，立法局选举安排是谈判的重点。

根据中英双方已经达成的协议和谅解，1995年香港立法局由60名议员组成，除地区直选产生20名外，由功能团体通过间接选举产生30名，选举委员会产生10名。

功能团体选举是按行业和界别通过间接选举产生代表进入立法局，以利于代表其行业和界别的利益。这种选举制度原来系英方向中方推荐，中方加以采纳并写进了香港基本法。中英双方还达成谅解，这种选举为间接选举，议席从1991年的21席增加到1995年的30席。

中方在会谈中坚持，在1995年选举时仍应按1991年选举时的原则，该实行“一会一票”的仍实行“一会一票”，该实行“一人一票”的仍实行“一人一票”。随后中方又表现适当的灵活性，同意法团投票的人数可以适当有所增加。

但英方却坚持要全部取消法团投票，变成个人投票，并把功能团体的选民人数从1991年的不足10万猛增到270万，后来虽经修改，仍坚持要增加到90万，使选民人数猛增9倍。实质上英方是要改变功能团体选举的性质，使之变成分行业的直接选举。经过一段时间的会谈，虽然双方在选民范围问题上的分歧有所缩小，在 1995 年应增设哪九个功能团体的议席问题上也取得一些共识，但英方一直坚持其上述基本主张。这些主张既不符合港英政府当初设置功能团体选举制度的原意和它向中方推荐的投票原则，也不符合香港社会的实际情况，中方当然不能接受。

关于选举委员会，中英两国外长已于 1990 年通过互换信件就选举委员会的成分和比例问题达成协议。1990 年 2 月 8 日钱其琛外长在致英外相赫德的信件中表示，“对选举委员会组成的比例，中方认为只能按照基本法草案附件一第二项所规定的成分和比例，因为附件一在起草委员会第八次全体会议上已获全体委员三分之二多数通过。中方认为，上述成分和比例是适当的，不宜再改”。2 月 12 日英外相赫德在回信中表示，“我原则同意你提出的成立选举委员会的安排，这一选举委员会可于 1995 年成立”。

钱外长信件中提到的基本法草案附件一第二项规定，是指选举委员会由四部分代表组成，即：工商、金融界；专业界；劳工、社会服务、宗教等界；立法会议员、区域性组织代表、香港地区全国人大代表、香港地区全国政协委员的代表。这四部分人每一部分人数各占四分之一。

然而彭定康的方案却提出 1995 年选举委员会“全部或大部分委员由直接选举产生的区议员出任”，这就直接违反了两国外长 1990 年初已达成的协议和谅解。

在会谈中，英方坚持不承认两国外长就此达成过协议和谅解。经中方耐心反复说理，英方同意选举委员会部分代表的成分和比例可以按照基本法附件一第二项规定，但仍主张要以区域组织代表取代第四部分人，并坚持所谓选举委员会所有成员本身应是在香港通过选举选出的人士。这第四部分人中的香港立法局议员是在香港选出。而 1995 年香港仍在英国管治之下，港区全国人大代表和政协委员不可能在香港选举产生。英方这一主张是对基本法附件一第二项的重大修改，其实际用心是要把香港地区的全国人大代表和全国政协委员完全排除在选举委员会之外。而香港地区的全国人大代表和全国政协委员是香港政界人士的一个重要方面，是一支重要的爱国爱港力量。按英方主张组成的选举委员会明显有损其广泛的代表性，这是中方绝不能接受的。

第三，“直通车”问题，这是会谈的关键问题。

所谓“直通车”，就是指港英管制下的香港最后一届立法局议员，在1997年7月1日我国对香港恢复行使主权时，经香港特别行政区筹委会确认，直接过渡成为中华人民共和国香港特别行政区第一届立法会的成员。在涉及两个不同性质的政权交接的情况下，中方原先同意做这种安排，这在世界上是没有先例的，这充分体现了中方为了实现平稳过渡的决心和诚意。

当然，中方同意做这种安排，并不是无条件的，而是有前提的。前提就是全国人大1990年4月通过的有关决定中所做的三项规定。一是香港1995年选举产生的最后一届立法局在“组成上”要符合全国人大的决定和基本法的有关规定；二是议员必须拥护基本法，愿意效忠中华人民共和国香港特别行政区并符合基本法规定的条件；三是香港特区筹委会要进行确认。这三条完全是合情合理的，体现了国家主权的原则。用通俗的话说，“直通车”先要有轨道，香港立法局在组成上符合全国人大决定就是轨道；议员要有一定的资格，即有票才能上车；而筹委会的确认就是要对坐上车的议员进行验票。这三条缺一不可，完全具备这三条才行。全部符合这三条，最后要按照基本法第一百〇四条的规定履行一个宣誓手续才能成为香港特区第一届立法会的成员。

在会谈中，中方主张先讨论解决1995年立法局在“组成上”符合全国人大决定和基本法，然后讨论对议员的确认问题；而英方则坚持在组成上还未与基本法相符合之前先讨论对议员的确认问题。英方最为关注的是对议员的确认标准问题，英方想借此摸中方的底。英方提出希望中方就确认议员的条件做出解释和说明。中方强调我们只能按基本法和全国人大决定办事，不能侵犯全国人大授予筹委会对议员确认的权力，然而我们可以提出一些解释性的看法和意见。作为香港特别行政区第一届立法会议员，必须效忠中华人民共和国香港特别行政区，爱国爱港、拥护和遵守基本法，拥护“一国两制”方针。“效忠”和“拥护”不仅是口头上，而且体现在行动上。如果有的议员有反对基本法的行为，参与或领导旨在推翻中央人民政府、改变内地社会主义制度活动的话，此人就不能算是拥护和遵守基本法，显然也违背了“一国两制”的方针。中方这一解释性看法，是合乎情理的。

中国全国人大决定规定的对议员的确认标准本来是十分明确的，然而英方却提出这个规定不够客观、明确，并提出了一个所谓客观、明确的确认标准，这就是只要议员根据基本法第一百〇四条履行一个宣誓手续，不管该议员在行动上是否拥护和遵守基本法、是否愿意效忠中华人民共和国香港特别行政区，即可过渡成为香港特区第一届立法会的议员。英方在会谈中虽然多次声称，无意修改全国人大决定和基本法，但是英方提出这一主张，实际上是要把全国人大决定和基本法的有关规定完全抛在一边，剥夺筹委会进行确认的实际权力。

经过十多轮的会谈，英方的态度已经很明显：在立法局选举安排上，仍不肯放弃它的错误主张，对议员坐“直通车”的确认标准，仍坚持它的无理要求。由于英方仍一直在它的错误立场上绕圈子，致使会谈进展十分缓慢，停滞不前。

第四，区域组织选举问题，英方仍节外生枝。

为了推动会谈前进，中方提出，既然在立法局议员选举问题上双方一时谈不拢，可以先易后难，先讨论相对来说比较容易的区域组织选举问题。英方起先不接受，后来到第十三轮会谈时才同意讨论。

在区域组织选举安排问题上，中方做出了必要的妥协和让步。经过几轮讨论，几乎接近完全达成一致，双方着手起草区域组织谅解备忘录文本草案。可是就在谈判好不容易取得一点进展的时候，英方却节外生枝，硬要在区域组织选举谅解备忘录中写进立法局选举也采取“单议席单票制”的办法，即一个选区设一个席位得票最多者当选。而立法局选举办法是完全可以而且应该留待以后中英双方讨论立法局选举时再商谈解决的，立法局选举将于 1995 年 9 月进行，还有时间商谈，但英方却硬要把自己的意见强加于中方。它坚持这一点的理由是香港立法局已经通过了 1995 年立法局选举采取“单议席单票制”的动议。香港立法局是港督的咨询机构，现在英方执意要把香港立法局的意见凌驾于中英两国政府的谈判之上，这涉及一个政治原则问题。对英方这一无理要求，中方理所当然不能同意，并据理加以批驳。

英方蓄意破坏谈判

11 月 26 日、27 日举行第十七轮会谈。中方再次做出重大努力，向英方提交了一份有关区域组织谅解备忘录文本草案，但遭到英方的拒绝。英方代表韩魁发板着面孔当场宣读了一项事先已准备好的所谓“经过认真斟酌”的声明，宣称英方不能继续同中方讨论第一阶段即区域组织选举安排的谅解。

我当即正式提醒英方代表，早在今年 4 月 7 日我曾奉命向英驻华大使麦若彬声明，在中英会谈达成协议之前，如果英方将所谓的政改法案提交香港立法局讨论，那将再次表明英方对谈判毫无诚意，意味着谈判的中断。英方代表听了我的发言后就离开谈判桌而去。

英方置中方的严正警告于不顾，在中英双方未能就 1994/1995 年选举安排达成协议的情况下，竟然单方面采取行动。港督彭定康两周后于 12 月 10 日将他的政改方案部分内容刊登于港府宪报，于 12 月 15 日提交立法局讨论，英方就这样蓄意破坏了中英双方的谈判。后来港英当局又于 1994 年 3 月 9 日将第二部分政改方案提交立法局讨论，这样就把双方谈判的大门彻底关死。

中英谈判明明是由于英方的蓄意破坏而破裂的，但英方却企图蒙骗舆论，推卸责任，单方面公布会谈内容，加以歪曲。为了以正视听，我组织外交部港澳办同志撰写了《中英关于香港 1994/1995 年选举安排会谈中几个主要问题的真相》一文，以外交部发言人名义于 1994 年 2 月 28 日发表。

彭定康对中国缺乏了解，他不知道中国政府对外说话从来是算数的。他在把他的政改方案提交立法局讨论时，狂妄地宣称，他不相信 1997 年香港政权移交时中方会推翻英方的这些选举安排，立法局议员会全部下车。

事后，彭定康在他题为《东方和西方》的回忆录里对 1993 年的中英会谈讲了不少违背事实的话，也做了一些有意思的坦率透露，他说:“在十七轮会谈中，中方在任何问题上都毫无松动。”如果他是指中方在坚持“三符合”的原则上毫无松动，这句话是说对了。但是如果是指中方在具体问题上的立场和态度，那么他这个判断，就与事实相距太远，因为中方在一些非原则问题上，确实已经做了必要的妥协和让步。对此，英方自己应该十分清楚。他指责中方在区域组织委任制问题上立场倒退，也是违背事实的。彭定康在回忆录里指责中方拒绝继续谈判因而使谈判破裂，在这一点上他也是违背事实的。因为他将因果关系颠倒了。好在他自己对此也毫不隐晦，他承认，他本来对谈判成功的可能性就持怀疑态度。原因很简单，因为他原本就不准备改变他在政改方案上的错误立场，其结果当然不难想象。他还承认，他不能接受中方对“直通车”议员的确认标准，因为他担心他所欣赏的某些议员可能坐不上“直通车”。最有意思的是，他透露说，“到 1993 年 11 月，我们决定我们应该不顾（中方发出）对严重后果的警告，宣布我们打算就某些紧迫问题（如区域组织选举）开始立法，但乐意继续同中方谈判其他问题，中方拒绝谈下去，这样就把整篇沉闷的小说带到一个受欢迎的结局”。他这段话中有几点值得注意，从时间上讲，在 1993 年 11 月英方已就立法问题做出决定，而这正是中英双方经过第十三、第十四、第十五、第十六轮会谈，在区域组织选举安排几近达成协议、正在着手起草谅解备忘录文本草案的时候，他说要就“紧迫问题”如区域组织选举问题进行立法，而在 11 月中下旬举行第十六、第十七轮会谈中，英方坚持认为区域组织选举采取单议席单票制的选举方法也适用于立法局选举。事后，英国《金融时报》报道，据英国高层官员透露，当时英方依据中方的建议，起草了有关区域组织谅解备忘录，彭定康却硬要把立法局选举采取单议席单票制的方法这个当时并不紧迫的问题，作为第一阶段即区域组织协议的“必要条件”。显然，他是在设置障碍为谈判破裂制造一个借口。他坦率地承认，是英方决定不顾中方的警告一意孤行，我行我素，进行区域组织选举的立法，在这种情况下，中方拒绝同英方继续谈其他问题，这就把谈判带到一个“令人欢迎的结局”。在这里，他等于承认，谈判破裂是英方所欢迎所希望看到的结局。

中英关于香港政治体制问题争论的实质并不是要不要发展民主的问题，而是要不要遵守国际信义，要不要与基本法相衔接，实现香港平稳过渡的问题。这场争论是由于英国在香港问题上政策的变化而挑起的。此后的事实证明，这种变化并不符合英国的利益，也给香港带来了损害。

分道扬镳，另起炉灶

中方在会谈破裂时就严正重申，根据中英联合声明规定，英国对香港的行政管理到1997年6月30日为止。中国政府于1997年7月1日对香港恢复行使主权，作为英国管制香港政治体制架构的组成部分，即港英最后一届立法局、区议会和两个市政局也将随英管制期的结束而终结。从1997年7月1日起，香港特别行政区政治体制架构将根据中国全国人大决定和基本法有关规定予以重建。

中英谈判破裂后，1997年香港政权交接时立法机构的“直通车”安排已不复存在，中方就加紧进行“另起炉灶”的工作。

预做两手准备

早在谈判开始时，我们就做好了两手准备。诚心诚意地争取谈成，同时也做可能谈不成的另一种考虑。随着会谈的进行，英方的态度和立场促使我方不得不抓紧做后一种准备。

1993年7月2日，第八届全国人大二次会议做出决定，成立香港特别行政区筹委会预备工作委员会。预委会由57名委员组成，钱其琛副总理为主任，安子介、霍英东、鲁平、周南和我，以及郑义、李福善等7人为副主任；鲁平兼任秘书长，秦文俊和陈滋英为副秘书长；下设政务、经济、法律、文化、社会保安等五个专题小组。7月16—17日，预委会举行了第一次全体会议，钱其琛主任发表讲话，我向大家介绍了中英会谈的有关情况。

1993年9月，中方提前发表了即将出版的《邓小平文选》中有关香港问题的谈话。

在此之前，我们参与了有关准备工作。

《邓小平文选》编辑组郑必坚同志找我，要我们为邓小平同志1982年同英国首相撒切尔夫人的谈话加一个关于香港问题的注释，介绍中英关于香港问题的谈判过程和主要问题。我随即组织外交部港澳办赵稷华、吴洪波等同志起草了一个约2000字的注释，并送审。

中方提前发表了《邓小平文选》中的三篇谈话。一是1982年9月24日邓小平会见英国首相撒切尔夫人的谈话，题为《我们对香港问题的基本立场》；二是1984年7月31日会见英国外交大臣杰弗里·豪的谈话，题目是《我们非常关注香港的过渡时期》；三是1984年10月22日邓小平在中顾委第三次全体会议上的讲话。这三次谈话全面系统地阐述了我国对香港问题的基本立场，对当时正在进行的中英关于1994/1995年香港选举问题的谈判有着十分重要的现实指导意义，是对英方发出的严正警告。

邓小平同志指出，我们对香港问题的基本立场主要有三个问题：一是主权问题，这不是一个可以讨论的问题，中方将于1997年收回香港。二是中国收回香港后在香港实行什么样的制度的问题。三是从1982年到1997年这15年过渡期间的安排问题。我们希望过渡时期不出现问题，但必须准备可能会出现的一些不以我们意志为转移的问题。他担心过渡时期会出现很大的混乱，而且这些混乱是人为的。这当中不光有外国人，也有中国人，而主要是英国人。邓小平同志还严正声明，如果过渡时期香港发生严重的波动，中国政府将被迫不得不对收回的时间和方式另做考虑。这是一句分量很重的话，也是中国政府的严正声明。

了解中国情况的英国人在看了这些讲话公开发表后说，新中国成立以来，中国政府对外从来都是说话算数的。如果误判这一点，将会犯严重的错误。

加快预委会工作步伐

中英谈判破裂后，预委会加快了工作的步伐和节奏。预委会的任务是为筹备委员会的成立做好各项准备，特别是在不存在“直通车”的情况下，要就如何按基本法规定另起炉灶，实现香港平稳过渡和香港回归后香港特区第一届政府和立法会的具体产生办法进行研究并提出建议。

预委会会议一般在位于北京东四十条立交桥旁边的港澳中心举行。我和霍英东常常参加预委会的政务组会议。

预委会在从1993年7月至1995年年底的两年半时间里，对涉及香港政权交接和平稳过渡的一系列重大问题进行了研究，并提出大量建议和意见，为筹委会的成立打下了坚实的基础。

成立筹委会

1996 年 1 月，筹委会正式成立，由 150 名委员组成。钱其琛副总理为主任，王汉斌、安子介、霍英东、鲁平、周南、王英凡、李福善、董建华、梁振英等 9 人为副主任。这时我已被派往英国工作。

1996 年 3 月下旬，筹委会决定成立香港特别行政区临时立法会，这是在没有“直通车”安排的情况下，为了避免因立法局解散而出现法律真空，确保香港平稳过渡和特别行政区成立后有效运作而采取的必要措施。

1996 年 12 月 20 日，临时立法会由香港特别行政区第一届政府推选委员会全体委员选举产生，由 60 名议员组成，范徐丽泰被选为临时立法会主席。由于港英当局拒绝合作，临时立法会只能在深圳工作。1997 年 6 月 28 日，港英统治下的最后一届立法局宣告结束。7 月 1 日凌晨，在香港特别行政区成立仪式上，继特区行政长官董建华、主要官员和行政会议成员宣誓就职后，临时立法会主席范徐丽泰带领全体议员宣誓就职。我作为中央政府代表团成员见证了这一历史性时刻。后来临时立法会一直工作到 1998 年 4 月特区第一届立法会产生时为止。

同中国对抗政策碰壁

英方在香港问题上改变同中方合作的政策，先是提出向中方挑战的政改方案，继而又单方面中断谈判，并将其“三违反”的政改方案付诸实施，走上了同中方对抗的道路。

英国在香港问题上政策的变化，这是英国政府的决策，并不是彭定康个人的行为，彭定康只是贯彻和执行了英国政府的意图和政策。当然，彭定康个人在其中也起了一定的作用，也有自行其是的地方。

英国政府转而采取同中国对抗的方针，并不是随意做出的，而是有着更深层次的考虑。他们以为，东欧剧变和苏联解体后，社会主义在全球将彻底崩溃。经历了1989年北京政治风波的中国政府，地位岌岌可危，能否维持到1997年已很难说。英国在80年代同中国签署联合声明承诺1997年把香港交还中国，英方吃了大亏，如今深感后悔，现在正是翻案的大好时机。英方还估计，中国内外交困，绝不敢冒险把英方搞的那一套推倒重来，另起炉灶。正是基于这些错误的判断，英方就一意孤行，走上同中国对抗的道路。

但是，出乎英方预料的是，中国政府并没有被西方的制裁所压倒，中国不仅站住了脚跟，而且经济继续保持增长，政局稳定，国家的综合国力不断增强。同样出乎英方预料的是，中国反对英方“三违反”政改方案的立场十分坚定，香港问题涉及中国的根本利益，中方不可能做出退让。中方希望同英方合作，不希望对抗，但是不怕对抗。中方果断地将英方搞的那一套全部推倒重来。由于英方的原因，中英关系转而下降到了新的低点，英方为自己的错误政策付出了代价。

英国政府同中国对抗的政策在国内引起了更大的争议，对此提出质疑的政界人士逐渐增多。一些很有影响力的经济、金融和贸易界人士也表示忧虑和不满。

香港《南华早报》1994年1月30日发表的一篇题为《伦敦对港督的“赞扬”开始减少》的文章指出，在英国三位前首相中有两位“加入了反对的行列”。前保守党政府首相希思上周在保守党一次集会上表示，英国目前同北京的敌对状态只能怪自己，他还不指名地批评彭定康给中英关系造成不必要的损害。前工党首相卡拉汉对记者说，“如果你从不那么强有力的地位出发进行谈判，那么，你的对手知道你的实力不过如此，最好是不要过分宣扬你的实力”。

在此之前，英下院外委会于1993年12月举行了关于香港问题的听证会。当年曾经主持和参与中英关于香港问题会谈的人士出席做证。在12月2日的听证会上，英国前外交大臣杰弗里·豪呼吁英国政府对香港必须采取连贯性的政策，避免出现突变。他认为，中英联合声明已为香港制定了一个发展模式，“一国两制”的落实，全赖中英双方的合作，而香港政治体制发展需要两国达成协议，平稳过渡对香港有利。

在 12 月 8 日的听证会上，三位前驻华大使出席做证。这三位驻华大使是柯利达、伊文斯和唐纳德。他们都是英国资深的外交官和中国通，先后自 70 年代末至 90 年代初担任驻华大使。

柯利达 60 年代任英国驻华使馆参赞和代办，回国后担任英外交部政策规划司司长，后在内阁办公室工作，并出任英驻民主德国大使；1978 年 6 月—1983 年底任英驻华大使，曾担任中英关于解决香港问题谈判英方代表，为撒切尔首相所赏识；1984—1992 年担任撒切尔首相和梅杰首相的外事顾问和英外交部副次官。90 年代初他同首相在对华政策上发生意见分歧。他反对选派政治人物去担任英在香港的最后一任总督，认为这可能会把事情弄糟，不符合英国的利益。但他的意见未被采纳。1992 年他因年龄原因退休。

伊文斯，1984—1988 年任驻华大使，并继柯利达之后担任英中关于解决香港问题谈判的英方代表。

唐纳德，1954 年进英外交部后，曾在英驻华使馆工作和担任港督政治顾问；七八十年代先后担任英驻扎伊尔、刚果和印尼大使；1988 年 8 月—1991 年任英驻华大使。

我同这三位大使都很熟悉。我同柯利达最初在 70 年代就相识，当时我在驻英使馆工作，他在英国内阁办公室任职。同伊文斯和唐纳德主要是在他们任驻华大使期间结识的。此后多年我同这三位大使打交道都很多。

这三位大使在议会听证会上做证，他们都不同意英国政府改变对香港的政策。

柯利达认为，到目前为止，中国没有一点违反联合声明的记录。英中谈判中断，两国重新进入对抗的阶段，责任主要在英方。这是英国政府和港府 1992 年 10 月以来所推行的对抗政策造成的，这是一个危险和鲁莽的政策。

伊文斯和唐纳德表示同意柯利达的看法。他们强调，建设性合作要比公开对抗好得多。当务之急是谋求同中国进行秘密协商，而不应该是公开对抗。

这三位大使都不同意英国政府领导层对中国形势的判断。柯利达和唐纳德认为，中国不会像苏联一样瓦解。苏联经济一团糟，而中国经济上取得巨大的成功，绝大多数中国人对现状是满意的。中国不会陷入政治瘫痪，更不会回到 20 年代军阀割据国家四分五裂的状态。中国不但将成为一个大国，而且将成为一个经济上、政治上和一定程度军事上的超级大国。到21世纪初，中国经济实力将超过任何一个欧洲国家，并将接近或超过日本。世界经济中心将向太平洋转移。

他们认为，英国应考虑上述因素并做出自己的安排。英国不应与中国进行争吵，而应面对来自欧洲、日本和美国在中国的竞争。他们认为，只有这样才符合英国的利益。

以上这些是根据他们在华任职的工作经历和对中国的观察研究而提出的见解。他们顶住来自多方面的压力，而能够如此直率地表达自己的观点，正是为了更好地维护英国的国家利益。以后的事实证明，他们的看法和意见是经得起时间和实践检验的。

时隔半年之后，英国政府开始寻求同中国改善关系。

1994年7月中旬，英国外交国务大臣顾立德访华。我同他举行会谈，钱其琛副总理接见了他。

顾立德在同我会谈中，对双方未就香港1994/1995年选举安排达成协议感到“遗憾”，提出我们现在要尽可能处理好由于未达成协议带来的后果，认为双方应在政治体制问题以外的其他领域尽可能地进行合作。顾立德接着提出了一系列改善两国关系的具体建议，其中包括开展双边高层交往、相互增设总领馆、英取消对中国驻英外交官的旅行限制、加强双方在国际问题上的磋商，以及发展双边经贸关系等。我表示已经注意到英方改善两国关系的愿望，但对英方的具体建议未做回应，而强调中方对英方要听其言，观其行。中英关系能否真正得到改善，关键要看英方的态度和行动。

钱其琛副总理会见时，顾立德转达了外交大臣赫德的口信，赫德在口信中强调英方“对从现在起到1997年这段香港过渡期以及1997年后与中国在广泛的领域里发展关系给予高度重视”，并建议两国外长应早日会晤。钱其琛副总理肯定了英方希望改善中英关系的愿望，但指出“只有良好的愿望恐怕还不够”。钱副总理还点出英国对中国的判断和对香港的政策是完全错误的，如沿着这条道路走下去，根本谈不上两国关系的改善。

又时隔10个月，到1995年4月，英国领导人在下院表示，希望与中国发展着眼于21世纪的长远而现实的关系。1995年5月，英国贸工大臣赫塞尔廷访华，带来梅杰首相给李鹏总理的口信，表示希望改善同中国的关系。赫塞尔廷表示，梅杰首相和英国内阁让他向中国领导人转达这样的信息：英国政府重视改善和发展对华关系，英国赞赏中国的经济发展，对中国的政局稳定毫不怀疑，钦佩中国领导人在领导经济转轨和治理经济活动中所表现出的胆略和艺术，认为发展对华友好合作关系是唯一正确的选择。

这番话实际上是对英国过去对中国错误判断的否定，也表明英对华态度有所变化。

此后，鉴于英方在一些具体问题上的实际表现，我方从实现1997年香港政权顺利交接的大局出发，亦开始逐步松动同英国的关系。两国关系在紧张和斗争中有所缓解。1995年10月初，钱其琛副总理兼外长应邀访英，我陪同前往。

钱其琛副总理会见了梅杰首相，并同新任外交大臣里夫金德举行了会谈。此时赫德已辞去外交大臣职务，由里夫金德接任。在会见会谈中，钱副总理提出，希望英方履行义务，在香港问题上能增加合作，多做实事，减少麻烦，不要试图把一切都安排好，强加于中方或未来的香港特区。英方表示，英中在香港问题上有共同的利益，英方将完全致力于在两国联合声明中所做的承诺。钱副总理提出，希望在未来21个月内，双方谨慎防止发生不应有的干扰；有些干扰让人担心，不知是政府还是某个政治家的见解。钱副总理这里所说是有所指的。不久前，港督彭定康发表讲话，声称要给350万港人居英权。英方做了明确的答复，表示完全理解钱副总理对这个问题的担心，他（指港督）的讲话并不反映政府的政策；为确保香港平稳过渡和政权顺利交接，我们将要求英国政府官员包括港督执行政府的政策，同时，我们也将保持警觉。从英方这一表态可以看出，彭定康在给350万港人居英权问题上的讲话并未得到政府的授权。彭定康有些自行其是。

这次访问中，中方同意英方关于相互增设总领馆和两国外交部建立磋商机制的建议。从此，中英两国关系开始出现转机，但争执和矛盾仍然不断。

第六章
出使英国

英国外交战略和政策虽然带有明显的意识形态色彩，但更重实际。英国实力已今非昔比，外交缺乏强大实力作后盾，对美独立性较小，但它经验丰富，深谋远虑，在国际事务中仍有相当的分量和影响。

1995年12月14日，我乘飞机从北京飞抵伦敦上任。在飞机上我原想好好睡一觉，可是辗转反侧怎么也不能入睡。

伦敦是我年轻时连续工作过13年的地方，对它有一种难以言表的情结。我从1977年离开伦敦回国后，又过去了18年。这次要去伦敦工作，感到特别激动。可是一想到中英两国关系的现状，我的心情又骤然平静下来。

我是中英升格大使级外交关系以来第七任驻英大使。在我之前是宋之光、柯华、陈肇源、胡定一、冀朝铸和马毓真。这六位前任除马毓真任职期间正值中英关系恶化坐了冷板凳外，其他五位在任期间都是两国关系向上发展的时期，双方高层往来不断，他们都忙得不可开交，坐的都是热板凳。可等待我的将是一条不冷不热的板凳。

从1964年我参加工作起，30多年来，我的工作经历大多直接或间接地同英国有关。我亲身经历了中英关系几度大起大落，跌宕起伏。我感受了中英半建交时期的冷淡和“文革”期间两国关系陷入破裂的边缘，领略分享了升格大使级外交关系及其随之而来的两国关系蓬勃发展的喜悦，目睹了就解决香港问题达成协议后两国关系进入全面快速发展时期的甜蜜和辉煌。然而1989年北京政治风波后，英国对我国实行无理制裁，中断同我国在香港问题上的合作，中英关系骤然恶化。1990年两国关系有所恢复，梅杰首相访华，双方签订了香港新机场谅解备忘录。可是1991年底苏联解体后，英国对当时的国际形势和中国的政局做出了错误的判断，从1992年秋季开始，两国关系又急转直下。港督彭定康推出政改方案，随后英方又破坏两国就香港1994/1995年选举安排的谈判，在香港问题上同中方全面对抗，使中英关系再次坠入低谷。我国同英方进行了坚决有力而又有理有利有节的斗争。英方看到中国非但没有被压垮，反而经济持续发展，政局继续保持稳定，同中方对抗下去对英方不利，英国国内反对同中方对抗、主张同中方合作的意见也逐渐占据上风。1994年下半年英国才开始部分调整政策，寻求同中方改善关系，中英关系才又逐渐出现转机。双方在香港终审法院、军事用地以及新机场财务安排等问题上经过长期的斗争终于达成协议。1995年5月，英贸工大臣赫塞尔廷访华，转达梅杰首相和英内阁的口信，表示英国政府重视改善和发展对华关系，认为发展对华友好合作关系是英国唯一正确的选择，其他任何选择都是坏的选择。

我正是在这样的背景下出使英国的。

现在离香港回归还有一年半多一点的时间，目前正是中英关系由对抗转为缓和的转折阶段，两国关系虽有改善但基础仍然薄弱。在这种形势下，我在英国工作应该从三个方面做出努力：一是向英国朝野和社会各界阐述我国对英政策，特别是有关香港问题的方针政策，做好我国访英代表团的接待工作，继续推动中英关系的改善，以利于配合1997年7月1日香港的回归；二是对英国情况特别是它的对外政策、对华政策做实地观察和进一步深入的研究；三是英国保守党自1979年以来已连续执政长达17年，英国将于1997年上半年举行大选。我要密切跟踪英国政局的发展，既要同执政党保守党保持联系，又要增加同在野党工党的接触，以应对英国政局可能发生的变动。

经过这些思考，我心里感到踏实了一些，遂慢慢进入梦乡。我不知道睡了多久，只知道当飞机乘务员叫醒我的时候，飞机已快到伦敦。

飞机于伦敦时间14日下午降落在伦敦希思罗机场。我同前来迎接我的英国外交部礼宾司官员、我国驻英使馆各位参赞和武官等一一握手，向他们表示谢意，然后就驱车离开，经过40多分钟的行驶，抵达位于普特兰街49号的我国驻英大使馆。

我国驻英使馆是我国几个较大的驻外使馆之一。当时使馆外交官和工作人员约有 100 多人，规模比起 70 年代我在伦敦工作时要大得多。普特兰街 49 号是使馆本部，研究室、新闻处和办公室都在这里。由于使馆本部用房有限，使馆其余部门不得不分散在外面办公。领事部和签证处设在普特兰街 31 号。商务处位于海德公园附近，武官处坐落在瑞士庭院街，而文化处和教育处又远在伊林地区。我抵伦敦后即听取各部门负责人的情况介绍，并分别去使馆各部门了解情况和看望大家。

使馆公使衔参赞王其良、政务参赞唐国强、商务公使鲁克行、武官韩开合少将、教育参赞王百哲等同志都很正直能干，这是一个阵容相当强的班子，他们对我的工作都很支持和配合，相互合作得很愉快。

我住在使馆内一套约有三四十平方米的两居室。大使官邸在汉姆斯德地区，离使馆较远。当时官邸正在装修，装修完毕后，考虑到来回路上费时费事，我也没有去住，而仍住在使馆。

英国政治和外交体制

走访英国政治中心白厅

我抵英第二天就去拜会英国外交部礼宾司长，向他递交了国书副本。礼宾司长告诉我，我已交国书副本，即可正式履行公务。英女王正在外地休假，英方将尽快安排我向女王递交国书。

我抵英第四天，英方就安排外交大臣里夫金德会见，他同我进行了务实的谈话。随后我就开始紧张密集的对外活动。

伦敦是国际大都会。它已有约 2000 年的历史。目前大伦敦地区面积约为 1579 平方公里，伦敦市区面积也相当大，从西边到东边，坐车往往要花一两个小时。市区人口约 700 万。

伦敦是英国的政治、经济和文化中心，也是仅次于纽约的世界第二大国际金融中心。

白厅是英国政治中心所在地。这里离我国驻英使馆步行约40分钟的路程，坐车如交通不堵塞只需十来分钟的时间。从使馆出发，沿普特兰大街和摄政大街，经过皮卡迪利广场和特拉法加广场，就到了英国最高政治权力中心的所在地白厅。白厅是一条长约1公里的大街，大街的一侧依次是海军部、苏格兰事务部、内阁办公室、唐宁街首相府、外交部和财政部，另一侧按顺序排列是国防部、白厅宴会厅、名为苏格兰场实际上为昔日的伦敦警察厅、议员办公大楼、议会大厦、威斯敏斯特宫。这里集中了英国政府首脑机关、立法机构和最重要的政府部门。我在伦敦工作期间，三天两头都要去这里。

我去得最多的自然是英国外交部。英国外交部的全称叫“英国外交和英联邦事务部”，机构非常庞大，有好几座大楼相连。历史上这里曾是“印度事务部”“殖民地部”和“外交部”三个部所在地。“二战”后，随着印度独立和英国殖民地体系瓦解，成立英联邦，这三个部就改组合并，成为现在的外交和英联邦事务部。这些大楼都是古建筑，富丽堂皇，宽大的大理石楼梯，长长的走廊，墙上挂着不少珍贵的油画。我从外交部的大使通道进去，直接上电梯，出了电梯向左拐就是候客厅。外交大臣办公室主任欧威廉带着微笑领我去旁边的外交大臣办公室。这是一间非常宽敞明亮的办公室，这是我过去常去的地方，如今物是而人非。办公室的陈设大体依然如故。主人已换了一个又一个，20多年已换了不下10个。里夫金德外交大臣对我来英工作表示欢迎，强调英方重视对华关系，并就两国关系和香港的有关具体问题同我交换了意见。

唐宁街是一条很短的街。10号是首相的官邸，11号是财政大臣官邸，12号是执政党督察长的官邸。首相官邸楼下有会议室，首相会见我国访英高级代表团时就在会议室里进行，个别会见时则在楼上客厅进行。楼梯很窄，墙上挂有历届首相油画画像。楼后有一个小花园。我在英工作时，一般人都可以走唐宁街，我在唐宁街10号首相府门前也留了影。后来由于防范恐怖袭击，唐宁街在白厅的路口就设置铁栅，不让一般人进去。

英国议会也是我经常去的地方。

英国议会所在地是威斯敏斯特宫，是伦敦泰晤士河畔最壮丽的建筑，镏金的屋顶在阳光下闪闪发光，哥特式建筑的塔尖直指云霄。大本钟（2012年改名为“伊丽莎白塔”）的钟声在空中荡漾，气势不凡。

这座宫殿始建于都铎王朝时代，1834年毁于大火，后于19世纪中叶重建。第二次世界大战期间，现在下院部分又被德国轰炸受损，1950年加以重建。但这座宫殿也有一部分一直未受损坏，这就是下院入口处左边的威斯敏斯特大厅。这个大厅现已不对外开放，议会做特殊安排邀请我去参观。这是一个长方形的大厅，已有500多年的历史。这座大厅见证了英国几次重大的历史事件，包括英王查理一世受审，“二战”后法国戴高乐访英期间在此举行演讲。

议会大厦里分两部分，一边是上院，另一边是下院。下院入口处不远的大厅里摆放着英国历史名人的大理石雕像，宽大的走廊里陈设着反映英国重大历史事件的油画和挂毯。整个大厦里有议会大厅、议会专门委员会办公室、议员办公室、图书馆和餐厅。由于房间有限，只有资深议员才在这里有办公室，前首相希思和卡拉汉的办公室都在这里。而大多数议员的办公室则是在议会大厦马路对面紧靠着苏格兰场的一幢大楼里。

我分别去拜会了上、下院议长。议长办公室均是金碧辉煌，十分华丽。我还应邀去听下院议员辩论。下院会场不大，议长头戴羊皮帽，高高在上，正襟危坐。议长座位前方是一个长方形大桌子，坐着相当于我国全国人大常委会秘书长的首席职员和几名速记员。议长负责主持辩论，维持会场秩序，遇有议员违反议会规则的时候，就大喊“Order（肃静）”。议长前方会场两边各是一排排的长椅；议长的右前方是执政党议员的座位，首相和内阁大臣都坐在第一排，名为“前排议员”；一般议员就坐在后面的几排，称为“后排议员”；与执政党议员相对的另一边是在野党议员的座位，在第一排就座的是在野党影子内阁成员，其他议员在后面的座位就座。1996年时英国下院共有500名议员，可是这一排排座位全部加起来也不足500个。由于议员常常有缺席的，一般情况下不会成为问题。遇有十分重要的辩论，议员全都出席，座位不够时，迟来的议员只能屈就坐在台阶上。

英国议员大多能言善辩，口若悬河，滔滔不绝。这是他们长期锻炼出来的。

议员发言不准拿稿子照本宣科，只能在小纸片上记发言提纲要点。首相或财政大臣、外交大臣接受议员质询时，他们可以翻阅政府有关部门提供的厚厚一大本说帖和表态口径。当然辩论起来，常常也需要靠临场发挥的。

我不止一次去议会旁听，现在我已记不清当时辩论的议题，只顾听辩论了。当时辩论双方唇枪舌剑，一来一往，讲到精彩处，支持的一方议员们认为讲得好、说得妙，就发出“Here，Here”的声音，有些索性纷纷跺脚，整个会场一片咚咚声。但反对一方的议员就发出嘘嘘声。一般辩论时，有些议员感到没有兴趣，就把二郎腿跷到前面一排椅子的靠背上，甚至也有前排议员把腿放在对面桌上的。我就不止一次看到这种情形。不过这是发生在议会开会尚未对外电视直播之前。议会辩论对外电视直播后，议员就再也不敢如此放肆了。

英国议会议案通过三读后就付诸表决，表决时不是像我国全国人大常委会表决时各人按电子表决器，而是遵循几百年来的传统方式，投赞成票的议员从一个门走出去，投反对票的议员则从另外一个门走出去。门口由负责计票的人员分别计票。我晚上在使馆宴请议员时，议员往往事先向我抱歉一声说要中途离席赶去投票，有的投票后再回来继续吃饭、喝咖啡。

所有议员的发言都由速记员当场记录，并刊印在议会记录上。议会记录每天都有一本甚至几本。我们驻英使馆也订有议会记录，议会辩论详细情况，看议会记录就一目了然。议会记录从开始一直延续到现在。我从政府文件局买到一本1840年英国下院关于对华发动鸦片战争辩论的全文记录，回国时带回北京，至今仍保存着。

从递交国书看英国王室的地位与作用

我抵英后第一场最重要的活动是向英国女王伊丽莎白二世递交国书。

英国实行君主立宪制，国家元首实行世袭制。英国议会由上、下两院组成，上院议员是由各种类型的贵族和教会主教等组成，部分是世袭，部分是委任的。下院议员由直接选举产生，政府首脑由下院取得多数席位的政党领袖担任。按规定英国每五年举行一次下院议员选举，称为大选，但实际上往往不到五年就举行大选。首相有权选择认为有利于自己政党竞选连任的最佳时机提前大选。

英国女王是英国国家元首、英国武装部队总司令、英国国教的世俗领袖。然而这些都是名义上的。女王作为英国君主统治英国，实际上是统而不治，并无实权，实权掌握在英国首相手里。尽管如此，英国女王在英国政治生活中仍占有特殊的地位。由于英国实行议会民主，在大选中赢得多数席位的政党上台执政，每隔几年，政府就会有变动。而国家元首是世袭制，一直延续，是国家统一和稳定的象征。

1996 年 2 月 29 日，我去位于伦敦市中心的白金汉宫向英女王伊丽莎白二世递交国书。那天，天气虽然有点寒冷，但异常晴朗，湛蓝色的天空没有一丝云彩。

上午 11 时半，王宫派三辆华丽的敞篷马车抵达我们在普特兰大街 49 号的驻英大使馆门前。按英方要求，我去递交国书必须穿晨礼服或民族服装。我选择我国民族服装，穿一身深色毛料中山装，带着江泽民主席亲自签署、并由钱其琛副总理兼外长副署的国书正本登上马车。皇家典礼官是一位英国将军，他全身礼服手扶佩剑陪同坐在我身边。我馆公使王其良、公使衔商务参赞鲁克行、国防武官韩开合陆军少将，以及其他四位参赞等分坐在后面两辆马车，经我馆旁边的大街，穿过海德公园，抵达白金汉宫。

白金汉宫是英国的王宫，它之所以称“白金汉宫”是因为当初这座宫殿是为白金汉公爵所造，后来为英国国王所有。白金汉宫初建于 1703 年，1825 年又加以改建，1837 年起正式成为英国维多利亚女王的王宫。现在的白金汉宫是一座三层宫殿式建筑，规模宏大，成“U”形。宫内有 600 多间房间，宫殿后面是御花园，宫殿正门前有一个广场，屹立着伊丽莎白二世女王的高祖母维多利亚女王的雕像。

白金汉宫屋顶正中挂有王室旗帜，这表明女王在宫内居住；如不挂，就说明女王不在，她可能去其他行宫。女王在伦敦郊区有温莎行宫，在英格兰有桑德林哈姆庄园，在苏格兰有巴尔莫勒尔堡行宫。

我们抵达白金汉宫时正值中午 12 时。11 时半举行的白金汉宫皇家卫队换岗仪式刚刚结束不久，前来观看换岗仪式的人群还未完全散去。白金汉宫门前站岗的皇家卫队士兵个子高大，头戴黑色熊皮帽，身穿红色上衣，下面是黑色裤子，手持步枪，肃然而立。我们乘坐的马车在宫前广场绕维多利亚女王塑像一周后进入白金汉宫。聚集在宫前的游人感到好奇，纷纷举起相机照相，并向我挥手。我微笑着向他们挥手致意。我猜想这些游人可能并不知道这是中国大使去递交国书。

进入白金汉宫，兼任皇家副典礼官的外交部礼宾司长和外交部常务次官约翰·柯尔施等上前迎接。我们在大厅站了一会儿，然后引我一个人进入镶有金色天花板的华丽的接见大厅。大厅气氛庄严肃穆，女王庄重大方地站在接见厅中间，约翰·柯尔施先生站在她身后右边。按照英方要求，我先移动左脚，上前一步，向女王微微一鞠躬，继而移动右脚向前走一步，再一鞠躬，然后走到女王前面，女王伸手同我握手。

我表示，我很荣幸向陛下递交国书。我将国书递上，她接过后交给身边的柯尔施先生，接着同我进行交谈。

我表示，我离开中国之前见到江泽民主席，江主席要我向陛下转达他的问候和良好祝愿。女王微笑着对此表示感谢，并要我转达她对江主席的问候和良好祝愿。英方事先向我吹风说，向女王递交国书，属礼仪性质，不宜谈实质性问题，我只能找适当的话题。

我表示，我很荣幸于1986年陪同女王陛下访华，并随后分别陪同菲利普亲王和玛格丽特公主访华。女王脸上露出惊喜的神情说，她那次访华到过好几个城市，不知现在这些城市如何。女王那次访华除北京外，还去了西安、上海、昆明和广州。我回答说，十年来这些城市变化都很大。我国经济这些年来有很大的发展，当然我国还有问题和困难，但我们对发展前景充满信心。

女王急忙转变话题问我来英前做什么工作。我介绍说，来英前任副外长，主管我国同欧洲国家关系和港澳事务。女王似乎对此感兴趣，她问我，现在香港情况如何。我表示，香港经济发展得不错，修建新机场进展顺利；我们希望中英两国很好合作，实现1997年香港平稳过渡和政权顺利交接。女王又说，听说你夫人在荷兰当大使，夫妇两人都当大使，这是少见的。这使我感到意外，女王竟然知道我夫人在海牙当大使。我夫人也是在不久前才上任的。估计这是英外交部向她汇报的。我连忙表示，非常抱歉，她现在正在海牙，今天不能同我一起来见女王陛下。女王说，相信今后还会有机会见面。

女王那时已进入古稀之年，思维敏捷，谈吐得体，给我留下难忘的印象。我们交谈足足有十几分钟，超过原定的六七分钟。然后女王示意要我介绍我的随行官员。此时，接见厅大门打开，等在厅外的我馆王其良公参等一一上前同女王握手，然后又逐一退出。最后我同女王握手告别。向女王鞠躬后转身退出，到接见厅门口时再回身向她一鞠躬后离开。

除向女王递交国书外，我在英期间还在两个场合同英女王近距离接触，并有两次出席了女王举行的正式活动。

1996 年 7 月 25 日，这一天阳光明媚。我去白金汉宫御花园参加女王举行的夏季花园会。御花园里鲜花盛开，在葱绿的草坪旁临时搭建有一座座帐篷。参加招待会的有英国社会各界知名人士和外国驻英使节。宾客们各自去指定的帐篷。我被邀去位于中央的一个大帐篷。不一会，外交部礼宾司长走过来要我随他去见女王。于是我就紧跟着他，穿过人群，来到帐篷的一个角落。女王正站在那里。礼宾司长把我引见给女王。女王说，她还记得我今年早些时候向她呈递了国书。她同我握手，我向女王表示问候，相互寒暄了几句。我注意到旁边还有别的宾客正等着女王的接见，于是我就告辞离开。在这种场合，女王并不会见所有外国驻英使节，当时英方只对美、俄、中、法等少数几个大国驻英使节才做这种安排，这是中国国际地位提高、英方重视对华关系的一个表现。

约四个月后，我又去白金汉宫参加女王举行的冬季招待会。这次招待会是专门为外国驻英使节举行的，每个使馆除使节夫妇外，还邀请若干对高级外交官夫妇。伦敦的外交使团规模很大，共有 200 多个使馆和国际组织驻英代表处，出席招待会的有数千人。使节们一般都提前抵达，先漫步参观白金汉宫。各个使馆按国家英文字母顺序排队，馆长夫妇站在前面，后面是该馆随行的主要外交官夫妇。一个使馆一队，队伍要延续若干个大厅，看不到尽头。一个个大厅里熙熙攘攘。

不一会，大厅里突然安静了下来。只见女王及其王室成员缓缓而来。女王雍容华贵，女王丈夫菲利普亲王和王储查尔斯亲王全身戎装，胸前佩戴着各种勋章，王室其他女成员个个珠光宝气。女王一行依次同各馆馆长握手。到达我们使馆所站位置时，女王伸出手来同我握手，我向女王表示问候和敬意。女王丈夫菲利普亲王这次没有像若干年前那样说我们都是和尚。那时我国正值“文革”期间，外交官都没有带夫人。这次除我的夫人在荷兰当大使而未随行外，其他外交官都带夫人来了。没有想到菲利普亲王竟同我开玩笑问我，你们使馆其他外交官来参加招待会是不是按照长得漂亮与否来决定。我了解爱丁堡公爵爱开玩笑的习惯，连忙回答说，是按外交官级别和到任先后决定的。爱丁堡公爵听后没有再说什么，就赶紧随女王走到下一个使馆，同下一个馆长打招呼去了。获女王会见后，队伍就解散，有些使节去舞厅参加舞会，我不会跳舞，就离开返回使馆，这时已是晚上 11 点多。

6 月 15 日是英国女王官方生日，也是英国国庆节。这一天天气晴朗，我驱车去参加女王阅兵式。阅兵式在白厅和圣詹姆士公园之间的阅兵场举行。我抵达后就走上在阅兵场一边临时搭建的观礼台。受检阅的既没有军事装备，也没有海陆空三军，而只是皇家禁卫军和身着红色古装手持长矛的仪仗队。受阅队伍阵容整齐，不断变换队列。女王过去都是骑高头骏马进行检阅，现在由于年事已高，改为坐在主席台上检阅。阅兵式完毕散场时，坐在我旁边的一位外国驻英使节对我说，女王阅兵式不像许多国家通过阅兵式来展示自己的国力和军威，而是显示英国的古老传统。我想这位使节的看法有一定的道理。

我参加女王举行的另一次活动是 10 月 23 日出席女王主持的议会开幕式。议会开幕式在英国上院长方形大厅举行。女王雍容华贵，身穿绛红色王袍，头戴镶着世界上最大钻石的王冠，闪闪发光，坐在金碧辉煌的王位上。菲利普亲王胸前佩挂着勋章，手扶佩剑坐在王位旁边的座椅上。下面站立着上院议员和下院议员，包括首相和内阁大臣。我们外国驻英使节都坐在二楼左前侧。女王宣读施政纲领。施政纲领简明扼要，由政府起草，女王只是宣读一下而已。女王宣读时，语音纯正，抑扬顿挫，柔和悦耳，是我听到的最漂亮的英语。我注意到在短短一千多字的施政纲领中专门提到香港问题，强调要保证香港的成功过渡，这表明了英国政府的态度。

在我在任期间，英国内围绕英王室存废问题发生争论。工党里有不少人主张废除君主制。他们认为王室过时、奢侈，每年要花费纳税人巨额资金。另一些人则主张要继续保留，强调英女王在英国国民中享有崇高的威望，君主制对英国社会稳定有着十分重要的作用。电视上播放了专题辩论会实况，双方争论十分激烈，最后主张保留的意见略占上风。我饶有兴趣地从头到尾观看了整个辩论过程。

这场争论虽暂时告一段落，但王室的前景及王室成员的个人生活一直是英公众关心的话题和媒体追逐的焦点。有一天，我国著名电影导演谢晋来伦敦见我，他是为筹拍历史题材电影《鸦片战争》来英物色演员和看场景的，计划在1997年香港回归前夕上演。谢晋导演向我试探性地提出，如果能请到戴安娜王妃扮演维多利亚女王，将会产生轰动效应。谢晋导演想就此征求我的意见。我完全理解谢晋导演的用意，但此事不仅政治上十分敏感，而且戴安娜王妃同王室关系已闹僵。我劝谢晋导演放弃这一想法。谢晋导演听后认为有道理。我随即请我馆文化参赞全力支持谢晋导演的工作，帮助联系英国演艺界，安排看外景。后来我又出面专门为谢晋导演和英国演员举行酒会。谢晋导演向我表示，他感到英国演员素质很好，他很满意。

后来不久，戴安娜王妃不幸在巴黎遭遇车祸丧生。这是后话。

英国外交体制

与我国外交部相比，英国外交部职权范围比较广。我国外交部主要履行外交职能，对外援助和文化交流分别由外经贸部和文化部负责。英国外交部不仅主管外交，而且掌控对外援助和文化交流。英国驻外使馆商务参赞不是由主管经贸事务的贸工部派出，而大多是由外交部选派。英外交部对诸如英中贸易协会这样半官方组织负责人的任免也有相当大的发言权。英国文化委员会和英国广播公司也都是外交部的下属单位，由外交部拨款。英国这种体制有利于它在外交上的高度集中统一。

英国外交部在组织人事上分两个层次：一是领导层面，另一个是工作层面。领导层是外交大臣、外交国务大臣和政务次官，共有六七人或七八人。他们相当于我国的外长、副外长和部长助理。他们负责研究制定外交方针政策，向首相提出建议。他们源自政治任命，哪个政党上台组阁执政，就由这个政党的领袖直接任命。他们本人首先必须是国会议员，如当不上议员，就不能当外交大臣或副大臣。他们除担负外交部领导职务外，还要经常去自己所在的选区，同选民保持联系。正因为他们要履行外交部领导和议员这双重职务，所以工作量相当大，十分繁忙。这一点和美国不同。在美国，行政机关与立法机关分开，当议员的就不能担任政府部长或官员；而要出任部长或官员的，则必须辞去议员职务。

英国外交部在工作层面上实行职业外交官体制。英国政府部门普遍实行文官制，并把外交人员同其他政府部门的文官分开，外交人员单独成为一个系列。进入一般政府部门需通过文官考试，而进入外交部则需经过更为严格的专门考试。在外交部官员中又分政务官员、领事官员和后勤技术人员等几个种类。这几个种类各自成系统，一旦进入某一种类，不能轻易转换。政务官员从一般官员升至一秘比较快，但此后就比较慢。政务官员在驻外使馆可升至参赞、公使或大使，在外交部内升至助理次官和副次官，最高可升至常务次官。整个外交系统职业外交官只有一位常务次官，这是职业外交官中的最高职务，通常从资历深、经验丰富的高级外交官中产生。常务次官负责整个外交部的日常运作，在制定和执行政策上发挥着重要的作用。然而，职业外交官即使升至常务次官后也不能出任外交国务大臣或外交大臣，除非他辞去职业外交官职务，走另一条道路，即先去竞选议员，如当上议员才有可能从政。道格拉斯·赫德早年曾是英国职业外交官，后来他辞去职务，当上了下院议员，在政坛上闯荡了十几年，最后出任英国外交大臣。我认识的英国职业外交官中很少有跳槽改行的，辞职从政的更是寥寥无几。他们认为，职业外交官工作比较稳定，一般不会因政府更迭而发生大幅度变动。

美国在这方面同英国不同。美国驻外大使有许多都不是由职业外交官担任，而是属于政治任命。每当新总统上台，就对为他竞选捐过钱、出过力的人，或者他的亲信、熟人论功行赏，任命他们为驻外大使。这些从外交圈外进来的人由于其经历不同，为美国外交队伍带来新的视野，未尝不是一件好事。当然也有缺乏外交知识又不愿虚心学习闹出笑话的。美国这种政治任命大使的做法直接受到影响的是美国国务院的职业外交官。他们经过多年的磨炼，好不容易升至参赞、公使，眼看有希望当上大使，但恰好遇上新上台的总统任命一大批驻外大使，他们升迁无望，只能眼望大使之位兴叹，这不能不对职业外交官的士气产生负面影响。有位美国高级外交官同我交谈中就情不自禁地流露出这方面的怨气。

英国从职业外交官范围之外任命驻外大使是极个别的现象，一般都从职业外交官中选拔。这种做法有利于提高职业外交官的士气，保持队伍的稳定。职业外交官长期从事外交工作，熟悉英国对外政策的历史经纬，对国际形势和有关国家素有研究。英国政府每隔一段时间出现更迭，或外交部领导层发生变动，但职业外交官队伍基本不变。这有利于保持英国外交政策的连续性和稳定性。

当然，英国外交部职业外交官同政治领导人之间出现意见分歧的情况也时有发生，有时会闹到半公开的地步。20 世纪 90 年代前半期英方内部在处理香港问题上出现的分歧就是一个比较典型的例子。

中英关系乍暖还寒

我在英工作期间，中英关系继续向改善的方向发展。英副首相赫塞尔廷、外交大臣里夫金德以及多位大臣访华。中方访英的有 13 位部长及以上级别代表团，其中级别最高的是李岚清副总理。李岚清副总理于 1996 年 11 月上旬访英。英方安排李岚清副总理下榻伦敦最高级的克拉里奇酒店，通常情况下，英方接待外国政府总理才做此安排。李岚清副总理同英副首相赫塞尔廷举行了对口会谈，会见了梅杰首相、财政大臣、贸工大臣以及工党领袖；除伦敦外，还去外地参观了罗尔斯·罗伊斯飞机发动机工厂，并去苏格兰爱丁堡和格拉斯哥访问。

这些高层接触和互访有力地推动了两国整体关系的改善和在香港问题上合作的进展。

我广泛地开展对外活动，同英国政界、工商金融界和新闻界等进行了广泛的接触，经常接受媒体采访，并四处外出演讲，在议会香港问题小组、皇家国际事务研究所、英国国际商会、英国外交记者协会等组织举办的活动中发表演讲，介绍中国经济社会发展情况、改革开放政策、中英关系以及香港问题。针对当时英国和西方舆论散布的对我国的不实之词，有针对性地阐述了我方的立场。

中英关系虽然逐步回暖，但乍暖还寒，双方的摩擦、冲突和斗争仍然不断。

同英首相和外交大臣的争论

中英双方分歧最突出的仍是香港问题。英方在香港问题上的策略虽然略有调整，表示决心要同中方合作，实现成功交接，但还是不太情愿，不肯痛痛快快地移交，仍想在离开香港之前把一切都安排好，从香港政治体制架构、法律到人事，完成它的部署，然后强加给中方和香港特区政府。

当时争执的主要是两个问题：一是香港立法局不能过渡和我方成立临时立法会；二是英方单方面修改香港原有法律和我方筹委会就处理原有法律提出的建议。

港英政府在1995年9月按照港督彭定康“三违反”政改方案选举产生了香港最后一届立法局。由于这次立法局的选举不是在中英双方协商一致的基础上进行的，所以这一届立法局不能跨越1997年，只能到1997年6月30日为止。英方明知我方一向说话算数，一定会“另起炉灶”，但仍不死心，还抱有幻想，同我方纠缠不休。我方决定成立临时立法会后，英方指责我方这一行动没有必要，并拒绝同临时立法会合作，一再要求我方答应让立法局全部现任议员过渡到1997年6月30日之后。

1996年11月初，英首相梅杰在首相府会见访英的我国副总理李岚清。李岚清副总理同梅杰首相就中英关系和香港问题进行了深入的讨论。梅杰首相表示，英国将决心同中国成功合作，确保香港的移交能顺利进行。他肯定英中双方在许多领域都取得进展，但又指出双方仍有分歧，直接点出临时立法会问题。他指责中方拟成立的临时立法会在香港将造成困难，将破坏现任的立法局，使其立法受到挑战。李岚清副总理表明了我方在香港问题上的原则立场后要我就临时立法会这个具体问题讲一下。考虑到对方的首相身份和会见的场合，我想应尽可能避免发生争论。于是我先说明，成立临时立法会，这原先并非中方的本意，而是在中英双方未能达成协议的情况下，为了保证香港的平稳过渡而不得不采取的措施。我又针对梅杰首相所提的问题，进一步说明，临时立法会的任何决定将到1997年7月1日起才生效，不会影响目前香港立法局，而且临时立法会是临时的，等到正式立法会选举产生后就予解散，而正式立法会不迟于1998年7月1日之前成立。我们希望英方能面对现实，采取务实态度，同临时立法会合作。梅杰首相听我说明后竟提出要将现任立法局过渡到1997年之后的无理要求。他说，没有理由不让根据民选产生的现任立法局运作到它的任期四年结束为止。他要求将英方单方面搞的立法局延续到1997年之后，这实在是不讲道理。看来，争论已不可避免。我不能不据理做出回应。我说，无论从宪制从法律还是从政治上来说，香港现任立法局只能随着英国对香港管制的结束而终止，现任立法局，作为港英政府架构的一部分，它的任期只能到1997年6月30日为止，中方原先曾设想有“直通车”的安排，即中英双方达成协议，现任的立法局符合有关条件可以跨越1997年6月30日，成为中国香港特别行政区第一届立法会，可是由于非中方的原因，双方未能达成协议，现任的香港立法局是根据英方单方面安排产生的，它的任期当然只能到1997年6月30日为止。对我这番话，梅杰首相没有做出反驳，看来他也无法反驳，于是他转而打圆场说，他不想以分歧来结束今天的会见，随即就把话题转到别的问题上去了。

1996年12月中旬，里夫金德外交大臣紧急约见我，就我方拟于12月21日成立临时立法会提出交涉，说什么中方成立临时立法会没有必要，要求将香港现任立法局延续到 1997 年之后。我听后表示将报告政府，同时我做以下初步评论：

第一，目前的局面是英方单方面的行动造成的，可以说，这是英方自己所做的选择。

第二，英国对香港的管制到 1997 年 6 月 30 日结束，香港现任立法局，作为港英政权架构的一部分，理所当然要随着英国对香港管制的结束而终止，而不可能延续到这之后。

第三，中方曾设想的“直通车”安排，不是由于中方的原因而遭到破坏。在此情况下，为了避免法律上出现真空，保证香港的平稳过渡，中方不得不成立临时立法会。这不是什么倒退，而是一个积极的必要的合乎逻辑的步骤。

第四，成立临时立法会是有充分法律依据的。中国全国人大常委会授权筹委会负责筹组特区的有关事宜，这其中当然包括在“直通车”不存在的情况下建立临时立法会的事宜。香港事务涉及 1997 年 7 月 1 日后的事情，包括成立临时立法会都纯属中国内政，任何外国都无权干涉。

第五，香港的平稳过渡符合香港居民的利益，也符合中英双方的利益。后天临时立法会即将成立，希望英方面对现实，不要制造新麻烦，而应同临时立法会合作。希望英方三思而行。

12 月 21 日，钱其琛副总理在临时立法会产生的公开讲话中对英外交大臣的声明也做出了回应。

关于港英当局单方面修改香港法律和我方应对

1984 年中英两国政府签署的中英联合声明规定，香港现行的法律基本不变。这是指 1984 年时的香港法律基本不变。但 1984 年以来港英当局不顾中方反对，不断修改法律，并于 1991 年 6 月搞了一个《人权法案条例》。

1997 年 6 月 30 日后香港居民的民主权利是有充分保障的，基本法对此也做了明确规定。英国自己本土也没有单独的人权法案。英方过去同中方会谈时曾表示,《公民权利和政治权利国际公约》和《经济社会与文化权利的国际公约》这两个国际人权公约是通过其他现行法律予以实施的。香港基本法也规定,两个国际公约通过香港特区的法律加以实施,根本没有必要另搞一个人权法案。但英方不顾中方的反对,于1991年搞了一个《人权法案条例》。而且,这个《人权法案条例》凌驾于香港其他法律之上,凡是与它抵触的法律,都要废除或修改。到1996年,港英当局根据《人权法案条例》修改或重新制定的法律条文多达几十个。例如,港英当局废除了原先举行游行集会必须事先向警方申请并获得批准的制度,改为只要通知警方即可。显然,港英当局单方面大量修改原有法律主要着眼于束缚香港回归祖国后香港特区政府的手脚。

我国宪法和香港基本法共同构成香港特别行政区的宪制基础,其他法律都不得同基本法相抵触。《人权法案条例》有凌驾于其他法律的地位,与基本法相抵触。对这个人权法案,中方理所当然要加以处理。

1995年10月,香港特区筹委会预委会法律小组提出了废除《人权法案条例》中具有凌驾地位的条款,以及还原6个被港英当局修改的法律的建议。英方要中方不要采纳这些意见。1996年1月下旬,英国外交国务大臣汉利约见我,就中方筹委会法律小组就处理香港原有法律提出建议进行交涉。他对此表示"极为关注",认为修改这些法律没有必要,提出这样的建议已在香港"导致广泛的不安"。我对此进行了批驳,指出筹委会法律小组的建议是必要的,也是合情合理和符合实际的。法律小组建议原有法律绝大部分都可经过技术处理后采用为香港特区法律,不能采用或需要废除或修改的仅是少数。这是因为这些法律有些体现英殖民统治、有些则违反联合声明和基本法。我还专门阐述了我方对《人权法案条例》等问题处理建议的看法。强调指出,这些建议不是什么倒退或损害信心,而正是体现了维护中英联合声明和香港基本法的严肃性,维护香港的法治,有利于香港的稳定和信心。希望英方不要误导舆论,不要再制造新的麻烦,否则,只能对英国本身不利。

第二天,英国传媒和国际传媒报道了英国外交国务大臣汉利召见我一事,说英方对香港筹委会计划修改《人权法案条例》提出"强烈抗议"。其实英方并没有向我提出什么“抗议”，更谈不上什么“强烈抗议”，只是表示“深为关注”而已。这一报道显然夸大其词。

同英方交涉

除香港问题外，中英双方在台湾和西藏问题上还存在分歧，不断发生摩擦。

1995 年台湾地区领导人李登辉推行“台独”路线，抛出“两国论”。美国准许李登辉去美，他去美国康奈尔大学演讲，对我国进行攻击。我国决定在 1996 年 3 月 8 日起在台湾海峡举行发射导弹演习。美国派航空母舰去台湾东北部海面，对我国进行威吓。而英国政府竟然发表声明，公开支持美国这一行动。在这期间我先后恰巧宴请英外交部付次官安德鲁 · 伯恩斯和外交国务大臣汉利。伯恩斯主动同我谈我方在台湾海峡举行军事演习事，表示希望我方谨慎从事。我指出，海峡局势紧张完全是由于李登辉企图搞“台独”和美国对此加以纵容支持所造成的，美国无权干涉中国内政。我们希望海峡两岸实现和平统一，但决不能承诺放弃使用武力。我向汉利外交国务大臣介绍了我方在台湾问题上的立场后，对英公开支持美派军舰去台湾附近海面表示遗憾，希望英方不要追随美国干涉中国内政，这样做不利于中英关系的改善和发展。汉利辩解说，英方对中国举行军事演习并不担心，但担心中国导弹发射万一出现偏差导致军事冲突使香港受到影响。他同时强调英国承认世界上只有一个中国，台湾是中国的一部分，英国这一立场今后也不会改变。

1996 年夏，我们得到消息，台湾当局李登辉女儿在英国纽卡斯尔大学取得学位，该大学授予学位时，李登辉想去参加。为防止这一事件的发生，避免中英关系进一步受到影响，我于 7 月 2 日偕使馆教育参赞王百哲专程去纽卡斯尔大学。该大学给我们以热情友好的接待。我在该校教职员工参加的大会上介绍了中国的经济社会发展情况和中英关系，会见了该地区工商界头面人物。我还专门单独会见该校校长，着重向他介绍了台湾问题，指出这一问题的敏感性。这位校长态度很友好，他向我表示，他听懂了我的意思。

后来，李登辉未能成行。我们估计，鉴于当时的中英状况，英国政府也不愿再添麻烦。

历史上，英国在西藏问题上扮演过不光彩的角色，现在它应该对此采取更加谨慎的态度，可是它还是不时利用西藏问题干涉中国的内政。

1996 年 7 月，英国允许西藏分裂主义势力头目达赖喇嘛去英活动，安排外交大臣里夫金德和女王母后分别会见，并让达赖喇嘛去英议会一个小组委员会发表讲话。

我们对英方这一做法感到气愤。

英国历史上企图染指西藏。它占领印度并将印度作为它的殖民地后，曾将目标指向与印度接壤的中国西藏，于 1888 年发动了第一次侵略西藏的战争，迫使清朝政府签订《中英会议藏印条约》，同意锡金由英国“保护”。1903—1904 年又发动第二次侵略西藏的战争，迫使西藏地方上层与其签订《拉萨条约》，清朝中央政府拒绝签字。1913—1914 年，中英两国及西藏地方政府代表在印度西姆拉举行会议。英国代表麦克马洪公然提出将中国对西藏的主权篡改为所谓的“宗主权”。根据《辞海》对“宗主权”的定义，“宗主权”是“一国使他国从属于自己而干预其内政外交的权利”。此外，西方列强侵略他国，往往否认该国对其一部分领土的主权，而只承认其有“宗主权”，企图以此削弱该国的主权，分裂其领土，便于自己霸占。麦克马洪还背着中国中央政府代表与西藏地方政府秘密谈判，提出中印边界线，即所谓的“麦克马洪线”。中国中央政府代表拒绝在《西姆拉条约》上签字。《西姆拉条约》和“麦克马洪线”完全是非法的。第二次世界大战后，英国国力衰落，但它在中国对西藏主权问题上仍一直采取模糊的立场。

7 月下旬，我约见英外交部外交国务大臣汉利提出交涉，对英方允许达赖去英活动，并安排官方会见表示强烈不满和极大遗憾，要求英方今后不再发生类似事件。

英国一方面向中方表示，承认西藏是中国的一部分，另一方面又不肯放弃所谓中国对西藏“宗主权”的立场。

2000年英外交和联邦事务部发表的《年度人权报告》中仍自称，英国是世界上唯一既不承认中国对西藏拥有主权，也不承认西藏独立的国家。

直到2008年10月29日，英外交大臣米利班德才发表声明，英国政府明确承认西藏是中华人民共和国的一部分，中国对西藏拥有主权。他还表示，英国20世纪在西藏问题上的立场是基于那个时代的地缘政治和过时的“宗主国”的概念，现在英国非常肯定地承认西藏是中华人民共和国的一部分。

英国在西藏问题上调整了沿袭近一百年的政策，这是值得欢迎的。希望英国政府在实际行动上真正严格履行自己的诺言。

英国内部明智主张占据上风

早在1993年港督彭定康抛出香港政改方案后，英国内部在对华政策上的分歧就已公开化。以港督彭定康为代表的一股势力指责英国此前的对港政策，攻击英外交部“中国通”对华态度软弱。以柯利达为首的职业外交官挺身而出，公开对政府改变政策提出批评，双方为此进行了一场激烈的争论。

柯利达细长的身材，戴一副眼镜，文质彬彬，思考问题时往往紧皱眉头。据英外交部官员告诉我，柯利达写得一手好文章，是英国外交部里有名的笔杆子。

柯利达是坚定地维护英国的利益。记得有一次他在北京钓鱼台同中方谈判香港新机场问题时发生争执。中方主谈的是国务院港澳办主任鲁平，我陪同参加谈判。谈到双方分歧点时，突然，柯利达发了火，“呯”的一声，拍案而起。鲁平同志随即从座位上站起来，用力把桌子拍得更响。英国驻华大使麦若彬见势不妙，连忙同柯利达咬耳朵，把柯利达拉到一旁，同他嘀咕几句，让他冷静下来。不一会儿柯利达为刚才的失态表示歉意，紧张气氛才慢慢缓和下来，双方才继续进行谈判。

柯利达对中国和香港问题素有研究，知道如何顺应形势的发展变化，懂得如何在英中力量对比变化的新形势下更好地维护英国的利益。他主张在新形势下通过对话和合作而不是对抗来维护英国的国家利益。

他接受电视台采访，在报纸上发表文章，阐述他的主张和观点。他说，中国说要把英方单方面搞的立法局推倒重来，中国说话是算数的，谁不这样看，那就将犯致命的错误。他指出，这是一个收复在屈辱的情况下被夺走的领土问题，不管世界如何看它，中国都不会让步。现在最重要的问题是如何正确地去认识中国。他还公开批评彭定康和他的顾问们“误读了中国”，误读了英国在香港的真正利益。他认为，过去150多年来，英中关系都过分受激情和误解的影响。现在的危险是英中在香港的交往，会在充满误解和敌意中终结，正如开始时一样。不同的是，在这次交往中，英国和香港是较弱的一方。

事后证明，他对中国国内形势和中国在香港问题上立场的判断是经得起时间检验的。我同英各界接触中发现，英政界、经贸界和学术界不少人是同情和支持柯利达观点的，柯利达绝不是孤立的。

遗憾的是，柯利达后来于2009年病逝。我得知这一消息后给他家人发了唁电。

前首相撒切尔夫人继续支持英国政府的立场，而副首相赫塞尔廷、前首相希思和前副首相杰弗里·豪等重量级人物则反对在香港问题上同中国对抗，主张同中国改善和发展关系。这一派意见逐渐占据了上风。

副首相赫塞尔廷：中国领导人治国有方

赫塞尔廷副首相高高的个子，一头金黄色头发。他曾一度从事房地产生意和杂志出版事业，1966年起当选为下院议员，后历任环境大臣、国防大臣和贸工大臣。

赫塞尔廷对我国的看法比较客观，主张英国在香港问题上要同中国进行合作，不同意港督彭定康同中方对抗的做法。前副首相、外交大臣杰弗里·豪在回忆录中对此有所透露。而港督彭定康在回忆录中则对赫塞尔廷的这一正确立场流露不满。

赫塞尔廷很乐意会见我国访英的重要代表团。我陪同我国访英的副总理、国务委员和部长同他多次会见。有一次我国外经贸部部长吴仪访英，英方因梅杰首相日程太紧没有安排首相会见。我打电话给赫塞尔廷请他帮忙安排，他当即答应。按约定时间，我陪吴仪部长先去赫塞尔廷办公室，稍坐片刻，他就亲自带我们直接走内部通道去首相府会见梅杰首相。

1996年5月，赫塞尔廷率庞大的代表团访华。他动身前，我设宴为他饯行。他表示，他所接触到的英国商人和香港商人都对1997年香港平稳过渡有信心。我向他介绍了我国对香港问题有关政策，并阐述了中方成立香港临时立法会的背景和理由，表示希望英方能面对现实，不要再去纠缠过去已经了结的问题，而应减少麻烦，增加合作，共同努力，实现香港1997年的平稳过渡。据说这次访华后，赫塞尔廷向内阁汇报了他的中国之行，赞扬中国经济发展成就，给内阁以深刻的印象。

6月初，英国工业联合会为赫塞尔廷访华归来举行报告会，有100多位英国工商界头面人物参加，我也应邀去报告会上讲话。赫塞尔廷在会上首先讲话，他介绍了他这次中国之行，在讲话中不仅充分肯定中国经济发展成就，而且称赞中国领导人治国有方。这在当时西方国家领导人中还是罕见的。

10月下旬，赫塞尔廷请我在白厅附近的一家餐馆单独午餐，就他和我两个人。我说，副首相阁下两次访华，推动了中英关系的改善，现在两国关系已走上正常轨道，我们对他为此所做的努力表示赞赏，我们希望中英关系不仅在1997年之前，而且在1997年之后也能稳定地向前发展。赫塞尔廷副首相对我国给予积极评价，他说，中国经济发展迅速，国家有凝聚力。他预计中国在21世纪将成为第一流世界强国，英国政府及他本人都希望同中国发展关系。关于香港问题，他本人一直对香港平稳过渡抱有信心。这20多年来中国内地同香港经济联系越来越密切，香港人很务实，香港平稳过渡不会有问题。

希思：中国人民的好朋友

希思是英国德高望重的政治家。当时他年逾八旬，身体很好，思维敏捷，话不多，但很有分量。他曾是英国保守党第一位平民首相，1975年2月在保守党领袖竞选中，被撒切尔夫人击败，但他继续担任下院议员，从未离开政坛。

我到伦敦上任不久，就去拜会希思，他见到我非常高兴。在此后一年多时间里，我多次同他单独会面，并数次应邀去他在索斯伯里的乡间别墅做客。希思先生对华友好，为推动中英关系的改善和发展做了许多实事。1996年，他亲自主持在大英博物馆举办的中国文物展开幕式，英社会各界名流有500多人出席，盛况空前。他公开发表讲话，不同意保守党政府在香港问题上同中国对抗。外交大臣赫德和港督彭定康均曾是他的部下，他为这两位部下的表现感到遗憾。他严词拒绝了香港民主党个别议员要他向中国政府施压的无理要求。在西藏问题上，他持客观公正的立场。有一次，希思对我说，达赖指责中国破坏西藏文化，根本不符合事实，几年前，他去西藏布达拉宫参观，亲眼看见达赖当年使用的留声机及唱片，全都保存得完好无损；今年7月达赖访英，他写信给达赖，要同达赖谈谈他对西藏问题的看法，达赖不敢见他，对此置之不理，连一个回音都未给。

希思先生在英国享有很高的声誉。1996年7月是他八十大寿。梅杰首相特地在首相府为他举行生日晚宴，英女王伊丽莎白二世亲自参加。随后在伦敦萨沃伊（Savoy）饭店又专门举行祝贺他八十大寿的盛大晚宴，筵开五十多席。宴会上，副首相赫塞尔廷、财政大臣克拉克和工党前副首相詹金斯、前外交大臣希利等分别一一致词，全都高度赞扬希思。我也应邀参加这一晚宴，并被安排在第三桌就座，在几位被邀外国驻英大使中座次排在最前面。我上前同希思握手，对他生日表示祝贺。他笑容满面，对我表示感谢。为希思生日举办如此隆重的庆祝活动，很不寻常，这表明了一个政治动向。我留意到，在当时健在的前首相中唯独缺席的是撒切尔夫人。撒切尔夫人同希思关系不和，在伦敦已是公开的秘密。席间，有位知情的英国朋友谈到，撒切尔夫人任首相时，经常为难希思，希思日子不好过。这位英国朋友谈话涉及复杂的英国高层政治和人际关系。作为中国驻英使节，我不便评论，只能沉默不语。这位英国朋友又说，他感到高兴的是，现在希思的声望在上升。

1996年12月初希思访华返伦敦后第二天就约我在他议会办公室里见面。他表示对这次访华安排很满意。随后，他屏退左右，告诉我一个消息，他说，在北京，朱镕基副总理宴请他时告诉他，已决定调姜恩柱大使回国去香港工作。

希思反问道，难道香港比英国伦敦更重要。朱副总理回答说，是的。希思对我说，他舍不得我走，但他也理解香港对中国的重要性。希思问我，我是否已得到消息。我说，我刚接到调令。希思笑着对我说，你看，有关你工作调动的事，我比你本人还要早知道。

1997年1月19日，希思在他乡间别墅特地设宴为我饯行。他请前北爱尔兰事务大臣等十几位政要作陪。席间他站起来致辞说，他本来希望姜大使在英工作时间长一些，但很遗憾，姜大使在英工作只有一年多一点时间就奉调回国。他与我认识已有20多年。他回顾了与我相识的过程，讲了不少赞扬我的话，说我多年来一直为发展中英关系做出努力，是英国人民的好朋友和诚挚的朋友。我致答谢词，对希思先生在我在英国任职期间所给予我的帮助表示诚挚的感谢。我说，希思先生是中国人民的好朋友，正是在希思任首相期间，中英两国升格为大使级外交关系。我国领导人一直十分尊敬希思先生，对希思先生给予很高的评价，赞赏他为发展中英关系所做的重要贡献。

宴会结束后，他穿过庭院一直送我到大门口上车。想不到这次竟是我同希思先生最后一次见面。我本希望在我回国后能有机会再次陪同希思先生访华，可惜他因年事过高已不便远行。他于2006年病逝，我为我国失去了这样一位好朋友而感到惋惜。我发去唁电表示悼念。

杰弗里·豪：公正讲话招致不满

杰弗里·豪是英保守党资深政要。他年轻时曾在军队服役，后取得律师资格，1964年起当选为下院议员。在希思任首相期间，他任检察长和贸易消费大臣；在撒切尔政府里先后任财政大臣、外交大臣和副首相兼上院领袖。他因在欧盟问题上同撒切尔夫人发生政策分歧，对撒切尔夫人独断专行的作风不满，于1990年11月愤而辞职。不久他在下院发表慷慨激昂反对撒切尔夫人的讲话，在党内引起共鸣，直接导致撒切尔夫人辞去首相职务，由梅杰接任。后来杰弗里·豪离开政坛，担任英半官方组织英中中心主席。

在他担任外交大臣期间，正是中英谈判解决香港问题的时候。在香港问题上，他主张采取务实态度。他同我国吴学谦副总理兼外长建立了良好的工作关系。

我抵伦敦上任后不久，杰弗里·豪以英中中心主席身份同英中贸易协会联合在大英博物馆为我到任举行盛大的欢迎招待会，来宾多达400多人。杰弗里·豪发表了热情洋溢的讲话。在我单独拜访杰弗里·豪时，他态度谨慎，根据英国官方立场表态，为英政府在香港问题的立场游说，希望中方能让香港立法局过渡到1997年之后。我对他这种做法完全理解，很客气地向他简要介绍中方的立场，说明这不可能。1996年底，杰弗里·豪在香港发表演讲，他强调香港人要懂得“一国两制”有两个方面：一方面中国内地不应去改变香港现行制度，另一方面香港人也不应试图去改变内地制度。他还认为，香港新闻界应克制和履行社会责任。他的这番话引起彭定康和香港某些人的不满。有一次我同他会面时对他的这一讲话表示赞赏。他向我表示，他对香港前景充满信心。

十年后的2007年，我在北京以全国人大外事委员会主任委员身份同杰弗里·豪会见。杰弗里·豪同我回忆起这20年来中英关系的跌宕起伏，特别是他同吴学谦副总理兼外长的交往。

撒切尔夫人：埋怨我到任几个月才去拜会她

撒切尔夫人是位很有个性的人，她口才好，能言善辩。

撒切尔夫人于1979—1990年任英国首相，是英国历史上第一位女首相。

她自1959年起当选为下院议员，在希思政府里担任教育大臣，1975年2月取代希思，成为保守党党魁。

撒切尔夫人以“铁娘子”而著称，在东西方关系上她是强硬派，在欧洲问题上她属于怀疑派。她同意加强西欧联合，不过她不赞成扩大欧盟的权限，而主张尽可能保留成员国的国家主权。她重视对华关系，起先不同意将香港交还中国，后迫于压力才不得不同我国签署联合声明，但北京政治风波和东欧剧变、苏联解体后，她对同中国签订协议归还香港有些后悔，主张同我国进行对抗。

我早在20世纪70年代中期就同她结识，当时我在驻英使馆工作。撒切尔夫人担任英国保守党党魁后应邀访华，我负责联系她访华具体事宜。她访华回英后特地邀请褚启元政务参赞夫妇、我和我夫人去她在伦敦郊区的住所做客，并亲自下厨，从此我就同她相识。90年代她不再担任首相后曾数次应我国外交学会邀请访华。我以副外长身份同她会面，向她介绍我国经济社会发展情况，同她讨论国际形势，中英关系和香港问题，希望她为香港的平稳过渡和中英关系的长期平稳发展发挥积极作用。在香港问题上，她免不了同我进行争论。

我出使英国后，没有很快去拜会她，而是选择中英双方在香港问题上的争论暂时缓和一些的时候才去拜访她，以免伤了和气。她对我来伦敦工作表示高兴和欢迎，但埋怨我怎么到任几个月后才去拜会她。我尽量想多叙旧，少谈可能引起争论的话题，但她还是实话实说，单刀直入地直逼香港问题。她为彭定康辩护说，彭定康的政改方案是很温和的。我不得不简要地表明我们的立场。

几个月后我在使馆宴请撒切尔夫人和她丈夫。她同我做了长谈。撒切尔夫人说，她很高兴看到人们对香港的信心增强。她说，中国经济迅速发展，投资者将继续把香港作为开拓中国内地市场的跳板，在香港赚钱容易；现在看来，香港平稳过渡可以实现。她完全了解中国成立香港临时立法会的立场，但她仍希望中方能尽可能多地吸收香港现任立法局议员参加临时立法会。她说她一定要去参加香港政权交接仪式，亲眼看到这个香港新生婴儿的诞生，因为香港问题是她同邓小平先生一起解决的。我向她介绍说，政权交接仪式安排现在正由中英联合联络小组在商谈。后来她作为英方代表团成员参加了香港政权交接仪式。

在交谈中，我向撒切尔夫人介绍了最近日本的动向。她说，她1995年访日时明确告诉日方，日本不宜成为联合国安理会常任理事国。在西欧，英、法已是常任理事国，德国再要当常任理事国也不合适。现在安理会五个常任理事国的架构应该维持不变。她还表示，她完全理解中国人对日本桥本首相参拜靖国神社所表示的愤慨。她谈了她对德国和日本这两个国家的看法。她说，她永远不会忘记德国和日本在第二次世界大战中所犯下的罪行。她对德国今后如何发展不无担忧。她在这些问题上毫不隐晦自己的观点，在她1993年出版的回忆录中已做了详细的阐述。

赫德：在商言商

对华态度强硬的道格拉斯·赫德已于1995年辞去外交大臣职务，弃政从商，任国民西敏寺银行投资银行部（NatWest Markets）副董事长。

我到任后不久，赫德就宴请我。他还请了罗尔斯–罗伊斯飞机发动机公司、通用电气公司、帝国化学公司、英国航空公司等十几家大企业董事长或总裁作陪。赫德在席间致辞说，他本人同我相识已20多年（在他任希思政治秘书时就认识我），虽然有时双方争论激烈，但仍然是朋友。他对我出任驻英大使表示欢迎。接着他请我向大家介绍中国经济发展前景以及当前台湾海峡局势。

我说，正如赫德先生所说，我们两人已相识20多年。近几年虽然发生激烈争论，但令人高兴的是，现在中英两国关系已有改善。接着我介绍了我国经济发展情况，强调指出，我国经济的持续发展也为中英贸易关系的发展提供了更大的可能性。接着，我介绍了台湾海峡局势。我一口气讲了20多分钟。

大家向我提了中国地区差距和上海有无可能取代香港等问题。对此我逐一做了解答。

赫德在席间向我表示，李登辉一会儿说要统一，一会儿又说另外的话，台湾还要求进联合国，中国的担心是有道理的。赫德还主动说，香港过渡进展顺利，没有什么大的问题。看来赫德现在的调子同过去相比已有明显的不同。赫德还对我说，他现在所在的公司拟大力拓展海外业务，已在上海有一个代表处，不久拟申请在北京开设办事处。他已有一段时间未去中国，希望能去中国访问。我表示，欢迎他访华。我感到，他现在身份变了，也想同我国多做生意。对此，我当然表示欢迎。

工党对华政策取向

第二次世界大战后，英国一般由保守党和工党两大政党轮流执政。我出使英国时，保守党已连续执政16年。保守党撒切尔政府自1979年5月起至1990

年 11 月连续执政 11 年。撒切尔夫人辞职后，由梅杰出任首相。此后，保守党内部分歧矛盾不断，选民人心思变。保守党政府最晚应不迟于 1997 年初举行大选。我同保守党议员接触中，他们也不时流露出对下次大选取胜信心不足。在这种形势下，我到伦敦后一方面主要同保守党政府打交道，另一方面也加强了同在野党工党的联系。由于工党在野已长达 16 年，对包括对华关系在内的外交事务的具体情况了解不多，向他们介绍中英关系包括香港问题就显得十分紧迫。

前首相卡拉汉：中国欠他一笔人情

我拜会了工党前首相卡拉汉。他现在是上院议员。卡拉汉在 20 世纪 70 年代后期任工党政府首相。他下台后以工党领袖身份于 1979 年访华时我曾全程陪同。八九十年代，卡拉汉访华时，我曾多次陪同我国领导人会见他，并不止一次单独会见、宴请他。卡拉汉早年是搞工会工作出身，平易近人。

卡拉汉同我谈了他对中国的看法，他认为，中国正处于上升时期，21 世纪中叶中国将成为世界第一流强国。前几年他访华时同江泽民主席等中国领导人见面，给他留下了很好的印象。他认为，这些年中国发展得这样好，说明江泽民主席等中国领导人有治国才能。他在同我交谈中还说有一件事，中国人让他丢了脸。听到这句话我感到一愣，心想据我所知，我国没有做过什么对不起他的事。我问他这是怎么一回事。于是他娓娓道来。原来是他担任英国首相期间，经过慎重考虑，决定向中国出售垂直升降的鹞式战斗机和导弹驱逐舰。当时中苏关系仍然紧张，苏联得知后表示强烈反对，对英国施压，他坚决顶住了苏联的压力。可是后来使他没有想到的是，他的努力却白费了，因为最终中国并未向英国购买这些军备。卡拉汉说的完全是实情，因为我当时正在外交部西欧司工作，我了解此事的原委。卡拉汉接着开玩笑说，中国人现在还欠他这一笔人情。我对卡拉汉说，我们非常赞赏你为发展英中关系所做的努力。

我离英后，一直同卡拉汉保持联系，每年圣诞节和元旦，都给他寄贺年卡，他不仅给我回赠贺年卡，而且还多次亲笔给我寄信致贺。有一次他在信中表示，他以极大的兴趣跟踪中国的发展，中国的发展证实了他本人对中国人民拥有光明前景的乐观估计。

工党外交发言人库克：归还香港是结束过去的不公

有一天，我请工党影子内阁外交发言人罗宾·库克来使馆做客。

库克中等身材，大大的眼睛，炯炯有神，说话语速很快。

他态度积极，想多了解我国情况和英中关系。我向他介绍了我国政府对香港问题的方针政策和近年来在香港政治体制发展问题上的立场。我还特别谈了当时中英争论的焦点，即香港立法局能否过渡到1997年之后的问题，向他介绍了香港最后一届立法局为什么不能过渡到1997年之后的背景，指出这责任完全不在中方，而是在英方。现在中方香港筹委会决定成立临时立法会，港英方面还在纠缠此事，这是没有意义的。

库克表示，工党希望同中国进行积极的建设性对话。因为中国正成为世界第一流大国，中国经济发展迅速，市场巨大，英国同中国发展经贸关系对增加国内就业十分重要。工党希望看到香港平稳过渡。香港归还中国，这是结束过去对中国的不公正。库克简短几句话，把工党对华政策考虑和盘托出。尤其是他说把香港归还中国，这是结束过去对中国的不公正，这一开明的态度，明显有别于保守党政府当政者的立场。库克还告诉我说，彭定康在香港搞政改，事先并未同工党商量过。库克本人1995年在英国议会辩论时曾强调任何政改要能延续到1997年之后才有意义。库克以非常自信的口气说，1997年6月30日时，他将是英国外交大臣，届时将由他出面处理同中国的交接事宜。现在他了解香港最后一届立法局不能过渡的背景，但届时他别无选择，还得就此事批评中方。他还强调说，应该将香港作为英中关系中的一份资产。

关于台湾问题，库克重申工党只承认一个中国，即中华人民共和国。英同台湾只进行经贸往来。他还说，英国同中国已有香港问题，不希望再增添麻烦。

同库克第一次接触后，他给我的印象是他为人精干而又稳重，反应敏捷。

库克急于去实地了解中国，于 1996 年 5 月初作为中国人民外交学会的客人去我国访问。他访华回英后对我表示，他对这次中国之行十分满意。

在 10 月初的工党年会期间，库克见到我，急切想了解中英关系最新发展情况。随后，我专门宴请库克向他做了详细介绍。库克对工党赢得大选上台执政充满信心。他说，他已同工党领袖布莱尔商量过，他拟于 1997 年 6 月 30 日在香港参加政权交接仪式前后顺道访华。布莱尔拟以首相身份在 1997 年秋季或 1998 年初访华。我对此表示欢迎，答应将他这一想法报告国内。具体事宜以后再同他商议。

后来 1997 年初工党果然在大选中获胜上台执政，布莱尔任首相，库克任外交大臣。库克外交大臣于 1998 年 1 月访华，布莱尔首相于 1998 年 10 月访华。

库克后来因反对向伊拉克派兵，同布莱尔首相发生意见分歧而辞职。

1996 年 12 月中旬，我去议会会见工党副领袖普雷斯科特。他提出希望于 1997 年 1 月中下旬访华。我答应报告国内，并尽量促成。他对我国经济社会发展和香港问题很感兴趣。我向他做了介绍。他听后称赞中国经济发展迅速，并说西方有的国家要把自己的人权观强加于中国，这不合适，因为各国情况不同，发展阶段不同。中国保持稳定很重要。

后来他在工党政府里任副首相，并根据布莱尔首相的意见担任“对华关系小组”组长，研究发展对华关系的新思路，为推动英中关系的发展做出了积极的努力。

工党领袖布莱尔：中国和平发展对英国是机遇

1996 年 10 月我去议会会见工党领袖布莱尔。

布莱尔，1953 年生，毕业于牛津大学，职业律师，1983 年起当选为下院议员，1988 年起在工党影子内阁里先后担任贸工、能源、就业、内政等事务发言人，1994 年 7 月当选为工党领袖。

这次布莱尔同我做了长谈。布莱尔强调工党重视对华关系，希望工党上台执政后英中两国关系有一个新的开端。

一周后，李岚清副总理访英。我陪同李岚清副总理会见工党领袖布莱尔。李岚清向布莱尔介绍了我国改革开放以来的成就，阐述了我国政府在中英关系和香港问题上的立场。布莱尔表示，他很高兴看到中国经济发展，他十分重视同中国发展关系，如果工党上台，将开始英中关系新的一页。他本人曾在 1988 年访华，在广州已看到中国经济的繁荣。他强调说，英国应该把中国的和平发展看作是机会，而不是一个威胁。工党现在在野，明年 5 月英国大选。大选获胜后，工党政府要处理的第一个问题就是香港问题。工党政府同中国关系将有一个新的开端，希望明年 7 月以前将剩下的问题加以解决，实现平稳过渡，确保香港交接后有一个新的开端。双方应做出一切努力保证香港的稳定。布莱尔还说，他哥哥是位律师，他嫂子就是香港的中国人。对这一点，我在此之前就知道。我已邀请过他哥哥、嫂子参加我们使馆的招待会并同他们进行了友好交谈。

通过同工党主要领导人的多次接触，我感到工党对华政策的轮廓已逐渐清晰：一是他们看到中国正在崛起，将成为世界一流大国，认为中国的和平发展对英国来说是机遇而不是威胁；二是工党没有近些年来英中在香港问题上交恶的包袱，工党重视同中国发展关系，希望两国关系有一个新的开端；三是他们赞成把香港归还中国，认为这是结束过去对中国的不公正，希望香港交接后成为英中关系的一份资产，而不是负担。

工党的上述政策取向为工党上台后中英关系的改善和发展展示了比较好的前景。

1997 年 5 月，英工党在大选中取胜，上台执政。布莱尔成为英国工党历史上最年轻的首相。随着香港顺利交接，中英关系进入了一个新的发展阶段。

英国金融实力

走进伦敦金融城

为了增加对伦敦这一仅次于美国纽约的世界第二大金融中心的了解，我于

1996 年夏季抽空系统地参观访问了伦敦金融城。

伦敦金融城坐落在伦敦老城约一平方英里的范围内。这里常住人口只有数千人，但聚集了欧美以及世界各国的好几百家世界知名的金融机构，雇用员工约有 40 万~50 万人。这些人员都穿着讲究，戴黑礼帽，手腕上挎着一把雨伞，因为伦敦天气晴雨不定，变化无常，一会儿天晴，说不定什么时候又会下雨。每周星期一至星期五，每天上午这几十万人搭乘各种交通工具从四面八方像潮水一样涌向这里。中午不少人在自己机构的餐厅用餐，也有许多人去街上满布的饭店、咖啡馆、快餐店午餐。这些餐馆非常忙碌，用餐的人进进出出。下班时这几十万人又蜂拥离开。晚上我有时参加外事活动坐车经过这里时，街道上冷冷清清，行人很少，白天的喧闹已不见踪影，像死一般寂静。

英格兰银行是英国中央银行，始建于 1694 年。为安全起见，整个建筑没有窗户。金库就设在大楼的地下室。

伦敦证券交易所

伦敦证券交易所位于一座新建的大楼里，有 2600 家英国和海外的公司在这里上市，1995 年底股票市值为 3.37 万亿英镑。当时我国还没有一家公司在这里上市，证券交易所负责人希望和欢迎中国公司来这里上市。1996 年伦敦证券交易所同中国证监会正式签订协议，允许中国公司去伦敦上市。后来我国有些公司陆续来这里上市。截至 2014 年 7 月底共有 58 家中国公司在伦敦证券交易所上市。后来，伦敦证券交易所为了进一步加强在华业务和开发在华市场，于 2004 年将其在亚太地区的总部设在了香港，并于 2008 年在北京设立了办事处。

伦敦城是世界上最大的外汇交易市场。外汇交易主要是以外汇进行对外贸易和国际投资，由银行、金融机构和外汇交易公司通过电话和电子设备进行。这里的外汇交易量占全球外汇交易量的 30%，1995 年平均每天外汇交易量达 2940 亿英镑，比 1992 年上升了 60%。伦敦拥有全球最为活跃的美元离岸交易，2009 年每天成交量约 4500 亿~5000 亿美元，美元交易量比美国本土还要大。

伦敦城也是全球最大的海外债券销售市场，1995 年销售量占全球销售量的

55%。1996年6月，我国财政部副部长刘积斌就我国财政部发行美元债券来伦敦参加签字仪式，我也应邀出席。对我国财政部发行美元债券，由于我国财政部信誉好，伦敦各金融机构争相购买，我国财政部原拟发行7亿美元债券，结果伦敦各金融机构认购达到20多亿美元。

劳埃德协会

伦敦也是全球最大的国际保险市场，受理全世界五分之一的国际保险业务。劳埃德协会就是最有名的保险市场。

劳埃德协会历史悠久，它成立于17世纪，是由个人保险商组成的行会。原先主要从事海事保险，后来扩大到航空和汽车领域。

劳埃德协会坐落在一幢新的大楼里。这幢大楼是由巴黎蓬皮杜中心设计人之一的理查德·罗杰斯于20世纪80年代设计的。整幢大楼的墙面都是金属和玻璃，各层楼面都透明通亮，一组组、一排排柜台分布其中。我看到人们拿着保险单据从一个柜台走到另一个柜台办理投保手续，速度很快。陪同我参观的劳埃德协会负责人向我介绍说，这里的保险公司对投保的资信都素有研究和了解。而飞机和船舶的保险，因为涉及的金额巨大，一般不是由一家公司保险，而是由许多家甚至几十家公司分保和再保险，这样可以分散风险。参观后，劳埃德协会理事会主席请我共进午餐。他向我简要介绍了该协会的历史和现状。他说，劳埃德保险市场有1.3万个成员，分别组成167个辛迪加。劳埃德保险市场目前由劳埃德理事会进行管理。他还告诉我，90年代前期，由于一系列自然灾害和污染事故，劳埃德协会成员理赔金额巨大，亏损严重，后来采取措施进行了重组，现在困难时期已经过去，1995年获得净收入57亿英镑。理事会主席还特地告诉我说，中国民航飞机和远洋船舶数量庞大，都是在劳埃德市场投保的。后来，劳埃德协会为了发展对华业务，于2007年在上海设立了办事处。

石油交易所和波罗的海交易所

我还参观了当时在欧洲唯一能进行能源期货交易的石油交易所和进行海运

交易的波罗的海交易所。波罗的海交易所主要为全球商品货运预订船舶，并为船舶运输组织货源。交易所负责人向我介绍说，例如中国有一批货要从上海运到德国汉堡，交易所就为这批货寻找适当的船舶进行运输，这批货运到汉堡后，船舶不能空船返回，交易所可以为这艘空船找到货源，使之取得更好的效益。每天世界各地有无数货船在各大洋航行，停靠世界各国口岸，要使无数批货物都能及时找到适当的船舶运输，又要使无数艘货轮都能满载航行，取得好的效益，其中涉及组织协调的复杂性就可想而知。

我还饶有兴趣地参观了伦敦黄金市场和白银等贵重金属交易市场。这里进行黄金、白银、铝锭、铜和镍等金属的现货和期货交易。当时有60家银行和其他金融机构参加了伦敦黄金交易市场和白银交易市场。

黄金定价机制和罗斯柴尔德家族

国际上主要的黄金市场分布在伦敦、苏黎世、纽约和香港。伦敦黄金市场历史悠久，规模大，被公认为世界上最有影响力的黄金市场。

早在1804年，伦敦就取代荷兰的阿姆斯特丹成为世界黄金交易中心。自1919年9月12日起，伦敦黄金市场开始实行日定价制度，每日两次，由五大金行决定当日的黄金市场价格。该价格是世界上最主要的黄金价格，一直影响着纽约和香港的交易，许多国家和地区的黄金市场价格均以伦敦金价为标准，再根据各自的供需情况上下波动。伦敦金价亦是许多涉及黄金交易合约的基准价格。1982年之前，伦敦黄金市场主要进行黄金现货交易，1982年之后也进行黄金期货交易。

伦敦黄金市场交易制度比较特殊。由于没有实际的交易场所，其交易通过无形方式由各大金行的销售联络网完成。交易会员由具有权威性的五大金行及一些公认具有资格的公司组成，许多加工制造商、中小商店和公司等也有参与。

1996年，洛希尔银行是五大金行之一。该行经营业务包括为世界各国中央银行保管黄金，并进行黄金交易。伦敦黄金市场的定价就在洛希尔银行总部大楼里进行。我饶有兴趣地参观了伦敦黄金市场的定价房间“黄金屋”，这是一间不大的古色古香的房间，房间中间摆放着一张桌子，周围有五个椅子。定价机制由五大金行各派一人共五人组成，由洛希尔银行派人任主席。每星期一至星期五的每天上午十时半和下午三时，这五人就聚集到这个房间，他们根据各自银行的买盘报出买价和卖价，经过一定程序后最终确定当日金价。整个过程短则几分钟长则一小时就可完成。他们定出的金价就成为当天当时的国际黄金价格。

这五大银行的组成每过一段时间就会有调整和变化。到 2010 年初，五大金行是加拿大丰业银行、英国汇丰银行、德意志银行、法国兴业银行以及英国巴克莱银行，在五大银行中，英国就占了两家。

后来伦敦金银市场协会对自律管理机构实行改革，于 2015 年 3 月推出伦敦黄金竞价电子平台，取代自 1919 年以来的原有黄金定价机制。目前参与设定黄金定价的银行由过去的五家增至七家，包括巴克莱银行、高盛、汇丰银行、摩根大通、法国兴业银行、加拿大丰业银行以及瑞银集团。欧美银行在黄金定价上依然占据垄断地位。2015 年 6 月负责管理新的黄金定价机制的伦敦金银市场协会宣布，中国银行加入定价机制，参与设定金价的银行由七家增至十家。

我参观洛希尔银行时，该行一位名叫威廉姆 · 兰马丁的董事向我介绍说，罗斯柴尔德家族在英国、法国和瑞士都有实力雄厚的大银行，其中以英国伦敦的洛希尔银行为最大。他向我介绍了罗斯柴尔德家族发迹史。他说，法国国王曾委托罗斯柴尔德代管金银财宝。英国威灵顿公爵同拿破仑作战时，罗斯柴尔德借 7000 英镑给威灵顿公爵，以解燃眉之急。罗斯柴尔德为人精明，他从欧洲大陆至伦敦沿途设置了急速传递信息的联系网络。当 1815 年 6 月 18 日威灵顿公爵在滑铁卢打败拿破仑时，他得到的信息比英官方还要早 6 天。他利用这 6 天时间，先把自己手里持有的股票大量抛售。商人们都知道罗斯柴尔德同威灵顿公爵的关系密切，误以为威灵顿战败，于是纷纷将自己手里的股票竞相抛出，股票价格暴跌。这时罗斯柴尔德就悄悄通过他事先布置的人士全都以低价买进。几天后，威灵顿大胜的消息传到伦敦，伦敦股票大涨。罗斯柴尔德一下子就成为欧洲特大富翁。罗斯柴尔德家族虽然在“二战”中遭受惨重损失，但至今仍有雄厚的财力。这个家族一向低调，奉行稳健、保守的经营方针。正是由于这一稳健的投资策略，这个家族在2008年席卷全球的金融风暴中又逃过了一劫。

写到这里，我不禁联想起我国民间有“富不过三代”的说法。我感到好奇的是，罗斯柴尔德家族至今已历经六代人，财富传承长达200多年，其中的奥秘值得探讨。

工商巨头希望加强对华经贸合作

20世纪90年代前半期，我国同德国关系有比较大的发展。同法国解决了法向台湾出售武器问题后，两国关系逐步恢复正常。而由于英国在香港问题上改变态度同我国进行对抗，我国在香港问题上做了“另起炉灶”的准备和部署。中英政治关系紧张不能不对两国经贸关系产生负面影响。有些原可以同英国合作的大项目转向了德国和法国，英方在同中国的经贸方面明显落后。英国部分政界人士，特别是工商金融界要求同我国改善关系的呼声越来越高。

英国有个半官方经贸组织，名叫“英中贸易48家集团”。这是由英中贸易协会和48家集团这两个组织于1991年合并而成。48家集团由一批冲破西方对华贸易封锁的英国中小企业于1953年成立。后来英国政府支持成立了半官方的英中贸易协会。这两个组织合并后由英国政府资助和指导，成员有300多家从事对华贸易和经济合作的公司、银行和企业，当时的主席先是前英外交部常务次官派萨列，原48家集团主席佩里为副主席。我同英中贸易48家集团负责人经常见面，出席该组织的年会并发表演讲。后来这个组织于1997年又更名为“英中贸易协会”，由前首相撒切尔夫人的原政治秘书鲍威尔担任主席。

我同几乎所有大的英国工业集团、银行以及金融保险公司负责人都进行了接触。这些大公司和大财团的总裁也纷纷宴请我或来会见，我忙得应接不暇。他们向我提出加强同我国有关方面合作的具体事项。我转报国内有关部门，获答复后，再同他们洽谈。除业务问题外，他们不少人主动向我表示，彭定康在香港的政策是短视的、错误的。英国本应利用香港问题同中国很好地合作，争取英中经贸关系有一个大的发展，但这些政客短视，结果使英国丧失了许多商机，而让德国人从中渔利。

香港英资财团态度的变化

在伦敦有一个名叫香港中英工商协会的组织，成立于“二战”后，现有150多家公司为其成员。该组织理事会领导成员有十多人，主席为怡和集团董事长亨利·凯瑟克，副主席为汇丰银行和太古集团董事长等。他们每月举行午餐会。我在英期间增加了与他们的联系。这个组织对英国对华政策特别是对香港政策有相当的影响力。

怡和集团：今后不卷入政治

怡和集团的英文名字叫渣甸和马地臣（Jardine Matheson G.），这是该公司两位创始人的名字，这两个人都是苏格兰人，当年是以向中国贩运鸦片发家的。他们于1832年7月在广州创办了怡和洋行，不久怡和洋行就取代东印度公司成为英商对中国进行鸦片贸易的主角。

20世纪六七十年代，怡和集团董事长是约翰·凯瑟克，他是怡和集团现任董事长亨利·凯瑟克的叔父，同我国驻英使馆有些往来。他家住在伦敦摄政公园环路的一幢乳黄色的古式建筑中，离我国驻英使馆商务处很近，我曾不止一次去他家做客。他家客厅里陈设着中式红木家具，在书架上和镶嵌着大理石桌面的圆桌上都摆放着中国瓷器和古玩、精制的鼻烟壶和小巧玲珑的玉器。约翰·凯瑟克的光头圆润发亮，能说一口地道的上海话。他在上海长大，周围的人称他为“小开”。在言谈中，他常常流露出对新中国成立以前怡和集团在上海特权的留恋。

20世纪80年代，我国政府同英国谈判解决香港问题。我国政府在制定解决香港问题的方针政策时，一直考虑到如何照顾英资财团在香港的利益，反复向英方强调我国收回香港后，英国和其他国家在香港的投资将受到法律的保护，希望英国财团和其他外资继续留在香港。1984 年 7 月 31 日，邓小平同志会见英国外交大臣杰弗里·豪时，提出希望在香港回归前的过渡时期内不要出现几种情况，其中一项就是“希望港英政府劝说有关方面的人不要让英资带头转走资金”。邓小平同志讲这番话是有所指的。

在此之前四个月，当时在香港最大的英资财团怡和集团不顾中方的一再劝阻，于 1984 年 3 月 28 日宣布将其控股公司从香港迁册到英属自治地的百慕大。怡和集团在新中国成立之初，继续在中国内地经营。朝鲜战争爆发后，英国追随美国对我国进行封锁禁运。在这种形势下，怡和集团逐渐撤离中国大陆。鉴于这一段经历，怡和集团对香港回归充满抵触和恐惧，它根本不了解中国政府对收回香港后继续在香港保持资本主义制度不变、维护香港繁荣稳定的基本方针政策，对中国政府宣布的有关照顾英资财团在港利益的立场持怀疑态度。怡和集团对外宣称，“怡和不希望把全部鸡蛋放在一个篮子里”，它将调整其投资比重，使香港和中国内地的投资比重从目前的 72% 下降到 50%，在香港的怡和公司将成为怡和百慕大控股公司属下的一个海外子公司。怡和集团的这一行动等于向外发出对香港回归前景没有信心的信号，对外造成了负面的影响。进入 90 年代，怡和集团积极鼓吹英国应对中国采取强硬政策，攻击英国外交部的“中国通”对华态度软弱，全力支持港督彭定康在香港搞政改，同中国对抗；同时它出售在香港的大片地产，将资金进一步转移到英国本土和澳大利亚。然而，它没有料到的是，它出售的香港地产随后却大幅升值，而在英国和澳大利亚的投资项目业绩不佳，亏损严重，有的分公司甚至不得不破产。相比之下，那些继续在香港经营的英资财团却得到发展，取得丰厚的利润。在这种情况下，它不得不调整自己的立场，改弦更张。

怡和集团主席亨利·凯瑟克几次宴请我，我也回请他。凯瑟克向我表示，他们今后将不卷入政治。显然，这是对他们过去错误做法的否定。对此我当然表示欢迎。凯瑟克还向我介绍怡和集团当时总资产为 350 亿美元，其中一半在香港，在全世界有 22 万员工。凯瑟克还一改过去的态度，强调，他们集团对香港过渡和今后发展前景抱有信心。他还说，这几年不少人想买怡和在香港的地产，他们都一直拒绝出售。他们打算进一步增加对中国内地的投资。他还再次强调，他们集团今后将不卷入政治。

我向凯瑟克和他们集团的其他领导层介绍我国对香港的政策，我国执行“一国两制”方针的基本考虑，并指出，怡和集团在香港经济生活中扮演着重要的角色，希望他们对香港繁荣稳定能起积极的作用，欢迎他们集团1997年后在香港继续生存和发展。

怡和集团态度的变化是一件值得欢迎的事。其他在香港经济生活中有着举足轻重影响的财团如汇丰银行、渣打银行和太古集团等财团对我国收回香港的态度则比较理性和务实。

长期以来，汇丰银行和渣打银行都是香港港币的发钞行。1994年5月2日，中国银行在香港首次发行港币钞票，从而也参加到发钞行的行列，但中国银行参与发钞的比例不大，占大头的仍是汇丰银行，其次是渣打银行。

汇丰银行和渣打银行：对香港前景充满信心

汇丰银行的英文名称叫“香港和上海银行”（The Hong Kong and Shanghai Banking Corporation）。它最初于1865年3月在香港开业，它的名称就显示汇丰银行从成立之初就是以香港和上海为其主要业务基地。

汇丰银行表示，1997年后不会离开香港。它于1992年通过同英国米德兰银行合并的巧妙方式于1993年初将控股公司总部从香港转移至伦敦。它还采取一系列措施向外扩张，使其成为英国第一大银行。与此同时，它继续在香港发展业务。

汇丰集团董事长普伟士同我接触较多。他对中国的情况和中国对香港问题的政策比较了解。他认为，美国和欧洲许多权威人士对香港问题和中方的立场都很无知。普伟士专门请我去参加汇丰集团的年宴，请我向该集团全体董事介绍我国经济社会发展情况和我国对香港的政策。我一口气讲了半个多小时，随后回答了大家的提问。宴会的气氛友好而热烈。

渣打银行又称麦加利银行，它创办于1853年，总部设在伦敦，专门从事中国、印度等东方业务。它于1969年同英国标准银行合并，称为“标准渣打银行”(Standard Chartered Bank)。

渣打银行董事长和总经理常同我联系，宴请并请我观看歌剧。他们告诉我，渣打银行的总利润有三分之一来自香港，他们对香港前景充满信心。他们非但没有减少投资，而且在增加对香港和中国内地的投资。

太古洋行：增加对华投资

太古洋行于 1867 年在上海开业，它的英文名称叫“巴特菲尔德和斯怀尔公司”(Butterfield & Swire Co.)，这是由巴特菲尔德和斯怀尔两个家族合办的公司。一年后，巴特菲尔德家族退出太古洋行，从此这一百多年来太古洋行就一直由斯怀尔家族控制。

太古集团董事长约翰 · 斯怀尔对我说，太古集团总部近些年一直在香港，言外之意是指他们没有像怡和集团那样迁册。实际上，太古集团主要经营地产业和航空运输业，国泰航空公司是太古集团属下的一家重要公司。航空业有它自己的特殊性质，太古集团采取邀请中方有关公司参股的明智方式完成了它应变的部署。他说，近年来他们增加了在香港的投资。

约翰 · 斯怀尔说，他们担心中国航空公司申请在香港营业后会影响国泰的地位和前途。我向他介绍中方对香港有关具体政策，保持香港民航中心地位不变，支持香港民航事业的发展，强调中方无意排挤、损害国泰，国泰作为香港主要航空公司的地位不会受影响，他们不必担心。

香港回归十几年来，中国政府关于照顾英资财团利益、英国和其他外国在香港的投资受到法律保护等一系列政策得到了切实的贯彻执行。怡和集团、汇丰银行、渣打银行和太古集团等英资财团在香港的业务都得到了很大的发展。这些英资财团同中国内地的合作也有了快速的发展。

2010 年 1 月，汇丰集团将它的行政总裁办公室从伦敦迁回香港。这是一件具有象征意义的事情。1 月 27 日，汇丰集团总裁纪勤到香港正式上班，他对记者说，上班第一件事是先饮一杯中国茶，他还特别加一句，“饮英国茶已是昨天的事”。这句话一语双关，意味深长。

英国仍有韧性

英国曾经是世界强国。相对而言，它是在衰落，然而它仍有韧性，不断进行自我调整。人们在看到它衰落的同时，也不应忽视至今它仍有相当实力这一面。我年轻时在伦敦工作期间，英国经济长时间为走走停停的“英国病”所困扰。1995年底重返伦敦，我发现“英国病”已成为过去。原来，英国自20世纪80年代推行自由主义经济政策，大力进行产业结构调整，集中力量发展优势产业，取得了成效，经济状况明显改善。1981—1990年英连续九年经济年均增长3%左右。90年代初经历了短暂的经济衰退后，自1992年起又连续多年实现了年均约3%的增长。1995年英国国民生产总值约合11055亿美元，占世界总量的4%左右，排在美、日、德、法之后，位居第五位，人均国内生产总值为1.89万美元。

此后十年，英国经济继续保持繁荣。制造业虽然有时不太景气，但金融服务和创意工业一片欣欣向荣，经济年均增长3%左右。其中，金融业由于采取了一系列放宽监管的措施而得到快速的发展。金融业在英国国民生产总值中的比重从1996年的6.6%增加到2007年的10%。就伦敦来说，2007年金融业占伦敦当地国民生产总值的20%，加上相关的专业服务，比重超过30%，远远超过美国纽约的15%。

金融服务业的扩张给英国带来了滚滚财源，然而也为后来危机的出现种下了祸根。2008年由美国次贷危机引发的国际金融危机波及欧洲，欧洲爆发债务危机。这场危机暴露了美、英等西方国家金融制度和财政制度的种种弊端。英国也存在信贷过度扩张、房地产泡沫严重以及金融界投机等问题。当金融海啸袭来后，英国股市暴跌，大银行受到挤兑，房地产价格大跌，英镑大幅贬值。自2008年第二季度至2009年第三季度末，英国陷入严重的经济衰退。

为了应对危机，英国工党布朗政府推出4000亿英镑的救市计划，拿出370亿英镑直接救助深陷困境的几家大银行，使其免于破产。随着这些措施的出台，政府年度预算赤字急剧膨胀，达到1560亿英镑，相当于当年GDP的11%，远远超出欧盟规定的3%的上限。而英国国债总额已接近9000亿英镑，约占GDP的60%以上。

2010年新上台的以卡梅伦为首的保守党、自民党联合政府不得不提出紧急预算，调高增值税、银行税以及资产收益税，大幅度削减教育和社会福利等公共开支，削减国防开支，当时拟建和在建的大型军事装备计划不得不取消或推迟。与此同时，英国政府还加大对基础设施项目的投入，大力吸引外资。这些措施正逐步取得成效。在欧盟国家经济普遍停滞的情况下，英国经济于2014年取得2.8%的增长，国内生产总值达2.9888万亿美元，超过法国，排名在美国、中国、日本、德国之后，仍位居世界第五位。

经过这次金融危机，有人提出一个严肃的问题，这就是伦敦金融业是否已过度扩张，英国是否过分倚重金融业而对实体经济重视不够。对这个重大的问题，英国各界人士意见纷纭，仁者见仁，智者见智，但有一点是明确的，英国人对此正在进行认真而深刻的反思。

目前，英在石油、化工、电子、医药、航空发动机等领域仍有自己的优势和特长，拥有一批世界知名的跨国大企业，仍有相当的科技实力。英金融实力雄厚，英国加入欧共体40多年后伦敦城作为主要国际金融中心的地位非但没有受到削弱，反而得到巩固和加强。英是对外投资大国，截至2012年底，非金融类对外直接投资累计总额达1.8093万亿美元，仅次于美国而居世界第二位。2013年，英进出口总额为1.1111万亿美元，是世界贸易大国和出口大国。英国内市场对外开放程度较高，是除美国之外吸收外资最多的发达国家。由于英国系外向型经济，在对外经贸关系上它主张实行较为自由开放的经贸政策。

英国在外交上仍有相当影响。它试图凭借其经济实力，利用它作为联合国安理会常任理事国和核大国的有利条件和在北约、欧洲联盟、英联邦组织中的独特地位，运用纵横捭阖的外交手段，发挥作用，维持它的大国地位。

英外交重点横跨欧美，在西欧和美国之间来回摆动。

英国是欧盟重要成员。它同欧盟其他成员的贸易占它整个外贸的60%。面对德国统一后崛起和欧盟一体化进程，英试图对欧盟发展方向施加影响，它主张尽可能保持成员国的国家主权，暂不加入欧元区，继续使用英镑；反对联合欧洲，防止欧盟一体化最终使自己受制于德国；极力主张对欧盟实行改革。

维系同美国实际上的特殊关系一直是英外交政策中的一个基本考虑。英同美历史文化渊源深远，经济上相互渗透和融合，相互在对方均有数额巨大的直接投资。英在核武器上对美依赖很深。冷战结束后，英在美全球战略中的地位有所下降，美对英重视程度减轻，但英仍需借助美以达到它制约德国、防范俄罗斯、维护欧洲安全和稳定、维持其大国地位的目的。它支持美在西方的盟主地位，积极配合美的全球战略，在不少国际问题上与德、法相比对美跟得更紧。

英联邦虽已名存实亡，但英仍竭力维系这一松散组织的存在，通过它同英联邦国家的传统联系，维护英在世界各地区的利益，保持它在国际事务中的发言权。

近年来，随着东亚经济的持续高速发展，亚洲在英外交全局中的地位逐步上升。英加强同亚洲各国的关系，利用它作为欧盟成员国在亚洲许多国家中最大投资者的有利地位，进一步发展同亚洲国家的关系，维持和扩大它在这一地区的经济利益和政治影响。

总的看来，英国外交战略和政策虽然带有明显的意识形态色彩，但更重实际。英国实力已今非昔比，外交缺乏强大实力作后盾，对美独立性较少，但它经验丰富，深谋远虑，在国际事务中仍有相当的分量和影响。

随着我国综合国力和国际影响的迅速上升，英国对中国的重视程度明显提高。

由于我国经济的持续发展，加强对华经贸关系在英对华政策中的分量进一步上升，已成为带动对华关系发展的重要积极因素。英国对我国投资增多，对我国企业去英投资限制较少，态度比美国、日本开放。英国在香港仍有巨大的投资，香港回归祖国后，英要尽可能维持它在香港的经济利益和政治影响。当然，英国对华政策在相当程度上也会受到美国对华战略态势和意识形态差异的影响。

总的来看，我国同英国发展关系仍有广阔的空间和前景，同时也会受到一定的制约。

伦敦的变与不变

人文历史

我陪同我国访英代表团参观博物馆、孙中山蒙难纪念室、唐人街和拜谒马克思墓是常有的项目。

伦敦的博物馆为数众多，有科学博物馆、自然博物馆、大英博物馆、国家画廊以及维多利亚博物馆，等等。这些博物馆馆藏数量巨大，藏品极其丰富，绝不是短短一两个小时所能看完的。但代表团时间有限，我们只能是蜻蜓点水，浮光掠影。这些博物馆展示了英国工业革命以来科学技术的飞跃发展和文化艺术的巨大成就，聚焦英国昔日的辉煌，同时也折射出这些辉煌背后对外血腥的侵略和疯狂的掠夺。

孙中山蒙难纪念室位于我国驻英使馆里。

19 世纪末，在伦敦发生了轰动一时的清政府驻英公使馆绑架孙中山的事件。

1895 年，清政府在中日甲午战争中失败，同日本签订了丧权辱国的《马关条约》，激起了全国人民的极大愤慨。孙中山等发动第一次广州武装起义失败，被迫逃离辗转到香港和美国。他于 1896 年 9 月 23 日从美国来到伦敦，住在他早年在香港西医书院读书时的英籍老师詹姆士 · 康德黎家中。康德黎家位于清政府驻英公使馆附近，清政府驻英公使馆后来是新中国同英国建交后，我国驻英使馆所在地。1896 年 10 月 11 日，清政府驻英公使馆派人诱骗绑架孙中山，将他关押在使馆二层楼（在英国，地面层不叫一层，而是叫地面层，二楼称一层，三楼称二层，所以使馆二层实际上相当于我国的三层）的一间小房间里，准备租船将孙中山送回国内严惩。孙中山写了一个字条，经过在公使馆工作的英国佣工柯尔转送给康德黎。康德黎投书给英国报纸揭发此事，并四处奔走，发起营救孙中山的运动。清政府驻英公使龚照瑗迫于各方面的强大压力被迫于 10 月 23 日释放孙中山。这样，孙中山就逃过了一劫。孙中山在公使馆被囚禁了

12 天。他恢复自由后继续在伦敦停留了一段时间，研究资产阶级的社会政治学说和自然科学，考察英国的社会政治制度，这对于他“三民主义”思想体系的初步形成具有重要的影响。

孙中山老师康德黎是帮助孙中山脱险的关键人物。他三个儿子都已过世。我在英工作期间把康德黎五个孙子、孙女及其配偶全都请到使馆，设宴款待他们。

詹姆士·康德黎的孙子修·康德黎，对我国态度友好。他将孙中山于 1896 年用英文写给詹姆士·康德黎的一封亲笔信原件捐献出来，亲自交给我。我向他表示诚挚的感谢。事后，我们将这件珍贵的原件送国内档案部门。

孙中山关在公使馆的这间只有六七平方米的小屋，即孙中山蒙难处一直保存着。到 20 世纪 80 年代我国驻英大使馆在原地重新修建时，保持使馆外表，内部重新改建，但特地将孙中山蒙难这间小屋子完整地保存下来。原来窗子的铁栏杆和屋顶上的灯都保留了下来。室内有孙中山和康德黎的雕塑头像。

伦敦的唐人街位于市中心的SOHO。这里聚集了许多中餐馆、杂货店和中药铺，是伦敦的一个重要旅游景点，这里游人如织，摩肩接踵。

旅居在伦敦和英国各地的华侨华人约有 16 万~20 万。老一辈华侨华人早年大多是从广东和香港来英国谋生并定居下来的。他们一般文化水平不高，在伦敦和其他各地开餐馆或洗衣房。他们子女长大后有继承父业的，更多的是跳出了父辈的生活圈子，从事教员、医生、律师等行业。而我国改革开放后来英学习的人来自全国各地，他们学成后留英工作的这一代人则大都在英国大学和研究机构从事教学或研究工作，也有进入英国企业工作或经商的。

旅居英国的华侨华人像在其他国家一样，有一个共同的特点，那就是不管已加入英国国籍还是仍持有中国护照的，都认为自己的根在中国，并把自己的命运同中国联系在一起。过去中国人在英国被人看不起，经常受到歧视，甚至不时发生有人在中国餐馆吃饭不给钱还要骂人打人的事情。开餐馆的华人敢怒而不敢言，只能忍气吞声。自新中国成立特别是实行改革开放以来，经济发展，国力逐步增强，旅居在英国的华人感到有祖国作后盾，腰板也硬起来了。吃饭不给钱的事情很少发生，中国人被人瞧不起的现象越来越少，他们比我们生活在国内的人更加深切地感受到他们个人的命运同祖国的兴旺息息相关，祖国强大，他们在外面生活工作就容易得多，人的尊严就能得到尊重。这就是旅居国外的华人华侨关心中国的发展、爱祖国爱家乡最根本也是最朴实的原因。

马克思墓位于伦敦市区北面的哈尔凯特公墓。

卡尔·马克思于1848年8月流亡到英国定居，在英国一共生活了34年。他从事紧张的革命理论研究和指导革命活动，终因劳累过度，积劳成疾，于1883年3月14日病逝，享年65岁。

他逝世后被安葬在哈尔凯特公墓一处简陋的墓地里。1954年，英国进步人士将马克思墓迁移到目前的地方。

哈尔凯特公墓面积很大，树木稀疏，杂草丛生。许多墓碑已被荒草埋没，新立的墓碑寥寥无几。我们在碎石小道上走了很长一段，最后来到路旁最醒目的一处墓地，这就是马克思墓。

墓碑是一人多高的长方形花岗石，上面竖立有青铜雕塑的马克思头像，这是由英国著名雕塑家劳伦·布雷德创作的。墓碑正面刻有《共产党宣言》发出的伟大号召“全世界无产者联合起来”和马克思的名言“哲学家们只是用不同的方式解释世界，而问题在于改变世界”。

马克思墓与周围其他墓地相比，非常突出，墓碑高大、整洁、威严。其他墓地一片荒芜，这里却鲜花常在。

我陪同代表团向马克思墓敬献上事先带来的花圈，向墓碑深深三鞠躬，并默哀致敬，然后我们才慢慢离去。

公墓管理人告诉我，这里经常有人前来献花，不仅有英国人，而且更多的是外国人，各种肤色、不同性别的人，看来都是马克思及其思想的追随者、崇拜者。

在写到这里时，我不能不提及近些年来，在欧美国家再次出现了重视马克思的现象。

据报道，1999年在英国广播公司进行的一次“千年最伟大思想家”网络评选活动中，卡尔·马克思得票率最高，超过爱因斯坦、牛顿和达尔文。2005年7月，英国广播公司又举行了一次“谁是现今英国人心目中最伟大的哲学家”的调查，结果马克思再次获得最高的得票率，达28%。这两次调查结果都出乎人们的预料。原来，在20世纪八九十年代开始的新一轮经济全球化浪潮虽然缓解了西方发达国家的滞胀问题，促进了经济的发展，但同时也制造了大量的泡沫，带来更多新的矛盾和问题，西方社会内部两极分化进一步加剧。资本主义这些固有矛盾的不断爆发促使人们重新认识马克思主义。

2008年由美国次贷危机引发的世界金融危机和经济危机，时至2015年初秋的今日，还没有完全过去。这次危机以来，马克思的《资本论》在欧美成为畅销书，马克思成为西方报刊经常议论的人物。英国《泰晤士报》以“马克思重新回到了欧洲”为题发表评论说，金融危机使西方人突然重视马克思的《资本论》了。美国《外交政策》双月刊2011年第一期刊登了美国耶鲁大学高级研究员伊曼纽尔·沃勒斯坦写的一篇文章，文中说：“资本主义世界经济制度已经存在了大约500年，这种制度运转得非常好。但是，像所有制度一样，它已经偏离平衡越来越远。现在，它已经距离平衡太远了，以至于发生结构性危机。”

现在越来越多的人希望从马克思主义那里寻找产生危机的根本原因和解决途径。这是一个新的现象。

风土人情

除陪同我国访英代表团参观外，周末有空时我也有意识地四处走走。我感到伦敦变化不大，仍然是那样繁华、古老、传统。街道依旧，红色的双层公共汽车疾驰而过，街角处竖立着红色的邮筒，只是昔日通行车辆的最繁华的商业街牛津街现在变成了步行街，街上各种肤色的外国人比过去多得多了。

伦敦仍然是我过去所熟悉的伦敦，但是我也感到有点陌生。伦敦在不变中也有变化，最明显的是天气。过去由于工业造成的污染，伦敦曾是有名的雾都。

我少年读地理课时就是这样说的。我自己也有亲身经历。1965年初我刚到伦敦不久就遇上一次大雾。整个城市被黄色的浓雾所笼罩，平时明亮的路灯变得昏暗朦胧，市内交通瘫痪，街上的行人连走路都困难，只能摸索着慢慢向前。可是后来就很少见到这样的情况。随着伦敦采取一系列治理污染的措施，比如不允许烧煤、工厂搬迁等，生态环境明显改善。但议会大厦等高楼外墙仍留有被污染物熏黑的陈迹。这次我回到伦敦，冬天不但没有下雾，蓝天白云的晴天多了，而且夏天阳光明媚，泰晤士河的河水变得清澈，河流两岸许多被熏黑的古建筑外墙包括议会大厦的外墙也都清洗得干干净净。

我国驻英大使馆附近有一条哈利街，这是伦敦名医集中之地，私人诊所一家挨着一家。这些诊所收费昂贵，来光顾的大多是英国有钱人，还有阿拉伯的大财主。我们使馆同志生病一般去政府公立医院。我们这些外国驻英使馆人员同英国人一样也可享受免费医疗待遇。后来，由于英国政府医疗开支过大，难以为继，不得不进行改革。

从哈利街向摄政公园方向走，在梅里邦路一个拐角口，墙上有一幅铜制的画作，这是为纪念英国19世纪小说家狄更斯而制作的。据说，狄更斯在伦敦期间曾在此居住。当我经过这里时，我不禁联想起他在描写法国大革命的小说《双城记》里开头一段话：

> 这是一个最好的时代，这是一个最坏的时代；
> 这是一个智慧的年代，这是一个愚蠢的年代；
> 这是一个光明的季节，这是一个黑暗的季节；
> 这是希望之春，这是失望之冬；
> 人们面前应有尽有，人们面前一无所有；
> 人们正踏上天堂之路，人们正走向地狱之门。

这一段诗一样的语言反映了作者的政治倾向。

伦敦公共交通相当发达，红色的双层公共汽车尾部是敞开的平台，除站台停车上下乘客之外，有的乘客往往在公共汽车仍在行进中就敏捷地跳上车或跳下车。我看到这种情景，在钦佩这些乘客的胆量和技巧的同时，也不免为他们捏一把汗。伦敦地铁路线很多，四通八达，十分方便。在地铁站的出入过道旁，往往有穿着不整齐的人在拉小提琴或吹口琴，面前放着一个铁皮盒，路过的行人有的往铁皮盒里丢几个硬币。有的地铁线路从我们使馆下方经过，在夜深人静的时候，我在床上可以清晰地听到地铁经过时的轰轰声。清晨，从街上传来“嗒、嗒、嗒”皇家马队清脆的马蹄声。每天清晨，皇家马队都经过使馆前面的普特兰大街，马蹄的“嗒、嗒、嗒”由远而近，又由近而远，直至消失在晨曦中。

伦敦也是一个等级森严、贫富差别明显的城市。西区是富人区，街道整齐，街道两旁高楼林立，一尊尊赭褐色的雕塑矗立在街心广场中央，蔚为壮观。商店、旅馆、歌剧院里的人们乃至路上的行人，大多操一口标准的英语，口音如英国广播电台播音员那样的标准。在大街上有时有蓬头垢面的男子背着一个广告板，缓慢地在人行道上向前移动。

而伦敦东区则是中下层人士聚居的地方。那里街道远不像西区那样整洁，街道两旁一般是两三层高的楼房，有些门窗的漆皮已经剥落，显得破旧。商店出售的是中低档商品，马路上还摆着不少地摊，人声嘈杂。这里的商店店员、顾客和行人说的大多是伦敦土话，带着浓重的口音。这里的居民除英国人外，还有不少来自英联邦国家特别是印度、巴基斯坦以及东非的移民。他们的长相、穿着以及口音都与伦敦东区的英国人有所不同，一眼就可看出。

英国人既不像法国人那样浪漫，也缺少意大利人那种热情奔放，而是比较内向。在公共场合，人们很少大声说话，而是行色匆匆。阅读已成为英国人的习惯，在地铁里、在公共汽车上，乘客大多各人拿一张报纸或一本书，只顾自己阅读，很少同陌生人搭讪。

但英国人并不冷漠。他们不像我们中国人说话那样直来直去，而是比较含蓄。他们喜欢幽默。英国人各行各业都举办各种年会，如工程师协会年会等。每次年会有一个主旨演讲，这个主旨演讲必须讲得很幽默。我就参加过好几次这样的年会。主讲人讲得精彩，听众不停地开怀大笑，笑得前仰后合，还不停地喊“妙，妙”，或者索性跺脚，大厅里一片跺脚声，表示大家对此非常欣赏。

跺脚的次数越多，声音越大，说明这次演讲就越成功。

伦敦市容变化最明显的是东伦敦港口区的改造。过去这里是货运码头、造船厂、机械厂和家具厂集中的地区。随着产业结构的调整，这里的码头和工业已经萧条，长期废弃不用，一片破旧不堪的景象。从 20 世纪 80 年代起这一地区开始进行改造，一幢幢新的现代化办公楼和公寓楼拔地而起，面貌焕然一新。

第七章

香港回归祖国后的初期阶段

1997 年下半年，当人们还继续沉浸在香港回归祖国带来的兴奋和喜悦的时候，亚洲金融风暴突然袭来，香港经济遭受严重冲击，内地在港企业也未能幸免，纷纷陷入了困境。

1997年初，我奉调从伦敦回国。

5月上旬，钱其琛副总理在中南海办公室找我谈话，告诉我中央考虑让我接替周南同志，出任新华社香港分社社长。

6月30日，我作为中国政府代表团的一名成员，抵香港参加政权交接仪式、香港回归庆典和特别行政区政府成立等活动。回京后，中组部部长张全景找我谈话，正式通知中央对我的任命。

回家后，我心情久久不能平静，思绪万千。

香港是我们中华民族近代沉沦和现代崛起的一个缩影。它承载着鸦片战争给我们民族带来的耻辱，寄托着多少代人将它收回的理想和抱负。现在它已回归，这是我们民族百年沉沦后重新振兴的一个重要标志。香港回归后，祖国人民期待着它参与书写祖国未来的崛起和辉煌。

中央一贯高度重视和关心香港问题。贯彻落实“一国两制”方针，维护香港繁荣稳定，是关系到我国战略全局的大问题。首先，香港能否继续保持稳定繁荣，与国家到21世纪中叶基本实现现代化的战略目标有着密切的关联。内地政局稳定、继续改革开放和经济持续发展，是香港繁荣稳定的根本保障；反过来，香港社会稳定、经济繁荣，又对内地的现代化建设起到有力的促进作用。按照“一国两制”构想及其方针政策，保持香港的国际金融、贸易、航运中心地位，就可以使香港继续成为我国对外开放的重要窗口、连接国际市场的重要桥梁，以及吸收国外的资金、技术和先进管理经验的主要渠道，为推进国家现代化服务。其次，香港是实施“一国两制”构想的第一个样板，是按照“一国两制”方针最终实现祖国完全统一大业的第一站。香港搞好了，对澳门的回归，对台湾问题的最终解决，将起到重要的借鉴作用。如果把香港搞死了，就会失去为内地引进资金、技术和先进管理经验的作用，失去连接世界市场的桥梁作用，失去对台湾的借鉴作用，就会对整个国家的长远发展战略产生不良的影响。因此，能否贯彻落实好“一国两制”方针，保持香港的繁荣稳定，关系到国家发展大局，事关重大。

同时我也十分清楚，香港的情况极其错综复杂。

香港回归后，在香港实行“一国两制”这是前人从未做过的事业，没有现成的经验可循，只能探索前进。

我参加工作以来，一直从事外交工作。现在去香港，工作性质截然不同，对我来说，这是一个全新的领域，我需要进行角色的转换。于是，我立即投入到上任前的准备工作中去。

我去请示江泽民主席、李鹏总理、朱镕基副总理和钱其琛副总理，听取他们的指示。临走时，钱其琛副总理笑着对我说，这下你去要独当一面了。我知道这句话沉甸甸的分量和它所包含的殷切的期望。

历史性时刻

我去香港工作之前于 1997 年 6 月 30 日去香港参加政权交接仪式、香港特区成立和回归庆典。这是我一生中参加过的最重要的活动，它深深刻印在我的脑海中，使我终生难忘。当时的情景至今仍历历在目，犹如发生在昨天一样。

江泽民主席和李鹏总理率领阵容强大的中国政府代表团出席。同时内地还派出由各省、直辖市、自治区负责同志等组成的观礼团。

邓小平同志提出“一国两制”的创造性构想，亲自领导了香港问题的解决。他曾说过，想去看看回归祖国后的香港，哪怕去一小时也行。遗憾的是，邓小平同志在香港回归祖国前五个月辞世，他的心愿未能实现。中央特邀邓小平同志夫人卓琳作为中国政府代表团重要成员去香港参加交接仪式等活动。

这项具有重大历史意义的活动是在香港会展中心新翼中心举行的。

香港会议展览中心位于港岛湾仔北，是当时亚洲最大的现代化国际会议展览场馆。会议展览中心新翼处于会展中心一期的北面，濒临维多利亚港湾。它是在填海基础上兴建的，于 1997 年 6 月刚刚竣工落成。这是一座大型流线型屋顶建筑，形状宛如一只展翼腾飞的海鸟，象征着香港面向未来振翅高飞。

新翼中心高七层，共有三个可容纳 4000 人以上的大厅，第五层有一个大会堂，中英两国关于香港交接仪式就在这个大会堂举行。第七层有个 2 号大厅，香港交接仪式后，就在这个大厅举行中华人民共和国香港特别行政区成立庆典和香港特别行政区宣誓就职仪式。7 月 1 日上午在新翼 3 号大厅举行庆祝香港特别行政区成立大会。

6 月 30 日下午，我们乘几辆中巴从深圳出发。当时天正下着蒙蒙细雨，我透过车窗在新界看到路旁有庆祝香港回归的横幅，沿途行人很少。不久雨越下越大，终成瓢泼大雨，雨滴打在车窗玻璃上，车窗外模模糊糊，到九龙、港岛时，依稀可见两旁的高楼和街道上的行人。车队最终抵达香港君悦饭店，我们就在此下榻。

晚餐后我在房间稍事休息，但心情怎么也不能平静。腐败的清政府在南京静海寺签订的第一个丧权辱国的《南京条约》，英、法联军火烧圆明园，八国联军侵占北京时烧杀抢掠，军阀混战，日军铁蹄践踏大半个中国……中华民族遭受深重苦难的历史场景一幕幕在我脑海里浮现。多少代仁人志士前仆后继，不屈抗争，无数先烈们流血牺牲，经历了多少磨难，付出了多么沉重的代价，终于赢得国家的独立和民族的解放，终于期盼到香港回归祖国怀抱这一天。我朝窗外凝望，外面依然下着雨，时而如诉如泣，似乎痛说过去百年的苦难；时而倾盆大雨，似乎在洗刷过去百年的耻辱，迎接香港的新生，庆贺中华民族百年沉沦后的重新崛起。

正当我陷入沉思之中时，突然门铃声把我从沉思中唤醒，工作人员叫我准备出发。君悦饭店有专门通道同会展中心相连，我们在工作人员带领下，曲里拐弯地穿过一个又一个过道，乘坐一部又一部滚动扶梯，赶往会展中心新翼第五层的交接仪式会场。

沿途我看见姬鹏飞、吴学谦等许多老领导，我向他们表示问候。我还看到曾任中英联合联络小组中方首席代表的郭丰民等许多熟人，大家边相互挥手致意，边匆匆赶向交接仪式会场。

交接仪式整个会场坐北朝南，主席台在北面，台下来宾在南面，朝北面向主席台。会场座无虚席，有40多个国家和地区的政要、40多个国际组织的代表，以及香港社会各界人士总共4000多人。主席台右边坐着英国政府代表团，左边坐着中国政府代表团。我和鲁平、周南等都作为中国政府代表团成员，坐在第三排偏左位置，在我们前面两排就座的有姬鹏飞、吴学谦、卓琳等同志。我朝英国代表团那边望去，想看英方有哪些我所认识的人参加，由于距离太远，看上去有些模糊不清，难以辨认。

交接仪式会场气氛庄严，大家全都已各就各位，整个会场鸦雀无声，安静得连一根针掉在地上都能听得见。人家都等待着7月1日零时整这一具有划时代意义的重要时刻的到来。

6月30日23时42分，军乐团开始奏乐，中英两国领导人分别从左右两边走上主席台就座。中方有国家主席江泽民、国务院总理李鹏、副总理兼外长钱其琛、中央军委副主席张万年，以及香港特别行政区候任行政长官董建华。代表英方的是查尔斯王储、首相布莱尔、外交大臣库克、国防参谋长格里斯，以及末任港督彭定康。

交接仪式从23时42分开始，7月1日零时12分结束，历时半小时。英国查尔斯王储首先讲话，他说："今夜这个重要独特的仪式，将在一刻之间凝聚了香港历史的改变和延续。首先，仪式标志着香港在英国管制150多年后，根据1984年签署的《联合声明》而交还给中华人民共和国……"他讲完时，英国米字旗徐徐降下，随即响起我国国歌《义勇军进行曲》，我国国旗冉冉升起。我连忙看手表，我国国歌奏响时，正是7月1日零时整，一分一秒都不差。这是根据中英联合声明规定，中华人民共和国从1997年7月1日起对香港恢复行使主权。这时主席台上中国代表团和台下响起一阵暴风雨般的掌声，我没有时间注意英国代表团那边是否也鼓掌。接着，江泽民主席发表讲话。他用洪亮的声音宣告："此时此刻，世界各国人民都把目光投向香港。根据中英关于香港问题的联合声明，两国政府如期举行了香港交接仪式，宣告中国对香港恢复行使主权。""这是中华民族的盛事，也是世界和平与正义事业的胜利"。江泽民主席还强调指出："1997 年 7 月 1 日这一天，将作为值得人们永远纪念的日子载入史册。经历了百年沧桑的香港回归祖国，标志着香港同胞从此成为祖国这块土地上的真正主人，香港的发展从此进入一个崭新的时代。"

这时中国代表团和台下全场再次响起热烈的掌声。这是一个伟大的时刻，实现多少代人梦想的光荣时刻，中华民族百年的苦难，无数英雄豪杰的奋斗牺牲，都凝聚在这一历史性时刻。我为能亲身参加并见证这一历史性时刻而感到兴奋、激动，我为我们伟大的祖国和伟大的人民而感到骄傲、自豪和光荣。我情不自禁地流下热泪。在历时 30 分钟的交接仪式结束离开会场时，我方同事告诉我，此时王英凡副外长正在送查尔斯王储离开，送英国统治者离开这片英国侵占了 150 多年的中国土地。

随后我们迅速转场到位于第七层的 2 号大厅，参加中央政府举行的香港特别行政区成立暨特区政府宣誓就职仪式。中央政府代表团、内地观礼团、参加交接仪式的部分外国政要、国际组织代表以及香港各界人士总共 4500 多人参加。钱其琛副总理主持仪式。江泽民主席宣布中华人民共和国香港特别行政区成立。在李鹏总理监誓下，董建华行政长官宣誓，特别行政区 23 位主要官员也宣誓。然后，由董建华行政长官监誓，行政会议成员、临时立法会议员以及终审法院和高等法院法官宣誓。行政会议召集人钟士元不会说普通话，他宣誓时努力用广东普通话发音，引起会场中间一阵友善的笑声。李鹏总理发表简短讲话，代表中央政府对香港特别行政区政府的成立表示热烈的祝贺。他宣布从今天起《中华人民共和国香港特别行政区基本法》开始实施。他对刚刚已经宣誓就职的行政长官、主要官员、行政会议成员、临时立法会议员、法官提出要求，希望他们本着爱国爱港的精神，认真贯彻执行基本法，恪尽职守，不负众望。

中央政府将全力支持行政长官和特别行政区政府的工作。

这场活动后，我回到旅馆房间，已是清晨时分，我毫无睡意，度过了一个不眠之夜。

几小时后，即 7 月 1 日上午 10 时，香港特别行政区政府在会展新翼 3 号大厅举行香港特别行政区成立庆祝大会。中央政府代表团、内地观礼团和香港社会各界人士共 4600 多人参加。江泽民主席向董建华行政长官赠送他亲手书写的“香港明天更好”的卷轴。钱其琛副总理代表中央政府向董建华移交土地基金证书，把 1700 多亿港元的土地基金移交给香港特区政府。董建华发表就职演说。

江泽民主席在会上发表长篇重要讲话。江主席在讲话中讲述了香港回归祖国的历史及其伟大意义，以崇敬的心情深切怀念不久前辞世的邓小平先生，全面系统地重申了“一国两制”、“港人治港”、高度自治方针，并对香港特区提出了希望和要求。讲话不时赢得长时间热烈的掌声。

7 月 1 日，这是一个多么伟大而光荣的日子，这是一个值得每个中华民族儿女永远纪念的日子。从 1997 年起，每年 7 月 1 日上午香港特区政府都在中央政府赠送的紫荆花坛的广场上举行升旗仪式，我和董建华行政长官、特区官员以及各界人士代表都参加，庆祝香港回归祖国这一历史性日子。

为了纪念这一历史性事件，在紫荆广场的西侧，竖立了一座香港回归祖国纪念碑，这个纪念碑历时两年完成。1999 年 7 月 1 日，国家副主席胡锦涛来港主持揭幕仪式。胡锦涛副主席在致辞中意味深长地说，建立这座纪念碑，让我们的子孙后代永远铭记香港回归祖国这一彪炳史册的重大事件，世代弘扬伟大的爱国主义精神。这是一座矗立在每个中国人心中的不朽丰碑，它将永远起到告慰先人、激励今人、教育后人、催人奋进的作用。后来我去广场活动时，常常看到有游人在纪念碑周围瞻仰流连。

香港是一本深奥的书

1997 年 8 月 6 日我离京飞香港。飞机起飞后，我发现有几位香港记者已经坐在我后面的座位上，他们要求对我进行采访，我欣然同意。有位年轻记者问我，你去担任香港总督有何感想。我不知道这位记者是真的不了解情况还是故意为难。我说，基本法已经规定在香港实行“一国两制”、“港人治港”、高度自治，行政长官由港人担任。为免得他尴尬，我连忙转而回答别的记者的提问。在启德机场下飞机后，新华分社郑国雄副社长、袁鹏雁秘书长和香港特区政府礼宾处人员来迎接我。

香港有一大批记者也在等着我，我随即就地举行了一场记者招待会。

我表示，对自己能在香港刚刚回归祖国后来香港工作感到非常荣幸和高兴。过去自己虽然参与香港事务，但是香港问题好比一本非常深奥的书，要读懂它并不容易，我的首要任务是了解情况，熟悉情况，尽快进入角色。关于我把香港问题比作一本非常深奥的书的提法，香港传媒接连几天不断评论，甚至此后几年时间不时还提及此事。有的评论说这是姜某人自谦之词。其实，这并非谦虚，而是我参与香港事务多年来发自内心的肺腑之言。

对当时记者提出的也是当时香港社会关注的新华分社今后如何工作的问题，我重点强调，香港已经回归祖国，特别行政区政府已经开始运作，在这一新形势下，新华分社的职能和角色会有所调整。我原则性地提及三个方面：一是新华分社将会按照基本法的规定，不干预特别行政区自治范围内的事务；二是会继续保持同香港各界人士的联系；三是将增进香港与内地的沟通和交流。我还强调，新华分社的全体同仁，将为“一国两制”方针的成功实施做出自己的努力，发挥自己的作用。

记者还询问了我对香港回归后的前景的看法、对特别行政区政府工作的评价、新华分社与国务院港澳办的关系，对新华分社今后工作、人事方面的安排，以及是否仍负责港台事务，等等，我都一一做了回答。记者招待会持续了大约一个小时。

第二天，香港报刊对此都做了比较详尽和客观的报道。这是我赴任后对香港媒体的第一次亮相，这一炮算是打响了。

5 天后，即 8 月 11 日，我第一次在香港公众面前亮相。这一天，新华社香港分社在会展中心为周南社长离任和我履新举行盛大酒会。除新华社香港分社、外交部驻港特派员公署和解放军驻港部队以及内地在港中资企业负责人外，香港特别行政区政府主要官员、行政会议成员、香港地区全国人大代表、全国政协委员、临时立法会议员、各界知名人士以及外国驻港机构负责人共 2000 多人出席，气氛热烈友好。

特别行政区行政长官董建华代表特区政府和香港市民对周南社长致以崇高的敬意和衷心的感谢，对我到任表示热烈的欢迎。他从最近几个星期特区政府的实际运作经验来看，深深感受到中央贯彻落实"一国两制"、"港人治港"、高度自治的决心。他深信，新华社香港分社在香港新的历史条件下，为保持香港的长期繁荣稳定，一定会发挥更加积极的作用。

周南同志 7 月初在北京成功地做了胃部手术后尚未完全康复，就坚持尽早来港。他讲话说，他奉命来港工作至今七年半。他有幸参与并见证了香港回归祖国这一百年盛事，这是他平生的最大欣慰。他还向到会的各位对我做了介绍。最后，他说，他在香港结识了许多朋友，时光虽不断流逝，但友谊是长存的，"海内存知己，天涯若比邻"。他要再说一句再见，我们后会有期。

我在致辞中向直接参与香港回归整个进程并为此倾注大量心血的前任周南同志表示诚挚的敬意。我指出，周南先生献身我国外交事业几十年，他曾作为中国政府代表团团长参加中英关于解决香港问题的谈判。他在香港后过渡期担任新华社香港分社社长，为香港的平稳过渡和政权的顺利交接，为实现"一国两制"的伟大构想，做了大量卓有成效的工作。

接着我强调，我能够在香港处于历史新起点的时候来香港工作，感到十分荣幸和高兴。"新华社香港分社自成立以来已历经五十个春秋，为香港同胞所熟悉。香港回归祖国后，新华社香港分社的职能将做出适当的必要的调整，我希望在座各位继续关心和支持新华社香港分社的工作。"

董建华、周南和我的致辞赢得了会场的阵阵掌声。酒会后我在会场又接受了媒体的采访。第二天香港各种不同政治态度的报刊都对这场酒会和我接受采访做了充分的报道，并发表了不少评论文章。对我个人的评论，说了一些正面肯定的话，也有的为我感到担忧，说姜某人是位外交官，现在“改行”当地方官，今后使姜某人伤脑筋的问题肯定不会少。

8 月 14 日，我去拜会了董建华行政长官。这样我就此开始我在香港的工作生涯。

我是新华社香港分社第七任社长，也是最后一任社长。

新华社香港分社成立于 1947 年。第一任社长是乔冠华（1947 年 8 月—1949 年 9 月），后来任外交部副部长、部长；第二任社长是黄作梅（1949 年 9 月—1955 年 4 月），不幸在克什米尔公主号事件中遇难；第三任社长是梁威林（1956 年—1978 年 7 月），回内地后担任广东省政协主席；第四任社长是王匡（1978 年 7 月—1983 年）；第五任社长是许家屯（1983 年 7 月—1990 年 1 月）；第六任社长是周南（1990 年 2 月—1997 年 7 月）；我是第七任社长。我担任社长两年多，2000 年 1 月，新华社香港分社更名为中央政府驻香港联络办公室，我遂改任中央政府驻香港联络办公室主任。

站稳脚跟

新华社香港分社的由来和发展

新华通讯社香港分社的名字，在香港当地几乎是家喻户晓，可是在内地，一般人对它并不了解，这也是完全正常的事。我被派往香港分社工作，有些过去的熟人和同学都以为香港分社是新华通讯社在香港的分支机构，我改行去香港当记者了，有的还专门打电话向我询问，我只好向他们做些解释。

新华通讯社香港分社，与国家通讯社新华社并不存在隶属关系，而是完全不同的两个机构，香港分社实际上是中央政府的派出机构。

香港分社怎么会成为中国政府在香港的派出机构呢？这是在当时历史条件下一种特殊的产物。

新华社香港分社在刚成立时，的确是一个新闻机构。它在新中国成立前的

1947年成立，当时以新闻通讯机构的名称向港英当局登记注册，并于1947年5月1日起正式对外发稿。在以后的漫长岁月中，新华社香港分社的隶属关系随着国家形势的发展和中央对香港工作领导体制的变化而几经调整，其职能也逐渐发生了变化。

新中国成立后，鉴于我国政府在香港没有官方代表机构，凡遇有需要同港英当局接触或交涉的事宜，就授权新华社香港分社出面办理。港英当局自20世纪60年代起就由港督政治顾问负责同新华分社的日常联系。

我国政府鉴于香港问题的重要性和内地与香港联系事务增加的实际需要，曾打算在香港派驻官方代表机构。中方援引了新中国成立前当时的国民党政府在香港设有特派员的先例，不止一次地正式向英方提出这一建议。1954年中英建立了代办级外交关系后，我国外交部副部长章汉夫于1956年2月向英驻华代办欧念儒提出，中国政府希望在香港设立特派员事务处。英方对中方这一建议久久拖而不答，直到1958年明确给予拒绝。1972年3月中英升格大使级外交关系后不久，我国政府再一次向英方提出在香港设立官方代表机构问题。这次不仅由我国外交部有关负责人章文晋和乔冠华先后就此同英驻华大使艾惕思和英外交部政务次官罗伊尔进行了商谈，而且在更高层次提出过这个问题。1972年10月英外交大臣霍姆访华期间，姬鹏飞外长在同霍姆会谈中就此进行了讨论。周恩来总理会见霍姆时亲自出面谈及这个问题，并针对英方可能的疑虑，指出我们不会在香港搞双重政权，不会过问当地地方事务，但英方仍迟疑不决。8个月后，当姬鹏飞外长于1973年6月访英时，霍姆外交大臣在会谈中正式答复说，英方对中方的建议经过慎重的研究，认为对中方在香港的代表机构的格局做出改变的时机尚不成熟。就这样再次拒绝了中方的建议。

英方对它所说的“时机尚不成熟”，并未做进一步具体的解释，但从英国报刊上透露的内容来看，可以揣测出英方的考虑。

在此之前一个多月，即1973年4月，英国《金融时报》、《泰晤士报》等都连续刊登了有关中方向英方提出在香港设立官方代表机构问题的消息。报道不仅泄露了中、英双方商谈的情况，而且还引述了英国政府官方人士和港英当局对此事的反应。显然，这些消息是英官方有意向外透露的。这些报道还着重列举了英方的顾虑，主要有两点。一是担心中方在香港设立官方代表机构，可能会干预当地事务，出现双重政权；二是担心我国政府政策将来可能有变化，如果再度出现类似 1967 年反英抗暴斗争的情况，港英当局就很难控制局势。从这些报道中人们不难推断英方拒绝中方建议的原因。

既然英方不同意我国政府在香港设立官方代表机构，中方在香港当地同港英当局联系交涉事宜就不能不继续由新华社香港分社来承担。而港英当局同新华分社的联系在做法上也发生了一些明显的变化。

1978 年，港督麦理浩第一次出席新华社香港分社举办的中华人民共和国国庆招待会。自此形成惯例，此后的历任港督每年都出席，直到香港回归中国之前。这是英方对新华社香港分社作为中国政府派出的实际上的代表机构的一种默认。

后来随着解决香港问题提上中国政府的议事日程，中英就解决香港问题达成协议，香港进入回归前的过渡时期，中英双方围绕香港问题的工作量急剧增多，港督及其政治顾问同新华社香港分社的联系频繁，新华社香港分社的任务越来越繁重，实际上已作为中国政府在香港的官方代表机构进行运作。

在香港回归祖国前的过渡时期，新华社香港分社办公楼位于皇后大道东 387 号。新华社香港分社机构及其人员的安全由港英当局提供保护。新华社香港分社使用密码通信，同北京的机密文件往来使用外交邮袋，由外交信使押运，港英当局都予以默认。

而真正从事新闻通讯业务的工作部门只不过是新华社香港分社下面的一个相对独立的附属单位，对外称“新华社香港分社总编辑室”，总编辑室在湾仔霎西街 5 号，它在业务上实际上受国家通讯社新华社的领导。

新华社香港分社实际职能同对外名称的差异，就是这样在当时特殊的历史条件下形成的。

1997 年香港回归祖国前，中央就做出决定，除外交部驻港特派员公署和解放军驻港部队外，作为在香港已存在 50 年的新华社香港分社将继续在香港存在并发挥作用，但是其职能和工作方式要做些调整，使其适应香港回归后的新形势。我在北京列席了中央的有关会议。

一场“糊涂”官司

我到香港不久，来自多方面的刁难和麻烦就接踵而至。

1998年5月1日，我社收到一张来自香港东区法庭给我的传票，称港人刘慧卿告我违反香港《个人资料（私隐）条例》，通知我于6月2日上午9时30分到法庭。传票上还特意写有一句话：纵使你有意认罪，仍须亲自到庭。气势汹汹，直冲着我而来。我感到有些莫明其妙，当即要社里有关部门查一下，这究竟是怎么一回事。

经查，原来是香港有个名叫“前线”的政治社团负责人刘慧卿向我社发难，去法庭告我违反《个人资料（私隐）条例》。

刘慧卿原是记者，后为香港立法会议员。1996年8月她参与组建政治团体“前线”，主张在香港实行普选。据报道，在香港回归祖国的问题上，她的态度与广大香港市民不同。

刘慧卿于1996年12月写信给新华社香港分社社长周南，询问新华社香港分社是否保存有关她个人的资料并要求查阅。周南社长对此未予置理。因为当时港督彭定康在香港搞人权法案，企图以此来凌驾于香港其他法律之上，架空中国全国人大已通过并颁布的《香港基本法》，中方为此同英方进行了一场激烈的斗争。而这个香港《个人资料（私隐）条例》正是港英当局根据人权法案制定的。周南社长理所当然不能理它。1997年7月1日香港回归祖国后，香港成为中华人民共和国的一个特别行政区。《香港基本法》成为香港的宪制性法律。香港原有法律基本不变，但必须经过法律适应化，在不违反或不与基本法相抵触的前提下，方能成为特区法律。而《个人资料（私隐）条例》正处于法律适应化阶段，也在审查检讨之列。我去香港工作后，为稳妥起见，分社信访部门于10月25日正式函告刘慧卿，我社不搜集港人的资料，也没有她个人的资料。

我们以为此事就此了结。哪知刘慧卿并不善罢甘休，她以新华分社答复她的查询已超过 40 天期限为由，遂于 1998 年 4 月 30 日向东区法庭起诉，而东区法庭法官竟然立即于次日就批准刘慧卿的申请，向我发出传票，在传票上还特意加一句话："纵使你有意认罪，仍须亲自到庭。" 按照常识，被告有聘请律师代为出庭的权利，而这张传票上竟然置这一常识于不顾，强调必须亲自出庭。这是法官一时糊涂，还是有什么别的原因。这使人感到费解。

新华社香港分社长期以来作为中国在港的官方代表机构，这在香港是众所周知的。香港回归祖国后，国务院正式通知香港特区政府，新华社香港分社是中央政府驻港工作机构，并且已正式对外公布。我同刘慧卿素不相识，并无任何恩怨。她无端告我，看来就是因为我是中央政府驻港工作机构主要负责人，企图以此达到打击中央驻港机构的政治目的，这就是原告发难的真实意图。

很明显，这是一场政治官司。按理说，要处理此事并不太困难。香港回归前，英国皇室和英国政府及其驻港机构均享有司法豁免。香港回归后，新华社香港分社作为中央政府派驻香港的工作机构，理所当然也享有司法豁免。可是，问题是，给予新华社香港分社以司法豁免一事，由于种种原因，当时尚未得到落实。在这种情况下，我们综合分析了香港各方面的因素，慎重研究了各种应对方案，最后还是选择从技术角度来应对这场官司。

我们咨询了有关方面的意见，他们经过反复研究后认为，刘慧卿是 1996 年 12 月向当时的新华社香港分社社长发函的，而当时我还在伦敦担任中国驻英大使，根本不在香港，刘慧卿显然是张冠李戴，告错了对象，这是其一；1997 年 10 月答复刘慧卿询问的是新华分社信访处，而不是我本人，社长本人与新华分社是完全独立的不同的法律实体，这是其二。基于这两条理由，刘慧卿控告我违反《个人资料（私隐）条例》是没有根据的。关于被告人是否必须出庭应询的问题，根据香港裁判官条例和私隐条例，如果被告人认罪，则必须出庭；如果否认控告罪，则可由律师代理出庭。所以，东区法庭在传票上强调我必须出庭，也是站不住脚的。

我社聘请香港资深大律师胡汉清代为打这场官司。他向香港高等法院申请司法复核，要求撤销东区法庭 5 月 1 日给我发出的传票。

这场官司从 1998 年 5 月起前后历时一年有余。每次开庭，都由我方律师出面。到 1999 年 6 月，高等法院做出判决。判词说，刘慧卿的起诉既无证据也没有法理基础，构成滥用司法程序，刘慧卿的律师给她的意见也是错误的；东区法庭传票对姜恩柱来说是不公平的，也是不合理的，无论事实及法理依据均显示姜恩柱根本与这一事件无关，姜恩柱从未触犯刘慧卿指控他的违反《个人资料（私隐）条例》的罪行，倘无故要他面对刑事检控程序，不符合法治精神。

高等法院判我胜诉，刘慧卿败诉，撤销东区法庭给我的传票。刘慧卿对此没有提出上诉。这样，刘慧卿的政治企图彻底失败。

然而，刘慧卿仍不忘要作政治秀。高等法院判败诉一方承担胜诉一方的大部分诉讼费。而刘慧卿则耍赖，久久拖欠不付。我方多次催款，并一再给予宽限，做到仁至义尽。但刘慧卿就是拖延不理，最后我方不得不通过法律途径催她还款。而刘慧卿在此期间，竟然不断大登广告，还走上街头募捐，大言不惭地声称她是代表香港市民打这场官司的，现在官司打输了，请大家慷慨解囊，帮助出钱。

刘慧卿自称她是“代表”香港市民打这场官司的。这种说法引起了不少市民的反感和不满。据报道，有些市民直截了当批评刘慧卿打官司完全是无理取闹。有的还揭露说，她并非没有能力还款。还有的市民讥讽嘲笑她，给她寄去清明节烧给亡灵的数亿元面额的纸钱。

然而，刘慧卿的“表演”也得到了香港某些势力的赏识。在香港小有名气的律师分文不取为她免费打官司。香港媒体还报道，刘慧卿本人向媒体透露，她从香港“公民及政治权利基金”得到 70 万港元的拨款。据报道，香港“公民及政治权利基金”有西方国家的背景。

为追讨刘慧卿的欠款，又历时一年九个月，直到 2001 年 3 月，刘慧卿才全部还清 170 万港元的欠款。我方虽然打赢了这场官司，但也花费了 60 万港元。

经过这场官司，我对香港法律、法院以及某些政治势力的复杂状况有了感性的认识。

名称与实际不符带来麻烦

新华分社名实不符的状况在香港回归后给我们带来不少困扰。

香港回归祖国后，成为我国的一个特别行政区。新华社香港分社继续使用外交邮袋显然不合适。新华社香港分社使用密码通信、同北京往来、人员履行公务等都需要正式享有法律豁免，办公楼及人员安全等都必须得到特区政府的保护。

香港回归祖国前夕，国务院港澳办主任鲁平同志专门同香港特别行政区政府方面谈了这个问题，希望特区政府在 7 月 1 日后即通过立法或行政命令给予新华社香港分社以一定的豁免权。鲁平同志还具体提出，因新华分社的工作涉及国家机密，对这一机构及其人员包括信使往来和密码通信等均应予以保护。对于在通行证上注明给予礼遇的人员，应给予免验的待遇。特区政府方面对此表示完全理解，并答应尽快采取措施加以落实。

据我们了解，英国管制香港期间，英国皇室和英国政府及其驻港机构在香港享有法律豁免。在我们看来，香港回归祖国后，中国政府及其驻港机构，在香港享有同样的法律豁免，这是理所当然的事，具体可通过法律适应化条例，完成这一法律上的转换。为便于香港特区政府给予新华社香港分社以法律豁免，中央政府于 1997 年 9 月正式通知特区政府，新华社香港分社系中央授权的在港工作机构。1998 年 3 月，中央政府又正式发文给香港特区政府，再次明确新华社香港分社作为中央授权的工作机构的法律地位，要求特区政府给予一定的法律豁免，并提供工作便利。这种原本理所当然的事，但要真正落实起来却远远没有我们想象的那样简单。

那时，临时立法会已经通过《法律适应化修改（释义条文）条例》，使回归前英国皇室和英国政府及其驻港机构享有的法律豁免转为中国政府及其驻港机构。但中央驻港机构是否符合“国家”定义，还需要进行研究。

有人提出国家机构必须没有行使商业职能的问题。香港回归后，新华社香港分社作为中央授权的驻港工作机构，它的职责中根本没有商业职能。而真正从事新闻业务的部门，多少年来早已同新华社香港分社彻底分离，只是由于对外称为新华社香港分社总编辑室，这就容易使人产生误解和混淆，这倒是一个需要解决的问题。

这时，香港某些政治势力居然对新华分社的法律地位提出质疑，声称香港基本法中只有关于外交部驻港特派员公署和解放军驻港部队的规定，没有提及香港回归后的新华分社，提出“现在是新华分社功成身退的时候了”，要求新华分社“光荣撤退”。

而香港某些政治势力对新华分社的发难也得到美英议会的呼应。1998 年 4 月，美国众议院国际关系委员会发言人表示，特区政府提出法律适应化，让新华社香港分社等中国驻港机构免受香港部分法律管辖，这是北京在干预香港事务。同年 4 月 28 日，英国下院外交事务委员会举行香港问题听证会，英外交大臣法切特在听证会上质疑新华社香港分社的作用和职能，称这个问题已成为舆论争论的焦点之一，希望中方能明确规定其职能。

香港内外某些势力针对香港分社的法律地位大做文章，对香港分社步步紧逼，企图对香港分社的活动进行挤压和限制。而当时香港分社由于工作方式的转变对外保持低调，致使不少香港爱国人士对香港分社产生误解，引起一些思想混乱。

在这种情况下，我们不能不考虑从根本上加以应对的解决办法。

更名

最后，中央研究决定，将新华社香港分社更名为中央人民政府驻香港特别行政区联络办公室。

在中央做出原则决定后，先由国务院港澳办主任廖晖同志向特区政府方面做了通报。根据钱其琛副总理的指示，我也向特区政府方面详细介绍了新华分社的历史、改名的缘由和改名后的具体职责。

1999 年 12 月 28 日，朱镕基总理主持召开国务院第 24 次常务会议，会议做出决定，自2000年1月18日起新华通讯社香港分社更名为“中央人民政府驻香港特别行政区联络办公室”，任命分社社长和副社长为中联办主任和副主任。国务院任命我为中联办主任，郑国雄、高祀仁、王凤超、刘山在、邹哲开、陈凤英、郑坤生为副主任，王如登为主任助理。

国务院这一决定在20天后才对外公布。在对外公布前，我和中联办的同事们分头向各方面人士做说明和解释工作，争取大家的理解和支持。

我分别拜访全国政协副主席安子介和霍英东，并会见港区全国人大代表和港区全国政协常委，我向他们做了介绍和通报，他们对我们分社更名都表示赞同和支持。

1月17日，新华通讯社和中央电视台分别于下午6时和7时播发了国务院的决定。我提前于下午5时在分社大楼会议室举行了吹风会。参加吹风会的有香港各大报刊和电视台的总裁和主编以及内地在港新闻传媒主要负责人，总共有几十人。我向他们介绍了新华分社的历史、改名的理由、改名后中联办的职责等，并回答了大家的提问。

1. 关于基本法只提到外交部驻港机构和解放军驻港部队，而没有提到回归后新华分社的地位问题。我们早就向参与起草基本法的邵天任、肖蔚云、吴建璠和许崇德等四位法律专家查询过有关背景。他们都回忆说，外交部驻港机构和解放军驻港部队都是特区成立后设立的，以前没有，所以要写进基本法。基本法起草期间曾讨论过新华分社怎么办的问题。后来没有写进基本法，这是因为起草委员会委员们都认为，这是已经存在的事实，没有必要写进去。

针对香港媒体提出的这个问题，我强调指出，新华通讯社香港分社已存在五十多年。新中国成立后，它长期作为中央政府驻港机构开展工作，这是在香港基本法起草和颁布前就早已存在的事实。香港回归祖国后，新华通讯社香港分社作为中央人民政府授权的工作机构继续存在并履行职责。现在国务院决定，将新华社香港分社更名为“中央人民政府驻港联络办公室”。中央人民政府在香港特区有派出机构，这是很自然的事。

2. 在吹风会上，大家关心改名后职责有什么变化，我宣读了国务院常务会议决定，该决定规定新华社香港分社更名为中央人民政府驻港联络办公室后的五条职责。

（1）联系外交部驻香港特别行政区特派员公署和中国人民解放军驻香港部队。

（2）联系并协助内地有关部门管理在香港的中资机构。

（3）促进香港与内地之间的经济、教育、科学、文化、体育等领域的交流与合作；联系香港社会各界人士，增进内地与香港之间的交往；反映香港居民对内地的意见。

（4）处理有关涉台事务。

（5）承办中央人民政府交办的其他事项。

我说明，以上五条，实际上也是香港回归祖国后新华通讯社香港分社的职责，更名后基本上没有变化。

3. 关于改名后的中联办与特区政府的关系。我强调指出：香港特别行政区直辖于中央人民政府，香港特区政府与中央政府驻港联络办之间不存在隶属关系。新华通讯社香港分社更名为中央政府驻港联络办后，将一如既往地严格按照中央政府的授权履行职责，坚决贯彻“一国两制”、“港人治港”、高度自治的方针，支持香港特区政府依照基本法施政，维护香港的繁荣稳定。

4. 关于中联办与中央驻港其他两个机构之间的关系。我表示，中央政府驻港联络办根据中央政府的授权，联系外交部驻港特派员公署和解放军驻港部队。这是一句话，还有另一句话，这就是，中央政府驻港联络办与外交部驻港特派员公署和解放军驻港部队分别履行各自的职责。

2000 年 1 月 18 日上午 10 时，我们在办公楼大门外举行了一个简单的挂牌揭幕仪式。我做了简短致辞，为镶在墙上的“中央人民政府驻香港特别行政区联络办公室”的铜牌揭幕，并在铜牌旁合影留念。

董建华特首发表声明，对新华社香港分社易名表示欢迎，特区政府将与“联络办公室”在他们职责范围内的事务保持联系和沟通。

同日，新华通讯社在北京发布了将其在香港分社名下的总编室更名的消息。

在这里不能不对新华通讯社总部在此事上对我们的理解、配合和支持表示感谢。

在研究新华分社改名问题的过程中，我们就考虑到香港分社中原来真正从事新闻通讯业务的工作部门今后采用什么名称的问题。如果采用新华社香港分社，这样对外就会引起混淆，甚至误解，外界会以为我们不是改名，而是新设立机构。所以我们建议不宜用新华社香港分社的名称。采用什么名称，请新华社总社定夺。

为此，我专门去北京同新华社总社社长郭超人商谈此事。郭超人非常通情达理，欣然同意我们的建议。

在我们分社宣布改名的当天，新华通讯社发言人就宣布，新华社香港分社中原来承担新闻业务的工作部门，即原新华社香港分社总编室以“新华社香港特别行政区分社”的名称继续从事新闻业务，特区分社已向香港特区政府有关部门注册。

1月18日和19日，香港各传媒都纷纷刊登了我们分社更名和举行挂牌仪式的消息和评论。总的反应比较正面。

各报普遍认为更名符合实际。新华分社易名，与新闻专业正式分家，名实相符地处理中央政府和特区之间的事务，对“一国两制”的实施极为重要。这是中央驻港机构正常化、合理化的重要一步。各报刊还普遍认为，更名后“中联办”依然不会成为香港“第二个权力中心”，“有这种顾虑是多余的”。

当然，在普遍正面反应中，也夹杂一些杂音，对新华分社更名事提出质疑，但在香港并没有什么附和的声音。报刊上有些署名文章还直接或间接地批驳了这种意见。

新华分社更名缘起于法律豁免问题，改名后法律豁免就可迎刃而解。又过了一段时间后，此事得到了彻底的解决。

新华社香港分社在香港回归祖国两年半之后进行了改名。无论在革命战争年代，还是在和平建设时期，香港分社都为了祖国的独立解放和经济建设做出了自己应有的贡献，也为香港回归祖国做出了自己的努力。有着52年零8个月历史的新华社香港分社已完成了它光荣的历史使命而载入史册。通过更名，为中央驻港机构在香港长期存在并顺利履行职责奠定了坚实的政治和法律基础，这本身就是一件具有长远意义的大事。

办公大楼搬迁

新华社香港分社办公楼位于港岛湾仔皇后大道东和黄泥涌道交叉路口。这是一幢23层的大楼，斜对面是跑马地赛马场，门前是皇后大道东，后面是公墓墓地。

靠近赛马场，对于我们分社来说很方便，我社住在跑马地的员工可以每天去马场早锻炼。但与墓地相邻，却有另一番说不出的滋味。位于我们大楼后面的不是一小片墓地，而是有伊斯兰教、天主教坟场，有香港公墓，它们一个连接一个，墓地沿着整个山坡散布开来，漫山遍野，几乎望不到尽头。不少香港人相信风水，认为住在墓地旁边不吉利。我们是无神论者，当然不相信鬼神，但办公楼在墓地旁边，无形中在人们心中投下一道浓重的阴影，使人感到不舒服。

据说新华社香港分社办公楼原是一座旅馆，生意不好才卖给新华分社作办公楼，这是20世纪70年代后期的事。后来，因办公面积不够，又购买了邻近的一幢办公楼，但这两幢楼并不直接相连，而为一幢居民楼所隔开。新华分社又陆续收购了居民楼下面的几层，原想把上面几层也收购过来，但一直未能成功。为了连接两个办公楼，只得在属于我们分社所有的居民楼地面一层建一通道，可以往来于两个办公楼之间。这虽然有些别扭，但在当时政治形势下，也只能如此。

我去香港工作后，发现新华分社办公楼已远远不能适应工作的需要。客人来我社，不能从前面正门进，因为大门前是狭窄的马路，来往车辆川流不息，根本无法停车。来分社的客人只能从后面车库进出。而新华分社对外竟没有一间像样的会客室。同时，办公室数量也明显不够。大楼没有会议厅，要召集全体员工开会也没有地方。除结构性问题外，办公楼还存在设备陈旧、安全隐患多等问题。

中央军委前副主席张震同志来香港访问，我们安排他下榻分社在赤柱的招待所。他坚持要来看看我们分社办公楼，我陪他参观办公楼后，他用严肃的语气对我说了他的印象。他接连用了三个“太”字，他说，你们办公楼太陈旧、太拥挤、太简陋。接着他说出了他的意见，现在香港已回归，你们应该像外交部驻港特派员公署一样盖一座像样的办公楼。

外交部驻香港特派员公署位于港岛半山上。办公大楼于1995年10月开工建造，于1997年香港回归前竣工，当年7月1日正式开始对外办公。这幢大楼内部办公室宽敞明亮，对外部分庄严得体。

解放军驻港部队所在地添马舰大楼，这是港英时期英军驻港部队司令部，位于中环的中心地段，是港岛最佳位置。整幢大楼像似酒瓶倒放的形状，向下俯视维多利亚海湾，是港岛的一座标志性建筑。

相比之下，新华社香港分社办公楼显得破旧，同它作为中央政府驻港工作机构的地位很不相称，难以适应对外工作的需要。

实际上，新华社香港分社早就有改造办公楼的打算，只是由于香港回归前各方面工作极其繁忙，根本无暇顾及此事。

我去新华社香港分社工作不久，就把修建办公楼提上议事日程。解决方案，不外乎原地重建或另寻新址。

要就地重建，必须先要劝说两个办公楼中间居民楼上面几层的住户同意把他们的房子卖给我们，然而我们通过房地产公司同居民楼有关住户洽谈时，就遇到了难题。无论我们怎样愿出高价收购，住户都坚决不肯搬迁。这样，这一方案就再也无法向前推进而胎死腹中。

我们只得考虑另外择地新建办公楼。港岛中环是最理想的地段，但当时没有发现空置的地皮，即使有，地价我们能否承受，也是一个必须考虑的问题。

我们经过四处寻找，最后有两处可供选择的地点。一个是北角香港殡仪馆附近的一块地皮，我们办公楼从坟场旁边搬到殡仪馆附近，看来这不是什么大的“改善”，依然会给相信风水的港人一个不良的印象。另一个是位于西环的西港中心，大楼已初步建成，高42层，另有地下车库3层，建筑总面积比新华分社跑马地办公楼大得多，正符合我们的需要。这幢大楼属于招商局所有。因受亚洲金融风暴的冲击，招商局一时面临资金困难，不得不忍痛出售以解燃眉之急。

我们倾向于购买西港中心，为此我向钱其琛副总理做了汇报，并找财政部长刘仲黎要钱。他们都表示支持。随后我直接去向朱镕基总理汇报。朱镕基总理当即同意我们的意见。时隔不久，我再次去朱总理处汇报请示工作时，他把财政部关于解决我社办公楼资金的报告拿出来，当着我的面就签批了这个报告。

我们用朱镕基总理批拨的款项加上我社的自留结余资金购买了招商局大楼，并进行内部装修以及添置家具和设备等。装修历时一年半，于 2000 年春完工。

2000 年 5 月 8 日我们举行了新办公楼的启用仪式，钱其琛副总理亲自为新办公大楼启用揭幕，充分体现了中央对中联办工作的重视和支持。

香港经济形势

考察香港金融、贸易、航运中心

我在香港工作期间，香港经济形势一直是我经常关注和研究的一个重要问题。

我多次参观香港联合交易所、货柜码头和新机场等。通过这些参观和听取介绍，使我不仅对香港作为国际金融、贸易和航运中心的地位有进一步的感性认识，而且具体了解到，在回归祖国后，香港作为国际金融、贸易和航运中心的地位并未受到削弱，而是确实得到了巩固、加强和提升。

金融、贸易、航运在香港经济中占有极端重要的地位。随着 20 世纪 80 年代香港制造业大量迁移到祖国内地，第二产业在香港经济中的比重已从 1980 年的 31.6%下降到 2000 年的 14.3%，而第三产业即金融、进出口贸易、地产、商业服务等所占比重则从 1980 年的 67%上升到 2000 年的 86%。

香港同祖国内地的经贸联系越来越紧密，是我国内地的主要国际融资市场，也是国际资本进入我国内地的一个重要渠道。香港的港元是可自由兑换的货币，资金进出香港不受限制，并有健全的金融监管体系。这些为它成为亚洲地区重要的国际金融中心创造了有利条件。

港元最初与英镑挂钩。1972 年 6 月英镑汇率自由浮动后，港元一度改为与美元挂钩。后因美元贬值，1974 年 11 月港元也实行自由浮动汇率制度。到 1983 年，由于香港经济恶化和中英关于香港前途的谈判毫无进展引发港元信心危机，港元汇价大幅下跌。为稳定港元，1983 年 10 月起实行港元与美元挂钩的联系汇率制度，一直至今。港元的发钞起先由汇丰银行和渣打银行负责。香港回归前夕，又增加了中国银行香港分行。这样，港元的发钞就由这三家银行负责。这三家发钞行发行港元，必须以 1 美元兑 7.8 港元的固定汇率以等值美元向香港外汇基金购买无息的负债证明书作为法定发钞准备；反之，发钞行也可以负债证明书和港元钞票向外汇基金赎回美元。1 美元对 7.8 港元固定汇率只适用于发钞银行和香港金融管理局之间的发钞准备的规定。港元在外汇市场上的汇率则由外汇市场对港元的供给和需求来决定。

香港是国际金融机构集中的地方。2001 年，香港共有认可金融机构 250 家，其中包括 147 家持牌银行、49 家有限制牌照银行以及 54 家接受存款的公司。这 250 家认可机构总资产达 6.155 万亿港元。截至 2001 年年底，在香港有 133 家外资银行，在全球最大的 100 家银行中，有 76 家在香港营业。2001 年，在香港各银行之间和香港与海外机构之间的银行同业拆借平均每天成交额为 2061 亿港元。当年香港是世界上第十大银行中心。

香港与海外其他外汇市场都有联系，每天 24 小时可与世界各地进行外汇买卖。2001 年 4 月平均每天成交额为 668 亿美元，占全球交易量的 4%，成为世界第七大外汇市场。

香港还是世界第十大股票市场。截至 2001 年底，上市公司有 756 家，香港股票资本总额为 3.885 万亿港元，在全球排名第十，在亚洲仅次于东京和上海、深圳，排名第三。股票成交额平均每天为 80 亿港元。

香港进行股票交易的场所在香港股票交易所。香港股票交易所位于港岛，它成立于 1891 年，是亚洲历史最为悠久的交易所之一。20 世纪 60 年代末 70 年代初，香港又相继成立了远东交易所、金银证券交易所和九龙证券交易所。1986年4月，这四家证券交易所合并，成立了香港联合交易所。1999年香港特区政府宣布将香港联合交易所、期货交易所和中央结算公司合并，并于2000年3月正式成立香港交易所及结算所有限公司，简称香港交易所。

2001年年底，在香港交易所上市的700多家公司，其股票可分三大类，即蓝筹股、红筹股和国企H股。蓝筹股是指恒生指数成分股，共33只，到2009年年底增至45只，包括香港当地最有实力的企业，如长江实业、中电控股、香港中华煤气、九龙仓、汇丰、恒生、和记黄埔、新鸿基等。红筹股是在香港注册的大型中资企业在港上市的股票，例如中银香港、中信、光大、华润、招商、上海实业、北京控股、深业、粤海等公司。国企H股是我国内地国有企业在香港股市发行的在联交所上市的股票。

截至2000年8月底，共有116家红筹股公司和内地国有企业在香港上市，市值为1.4617万亿港元，约占当时香港股市总市值的28%。2001年，国企H股和红筹股公司在香港市场筹集资金达259亿港元，占整个香港市场当年所集资总额的40%。

香港每年价值数千亿港元的进出口贸易除通过皇岗等陆上口岸运输外，主要通过港口海上运输，其次是通过赤鱲角机场的空中货运。

香港维多利亚港是世界上为数不多的天然深水良港。

打开香港地图，你会看到，维多利亚港湾位于香港岛、九龙岛和大屿山之间，东西方向成喇叭形，喇叭嘴在东面，喇叭口在西面。东边入口处鲤鱼门，十分狭窄，南北宽度只有540米。往西处于香港岛与九龙半岛之间，再往西就变得开阔，直至西边的马湾岛和灯笼岛东，最开阔处南北宽达9.6公里，港湾总面积达5200公顷。万吨以上远洋船舶一般吃水在10米左右，港湾内水很深，最深处达14.5米，万吨以上远洋巨轮可以在港湾内自由航行。港湾内大型邮轮、远洋货轮、驳船、班轮、私人游艇，各式各样的大小船舶来来往往，穿梭不停，一片繁忙景象。有时我晚上去位于港岛的会展中心参加活动，常常看到灯火辉煌的十几层楼高的万吨以上巨型邮轮在港岛铜锣湾和九龙半岛尖沙咀之间的航道上缓缓通过。美国航空母舰不时停靠香港补给，停泊在马湾岛东边的海面上。我们中联办办公楼位于港岛西环，从我们办公楼上可以看得清清楚楚。由于港湾东边鲤鱼门入口处狭窄，港岛、九龙半岛都是丘陵，西边有大屿山以及邻近的岛屿，这种地形有利于将风浪阻隔，除受台风袭击外，平时港湾内风浪不大。

港湾北岸的九龙半岛地势平坦，在港湾西北角有葵涌货柜码头，这里是海港的航运中心。这里有 19 条主要航线连接世界各地，并有庞大的货柜船航线网络，把香港港口同全球 500 多个目的地联系起来。港口充分利用海阔水深的有利条件按进出港中心航道划分船舶停泊区和锚地。港湾内可同时停泊 150 艘万吨以上船只，在西部广阔的海湾内遍布系泊浮筒，供远洋船舶停泊。这些系泊浮筒的货轮，就借助驳船往来穿梭于泊位之间进行货物的装卸。这些系泊位装卸货物的货轮一般停留时间只需两天半，而直接停泊在葵涌码头上的集装箱货柜轮，平均 13 个小时即可装卸完毕。我们除去码头上看装卸外，还去参观总控制室。码头上的一切活动全都由电脑控制操作。每个集装箱里的货物品种、数量、重量，何时来自何地，何时发往何地，这些信息资料全都编排储存在电脑里。根据这些资料，电脑对每个集装箱的排列顺序、堆放位置都做出最科学合理的安排。每个集装箱的卸下、搬运、存放以及装船或从陆地运走，一切都通过电脑系统进行操作，效率很高。带领我们参观的码头负责人告诉我们，当时维多利亚港每年处理 1800 万个标准集装箱，与新加坡一样，名列世界前茅。

由于香港航运发达，在香港注册的船舶吨位从 1997 年 11 月的 550 万吨增至 2001 年底的 1370 万吨。后来，到 2010 年 7 月又进一步增加到 5200 万吨。

香港赤鱲角机场是世界上最繁忙的国际机场之一。我前往参观时，一般都从港岛中环乘坐机场快线，列车经过港岛西海底隧道向北到九龙半岛，经青马大桥，然后沿大屿山北面海边，直达赤鱲角机场候机大楼前下车。整个行程历时 25 分钟，比自己开车去要快，平时我自己坐轿车去机场通常需 40 分钟。这条机场快线的建成不仅为往返机场的旅客提供了方便，而且为偏僻的大屿山地区的长远发展创造了条件。

赤鱲角机场是 20 世纪 90 年代新建的，总面积为 1248 公顷，长 6 公里，比原来的九龙启德机场大四倍。这个新机场大部分是填海造成的，小部分是将赤鱲角和榄州两个小岛铲平组成，工程量相当浩大。从空中俯瞰，机场候机大楼屋顶呈飞鸟形状，寓意香港展翅腾飞。候机大楼总面积为49万平方米，长1.2公里，大楼内有无人驾驶的穿梭列车系统，每小时可运送5200名旅客前往登机闸口。

新机场于1998年7月1日启用。开始只有一条跑道，第二条跑道于1999年5月落成投入使用。但很快这两条跑道已不敷应用，现在正酝酿修建第三条跑道。

新机场非常繁忙。2001年时有64家国际航空公司在此经营定期航班服务，每星期总共营办3800个定期航班，往返于香港和全球约130个城市之间，客运量达3300万人次，货运量为210万吨。后来，到2009年客运量上升到4500万人次，成为全球第十大客运市场，货运量达300万吨，为全球第二大货运枢纽。2010年客运量又增加到5100万人次，平均每小时起降60个架次，每一分钟都有一架飞机起飞或降落。

自1993年起，美国联邦快递公司总部所在地美国孟菲斯机场一直是全球最繁忙的货运机场。到2010年，香港赤鱲角机场货运量达413万吨，超过孟菲斯机场的390万吨，成为全球最为繁忙的货运机场。而上海浦东机场2010年货运量为322万吨，名列世界第三位。香港赤鱲角机场待第三条跑道建成后，其设计的最终客运能力一年可达8700万人次，货运能力为900万吨。

战后香港经济发展历程

香港虽然从1841年起就是贸易自由港，但此后长达一百多年香港经济并未发展起来，而香港经济的起飞主要是从第二次世界大战后特别是20世纪60年代开始的。

战后香港经济发展大致可分为四个阶段：

第一个阶段是从1946年到50年代初期，是战后恢复和转口贸易阶段。香港在第二次世界大战以前主要依赖转口贸易生存。在“二战”中香港为日本人所占领，经济损失惨重，对外贸易几乎完全停顿。战后几年香港逐步恢复了原来的转口港地位，但规模很小。到 1950 年，香港的本地生产总值只有 31.5 亿港元。

第二个阶段是从 50 年代初期到 70 年代初期，以上海、宁波为主的江浙企业家带去几十亿元的资本和设备，以及生产管理技术，开始投资于香港的纺织工业，为香港纺织工业的发展打下了基础。但朝鲜战争的爆发以及西方对我国内地实行封锁和禁运，使香港战后刚刚恢复起来的转口贸易急转直下，商业贸易企业纷纷倒闭，香港经济面临严重困难。这促使香港不少企业家不得不转而从事加工工业，以谋求生存。有些企业家则通过向大陆偷运物资赚钱。到 1959 年，香港已有大大小小的工厂 4689 家、工人 20 余万，比 1954 年增加了一倍多。围绕着工业的发展，公路、港口、电力工程、建筑、商业和银行信用规模也都不断扩大，基本形成了以加工工业为主的新的经济体系。加工工业的迅速发展，促使香港对外贸易进一步扩张，1960 年香港外贸总额达到 90.1 亿港元。从 60 年代起，西方国家进行产业调整，转为优先发展技术密集型工业，而将劳动密集型生产线转向海外。香港企业家抓住这一机遇，大力发展服装、塑料、玩具、钟表、电子等轻纺工业，逐步使香港成为亚洲轻纺工业中心之一。到 60 年代末，香港的制造业产值占本地生产总值的 30%，香港工业产品出口占总出口的比重由 50 年代的 10% 左右增加到 80% 左右。这标志着香港经济已从过去的转口贸易为主转变为以轻纺制造业为主。

第三个阶段是从 70 年代到 80 年代初，是香港工业逐步走向多元化、服务业经济起飞的阶段。70 年代初期，由于西方发达国家经济衰退和石油危机的冲击，香港经济也曾发生过巨大的波动，但香港渡过了难关。在这期间，香港一些传统行业如纺织业的技术水平和产品档次不断提高，香港成为世界上主要的服装出口地之一；同时，一些新兴工业如电子行业等迅速崛起。对外贸易在这期间也有了更快的发展，外贸总值平均每年增长 19%，到 1982 年，香港的贸易总额在世界上名列第 13 位，香港因此跨入了世界新兴工业化地区的行列。这一时期也是香港金融、旅游、房地产业兴起和迅速发展的时期，香港成为地区性国际性金融中心。

第四个阶段是从80年代初期至90年代中期，这一时期香港成功地进行了经济结构的调整和转型，经济多元化和国际化更趋成熟。中英关于解决香港问题的联合声明签署发表后，香港前途由原先的不确定变得明朗起来。在中国实行改革开放政策的形势下，香港同内地经济联系进一步加强，香港经济保持持续高速增长。从80年代中期开始，香港工业转型在经过长期酝酿之后开始起步，着重发展资本密集型和高技术产业，努力提高产品的附加值；同时香港的整体经济结构也逐步实现了多元化，一些原来处于从属地位和服务性质的行业，在经济生活中的作用越来越大，金融、商业、旅游、房地产等行业的地位日益上升，成为香港经济的支柱产业；制造业则大量向北迁移至中国内地的珠江三角洲。香港的经济结构发生了根本性的变化，由原先单一的贸易和加工出口型经济演变为国际金融、贸易和航运中心，成为亚太地区乃至世界经济中不可或缺的组成部分。

香港天然资源贫乏，内部市场有限，其经济之所以能取得如此惊人的成就，究其原因，除了香港有自由开放的经济体制、政局长期相对稳定、港人勤劳智慧，以及战后世界经济贸易长期相对稳定增长和产业结构调整为香港带来的机遇条件外，还有中国内地的因素。

40年代末50年代初内地大批资本家移居香港，带去大量资金、设备和人才。从新中国成立前后到80年代，内地移居香港的人口达250万，约占香港现有人口的40%以上，为香港的经济发展提供了必要的人才和大量廉价的劳动力。香港背靠祖国，与中国内地有天然的经济联系，是进出中国大陆的门户。新中国成立后，中国政府一直对香港采取“长期打算、充分利用”的政策，从政治上稳定香港，在经济上通过各种方式支持香港的发展。几十年来，内地一直以优惠价格长期稳定地向香港供应大量的主副食品、日用品、生活用水以及生产原料等，这对保持香港社会经济的稳定和发展、减轻西方经济危机的冲击和增强香港产品在国际上的竞争力都起到了重要的作用。与此同时，在香港的中资企业逐步发展壮大，对促进香港的经济繁荣也起到相当的作用。可以说，在香港经济发展的每一阶段，都离不开中国内地因素的积极作用。

回归后的挑战和机遇

经济发展状况

香港回归祖国后不久，先是遇上了亚洲金融风暴的袭击，继而出现禽流感和“非典”疫情，经济遭受沉重打击，经历了长达六年的困难时期，到2003年下半年才逐渐复苏，随后连续四年多经济实现持续增长。2005年香港本地生产总值达到13820.5亿港元，首次超过1997年回归时的13445.5亿港元的水平；香港进出口总额则大大超过1997年的3.071万亿港元水平；同年年底，香港股市总市值则为1997年年底3.2026万亿港元的两倍多，达8.1799万亿港元；失业率从2003的8.6%下降到2006年年底的4.8%；香港特区政府2005年/2006年和2006年/2007年两个财政年度连续出现盈余，扭转了在此之前连续五个年度出现财政赤字的严峻局面，香港经济呈现一片繁荣景象。自2008年起，香港又接连受到全球金融海啸和欧洲债务危机的冲击，但是由于中央政府出台一系列措施给予香港强有力的支持，再加上此时香港同祖国内地经贸关系更趋紧密，它受这次长达数年的危机冲击的程度得以大大减缓，香港银行体系完好无损。香港经济在2009年虽然下滑，但到2010年和2011年分别实现了6.8%和5%的增长。2011年，香港本地生产总值达1.9507万亿港元，约合2429亿美元，比1997年增长46%；外贸总额达9161亿美元，为1997年的2.5倍；同年年底股市总市值达17.5万亿港元，为1997年底的五倍多。香港作为国际金融中心、贸易中心和航运中心的地位不仅得到巩固，而且得到大大增强。

然而，我在香港工作的五年，正值香港经济处于困难的阶段。造成那几年香港经济困难的原因是多方面的，既有亚洲金融危机和全球经济不景气的周期性的影响，也有它内部经济结构的深层次问题。

香港系外向型经济。1997 年、1998 年的亚洲金融风暴和 2001 年的世界主要发达国家经济明显放缓，都对香港产生了重大冲击。当时香港对美国、日本和欧盟整体货物出口占香港出口总额的 40% 以上，世界主要市场进口需求减弱，直接影响到香港出口贸易。而进出口贸易的减少又波及航运、金融服务以及市场推广等相关服务业的需求。世界主要金融市场下挫，也带动香港股市大幅下滑，既影响在香港的投资和融资，也影响本地消费者信心。

房地产是香港最大的支柱产业之一，房地产业、金融和进出口贸易三大块占本地生产总值的 85% 以上，香港银行贷款的 60% 都与房地产业和建筑业有关。回归前港英当局奉行“高地价、高工资、高通胀”政策，导致楼价飙升。亚洲金融危机后香港房地产业泡沫一下子破灭，楼价大跌，累及金融、证券及其他相关行业。房地产业泡沫破裂使私人住宅市场市值缩水约 2 万亿港元，2000 年楼宇价格与 1997 年高峰相比暴跌约 60%。据统计，约有 20 万户中产阶级变成“负资产”，被迫进行个人债务重组，地产商也减少了投资，严重抑制了投资和消费。卖地收入一直是政府的一项重要财源，现在也严重萎缩，直接影响了政府的财政收入。

劳动力供求结构失衡，高失业率与职位空缺并存。发展知识经济所需要的人才匮乏，而低技术劳工严重过剩，他们也难以向其他领域转移。据普查资料显示，香港 15 岁以上人口中，接受过专科以上教育的为 16.4%，与周边发达城市相比处于明显的劣势。

营商成本偏高，生产要素价格调整困难。亚洲金融危机后香港的营商成本有所下调，但与亚洲其他国家或地区相比仍明显偏高。香港的劳动工资水平比新加坡和台湾高 20%，写字楼租金仅次于东京，香港的集装箱处理费用比我国内地港口高 30%~40%，空运货物处理费为世界之最。这些因素直接削弱了香港的竞争力。香港金融服务业后勤部门纷纷内迁，汇丰、渣打、恒生、东亚等外资、华资银行的会计结算中心或电脑支援系统，陆续迁往我国内地的深圳、广州等地。

外部的周期性影响与内部经济的结构性问题交织在一起，拖慢了香港经济结构转型的步伐，增加了转型的困难；而内部经济结构转型的缓慢，又加剧了外部因素的负面影响。

推动经济转型的尝试

香港特别行政区政府成立以后，很快意识到香港经济存在的结构性问题，在推动香港经济转型方面做了大胆的尝试。

首先是明确香港的定位和经济转型的方向。董建华行政长官在 2001 年施政报告中提出，香港的定位是背靠内地，面向全球，作为我国一个主要城市和亚洲的国际都会，提供高增值的服务。关于香港的前进方向，就是在原有基础上巩固自己的强项，同时应用新知识、新技术，推动新的增长。财政司长梁锦松在 2002/2003 财政年度政府财政预算案中提出，香港应发展的主要领域是金融、物流、旅游和工商支援服务。

特区政府主张积极发展物流业，支持中小企业，提倡科技创新。在 2001 年的施政报告中，董建华提出成立物流发展督导委员会和物流发展局，负责制订香港发展物流的政策和整体计划。

香港中小企业是经济中最活跃的成分，其数量平均占各行业的 98% 以上，吸收的就业人数较多、对本地生产总值的贡献较大。特区政府专门设立了基金支持中小企业的发展。为了缓解低收入群体的住房需求，提出建造 8.5 万个单位的房屋政策。

高素质人才是香港经济转型和香港经济持续发展的根本保证。为使香港拥有充足的人才，特区政府在加强教育和引进人才两个方面做了工作，并提出要在学校要加强母语教育。

科技创新不仅对提升香港现有优势行业具有推动作用，而且对发展新兴工业也具有重大意义。特区政府采取多项措施支持创新科技的发展，包括建立基金、设立香港工业科技中心和应用科技研究院，推动工业界运用高科技提升产品附加值，支持企业将科技成果转化为商品；兴建“数码港”和科学园，完善香港的科技基础设施建设；设立“创业板”，为高科技企业增加了融资渠道。

董建华和特区政府提出的上述设想和政策为香港经济转型指出了方向，并且为推动这些设想和政策的落实做出了艰苦的努力。

特区政府提出的政策主张得到了广泛的认同和支持。但是由于香港刚回归祖国不久，经济社会矛盾错综复杂。有些人把经济和民生问题政治化，不断制造事端，动辄示威游行，甚至采取过激行动，政治斗争接连不断。特区政府不得不分散精力，加以应对。特别是过去港英时期推行的市场主导、政府对经济活动采取积极的不干预主义，在不少人头脑中根深蒂固，影响很大。其实，欧美国家政府在经济上不外乎实行干预和自由主义这两种基本政策，它们在经济发展的不同阶段，这两手或交替使用，各有侧重，或同时并用。但有的人却把港英统治时一段时期推行的积极不干预奉为圣明，对董建华新的施政理念，有的暗中进行消极抵制，有的公开口诛笔伐，几乎每项重大政策都引起无休止的争论。结果，董建华推行新政遇到重重阻力，步履维艰。

中央帮助香港克服困难

在“一国两制”条件下，香港如何恢复和发展经济，采取什么发展战略和政策措施，这是由香港自己决定的事。与此同时，为了帮助香港克服困难，维护香港的繁荣和稳定，中央政府对香港特区给予了全力支持。

在香港回归祖国当天，钱其琛副总理代表中央政府将净值1971亿港元的土地基金移交给特区政府，增加了特区的财政储备，增强了市场对港元的信心。在亚洲金融风暴袭来的时候，国际炒家狙击港元，香港金融体系面临威胁。中央政府多次郑重宣布，人民币不贬值，坚决支持维护港元同美元挂钩的联系汇率制度。中央做出人民币不贬值这一决定，其重要考虑之一，就是为了维护港元的稳定。1998年3月，朱镕基总理在全国人大记者招待会上斩钉截铁地表示：“中央将不惜一切代价维护香港的繁荣稳定，保护它的联系汇率制度。”特区政府最终动用上千亿港元干预股市成功击退炒家，稳定了香港金融市场。

内地在香港的企业是香港经济生活中一支重要的力量。亚洲金融危机后，内地在港企业纷纷把注意力转向内地，来内地发展业务急剧增多，这对发展壮大这些企业的实力是有利的，但也对香港经济产生了一定的负面影响。我们中联办及时将这一情况向中央反映，中央领导十分重视，态度明确，要求有关部门引导和鼓励这些企业继续立足香港，增加对香港的投资。

在我国加入世贸组织后不久，中央有关部门就着手研究并于2001年6月正式启动了建立内地同香港更紧密的经贸关系安排的进程。2003年中央有关部门同香港签订了协议，在此之后又签订了8份补充协议。这些协议涵盖货物贸易、服务贸易和贸易便利化等。自这些协议生效以来，香港原产地的产品进入内地享受零关税待遇，内地对香港采取了30多项有关市场开放和贸易投资便利化措施，对香港经济起了拉动作用。

自2001年12月起，内地取消了赴港旅游配额，并于2003年7月开始实施内地居民赴港个人游政策，内地以个人身份赴港旅游的游客逐年上升。2006年内地访港游客达1359万人次，占当年访港游客总数的53.8%。2012年内地访港游客上升到3491万人次，占整体访港游客的72%。这对活跃香港的酒店餐饮和零售业以及增加香港的就业都起到了明显的作用。

后来，中央政府又在支持广东同香港进行跨境基建合作和加强内地同香港金融合作两个方面采取了一系列重大举措。2009年初，国家发改委公布了《珠江三角洲地区改革发展规划纲要》，把粤港合作确定为国家政策。2010年4月，广东同香港正式签订《粤港合作框架协议》。双方达成共识，要建设以香港金融体系为龙头的金融合作区，把粤港打造成世界级的新经济区域和城市群。这将使双方从过去简单的“前店后厂”的制造业合作向制造业和服务业的全面合作转变。为了加强内地同香港的金融合作，推动内地金融改革和发展，并为香港金融业提供新的发展空间，中央政府采取了两项重大措施：一是鼓励内地有条件的企业到香港上市筹资；二是允许香港银行经营人民币业务，在香港建立人民币离岸中心，为香港金融业的发展提供了重大机遇，这些措施对于巩固和加强香港作为国际金融中心发挥了重要作用。

内地在港中资企业的改革和发展

在香港岛最核心地段中环的高楼大厦中间，矗立着一幢形似直角三角形的独特高大建筑，直冲云霄。这是当时港岛最高的一幢建筑，是由世界著名华裔设计大师贝聿铭亲自设计的，建成后广受赞誉，成为港岛一幢标志性建筑。从这幢大厦的第 70 层观景台可以全方位俯瞰整个港岛和美丽的维多利亚海湾。这幢大楼就是中国银行香港分行总部所在地，而中国银行香港分行是内地在香港最大的一家金融机构，可谓“龙头老大”。

我国内地在香港的企业除中国银行香港分行之外，还有一大批金融机构和实体经济企业。既有中央有关部委所属的大型骨干企业，也有各省、自治区、直辖市在香港设立的地方窗口公司。前者包括隶属外经贸部的华润集团、交通部管辖下的招商局、国务院侨务办公室属下的香港中国旅行社、建设部属下的中国海外等；后者包括北京市直接领导的北京控股、上海市所属的上海实业集团、广东省领导的粤海集团、深圳市所属的深业集团等。这些企业都是经过国家主管部门批准并在香港注册的公司。至 1999 年底，企业总数约有 2000 家，总资产约为 1.7 万亿港元。无论从企业数量还是从经济实力看，这些企业都是我国内地在海外的一支最大的国有企业群体。

这些企业经营的范围很广，涉及香港经济生活的方方面面，在许多领域都占有举足轻重的地位。中资银行吸纳存款和发放贷款约占当地的 20%左右；中资航运、保险、旅游业约占当地同行业业务量的 25%左右；建筑业约占 15%；中资企业提供鸡、肉等基本生活物资供应量占当地总供应量的 70%以上；在香港注册上市公司的总市值约占香港股市总市值的 25%。这些中资企业为当地创造就业岗位约 9 万个。

在港中资企业不仅是香港经济生活中的一支重要力量，而且为祖国内地经济建设做出了重要的贡献。在新中国建立初期，招商、中银、华润、中旅、中保等企业为冲破西方对我国的经济封锁禁运，在极其困难的条件下，努力开拓香港市场和国际市场，有力地支持了祖国内地的经济建设。我国实行改革开放后，在港中资企业得到很大的发展。它们为内地引进大量的资金、先进的技术和管理经验。它们还在内地开展了许多重大的项目，例如：招商局集团投资深圳蛇口工业区，中旅集团投资建立深圳华侨城，华润投资电厂项目，中信和上实投资上海和江苏的大量基础设施建设，这些重大项目都取得了显著的成效。一些原来在港从事外贸进出口代理业务的中资企业从20世纪90年代前期逐步开始在内地投资实业，自己开拓货源，努力适应国际市场需求，实现了跨越式发展。

然而，1997年下半年，当人们还继续沉浸在香港回归祖国带来的兴奋和喜悦的时候，亚洲金融风暴突然袭来，香港经济遭受严重冲击，内地在港企业也未能幸免，纷纷陷入了困境。

香港银行界纷纷全面收紧对中资企业的信贷，大举追讨债务。中资银行由于收不回放出的贷款，坏账骤增，不得不加撇坏账，增加拨备。而一些负债率较多的在港非金融类企业很快就出现了比较严重的债务危机。这些企业有的在建立之初投入资金就不多；有的风险意识不足，凭借其政府背景，在八九十年代利用向银行借贷，大肆扩张；也有的用借来的钱按其上级主管部门要求投入内地基础设施建设，自身长期处于负债运营状态；有的没有按经济规律办事，投资后没有回报，却继续盲目发展；有的内部管理不严，监管不力，下面设立一层又一层的子公司、孙子公司，下面究竟有多少“子子孙孙”竟是一笔糊涂账，个别企业内部管理混乱，甚至滋生腐败。而内地主管部门和投资主体鞭长莫及，对其在港企业的投资、经营、财务等状况缺乏及时有效的监管。当亚洲金融风暴突然袭来之时，不少企业毫无准备，措手不及，上述这些长时间隐藏着的深层次问题就陆续浮出水面，暴露出来。

通过与在港中资企业负责人的接触和往来，我增加了对他们的了解。这些企业负责人在外界看来是多么风光，其实，他们像各行各业担负一定责任的同志一样，也有自己的酸甜苦辣。他们肩负的担子并不比我们这些在政府行政部门工作的同志轻松。他们掌握着巨额国有资产，这些资产都是祖国人民的血汗钱。世界经济形势变幻莫测，科技进步又日新月异，要在激烈的市场竞争中立于不败之地，确保国有资产的安全运行和保值增值，这并不容易。作为大型国有企业的负责人，他们不仅要有很强的行政管理能力，要有国际视野，有胆有识，而且要有坚定的意志，抵制住各种诱惑。在香港这样灯红酒绿的花花世界里稍有不慎，就会坠入陷阱。在这样的环境里，许多中资企业负责人没有辜负上级部门和人民的信任和重托，很好地履行了职责，完成了任务，但有些人却不慎失足落水，越陷越深，不能自拔，最后弄得身败名裂。

联系和协助管理在港中资企业是中联办的职责之一。中联办同内地在港中资企业的关系是“联系和协助管理”。内地投资主体对在港中资企业负有主要管理责任，我们中联办对它们只是负责联系和协助管理，这就是我们职责的定位。我们中联办先是由乌兰木伦同志，后来由刘山在同志分管经济工作。他们两位都曾担任外经贸部副部长，熟悉经济工作。他们经常深入在港中资企业进行调查研究，对亚洲金融风暴对香港中资企业的影响、中资企业的现状及其存在的问题以及应对措施等进行了深入的研究，并及时向北京做了汇报。

中央对在港中资企业非常重视和关心。1998 年，国家计委和港澳办组织专门小组对在港 21 家重点中资企业进行了调查。在此基础上，朱镕基总理多次亲自听取在港中资企业状况的汇报，主持制定帮助在港中资企业摆脱困难的方针和政策。

国务院根据党的十五届四中全会通过的《关于国有企业改革和发展若干重大问题的决定》和中央关于政企分开的决定，组织实施了对在港中资企业的清理整顿工作和党政机关同在港企业脱钩的工作，并且采取了一系列具体措施帮助在港中资企业渡过难关。

中央对在港中资企业采取了多管齐下的做法。

首先是大刀阔斧地进行了清理整顿。要求各个企业清产核资，摸清家底；实行内地常派驻港员工的正常轮换，调整领导班子；查处了一批违法违纪案件；撤销未经批准而长期经营混乱的企业，调整有关企业的不合理项目等。

其次是推动企业改革，建章立制。将在港企业同它原先所隶属的内地党政机关完全脱钩，使企业能自主经营；理顺出资者与经营者的关系；逐步建立现代企业制度，加强管理，建立健全企业内部各项规章制度。

此外，还采取破产、重组、变卖资产、注资等一系列措施帮助企业缓解困难，渡过难关。

在中央的关心和指导下，经过内地投资主体及其在港企业历时几年的共同努力，在港中资企业的清理整顿和企业改革工作取得了明显的进展。与此同时，企业也逐渐从困境中解脱出来。原来经营稳健的中银、华润、中保、中信、上海实业等集团继续向好的方面发展，一度受债务困扰的招商、中旅、中航、有色控股、光大等集团基本走出了困境，航天科技、三湘、越秀、深业等公司的债务问题得到了缓解，粤海等公司的重组工作也基本完成。

后来，在港中资企业又经过几年的艰苦努力，不仅完全摆脱了困境，重新走上更加健康扎实的轨道上来，而且企业的竞争力和整体实力得到了进一步的发展壮大。1997 年的亚洲金融风暴与 2008 年开始的至今尚未完全结束的国际金融危机相比，真可谓小巫见大巫，然而驻港中资企业受国际金融危机的冲击却远远低于亚洲金融风暴，驻港中资企业经过前些年的治理和改革，其抵御风险的能力得到了切实的增强，这不能不是其中的重要原因之一。

2007 年和 2012 年，我和乌兰木伦、刘山在同志都两次应邀去香港参加庆祝香港回归 10 周年和 15 周年的活动。我们情不自禁地回忆起驻港中资企业在亚洲金融风暴后走过的那段艰难的历程，同时也兴奋地看到中资企业这些年来的迅猛发展。

如今，在港中资企业与当年已不可同日而语。到 2012 年上半年，它们不仅在数量上大幅增加，已从 1999 年的约 2000 家，猛增五成，达 3000 多家；而且资产质量明显改善，资产规模迅速扩大，资产总量已从约 1.7 万亿港元增长到约 10 万亿港元。中资企业在银行、保险、旅游、建筑、航运等领域的市场占有率继续得到巩固和扩大；在香港股市的发展更是突飞猛进，截至 2012 年 5 月底，内地在香港上市的企业已增加到 697 家，占香港上市公司总数的 45.9%，占香港股市总市值的比重已从 1999 年的约 25% 升到 58.7%。驻港中资企业不仅为香港的繁荣稳定，而且为祖国内地的经济建设做出越来越重要的贡献。

香港经济地位和作用的变化

我在香港工作期间，在同许多香港政界人士特别是工商界人士的交谈中，对方经常谈到的一个话题是香港经济地位的变化和今后发展的方向。他们看到香港经济发展相对缓慢而内地沿海城市的快速发展，特别是上海金融业的发展，担心香港在经济上被边缘化，被上海所取代。2002 年 9 月我离港回北京后，有些香港朋友继续同我保持联系，在谈话中他们也不时提到类似的问题，流露出他们的焦虑和担忧。

这种担忧并非完全没有根据。我国内地改革开放以来，经济的持续发展和改革开放的不断深入和扩大，已经并将继续对香港与内地之间的经贸关系、香港的经济地位与作用以及香港自身经济结构产生深远的影响。

过去三十多年，香港同欧、美、日、新加坡等发达经济体相比，经济增长是不错的，它不仅高于全球经济平均增长率，而且远远超过经济合作与发展组织成员经济体的平均增长速度。但与祖国内地相比，相形之下，它的经济增长则显得比较缓慢。

经过多年的此消彼长，香港的经济总量在祖国内地整体经济中的分量已经发生很大的变化。1990 年香港本地国民生产总值相当于内地的 21%，1997 年这一比重下降到 16.7%，随后一路下滑，2001 年为 13.1%，2011 年为 3.2%，2014 年为 2.8%。短短 24 年，香港经济总量从相当于内地的 21%，骤然下降到不足 3%。香港回归祖国时，它的经济总量远远超过内地任何一个省和直辖市，它是佼佼者。然而随后十来年，内地有些省、直辖市后来居上，纷纷赶上和超越了香港。广东省经济总量 2009 年为香港的 1.7 倍，2014 年为香港的 3.7 倍。2009 年上海的经济总量首次超过香港，到 2014 年则相当于香港的 1.3 倍。

香港作为国际贸易中心的地位主要依赖于内地的转口贸易。过去，内地对海外贸易大部分通过香港转口。但随着内地市场进一步扩大对外开放，内地大型港口建设的进展和港口远洋航线的增加，有相当部分的进出口由内地港口直接进行，不再需要经过香港。内地同台湾地区的贸易原先大多经香港转口，随着内地同台湾地区直接通航、通邮、通商等“三通”的实现，内地同台湾地区的贸易也不再绕道香港。这样，内地经香港转口贸易的比重自然就大幅下降。1997年，内地经香港转口的进出口贸易占内地对外贸易总额的44%，到2001年，这一比重下降到31%，2014年进一步下降到11.4%。

香港过去几乎是我国吸收外资和融资的唯一渠道。我国改革开放初期，利用外资全都通过香港进行。随着我国改革开放的进一步深入和扩大、对外经贸关系的扩展，我国内地企业去伦敦、纽约等地上市，我国企业在国际上融资渠道增多，有些外国资本也不再通过香港，而是直接来内地投资。从1978年改革开放起至1995年底，我国内地累计实际吸收外资1350亿美元，其中来自或通过香港进入内地的外资为778亿美元，占57.6%。从改革开放起至2000年底，我国内地累计实际利用外资3486亿美元，其中来自或通过香港进入内地的外资为1700亿美元，约占50%。从改革开放起至2008年底，我国内地总共累计实际吸收境外直接投资为7893亿美元，其中来自或通过香港进入内地的外资约3000亿美元，约占38%。自1978年至2014年底，我国内地累计实际利用外资1.42万亿美元，其中来自或通过香港进入内地的外资为7459亿美元，约占52%。从这些数字可以看出，不再通过香港而是直接来中国内地投资的外资的比重近些年来虽有波动，但总的来说是有所上升的。香港已由我国内地吸收外资和融资的唯一渠道变为主要渠道。

面对这种形势，有些人对香港经济发展前景丧失信心。我认为，这种看法未免过于悲观，也是不符合事实的。实际上，香港仍然有它独特的优势，还是大有可为的。我向香港朋友谈了我的看法。

第一，香港的经济基础是稳固的。香港实行简单、低税率的税收制度；港币可自由兑换，资金自由进出香港，不受限制；贸易自由，没有关税壁垒，除对烟、酒、汽油征税外，其他商品进出口都不征税；香港现代服务业发达；香港具有完善的市场规则、健全的金融体系和发达的国际营销网络。这些都是大型跨国公司选择香港作为地区总部的重要原因。在相当长时间里，香港这一独特优势是我国内地城市所难以取代的。

第二，虽然经过香港转口的进出口贸易占国家总体进出口贸易的比重在下降，但由于国家经济规模和对外贸易总量不断扩大，“蛋糕越做越大”，经过香港转口的进出口贸易的绝对值不但没有减少，而是不断增加。

第三，香港仍是内地吸收外资和融资的主要渠道。至2013年底，香港认可机构对内地的银行和非银行机构的贷款总额达2.276万亿港元。据证交所统计，1993—2014年在港中资企业在香港股市集资达4000亿美元，内地国有企业2014年在香港股市集资1950亿港元。

我同内地许多省市领导同志接触时，经常询问了解在他们省市引进外资中，香港处于什么位置，了解的结果有些出乎我的预料，不仅在广东引进外资中占第一位的是香港，而且在北京、上海、江苏、浙江、河南、河北、湖南等许多省市，引进外资累计数占第一位的还是来自或通过香港。

第四，我国改革开放的不断深入和扩大，为香港带来巨大的机遇。我国改革开放经过建立经济特区和加入世贸组织这两个阶段后，现在正开始第三个阶段，即实施丝绸之路经济带和21世纪海上丝绸之路的新的开放战略。这“一带一路”战略涉及65个国家。这一战略构想正逐步落实。我国正加快同有关国家进行基础设施建设合作的互联互通，设立亚洲基础设施建设投资银行，支持和鼓励有实力的内地企业走出国门去海外投资发展，推动优势产业和过剩产能“走出去”。香港对内地和国际市场都比较熟悉，有国际经营的经验，可以成为内地企业走出去的重要平台。国家新一轮开放战略将为香港提供新的重大机遇。

第五，香港在推进人民币国际化进程中可以发挥它独特的作用。早在2004年中央就指定香港作为第一个开展人民币业务的离岸市场。至2015年初，境外人民币存款余额约有2万亿元，其中在香港的人民币存款余额已超过1万亿元。目前香港已成为境外最大的人民币离岸结算中心。2014年11月，上海证券交易所同香港股票交易所的“沪港通”开始落实，国际投资者可在港交所购买基本上不对外开放的上海证交所上市的股票，内地投资者也可在上海证交所买入香港上市的股票；以后还要落实“深港通”。这些重大举措既有利于支持和配合内地人民币资本项目逐步开放，又有利于巩固香港作为主要离岸人民币业务中心的地位。上海同香港不是对手的关系，而是合作伙伴，可以相辅相成，相互促进，在国家发展的大战略中，双方都有发挥自身作用的广阔空间。按照规划，上海将于2020年建成国际金融中心。上海建成国际金融中心后，不会削弱更不会取香港而代之。香港还可以继续发挥它的独特作用。中国这么大，有两个国际金融中心也是需要的，正如美国除纽约外，还有芝加哥，欧洲除伦敦外，还有法兰克福、苏黎世一样。

香港过去为国家的改革开放和经济建设做出了宝贵的贡献。现在和将来，它还将继续发挥它的重要作用。香港仍将是我国对外开放的重要窗口，连接国际市场的重要桥梁，以及吸收国外资金、技术和先进管理经验的重要渠道。香港在经济上不会被边缘化，只要香港把自己的独特优势充分发挥好，不断加强和深化同内地的合作，仍有巨大的发展空间和极其广阔的发展前景。

当然，决定香港经济未来长远发展的关键，在于香港能否加快自身经济转型，把自己的发展放在国家大战略中去考虑，积极主动配合国家的经济发展战略，在国家发展大局中找准自己的定位。

近年来，随着香港经济的较快增长，香港作为国际金融、贸易、航运中心地位的巩固和提升，香港朋友原先这方面的担忧已有所减少，这是令人高兴的。

第八章

适应历史性转折

香港回归祖国以来，『一国两制』方针的实施有了一个良好的开端。这是经过排除一个个干扰、克服重重阻力，不断进行斗争才取得的。要使『一国两制』方针得到全面的实施，仍将是一个艰巨复杂的过程。继续沿着这一正确轨道前进，这是任何势力都阻挡不了的。

内地官员首次参选港区人大代表

我上任后三个月，香港举行第九届全国人大代表选举，这是新中国成立以来第一次在香港选举全国人大代表。我则是香港回归后第一位内地官员参选港区全国人大代表。

香港回归祖国前，由于处于港英管制下无法举行港区全国人大代表选举，而只能由广东省选举全国人大代表时将香港包括在内，第八届广东省全国人大代表中就包括香港人士28名。香港回归后，成为中华人民共和国的一个特别行政区，理所当然要在香港特别行政区直接产生全国人大代表，并且像我国其他各省、自治区、直辖市一样单独组团，出席全国人大会议。

1997年3月，八届全国人大第五次会议讨论通过了香港特别行政区选举第九届全国人大代表的办法。根据这一办法，香港特别行政区全国人大代表名额为36名，由香港选举会议选举产生。选举会议由具有广泛代表性的香港社会各界人士共424人组成。选举工作由全国人大常委会主持。参选人必须由选举会议成员10人或10人以上联名提出，才能成为港区全国人大代表的候选人。

我的前任周南系全国人大代表，由广东省选出。现在港区全国人大代表须在香港产生，这就提出了我是否参选的问题。经慎重研究，认为由于工作的需要，我应当参选。在做出这一决定后，我心理上感到一种无形的压力，因为我刚上任不久，港人对我还不熟悉，如果落选或者得票率很低，这将直接影响作为中央驻港工作机构新华分社的威望和声誉。我必须勇往直前，全力拼搏。

1997 年 11 月 13 日至 28 日为港区全国人大代表选举接受提名日期。12 月 8 日选举会议将举行秘密投票选举。按规定，选举前参选人可以进行拉票活动。满打满算，我可以开展工作的时间只有 20 多天。我于提名日期的第一天即 13 日上午，去设在湾仔南洋酒店的选举会议办事处领取参选人登记表，随即我就开始紧张密集的活动。因为需要有选举会议成员 10 人或 10 人以上的提名才能成为参选人，我于是先登门拜访十几位提名人。

在四天内，我接连一一登门拜访了 18 位选举会议成员，他们是全国政协副主席安子介、霍英东，行政长官董建华，以及庄世平、徐四民、李嘉诚、邵逸夫、利国伟、胡鸿烈、黄克立、罗康瑞、查济民、刘皇发、陈日新、释觉光、黄光汉、余国春和吴家玮。他们都是香港社会各界的名流，过去我就认识，不少人曾在香港筹委会预委会期间与我共过事。我向他们说明来意，寻求他们的支持。他们都很热情地接待了我，并欣然同意当我的提名人。

我向 424 位选举会议成员每人发一封信，介绍自己的工作经历，说明参选理由，争取他们的支持。我给选举会议绝大多数成员都打了电话。有些恰巧不在香港，而正在美国、英国、澳大利亚出差，我就想办法同他们一一联系。由于存在时差，有的甚至在香港时间深夜才同他们联系上。为了争取时间，我利用处理文件和会客空隙时间抓紧打电话，我一个人来不及，就请两位秘书协助，电话接通了一个，秘书就把话筒给我，我就开始通话，说完后就再接另一个电话。由于电话太繁忙，有时也闹出笑话。有一次我的秘书告诉我，已经接通了给安永会计师行胡定旭先生的电话，我拿起电话，就向他问好，并向他介绍自己。我说了一段话后发觉对方丝毫没有反应，我有点疑惑，对方是否有什么为难之处，正在这时，突然话筒里传来声音说，姜社长，客人已经到了，请你赶紧到会客室。我一下子听出，这是我社办公厅副主任胡定贤的声音。我赶紧放下话筒去楼下会客室会客。原来这是我的秘书接电话听错了，胡定贤和胡定旭，只有一字之差，把胡定贤当成胡定旭。事后胡定贤对我说，他感到奇怪，怎么姜社长向他介绍自己，他一头雾水，摸不着头脑。

在短短十天里，我断断续续，夜以继日，总共打了400多个电话，在我几十年工作生涯中可谓空前绝后。

在我紧张拉票的时候，虽然不少选举会议成员答应支持我，但香港社会上却出现了不同的声音。有些报刊、电台指责我参选会占用港人的名额，有的直截了当提出，姜恩柱是中央委派的，效忠对象是中央，如他当选为港区全国人大代表，究竟是效忠中央还是效忠港人，便成了疑问，这存在角色冲突。有的甚至上纲上线说，“如果不是生于斯长于斯的真正意义上的港人，而是由具有浓厚内地背景的人士”参选，这是“京人治港”，偏离了“港人治港”，有损“一国两制”的方针的实施。更有甚者，有的竟对我参选资格都提出质疑。我外出参加活动时，香港记者不断对我围追堵截，频频就这些问题向我发问。

我考虑，出现这些问题，除少数别有用心者外，多数系不了解情况或出于误解。针对这些疑问和责难，我一次又一次地回答记者们的提问，耐心反复地进行解释和说明。秦文俊、张浚生副社长以及新华分社其他同事们也积极配合，对社会有关人士和传媒做了大量的解释工作。

关于我参选资格问题，我回答说，全国人大常委会制定的选举办法规定，凡年满十八周岁的香港居民中的中国公民都可以报名参选。我是中国公民，来港工作，已领有香港特区居民身份证，属香港居民，完全符合参选条件。

关于是否占用了港区全国人大代表名额问题。我解释说，按我国选举法，城市人口每24万人选一名全国人大代表。香港人口当时为670万，港区全国人大代表名额应为28名。第八届全国人大由广东省选出的香港全国人大代表正是28名。1997年3月第八届全国人大常委会第一次会议决定给予港区全国人大代表的名额为36名，远远高于内地城市，这正是考虑到香港回归后的特殊环境，包括国家驻港机构人士的名额在内。

在第八届全国人大代表中，有新华社香港分社周南社长和李伟庭部长两人。李伟庭系香港永久性居民，在新华社工作。这次新华社香港分社仍只有两人参选，即我和李伟庭，如能当选，新华社香港分社仍维持两名，数额维持不变，比例在下降，根本谈不上占用港人名额的问题。

至于角色冲突问题，在香港特别行政区并不实行人民代表大会制度。港区全国人大代表虽然可以参加选举特区行政长官和香港立法会的选举委员会，依法提出修改基本法的议案，但其主要任务是参与国家事务的管理。港区全国人大代表对特区政府并无监督权，也不得干预特区政府的工作和属于特区政府高度自治范围内的事务。新华社香港分社负责人参选或当选为港区全国人大代表并不违背或损害“港人治港”。恰恰相反，新华社香港分社负责人如能当选，则更有利于联系香港各界人士，反映香港各界的意见，从而更有助于中央全面了解香港情况，密切内地与香港的联系，维护港人的根本利益。这将有利于“一国两制”方针的贯彻实施。

有的记者问我“你参选是否会卷入政治利益的冲突”，我明确回答说，“我参选港区全国人大代表，角色并没有冲突。因为贯彻‘一国两制’、维护香港长期繁荣稳定，是中国政府坚定不移的决心，这也符合我们广大香港同胞的根本利益。我在香港工作正是为了贯彻‘一国两制’方针，维护香港长期繁荣稳定。利益是完全一致的，并不发生角色冲突的问题。”

以上这些解释和说明，有助于澄清事实，减少误解。

12 月 8 日上午选举会议开会，应到 424 名，实到 419 名成员。会议从初选选出的 54 名候选人中通过秘密投票选出 36 名港区全国人大代表。8 日中午，我得知选举结果，我以 397 票的最高票当选。第二天香港报纸纷纷称我为“票王”，这完全出乎我的预料。我感到“成功”的喜悦，从内心深切感谢广大选举会议成员对我的理解和支持，这不是对我个人的，而是反映他们对中央驻港机构的信任和支持。我随即向选举会议成员每人写一封感谢信，在每封感谢信末尾签上自己的名字，向他们表示诚挚的谢意。

1998 年 3 月，港区全国人大代表团出席第九届全国人大第一次会议。这是自新中国成立以来香港第一次单独组团出席全国人大会议。香港代表团团长是吴康民，副团长是谭惠珠和袁武。在大会上我和曾宪梓被选为第九届全国人大常委会委员。

香港回归后，港区全国人大代表的职责是什么？如何开展活动？这是崭新的问题，没有任何先例可循，而只能逐步进行探索。

在内地各省、自治区、直辖市都设有人大，大多数省、自治区、直辖市由该地党委书记兼任人大常委会主任，省、自治区、直辖市人大负有监督同级政府的职责，选举产生同级政府的主要负责人。

全国人大常委会明确提出，因为在香港实行“一国两制”方针，香港不实行人民代表大会制度，港区全国人大代表没有监督特区政府的职责，也不得干预特区政府和属于特区自治范围内的事。那么，港区全国人大代表的职责应该如何定位呢？全国人大常委会明确提出，港区全国人大代表作为最高国家权力机关的组成人员，不仅依照宪法和法律赋予的职责参与行使国家权力，管理国家事务，而且还可依照香港基本法的规定，参与提出修改基本法的议案，参加选举特区行政长官和立法会的选举委员会。

在此后的五年中，港区全国人大代表都遵循上述原则进行活动。经常去内地各省、自治区、直辖市视察，了解国情。每年视察两次，五年共进行了十次。港区全国人大代表是选举特区行政长官和立法会部分议员的选举委员会当然成员，积极参加了2002年香港第二任行政长官的选举和1998年、2000年香港第一、第二届立法会的选举。

全国人大常委会办公厅委托新华社香港分社（此后更名为中央政府驻港联络办公室）负责同港区全国人大代表的日常联系事宜，并派出专人负责此项工作。我同各位港区全国人大代表经常进行接触，保持联系。不久，中联办根据全国人大常委会办公厅的要求，在办公楼一层专门划出办公场所，配备各种设备和图书资料，供港区全国人大代表开会和接待、联系市民之用。港区全国人大代表积极履行自己的职责，表现出高度的政治责任感和强烈的事业心，为贯彻“一国两制”方针、维护香港的繁荣稳定做出了重要贡献。

居港权引发重大法律问题

释法缘由

香港回归祖国后不久，就发生一连串有关居港权问题的法律案件。案情敏感，牵涉人数众多，一波未平，一波又起，沸沸扬扬，越闹越大，并由一般法律案件迅速演变成重大政治问题，不仅关系到香港社会的稳定，而且涉及特区同中央的关系，从而轰动了整个香港社会。

这场风波的缘由是港人在内地所生子女去香港定居问题。这个问题看似简单，实际上相当复杂。按理说，港人在内地所生子女，应让他们去香港与亲人团聚，这是人道主义的需要。然而，港人在内地所生子女人数相当多，据估计约有上百万人。如果在短时间里让如此大量的人口蜂拥到香港，这将会给香港造成难以承受的经济和社会压力。在香港回归前的过渡时期，英方意识到这一问题的严重性，曾采取措施对在港居留权做出限制，规定只有父亲或母亲在孩子出生时已取得英国属土公民身份，他们在香港的居留权才能传给子女，他们的子女才能享有在港居留权。英方还多次向中方提出，希望中方对允许内地人士去香港定居的人数加以控制。中方理所当然要照顾到港人在内地所生子女去香港与亲人团聚的现实需要，同时也不能不考虑到英方的关切，避免给香港造成过大的压力，因而对内地发放去香港的单程证的人数做了适当控制，实行配额制度，当时平均每天放 150 人去香港。

在实际运作方面形成的通常的做法是，凡内地人士去香港定居，他们必须向香港提出申请，取得在香港居留权证明书。同时，他们要向内地公安机关申请去香港的单程证。只有同时取得在香港的居留权证明书和内地公安机关发放的去香港单程证这两份文件才能获准去香港定居。通过这种做法，在使港人在内地所生子女逐步有序地去港与亲人团聚的同时，而又不至于给香港造成太大的压力和冲击。

根据基本法第二十四条规定，香港永久性居民在内地所生的中国籍子女享有在香港的居留权。对港人在内地所生的子女，他们是否有居港权，主要看子女出生时其父亲或母亲是否已经是香港永久性居民。只有其父亲或母亲已经获得永久性居民身份，这些子女才拥有在香港的居留权。

基本法第二十四条对香港永久性居民的界定做出规定，包括“在香港特别行政区成立以前或以后在香港出生的中国公民”和这些永久性居民“在香港以外所生的中国籍子女”，“在香港以外”主要是指在中国内地。

考虑到这些规定比较原则，加之 1997 年临近，很多港人关注这个问题，全国人大香港筹委会于 1996 年 8 月 10 日进一步做出说明，明确这是指父母双方或一方合法定居在香港期间所生的子女，不包括非法入境、逾期居留或在香港临时居留期间所生的子女。

基本法第二十二条第四款还对中国内地人士去香港需办理的批准手续做出规定，并特别指出，“进入香港特别行政区定居的人数由中央人民政府主管部门征求香港特别行政区政府的意见后确定”。

香港特区临时立法会根据基本法上述规定和全国人大香港筹委会的意见于 1997 年 7 月 10 日通过了《香港入境条例修订草案》并报全国人大常委会备案，完成了立法程序。这一条例重申港人在内地所生子女只有得到内地有关部门签发的单程证和由香港签发的居留权证明书，才能有秩序地来香港。这一条例追溯到 7 月 1 日生效。

然而，香港回归后，在香港就有一批人提出根据基本法第二十四条他们是拥有香港居留权的人，纷纷向香港特区政府要求立即在香港定居。1997 年 7 月初，就有 1400 多人提出这一要求，并在报纸上刊登消息。

香港社会对此反应强烈，多数意见认为，根据全国人大香港筹委会的具体规定和香港临时立法会通过的入境条例，这些人系非法入境者，并不拥有香港居留权，要求特区政府采取措施加以处理。而香港民主党和大律师公会等竟然否定临时立法会通过的入境条例修订案的合法性，提出这些人应拥有香港居留权。

由于香港某些政治势力的加紧插手，事情越闹越大。香港所谓的民主派不断煽风点火，推波助澜。又有一批所谓民主派的大律师肆意要挑战基本法有关规定和临立会的法律地位。他们要免费为出生时其父母还未成为香港永久性居民而没有居港权的几十名无证儿童打官司，入禀法院进行司法复核。在他们的煽动下，有些仍然滞港的港人在内地所生子女，情绪激昂，行动过激，以至发生火烧特区政府入境处造成人员伤亡的严重恶性事件。

在高等法院原讼法庭审理过程中，所谓民主派的大律师提出，根据基本法第二十四条，只要该儿童出生时其父或母已是香港永久性居民，不论是婚生或非婚生，均拥有居港权；有居港权的儿童无须得到内地机关签发的单程证，可随意来港。特区政府律师认为，基本法第二十四条并未指明婚生或非婚生的概念，特区有权立法处理，但基本法已明确要求居港权申请人要同时获得内地机关颁发的单程证才能来港。原讼庭主审法官基本采纳了特区政府律师的意见。诉讼双方不服，官司又打到高等法院上诉庭。

1998 年 4 月 2 日，香港高等法院做出裁决，维持原诉庭的判决。裁决内容主要有三点。

1. 港人非婚生子女有居留权；

2. 1997 年 7 月 1 日前来香港的港人内地所生子女，包括非婚生子女，可即时享有居港权，无须先返内地申请居留权证明书；

3. 1997 年 7 月 1 日后来港的港人内地所生子女，即使有居港权，也需要先返内地办理申请居留权证明书和单程证才能来港定居。

上诉庭判决还指出，特区法院没有司法管辖权挑战全国人大授权筹委会成立的香港临时立法会的决定。高等法院这一裁决同全国人大香港筹委会提出的意见和临立会通过的入境条例修订案的基本精神是一致的。

本来这个案子到此就可了结，然而，完全出乎人们意料的是，终审法院于 1999 年 1 月 29 日做出终审判决，这个判决却推翻了高等法院的部分裁决，从而也就否定了全国人大香港筹委会的意见，否决了由香港临时立法会制定并已报全国人大常委会备案的《香港入境条例修订草案》。

终审法院判决内容之一是：香港永久性居民在内地所生子女享有香港居留权，不论有关的父母是在子女出生之前或之后成为香港永久性居民。

这就是说，在出生时有关的父母未成为永久性居民的内地子女也拥有在香港的居留权，这同全国人大香港筹委会所做说明是相违背的。

终审法院判决的内容之二是：临立会制定的入境条例要求居留权证明附贴在来港单程证上才能在香港定居。终审法院判决中说，这些人士进入香港时，单程证上无须加附居留权证明书。

香港基本法明确规定，基本法的解释权属于全国人大常委会。

香港基本法对香港特别行政区法院的职责有明确的规定。香港特区的高度自治包括享有独立的司法权和终审权都是根据全国人大授权才获得的。香港特区法院在审理案件时对基本法关于香港特区自治范围内的条款可自行解释，也是根据全国人大常委会授权才获得的。基本法还明确规定，香港法院在审理案件时需要对基本法关于中央管理的事务或涉及中央与特区关系的条款进行解释时，在对该案做出终审判决前应由终审法院提请全国人大常委会对有关条款做出解释。而基本法第二十四条及有关条款正是涉及中央管理的事务和中央与香港特区关系的事项。终审法院在做出判决前事先理应提请全国人大常委会对有关条款做出解释，但它并没有这样做。在终审法院审理时，特区政府律师曾一再提醒终审法院基本法有关居留权的规定和香港筹委会的意见，以及香港临立会制定的入境条例，并向终审法院提供了相关资料，然而终审法院对此置之不理。不仅如此，它还振振有词地提出，它无须要求全国人大常委会做出解释。

更加离谱的是，终审法院在判决词中还宣布，特区政府无须要求全国人大常委会解释基本法有关内容。“香港法院具有宪法性管辖权的地位”，特区法院有权审查全国人大及其常委会的立法行为是否符合基本法，并有权宣布被裁定为不符合基本法的立法行为无效。

这段判决词的问题性质非常严重，香港终审法院作为全国人大授权的地方司法机关竟然直接对全国人大及其常委会作为最高国家权力机关的地位提出挑战，自己宣称香港终审法院有“违宪审查权”，可以审查全国人大及其常委会的行为是否符合基本法。这就把香港终审法院的司法管辖权加以无限扩大，竟然把自己凌驾于最高国家权力机关之上。这是极其荒谬的。

香港在回归前是实行普通法。回归后宪法和香港基本法共同构成香港特别行政区的宪制基础。香港基本法是根据宪法由全国人大制定并颁布实施的，香港特别行政区是全国人大授权设立的，香港基本法的修改权在全国人大，基本法的解释权在全国人大常委会。这都是基本法中明确规定的。即使在完全实行普通法的国家，法院是司法机关，它只能依据立法机关制定的法律来判决，而不能推翻立法机关所制定的法律和条例。

对终审法院做出这样的判决，如果中央对此不做出反应，就等于默认，今后香港终审法院就可以以此作为判例指引和依据来审案，后果不堪设想，所以北京不能不表态。

1999 年 2 月 6 日，内地萧蔚云、吴建璠、许崇德和邵天任四位法律权威发表讲话。这四位专家都全程参与了香港基本法的起草工作，对有关情况非常熟悉。他们主要讲两点看法：一是认为香港终审法院判决中有关特区法院可以审查并宣布全国人大及其常委会立法行为无效的内容，是违反香港基本法的规定，是对全国人大及其常委会的地位和“一国两制”方针的严重挑战。二是指出这一判决将导致在香港享有居留权子女的人数大量增加，这将加重香港社会各方面的负担，有损香港的整体和长远利益。

随后，我接受香港记者采访谈了自己的看法。我对终审法院判决给香港社会所带来问题的严重性深表关注。我还特别强调，内地这四位法律专家对终审法院判决所发表的意见应该受到重视。

在这段时间里，港区全国人大代表、全国政协委员、原基本法起草委员会委员、原香港特区筹委会委员等社会知名人士纷纷著文或发表讲话，就终审法院判决一事发表自己的看法。有位基本法起草委员会委员著文，回忆当年制定基本法的经过，指出控制香港特区人口有秩序地增长是维持香港繁荣稳定的重要政策之一，这次终审法院的判决完全与当年立法意向背道而驰。有些人大代表和政协委员认为，终审法院的判决使在香港享有居留权的人数大量增加，这将加重香港社会各方面负担，影响今后香港的经济复苏和长期繁荣稳定。不少人士对终审法院的判决表示遗憾，他们指出，全国人大常委会拥有对香港基本法的解释权，而终审法院的判决违反了基本法的指导思想、法理基础和有关规定，终审法院把自己凌驾于全国人大及其常委会之上，这是完全错误的，是不能接受的。

但香港大律师公会却公开支持香港终审法院的判决。

英美等国驻香港总领馆和美国国务院发表声明，支持香港终审法院的判决，认为这是香港法治和司法独立的重要判例，声称它们尊重香港终审法院的裁决，并带有威胁的口气说，任何限制终审法院独立司法权的举措，它们都会极度关注，它们强烈支持香港的法治和司法独立。

如何解决终审法院的错误判决，这本来是中国的内部事务。但英、美等国却对此发表声明，指手画脚，这显然是对中国内政的干预。香港基本法是香港法治的基础，维护香港的法治首先要维护和贯彻基本法，而英美等国政府对香港终审法院违反基本法的错误判决竟然表示支持，显然这不是什么维护香港的法治，而是破坏香港的法治。

对英、美等国这种干涉我国内政的行为，我们当然不能坐视不管。2 月 11 日，我国外交部发言人指出，香港终审法院的裁决并由此引起的相关问题，纯属中国内政，任何外国都不应干预。

由于北京严正鲜明的立场，香港特区政府的反复耐心的工作以及香港广大爱国爱港人士的强大压力，终审法院的态度逐渐转圜。

终审法院于 1999 年 2 月 26 日发表声明做出澄清说，没有质疑“全国人大具有解释基本法的权力，如全国人大常委会对基本法做出解释时，特区法院必须以此为依据”。

2 月 27 日，全国人大常委会法工委就此发表谈话，认为这一澄清是必要的。

3 月 6 日，我在北京参加九届全国人大二次会议。在香港代表团全体会议上我做了发言。我强调，维护香港法治最重要的是维护基本法，并全面准确地贯彻基本法。我还指出，香港基本法是由全国人大制定的，其解释权属于全国人大常委会。这是国家对香港行使主权的重要体现，也是在香港特区内实行依法治港的根本保证。

不久，随着调查工作的深入，终审法院判决给香港社会将造成的负面影响逐渐明朗。

1999 年 4 月 28 日，香港保安局局长叶刘淑仪对立法会说，根据政府统计处调查结果，因终审法院 1 月 29 日判决而享有居港权的港人内地所生子女将有 167.5 万人，其中第一代符合资格的子女人数为 69.2 万人，第二代为 98.3 万人。这些人还会生儿育女，这将对香港造成非常沉重甚至是不可能接受的负担。

5 月 6 日，香港特区政府公布，如果 167.5 万港人在内地所生子女在未来十年全部来港，特区政府需动用 7100 亿港元非经常性开支，为其提供公共服务，香港失业率可能上升到 25%。香港需新辟 6000 公顷土地为其兴建住宅及提供服务，每年需额外提供 53.3 万个住宅单位。香港社会为此将付出沉重代价。

问题已经完全清楚。香港特区政府陷入尴尬的境地。它既难以承受终审法庭错误判决所带来的严重后果，而它自身又无法纠正终审法院的错误判决。

全国人大常委会就基本法有关条款做出解释

为了解决这一难题，经反复研究，特区政府只能提请国务院转请全国人大常委会对基本法有关条款做出解释。

我回北京参加了全国人大常委会对此事的审议。

1999 年 6 月 26 日，九届全国人大常委会通过了关于基本法第二十二条第四款和第二十四条第二款第三项的解释。主要内容有三点：

> 一是港人在内地所生子女，只有在其出生时，其父或其母已获得香港永久性居民身份，才拥有香港居港权，非婚生港人子女有此条件可以申请居留权。
>
> 二是任何内地居民不论以何种理由要求进入香港特区，均须向其所在

地区的有关机关申请办理批准手续。

三是全国人大常委会的解释不影响终审法院在此之前所做的裁决，将对那些从1997年7月1日至1999年1月29日在香港并向特区政府声称拥有居留权的人士根据终审法院的判决核实其永久居民身份。这些人大约有3700人。在全国人大常委会做出解释后，将按全国人大常委会的解释办理。

全国人大常委会的上述解释，解决了特区政府因终审法院的错误判决所造成的难题，更重要的是从政治上、法律上纠正了终审法院的错误，确立了全国人大常委会对基本法行使解释权的权威。

全国人大常委会的解释虽然遭到香港大律师公会某些人的反对，但获得了香港特区政府和广大市民的拥护、支持和欢迎。

后来全国人大对香港基本法又进行过两次解释，第二次解释就香港特区2007年以后各任行政长官的产生办法和立法会产生办法做出原则规定。第三次解释则明确了香港特区行政长官缺位后产生的新的行政长官的任期为剩余任期，即董建华辞职后补选产生新的行政长官任期为两年。全国人大还于2007年和2010年做出过两个决定。香港回归后至2010年，全国人大总共做出过两个决定和三次解释。

历时两年之久的这场风波就此结束，但它所暴露出的深层次问题并未完全解决。

香港特区法院及法官基本上是从港英管制时期过渡到香港特区来的，有些法官长期习惯于普通法，对中国内地的法律制度缺乏了解。香港回归前，香港法律属于普通法系。普通法是以不成文的判例为主，辅以成文的制宪法。香港回归祖国后，我国宪法和香港基本法共同构成香港特别行政区的宪制基础。中国内地属大陆法系，以成文法为主，判例只可作为参考，但不具有普遍适用的效力。全国人大制定的基本法是香港的一部宪制性法律。香港立法机关制定的任何法律或条例，都必须以基本法为依据，而不得同基本法相抵触，如有抵触，则失去法律效力。而香港有些法官没有从根本上认识到香港回归祖国后香港在宪制上已经发生历史性的深刻变化，他们短时间内还不能适应这一新形势而做相应的转变，特别是他们对基本法还缺乏应有的了解。看来要他们对基本法有全面深入和正确的了解，还有一个过程。而要使基本法得到全面准确的理解并切实得到贯彻执行，难度依然不小。

香港终审法院第一位首席法官共任职13年，他于2010年8月底退休。在回答记者提问时，他正确地指出，人大常委会的释法权是基本法规定的，是香港在"一国两制"下的新宪制，而人大常委会的释法，对香港各级法院、包括特区终审法院在内是有约束力的，这是香港在实践"一国两制"的新宪制下的一个新判例。因此，他不认为人大释法是他任内的遗憾，也从未因此而感到失望。

根据香港情况循序渐进地发展民主制度

香港回归祖国后，香港同胞真正当家做主，成为自己的主人。香港根据基本法规定，逐步发展适合自身情况的民主制度。

在英国人管制香港的156年期间，一直从伦敦派人来香港当总督，一共派出28任总督。总督集行政、立法、司法等大权于一身，发号施令，呼风唤雨。立法局只是在立法方面向港督提供建议的咨询机构，立法权在总督；立法局议员在1985年以前全部由港督委任；港督有权解散立法局。这种设置确保立法局完全在总督的掌控之中，有利于维持英国对香港的管制。

然而在1984年中英签署联合声明，决定香港于1997年归还中国后，港英当局就进行撤退前的部署，在香港一步步进行政治体制改革，减少和取消立法局议员的委任制，相继于1985年和1991年引进部分议员由间接选举产生和直接选举产生，并逐步增加直选议员的比例，将立法局的性质由咨询机构逐渐演变成立法机构。英国人统治香港150多年，立法局议员一直由港督委任，从不搞选举产生，为什么在香港交还中国之前，突然搞选举呢？英方这样做有着不可告人的目的，这就是要大大削弱香港长期以来行之有效的以行政为主导的政治体制，使之逐步演变成以立法为主导，给香港回归中国后留下一大隐患，使香港特别行政区行政长官对立法会难以掌控，使中国中央政府对香港实行管制的难度大大增加。

在香港回归前的过渡时期，我们为此同英方进行了长时间的反复的争论和斗争。但英方仍一意孤行，想造成既成事实，对当时中方正在进行的香港基本法的制定工作施加影响。

基本法于1990年由全国人大通过颁布。基本法将我国在香港实行“一国两制”、“港人治港”、高度自治的方针用法律的形式规定下来，为香港特别行政区设计了符合“一国两制”方针、以行政为主导的政治体制。这种政治体制以保障香港的繁荣稳定为目的，它兼顾社会各阶层的利益，有利于资本主义经济的发展。它既保持原有政治体制中行之有效的部分，又要循序渐进地逐步发展适合香港情况的民主制度。根据这一总的精神，基本法对行政长官和立法会产生办法等都做出了具体的规定。

香港回归19年来，根据基本法已进行了四次行政长官选举和五次立法会选举。

行政长官选举

按照基本法规定，香港特区行政长官既是特区的首长，是香港特区最高地方长官；也是香港特区政府的首长，执掌行政权力，领导香港特区政府。

香港特别行政区行政长官人选是在当地通过选举协商产生，由中央人民政府任命。其任职的资格是“由年满四十周岁、在香港通常居住连续满二十年并在外国无居留权的香港特别行政区永久性居民中的中国公民担任”，任期为五年，可连任一次。

1996年11月初，全国人大香港特别行政区筹委会主持了筹建香港特区第一届政府推选委员会的工作，产生了由400名香港永久性居民组成的推选委员会。11月15日，推选委员会在香港会展中心举行第一次会议，提名董建华、杨铁梁、吴光正三人为第一任行政长官候选人。12月11日，推委会进行投票选举，董建华得320票，成为第一任行政长官人选，12月16日，正式获中央人民政府任命。

2002 年举行了第二任行政长官选举。选举委员会人数已从 400 人扩大到近 800 人。在 2002 年 2 月 28 日提名期结束时，在 794 名委员中，有 714 名提名董建华，这样董建华就自动成为第二任行政长官人选。3 月 14 日，董建华正式获国务院任命。我随即向董建华先生表示祝贺。

3 年后，即 2005 年 3 月，董建华辞去行政长官职务，被选为全国政协副主席。特区行政长官由原政务司长曾荫权接任。2007 年 3 月，曾荫权当选为特区第三任行政长官。

2012 年 3 月举行第四任行政长官选举，选举委员会成员由约 800 人增加到 1200 人。原政务司长唐英年和原行政会议召集人梁振英两人对决，结果梁振英获胜，被中央人民政府任命为第四任行政长官。

同董建华行政长官的交往

我在香港工作五年期间，正是董建华担任行政长官的时候。我同他经常接触和往来。董建华先生 1937 年 5 月生于上海，籍贯是浙江定海，因他长期在外，说话已听不出有家乡口音。他父亲董浩云是位航运业大商人，1947 年全家迁往香港。他在英国学习，1960 年从英国利物浦大学毕业后，曾在美国通用公司任职，1969 年返回香港参与他父亲主持的航运公司家族生意。

他于 1985 年担任香港基本法咨询委员会委员，1992 年被国务院港澳办和新华社香港分社聘请担任港事顾问。同年，他被港英当局委任为行政局议员。1995 年出任全国人大香港筹备委员会副主任。1997—2005 年，他担任香港特区行政长官长达 8 年之久。

我同董建华先生第一次接触是在 1996 年我在伦敦工作期间。他来使馆同我见面，不久又一起参加汇丰银行董事长浦伟士和怡和集团董事长凯瑟克出面举行的小型宴会。1997 年初我奉调回京后，他为香港特区第一任行政长官人选，我在北京港澳中心同他有过会面。香港回归后我去香港工作，随后五年间，我同他经常会面，就当时香港形势和有关重大问题交换意见和看法。

董建华先生给我留下很好的印象。他为人稳重厚道，工作尽心尽力，勇于承担。他虽历经商海沉浮，受过磨炼，但弃商从政，是一个重大的角色转换。他在香港回归祖国这一历史时刻出任香港特别行政区第一任行政长官，面对许多从未遇到过的难题。加上香港回归后不久，就遇上亚洲金融风暴和“非典”疫情的冲击，香港经济陷入困境，港人情绪深受影响，这不能不增加他施政的难度。他不仅要同政府公务员进行磨合，综合考虑社会各阶层的诉求、不同利益集团之间的矛盾，还要应对各种错综复杂的棘手问题。他每天连续工作十五六个小时，日程排得满满的。他虽身体健壮，但毕竟已年过六旬，由于长期超负荷工作，短短几年时间，我眼看他头上的白发渐渐增多，连浓重的黑眉毛也渐渐完全变白。

董建华先生为香港回归祖国后实行“一国两制”方针做了大量开拓性的工作。

他在香港赢得了鲜花、喝彩和掌声，但不时也遭到批评、非议和责难。香港反对派势力，把各种困难和问题的责任都往董建华特首一个人身上推，并不断掀起一波又一波的反董浪潮。面对这些，董建华特首并不退缩，而是任劳任怨，继续埋头工作。作为中央派驻香港的工作机构，我们竭尽全力，想尽各种办法，采取一切可以采取的措施支持董建华特首依照基本法施政。我们一起渡过了困难的时刻。经过这几年共事，我同董建华特首之间建立了良好的工作关系和个人友谊。

2002 年 9 月，我离开香港到全国人大外事委员会工作。董建华 2005 年不再担任行政长官后，继续同我保持联系。

立法会选举

根据香港基本法规定，香港特别行政区立法会是香港特别行政区的立法机关，议员由选举产生。除第一届立法会任期两年外，每届任期四年。

香港回归前，由于港英当局坚持单方面的政改方案，改变了最后一届立法局的组成和选民基础，完全与基本法和全国人大的有关决定不符，“直通车”安排无法实现。为了避免因立法局解散而出现法律真空，全国人大香港特别行政区筹备委员会于 1996 年 3 月 24 日做出成立香港特区临时立法会的决定，规定临时立法会由 60 名议员组成，由 400 人组成的香港特别行政区第一届政府推选委员会选举产生。临时立法会在第一任行政长官当选后开始运作，直至第一届立法会产生为止。

1996 年 12 月 21 日，推选委员会选举出 60 名议员，组成临时立法会，临时立法会主席为范徐丽泰。由于港英当局不承认，临立会只能在深圳开展工作。

从 1997 年 1 月至 1998 年 4 月，临立会审议了 60 多个法案，其中包括取消了《香港人权法案条例》的凌驾性地位，为香港特区政府成立后的正常运作，奠定了必要的法律基础。

1997 年 7 月 1 日香港回归祖国的当天，临立会开始在香港中环的立法会大楼办公。

1998 年 5 月 24 日，香港举行第一届立法会选举，共选出 60 名议员，其中分区直接选举产生议员 20 名，选举委员会选举产生 10 名，功能团体选举产生 30 名。

2000 年 9 月，香港举行第二届立法会选举，仍选出 60 名议员，其中功能团体选举产生议员 30 名，选举委员会选举产生的议员由 10 名减少至 6 名，分区直接选举产生的议员由 20 名增至 24 名。

随后，第三、第四届立法会选举先后于 2004 年 9 月和 2008 年 9 月举行。议员总数仍为 60 名，其中功能团体选举产生议员 30 名，选举委员会选举产生的议员从第三届起完全取消，分区直接选举产生的议员从第三届开始从 24 名增加到 30 名。

2012 年 9 月举行第五届立法会选举，议员总数从 60 名增加到 70 名，其中功能团体选举产生的议员和分区直接选举产生的议员数目各为一半，即 35 名。

遵循与偏离基本法轨道之争

中国对香港恢复行使主权，使香港实现了从英国管制到回归祖国、实行“一国两制”、“港人治港”、高度自治的历史性跨越。香港居民享有历史上从未有过的广泛的民主权利。

香港回归后，根据基本法的规定，要根据香港的实际情况和循序渐进的原则发展香港的民主制度。

英、美选举制度

从更广范围看，世界各国和地区的选举制度都是根据自己国家和地区的历史和现实情况决定的，没有统一的模式，更没有什么国际标准，即便都实行议会民主的西方国家，各国的选举制度也各不相同。英国实行君主立宪制，国家元首不是由选举产生，而是实行世袭制。英国议会由上、下两院组成，上院议员不是由选举产生，而是由各种类型的贵族和教会主教等组成，部分是世袭，部分是委任的。下院议员由直接选举产生，但政府首脑也不是由直接选举产生，而是由下院取得多数席位的政党领袖担任。美国实行总统制，行政权属总统，立法权属国会。国会由参议院和众议院组成，众议院议员由各州按人口比例划出的选区投票选出。参议院议员每州两名，由全州的选民投票选举产生。总统不是由直接选举产生，而是经过相当复杂的程序，由间接选举产生。总统竞选人先由民主党和共和党在各自党内进行预选，并召开该党全国代表大会，总统竞选人至少需要获得半数以上代表的支持才能取得总统候选人提名。哪位竞选人得到最多出席者的支持，就被推举为该党总统候选人。然后，再同别的主要政党经预选选出的总统候选人对决。美国总统选举实行选举人团制度，由全国各州议会选出的选举人团间接选举产生。每个州选举人数目相当于该州参议员加上众议员的总数。总统候选人获得全国50个州加上华盛顿特区总共538张选举人票数的一半（即270张）以上即可当选。

英、美等西方国家政治体制演变到目前的状况，都经过漫长的历史过程。

英国下院议员通过普选产生，经过了几百年的时间。1343年英国平民院（即现在的下院）议员由自由土地占有者选举产生；1832年降低了财产资格限制；1928年妇女才取得与男人平等的选举权；1948年才实行一人一票的选举制度。直到现在国家元首和上院议员仍不是由普选产生的。美国经历了近200年才实现国会议员由普选产生。起先规定只有拥有财产或纳税的白人成年男子才有选举权；1860年才完全取消财产限制；1919年妇女才有选举权；1965年黑人才取得选举权。

香港回归祖国后作为中华人民共和国的一个特别行政区，它的政治体制同英、美等西方国家没有可比性，加以比照也是不恰当的。我列举英、美等国政治体制的演变，只是让读者了解，即使在上述这些西方国家，它们的政治体制和选举制度都各不相同，而且都经过漫长的历史演变过程。香港在英国150多年统治期间，没有什么民主可言。港督一直由英国委派，从不征求港人意见。英国在香港也不搞民主，不搞选举。只是在英国撤出香港前，才搞立法局部分议员由选举产生。香港回归祖国以来，香港行政长官由港人担任，由具有广泛代表性的选举委员会选举产生，立法会议员由直接和间接选举产生，直接选举产生的议员比例逐步提高。香港回归祖国以来，短短十几年，民主制度的演变步伐并不慢，甚至可以说相当快。

按照基本法规定，香港立法会作为香港特区的立法机关，具有制定法律和根据特区政府提案审核通过财政预算等权力，同时规定，立法会通过的法案需经特区行政长官签署发布才能生效。从立法会拥有的职权看，立法会议员的组成对于特区政府的运作和行政长官的施政关系重大。正因为如此，自香港回归以来，在每一届立法会的选举中，香港爱国爱港力量同反对派势力之间都为争夺席位而进行激烈的较量。迄今为止，爱国爱港力量在每届立法会选举中都取得了多数席位，为特区政府的正常有效运作提供了保证。而反对派势力对此并不甘心。

我自2002年9月离开香港到全国人大外事委员会工作后，继续关注香港政治体制的演变问题。作为全国人大常委会委员，我直接参与了全国人大常委会有关香港政治体制发展问题的审议过程。

历史和现实的经验证明，民主发展必须循序渐进，与社会经济发展相适应。世界上有的国家和地区，由于不顾自身历史和现实情况，盲目照搬西方议会选举制度，结果造成政治纷争不断，政局动荡，经济发展和人民生活受到严重影响。这种例子可以举出不少。

政治体制发展必须遵循的原则

香港的政治体制发展要根据香港的实际情况和循序渐进的原则来进行。只有这样才有利于香港社会的稳定。也只有保持香港社会的稳定，才能保持香港的长期繁荣，才能为推进民主进程创造有利条件。

基本法附件一和附件二对香港回归祖国后从 1997 年到 2007 年这 10 年期间的行政长官和立法会产生办法做出了具体规定，并提出十年后如需修改所必须经过的法律程序，这就是“2007 年以后各任行政长官的产生办法如需修改，须经立法会全体议员 2/3 多数通过，行政长官同意，并报全国人大常委会批准”；立法会产生办法如需修改，“须经立法会全体议员 2/3 多数通过，行政长官同意，并报全国人大常委会备案”。

香港回归后，香港的反对派一直要求尽快实行行政长官和立法会的双普选，随着 2007 年的临近，他们闹得越来越厉害。

2003 年下半年，香港政治形势出现动荡。反对派势力竭力推动 2007 年和 2008 年分别实行行政长官和立法会议员的双普选。

基本法规定，要根据香港的实际情况和循序渐进的原则发展香港的民主制度，最终达至普选行政长官和立法会全部议员由普选产生的目标，并规定了行政长官和立法会产生办法在 2007 年和 2008 年如需修改所必须经过的法律程序，但并未规定 2007 年和 2008 年行政长官和立法会产生办法必须修改，更没有规定实现“双普选”的时间表。

2003 年下半年在民主党等反对派势力的鼓动下，香港社会上就这两个产生办法在 2007 年以后是否需要修改，如需修改由谁确定等问题发生了激烈的争论，有些意见甚至偏离了基本法规定的轨道。这场无休止的争论已经直接影响到社会的稳定和香港民主进程的健康发展。在这种情况下，全国人大常委会在收到香港董建华行政长官的有关报告后，广泛地听取了香港社会各界的意见。2004 年 4 月 6 日，第十届全国人大常委会第八次会议进行了审议，对基本法附件一第七条和附件二第三条做出解释，明确了这两个产生办法和香港立法会法案、议案的表决程序是否需要修改的确定权属于全国人大常委会，明确了在上述两个产生办法和表决程序需要进行修改的情况下，有关修改法案及其修正案必须经过五个步骤：一是要由特区行政长官向全国人大常委会提出报告，不能由其他人提出；二是全国人大常委会决定是否可进行修改；三是如全国人大常委会决定可进行修改，则由特区政府向立法会提出议案，并经全体立法会议员三分之二多数通过；四是行政长官同意立法会通过的议案；五是行政长官将有关法案报全国人大常委会，由全国人大常委会批准或备案。

4 月 26 日，第十届全国人大常委会第九次会议专门就行政长官和立法会两个产生办法进行审议并做出决定。会议认为，香港特别行政区行政长官和立法会的产生办法应该符合基本法所确定的原则和规定；有关这两个产生办法的任何改变都应遵循与香港社会、经济、政治的发展相协调，有利于社会各阶层、各界别、各方面的均衡参与，有利于行政主导体制的有效运行，有利于保持香港的长期繁荣稳定等原则。

香港实行民主选举的历史不长，目前香港社会各界对 2007 年以后两个产生办法如何确定仍存在较大的分歧，尚未形成广泛的共识。在这种情况下，实行“双普选”的条件还不具备。为此，会议做出两项决定：（1）2007 年香港特别行政区第三任行政长官的选举，不实行由普选产生的办法。2008 年香港特别行政区第四届立法会的选举，不实行全部议员由普选产生的办法，功能团体和分区直选产生的议员各占半数的比例维持不变，立法会对法案、议案的表决程序维持不变。（2）在不违反本决定第一条的前提下，2007 年香港特别行政区第三任行政长官的具体产生办法和 2008 年香港特别行政区第四届立法会的具体产生办法，可按照香港基本法第四十五条、第六十八条的规定和附件一第七条、附件二第三条的规定做出符合循序渐进原则的适当修改。

香港特区行政长官董建华对全国人大常委会上述解释和决定都表示欢迎。港区全国人大代表、政协委员、立法会多数议员以及广大社团都表示拥护和支持。

但也有些民主党议员等表示反对。不少爱国爱港人士指出，这是挑战全国人大常委会作为最高国家权力机关常设机关的行为，这是违反宪法和基本法，不符合特区立法会作为地方立法机关的宪制地位。

2007 年 12 月 29 日，第十届全国人大常委会做出决定，2012 年第四任香港特别行政区行政长官具体产生办法，不实行普选产生；第五届香港立法会具体产生办法，不实行普选产生，功能团体和分区直接选举产生的议员各占一半的比例不变。在此前提下，可做出符合循序渐进原则的适当修改。后来，选举行政长官的选举委员会由 800 人增至 1200 人。立法会议员总数由 60 人增至 70 人。

这次全国人大常委会还提出了普选时间表，明确 2017 年香港特别行政区行政长官的选举可以实行由普选产生的办法。在行政长官普选产生后，立法会选举也可以实行全部议员由普选产生的办法。

行政长官普选问题决定

2014 年 8 月 31 日，第十一届全国人大常委会做出关于香港特别行政区行政长官普选问题的决定，规定了行政长官普选制度的基本框架和核心要素。规定提名委员会须维持现行的产生行政长官的选举委员会的人数、构成和委员产生办法，即由四大界别共 1200 人组成；提名委员会按民主程序产生 2~3 名行政长官候选人；每名候选人均须得到提名委员会半数以上的支持；必须坚持行政长官由爱国爱港人士担任的原则；香港特别行政区符合资格选民均有选举权，以一人一票方式，依法从行政长官候选人中选出一名行政长官人选，相对多数者当选，最后由中央人民政府任命。

香港特区政府根据基本法和全国人大常委会的上述决定，在广泛征求社会各界意见的基础上，形成了行政长官普选法案，得到了香港大多数市民的支持和拥护。但香港少数反对派却不断提出偏离基本法和全国人大常委会上述有关决定的建议。

针对这种情况，中央领导人一再强调，必须按照基本法规定和全国人大常委会的决定办事。行政长官必须符合爱国爱港的标准，这是维护香港和国家整体利益的必然要求。与中央对抗的人担任行政长官，必然损害中央与特区的关系，损害香港市民的整体福祉，进而影响甚至冲击国家改革开放稳定发展的大局。全国人大常委会有关部门和国务院港澳办负责人还具体指出，行政长官必须是爱国爱港的，与中央对抗的人不能当行政长官。提名不是市民个人提名，而是提名委员会作为一个机构的提名，提名委员会是唯一的法定的提名机构。

对中央这些合宪、合法、合情、合理的立场，香港少数反对派公开表示反对。他们要求行政长官候选人要由“公民提名”，坚持与中央对抗的人也可以当行政长官候选人。为了向中央施压，他们从 2014 年 9 月 28 日起，发起“占领中环”的违法活动，在港岛中心地带和尖沙咀等商业区安营扎寨，堵塞交通，阻碍商店正常营业，长达 79 天之久，给香港社会和市民生活造成混乱，给香港经济造成损害，遭到了广大香港市民的反对和谴责。

2015 年 6 月 18 日，香港立法会对特区政府提出的行政长官普选法案进行辩论后诉诸表决，立法会共有 70 名议员，其中 28 名反对派议员不顾香港大多数市民支持这一法案的主流民意，投了反对票。行政长官普选法案因未能得到立法会三分之二议员同意而遭到否决。

根据全国人大常委会决定，这意味着 2017 年第五任行政长官选举不能实行由普选产生的办法，而继续沿用由行政长官选举委员会选举产生的办法。

中国人民大学有一位专家认为，反对派否决议案，反映他们对“一国两制”不认可，对“一国”原则不认可，对中央管治权不认可。议案被否决，反映出在香港落实普选的时机、条件及社会环境都还不够成熟。只有社会大多数对“一国两制”、基本法和中央管治权有一个全面的、正确的理解和认识，并且能够真心拥护和接受的时候，才可能是民主发展真正到来之时。

中央领导人访港

江泽民主席等中央领导人多次来香港视察和访问，充分体现了中央对香港的关怀和重视。

香港回归祖国时，江泽民主席和李鹏总理率领阵容强大的中国政府代表团参加政权交接仪式和回归庆典。在香港回归后的五年时间里，江泽民主席三次来港，1998 年 7 月 1 日来港参加特区成立一周年庆祝活动，并主持香港赤鱲角新机场揭幕仪式；2001 年 5 月在港参加财富全球论坛年会，并发表主旨演讲；2002 年 7 月在港参加香港特区成立五周年暨特区第二届政府就职典礼。

李鹏总理于 1997 年 9 月来港出席世界银行和国际货币基金组织联合年会开幕式，并发表主旨演讲。同时，朱镕基副总理于 1997 年 9 月来港出席 21 世纪中国经济展望高级研讨会，并发表主旨演讲。乔石委员长于 1998 年 2 月访问香港。胡锦涛副主席于 1999 年 7 月 1 日在港出席特区成立二周年庆祝活动，并主持香港回归祖国纪念碑揭幕仪式。全国政协主席李瑞环于 2000 年 11 月访问香港。

这几位中央领导同志来港，我都参与了接待工作并陪同他们参加各项有关活动。他们都分别会见特区行政长官董建华和特区政府主要官员、港区全国人大代表和全国政协委员，以及香港社会各界代表。他们还会见了中央三个驻港机构和中资企业代表。此外，他们还参观视察联合交易所、港口码头、新机场等基础设施，并去有关社区了解市民生活情况。

我在陪同江泽民主席等中央领导同志参加有关活动时，聆听了他们的讲话，其中有关香港问题的论述至今在我脑海里仍留下难以忘怀的记忆。这些讲话根据当时香港和国际社会普遍关心的问题，不仅阐述了香港回归祖国的意义、重申了中央对贯彻落实“一国两制”方针的坚定决心和诚意，而且还针对“一国两制”方针在贯彻过程中出现的新情况和新问题，提出如何解决这些问题的方针和原则。

江泽民主席在庆祝香港回归祖国五周年大会讲话中，对“一国两制”方针在香港贯彻实施五年来的经验进行了全面系统的总结，概括成四点，这就是：

一是在任何情况下都必须全面正确地贯彻“一国两制”方针和香港特别行政区基本法，二是全力支持行政长官和特别行政区政府依法施政，三是切实加强香港各界人士在爱国爱港旗帜下的广泛团结，四是努力保持社会的稳定和谐与经济的繁荣发展。

胡锦涛主席在庆祝香港回归祖国十五周年大会上强调，这些年来，中央政府把保持香港长期繁荣稳定作为新时期治国理政的重大课题，他针对近些年来香港社会出现的一些新情况和新问题，提出四条指导性意见，这就是：一是鼓励和支持香港集中精力发展经济，二是切实有效改善民生，三是循序渐进推进民主，四是包容共济促进和谐。

江主席和胡主席这些论断都具有很强的针对性，实际上是对香港回归祖国以来如何治理香港进行了全面的总结，对香港形势的判断，着重需要解决哪些问题，如何解决这些问题，具体方针是什么，都讲得很清楚很透彻。香港回归祖国到2016年已有19年时间，结合香港当前的形式和存在的问题，江泽民主席和胡锦涛主席这两篇讲话至今仍有很强的现实指导意义。

香港回归祖国后，中央安排原中央领导人分期分批来香港参观，由我们新华社香港分社负责具体接待。

我们接待了前国家主席杨尚昆，前中央军委副主席张震和刘华清，以及前国防部长张爱萍等，总共约20位领导同志。

这些革命老前辈都是共和国的功臣，他们都是叱咤风云的人物。他们中间许多人在战争年代出生入死，指挥千军万马，立下过赫赫战功。他们在新中国成立后，都为社会主义经济建设和国防建设做出过杰出的贡献。他们几乎都有传奇式的经历，有些历经坎坷和磨难，大起大落，但对党的事业的忠诚始终不渝，革命信念坚定不移。我早就读到过或听说过他们的卓越功勋和英雄业绩，现在能有机会同他们近距离接触，我感到非常荣幸，我怀着崇敬的心情接待这些革命老前辈。

我们安排他们下榻我们分社在赤柱的招待所。我和我的同事全程陪同他们去礼宾府出席董建华特首的宴请，参观会展中心举行香港回归仪式的场所，参观青马大桥、港口和机场，并去中银大厦俯瞰香港维多利亚港湾全景。他们虽已年迈，但始终兴致勃勃。他们看到香港回归祖国，了却了他们终生的夙愿。

"一国两制"方针的实施取得举世公认的成功

1997年7月1日，我国恢复对香港行使主权后，香港实现了从英国管制到回归祖国实行"一国两制"的历史性跨越。

贯彻实施"一国两制"方针是一项前所未有的开创性事业，没有现成的经验可以参考和借鉴，只能逐步摸索前进。香港回归后，"一国两制"方针的实践并非完全一帆风顺，然而经过艰辛的探索，已经迈出了坚实的步伐。回归前，香港和国际上有些人对"一国两制"方针能否成功实施存有种种疑虑。不少香港人担心回归后香港的资本主义制度和生活方式是否能保留，纷纷举家移民到英国、澳大利亚和加拿大等国。西方传媒不断散布流言蜚语，唱衰香港。几年后，情况有了很大的改观，人们对"一国两制"方针的种种怀疑和顾虑已被强有力的事实渐渐吹得烟消云散。"一国两制"方针的实施取得了成功。

在西方颇有影响的美国《财富》杂志，早在1995年6月就发表高论，预言香港回归中国后将会衰落，香港回归之日，就是它死亡之时。经过十多年的实际观察，该杂志于2007年6月即香港回归中国十周年前夕又发表文章，文章标题是"哎呀，香港没有死"，承认"我们错了"，"香港现在比任何时候都要繁荣"。

纵观香港回归祖国五年以及此后的情况，"一国两制"方针实施的成功，我认为主要表现在以下五个方面：

第一，"一国两制"从构想变成了现实。香港回归后，人们亲眼看到，在"一国两制"原则下，香港保留了资本主义制度和生活方式不变，法律基本不变。香港居民享有基本法所规定的各种民主权利和自由。中央人民政府坚定不移地真心诚意地贯彻"一国两制"、"港人治港"、高度自治的方针，依法管理与香港特区有关的外交事务和防务，不干预特区自治范围内的事务，全力支持特区行政长官和政府依照基本法施政。中央政府派驻香港的三个机构严格执行中央的方针和政策。新华社香港分社改名为中央人民政府驻香港联络办公室，主要负责各项联络事宜；外交部驻港特派员公署负责处理特区外交事务；中央派驻香港的部队负责特区防务，官兵纪律严明。香港回归前，驻港英军驻军费用部分由香港负担。回归后，驻港解放军费用全部由中央支出。香港居民从回归后事实中看到“一国两制”方针的科学性和可行性，看到中央政府的决心和诚意，对中央政府实施“一国两制”方针的信心不断增强。香港回归前移居国外的人士纷纷返回香港，每年返回香港的移民大大超过移居海外的人数。

第二，香港实行“港人治港”、高度自治。英国管制香港期间，一直从伦敦派总督来管制香港，还直接派大批官员在香港行政和司法等部门任职，掌握实权。在港英政府的华人公务员人数虽然逐渐有所增加，但他们实质上只是英国人所制定的政策的执行者。香港设有法院，但没有终审权，终审权在英国伦敦上议院。

回归后，香港成为中华人民共和国的一个特别行政区，直辖于中央人民政府。中央不从内地派官员去管理香港。香港的行政长官和主要官员全都由港人担任。香港按照基本法的规定实行高度自治，享有行政管理权、立法权和独立的司法权，打官司上诉最终不必到北京，香港享有终审权。香港实行财政独立，财政收入不需向中央上缴一分钱。中央也不在香港征税。香港自行决定其税收、经贸和货币金融政策。

香港特别行政区的自治权，不仅远远超过祖国内地实行民族区域自治的自治区，而且比实行较大分权制的美国和德国等联邦制国家的成员还要大得多。实行联邦制的美国和德国各州都没有像香港特别行政区那样享有自行发行货币、实行海关独立以及管理出入境等权力，更谈不上司法方面的终审权。

回归后，凡属香港高度自治范围内的事，都由行政长官和特区政府自己拿主意，做决定。他们经历了由不适应到逐步适应的过程。他们的决策能力逐渐得到磨炼，水平不断提高。特区行政长官先由董建华后由曾荫权和梁振英担任，他们带领特区政府依照基本法施政，开展了卓有成效的工作，保持了香港的繁荣和稳定。

第三，香港继续保持其既有的特色。香港回归祖国 19 年来，虽然接连遭受亚洲金融风暴和“非典”疫情的打击以及全球金融危机的冲击，经济面临严峻的考验，但在中央政府的全力支持下，逐步克服了一个又一个困难。与周边一些国家和地区相比，香港经济恢复得比较快，社会没有发生大的动荡。香港继续保持了国际金融、贸易、航运中心的地位和自由港的特色，保持了健全的法制和规范的市场秩序。

香港继续实行港币与美元挂钩的固定联系汇率制度，这一制度经受了国际金融风波冲击的考验，保持了稳定。港币的发行大部分份额继续由英资商业银行汇丰和渣打两家负责，小部分由中国银行香港分行承担。

香港同祖国内地在经济上进一步融合，两地之间在科技、教育、文化等领域的交流和合作进一步增强。香港继续在内地与国际市场联系中发挥桥梁和中介作用，在我国对外开放新格局中担当重要的角色。

由于上述这些因素，香港回归祖国这些年来，一直被投资者视为全球营商环境最好的地区之一。香港经济继续保持着蓬勃的生机和活力。

第四，香港同胞的国家观念有所增强。回归祖国后，广大香港同胞当家做主，在一系列事关国家主权和民族利益的重大问题上，他们态度鲜明，表现出民族大义和国家观念。他们强烈抗议美国轰炸我国驻南斯拉夫大使馆，坚决反对台湾分裂主义势力的“台独”图谋，衷心拥护和支持中央政府在钓鱼岛问题上的严正立场；在我国加入世贸组织和实行西部大开发战略的形势下，他们纷纷加大对内地的投资，积极支持国家的经济建设；每当内地发生地震、洪灾等自然灾害，广大港人就自发主动踊跃捐款捐物，数量可观，数额巨大；不少知名企业家和教育家设立各种基金，热心资助内地发展教育和科技事业，数十年如一日，持之以恒，有的已累计投入 20 多亿港元；在新中国建立五十周年、六十周年的庆祝活动中，在北京举办奥运会和上海举办世博会活动中，他们都热烈踊跃参与，表现了强烈的民族自豪感。随着国家的蓬勃发展和国际地位的不断提高，香港同胞更加深切地感受到祖国内地是香港发展的坚强后盾，越来越多的港人认同自己是中国人，感受到作为一个中国人的骄傲。

第五，“一国两制”方针在香港的成功落实，对 1999 年澳门的顺利回归起到了示范的作用，对最终解决台湾问题可起到借鉴的作用。香港回归祖国十多年来，台湾同胞经香港赴内地或来香港的总数超过一千万人次，越来越多的台湾同胞通过耳闻目睹，增加了对“一国两制”方针的了解。香港作为单独关税地区和地区经济实体，在世界贸易组织和亚太经济合作组织等国际机构中发挥作用。港人陈冯富珍当上了世界卫生组织总干事。一系列大型国际会议相继在香港举行。经中央政府授权，截至 2010 年 11 月，香港特区与世界各国和地区签订了 161 个双边协定或协议，已有 143 个国家和地区给予香港特区护照持有人免签证待遇，这充分表明国际社会对香港特区实行“一国两制”的认同。这使台湾看到，回归祖国后的香港可以在国际社会发挥一定的作用，这对台湾不能不产生积极的影响。

“一国两制”方针在香港的成功实践为我们积累了宝贵的经验。

我在香港工作五年期间，正是香港回归祖国实行“一国两制”方针的初始阶段。2002 年我应约在《求是》杂志上发表了一篇题为《把“一国两制”伟大实践继续推向前进》的文章，在这篇文章中我谈了个人的体会，这就是五年的丰富实践充分证明了“一国两制”的伟大构想和“港人治港”、高度自治的方针是完全正确的，香港同胞完全有能力有办法把香港治理好，伟大的社会主义祖国是香港保持繁荣稳定和战胜前进中的困难和风险的坚强后盾。

2002 年 6 月，在庆祝香港回归祖国五周年前夕，我接受了中新社的采访，我谈了这五年贯彻“一国两制”方针的实践给了我们许多宝贵的启示：第一，中央的正确领导、全国人民的关心和支持、国家整体形势好，是“一国两制”实践在香港取得成功的决定性因素；第二，全面正确理解和贯彻“一国两制”方针，是“一国两制”实践取得成功的基本前提；第三，认真实施基本法，是“一国两制”实践取得成功的法律保障；第四，坚决维护行政长官依法施政的权威，是“一国两制”实践取得成功的重要条件；第五，充分发挥香港同胞的爱国爱港精神，加强香港社会各界在爱国爱港基础上的大团结，是“一国两制”实践取得成功的深厚社会基础。

离任

2002 年 8 月，我在香港工作五年任期届满的时候，胡锦涛和曾庆红同志在北戴河找我谈话，通知我中央调我回京的决定，谈话中对我在香港的工作给予了充分的肯定，并说了一些鼓励我的话，我表示，坚决服从中央的安排。

当天，我在返回香港的路上，心情是复杂的。人非草木，在港工作数年，我对香港产生了感情。我在港结交了不少朋友，彼此建立了友情，现在要分手，自然有些依依不舍。然而使我感到欣慰的是，这几年我和我的同事对中央驻港机构如何贯彻落实“一国两制”方针进行了初步的探索，取得了一些进展。我们认真履行自己的职责，完成了中央交给的各项任务。我在这个节点上离开香港是很合适的。

我怀着轻松愉快的心情返回香港，随即安排一些必不可少的辞行活动，我分别向董建华行政长官和霍英东副主席以及社会知名人士辞行。

董建华特地发表了一篇书面谈话，随后又专门为我饯行。

董建华在书面谈话中说，中联办在姜恩柱主任的领导下，一直按照基本法积极配合特区政府的工作，共同维护香港的繁荣和稳定；中联办致力于增进内地与香港的交流和联系，大大加强了香港方面对国家的认识，促进广大市民对回归祖国后新身份的认同。

董特首在这里提到中联办致力于增进内地与香港的交流和联系，实际上是指我们中联办组织协调香港各类团组去内地参观和组织安排内地团组来香港交流。据不完全统计，这五年来，我们中联办协调组织了 4000 多个香港各类团组，共约 17 万人次去内地参观访问，其中包括不少香港青少年团组去内地参观，通过这些参观增加了香港各界对祖国的了解和认识。我们中联办还组织协调内地 2500 个团组约 5 万人次来香港交流，向香港各界人士介绍祖国的情况。

9 月 14 日，董建华特首和夫人董赵洪娉在礼宾府为我和我夫人朱曼黎举行饯行晚宴，特区政府主要官员、行政会议成员、立法会主席以及社会知名人士共 100 多人参加。董先生在席间发表了热情洋溢、情真意切的讲话。他还代表特区政府赠送给我一只银盘，上面写着“一寸丹心为国为港”。许多朋友纷纷过来向我敬酒致意，气氛非常热烈，我和我夫人深受感动。

港区全国人大代表和全国政协常委也分别为我饯行。港区全国人大代表团团长是一位曾长期任香港爱国学校校长的吴康民。庄世平政协常委是一位德高望重的银行家，为国家做出过重要的贡献，曾受到周恩来总理的称赞。庄老当时已年逾八十，他代表港区全国政协常委亲自去礼品店定做了一面镜框，上面写着“爱国爱港港人怀念”八个字赠送给我。这些都使我深受感动。

9月16日，中联办在会展中心举行酒会，欢送我离任和欢迎高祀仁同志履新。全国政协副主席霍英东、董建华行政长官，外交部驻港特派员吉佩定、解放军驻港部队司令员熊自仁中将，特区政府主要官员、港区全国人大代表和全国政协委员，外国驻港总领事和外国驻港商会，香港各大社团、商会，中资机构以及社会各界人士共约2600多人参加。

董建华特首在讲话中除了对高祀仁同志表示欢迎外，他说，姜主任在香港工作期间，广泛联系和团结香港各界人士，为增进香港同胞对国家的了解和交流做了大量的工作，取得了丰富的成果，特别是在执行中央政府赋予的职责方面，姜主任一直坚守“一国两制”原则，确保了“港人治港”、高度自治的贯彻落实。他对姜恩柱主任为香港平稳过渡及成功落实“一国两制”所做的贡献表示衷心的感谢。

我在致辞中向大家道别。我强调指出，香港回归五年来，“一国两制”方针的实践取得了良好的开端，这是以江泽民总书记为核心的中央坚强领导的结果，也是董建华行政长官和特区政府以及香港同胞共同努力的结果。我为能同广大香港同胞一道，亲身参与在香港全面落实“一国两制”方针的伟大实践，感到无比的荣幸。我对董建华行政长官、特区政府以及香港各界人士关心、支持和配合我们中联办的工作表示最诚挚的感谢。

接着，我向大家介绍了我的继任高祀仁同志。然后我说到我阅读香港这本书的初步体会。我说：“刚到香港的时候，我曾经说过香港问题好比一本深奥的书。经过这五年时间，我更加深切地感到，香港这本书是香港同胞用自己的勤劳智慧和奋力拼搏写成的充满爱国情怀的书，是一本与祖国内地蓬勃发展的壮丽画卷交相辉映的书，是一本在‘一国两制’方针指引下不断增添新篇章的书。”

那几天我还到中联办各部门看望大家，同大家告别。过去五年多时间我同中联办的同志们一起工作，建立了感情。大家工作高度认真负责，经常加班加点。我们一起度过多少个日日夜夜、日升月落，工作无论多么困难，多么复杂，大家都能出色地完成。中联办这支队伍是一支优秀的队伍，我为能同这支队伍合作共事而感到高兴和自豪，现在要同大家告别，真有些依依不舍。

那几天，香港阴雨连绵，白天我忙着处理文件，接受媒体采访，晚上参加一场又一场为我举行的送别晚宴。活动结束回到住所，已是夜深人静，有时我很快入睡，有时却丝毫没有睡意，过去五年的风风雨雨，像过电影一样一幕一幕在脑海中浮现。我心潮起伏，思绪万千。

经过过去五年的工作实践，我更加深刻地感到香港地位的重要、情况的复杂以及今后实施“一国两制”方针的艰巨。

9 月 18 日上午，我最后离开中联办办公大楼的时候，中联办的同事和员工把走廊过道和大门门厅挤得满满的，前来为我送行，场面十分感人。我怀着感激的心情挥手向大家告别。

我在香港的工作就此结束，但我对香港问题的关注和思考并未就此停止。我所关心的问题主要是香港今后的政治发展前景。

今后的路依然任重而道远

香港回归祖国以来，“一国两制”方针的实施有了一个良好的开端。这个良好的开端来之不易。它是经过排除一个个干扰，克服重重阻力，反复进行尖锐斗争才取得的。

江泽民主席在香港回归祖国一周年庆祝大会讲话中指出：“香港的回归，是香港历史的一个重大转折。每个香港人，都在经受这一历史转折所带来的时代变化的检验。有些人由于过去长期形成的某些观念，对这一变化一时还不够适应，这并不奇怪。……一时感到的不适应终究会适应过来。”四年后，在香港回归祖国五周年庆祝大会上，江主席再次谈到这个话题，他强调：“只有顺应这一历史转折，真正认识当家做主的责任，才能以主人翁的姿态去认真谋划香港的发展和未来。”他还希望广大香港同胞“应该不断增强国家观念和民族意识，自觉维护祖国的安全和统一，维护祖国和民族的整体利益”。

2012 年 7 月 1 日是香港回归祖国 15 周年，我应邀去香港参加庆祝活动。在庆祝大会上，胡锦涛主席在讲话中强调指出：“维护国家主权、安全、发展利益，保持香港长期繁荣稳定，这是在香港实践‘一国两制’的核心要求和基本目标。”胡主席还提出要正确处理好四个关系，这就是把“一国”原则和尊重两制差异、维护中央权力和保障特别行政区高度自治权、维护国家整体利益和保障香港社会各界利益、支持香港积极开展对外交往和反对外部势力干预香港事务等有机结合起来，任何时候都不能偏废。

江主席和胡主席这两段话，都有很强的针对性，至今还深深铭刻在我的脑海中。

这些年来，香港有些人只讲香港的“一制”，不谈“一国”，动辄干预祖国内地的事务，并提出一系列错误主张，认为香港特别行政区可以顶撞中央；不论持什么政治立场的人都可以参与“港人治港”，对特别行政区行政长官人选不应该提政治条件，不是爱国爱港的人也可以当行政长官；香港的高度自治范围是无限的，凡是香港基本法尚未列明的“剩余权力”都是属于香港的；香港应该一人一票普选行政长官和立法会议员，搞英美式的三权分立，这才是真正的民主；他们还以妨碍言论自由为借口坚决反对基本法第二十三条，等等。

这些观点和主张实际上涉及一些重大的政治原则问题。这就是：“一国两制”方针中的“一国”与“两制”到底是什么关系？香港特别行政区同中央政府应该是什么样的关系？“港人治港”要不要以爱国者为主体，还是可以不顾这个条件，无论持什么政治立场的人都可以参与治港？高度自治的范围是什么？高度自治是不是可以完全自治？香港的政治体制应该如何发展？要不要根据香港的实际情况，还是完全照搬西方三权分立那一套？香港应该不应该立法禁止危害国家主权和安全的违法行为？

对这些重大原则问题，香港基本法都已有明确的规定，邓小平同志和这些年中央历届主要领导人都已有鲜明的立场和态度。然而，香港社会上有些人还是就此不断进行无休止的争论。

近几年来，这些争论和纷争并未减缓停息，而是不断蔓延扩大。从2003年反对基本法第二十三条立法程序事件，到2014年非法占领中环和尖沙咀商业区的活动，矛头不仅对准特区行政长官，而且直接指向中央，事态愈演愈烈。

广大香港同胞是热爱祖国，热爱香港的，他们欢迎和拥护香港回归祖国。经过一段时间，他们很快就适应了香港回归祖国这一历史性转折。

对有些香港人来说，他们对这一历史转折一时不适应，对“一国两制”、“港人治港”、高度自治存在这样或那样的模糊认识和片面理解，这并不奇怪，也是正常的。相信随着时间的推移和生活的实践，他们是会顺应历史趋势，增强国家民族意识，加深对“一国两制”方针的了解，适应香港回归祖国后的新情况和新环境。

问题的复杂性在于，香港社会确实存在一股反对“一国两制”方针的政治势力，以及隐藏在他们背后的西方敌对力量。香港回归祖国这些年来，纷争不断，风浪迭起，波涛汹涌，从深层次看几乎全都与此有着密切的关联。

经过在香港五年工作的实践和此后对香港局势的观察，我对“一国两制”、“港人治港”、高度自治方针的贯彻有许多感想和体会，归纳起来，最重要的有三点。

（一）要全面理解和贯彻落实“一国两制”、“港人治港”、高度自治的方针。

香港回归祖国前后的实践都证明，“一国两制”方针是恢复对香港行使主权、维护国家统一和领土完整，同时又能保持香港长期繁荣稳定的唯一正确的政策，是处理香港问题的根本指导方针。

“一国两制”是一个完整的概念，不能分割。首先要坚持“一国”的原则。香港是中国不可分割的一部分。香港回归后成立的香港特别行政区是中华人民共和国的一个地方行政区域，直辖于中央人民政府。中华人民共和国是实行单一制的国家，中央政府对包括香港特别行政区在内的全国所有地方行政区域，都拥有全面管治权。中央对香港的管治权并不是像有人所说的仅限于外交和国防，而是全面的。香港实行高度自治不是它自身固有的，而是由中央授权才有的，是根据最高国家权力机关即全国人民代表大会通过制定香港基本法授权才取得的。这是前提和基础。这个前提和基础决定了香港特别行政区的法律地位、权力来源和权限范围，这些都不能动摇、模糊或超越，而应当始终加以遵守。作为中华人民共和国的一部分，香港特别行政区有责任维护国家的主权、统一和领土完整，维护国家的安全和国家的整体利益。这些都是坚持“一国两制”的应有之义。

同时，要讲“两制”。国家主体实行社会主义制度，香港继续保持资本主义的社会经济制度。要相互尊重“两制”之间的差异，而不要试图去改变对方的“一制”。邓小平同志早就指出：“中国要是改变了社会主义制度，改变了中国共产党领导下的具有中国特色的社会主义制度，香港会怎样？香港的繁荣和稳定也会是吹的。”内地的“一制”同香港的“一制”不是等量齐观，而是有主次之分。国家在内地的主体实行社会主义，这个主体是很大的，正因为这个主体是很大的，才能允许在香港保持资本主义。国家主体有960万平方公里、13亿人口、10万亿美元的经济总量，而香港只有1100平方公里、700万人口、不足3000亿美元的经济总量，这就是国家主体同香港的关系。对这一点应该有清楚的认识。

香港回归祖国19年来，中央一直坚定不移地贯彻“一国两制”方针，全力支持香港特别行政区行政长官依照基本法行使职权，放手让香港处理自治范围内的事务，这已为香港乃至国际社会所公认。有些西方政界人士都公开承认，中国政府贯彻“一国两制”方针的严肃认真程度远远超出他们的预料。

作为香港特别行政区，摆正同中央的关系，处理好同内地的关系，至关重要。

邓小平同志早就指出：“切不要以为香港的事情全由香港人来管，中央一点都不管，就万事大吉了。这是不行的，这种想法不实际。”“特别行政区是不是也会发生危害国家根本利益的事情呢？难道就不会出现吗？”“难道香港就不会出现损害香港根本利益的事情？能够设想香港就没有干扰，没有破坏力量吗？我看没有这种自我安慰的根据。”香港回归祖国以来的事态发展充分证明了邓小平同志的英明预见。

香港有些人只讲香港的“一制”，不谈“一国”，他们动不动干预祖国内地的事务，不时挑战中央的权威，不断在香港从事危害和破坏香港社会稳定的活动，并把香港作为向内地渗透的前沿阵地，企图影响和改变内地的社会主义制度。这是一种错误和危险的倾向，应该引起高度警惕，并采取切实措施，加以防范和制止。

“港人治港”，是有条件和标准的，不是不管持什么政治立场的港人都可以治港。邓小平同志早就讲得很清楚，“‘港人治港’有个界线和标准，就是必须由爱国者为主体的港人来治理香港”，“什么叫爱国者？爱国者的标准是，尊重自己的民族，诚心诚意拥护祖国恢复行使对香港的主权，不损害香港的繁荣和稳定”。忠实于自己的祖国，这是从政者必须具有的基本政治条件，也是世界各国所公认的普遍原则。谁符合这个标准，不是光听口头声明，更重要的是看实际行动。治港者必须是爱国爱港人士，这是理所当然的。这是一个普通公民都能懂得的浅显的政治常识。

从香港回归祖国 19 年来的生动实践来看，只有真正拥有以爱国者为主体的“港人治港”的班子，“一国两制”方针在香港才能得到顺利的实施。而要组成以爱国者为主体的治港班子，选好行政长官是关键。行政长官是香港特别行政区的首长，也是香港特别行政区政府的首长，对中央政府和香港特别行政区负责。行政长官必须由爱国爱港、具有行政领导能力并为广大港人所拥护的人担任，这是必须坚持的重大原则。同时，还要看到，在选好合格的行政长官的时候，还必须有一个具有国家观念、积极支持配合行政长官工作的行政会议和主要官员组成的施政班子；有爱国爱港人士占绝大多数的立法会；有能够正确理解和执行基本法的司法队伍。只有同时具备以上这几条，特区政府的有效运作才有组织人事的保证。而广大香港同胞是实践“一国两制”方针的主体。只有不断发展壮大爱国爱港力量，才能巩固和夯实执行“一国两制”方针的社会基础，团结一切可以团结的力量，推动社会各界和谐相处，共同建设香港。

高度自治的范围相当广泛，但也不是完全自治。完全自治就等于独立或半独立的政治实体，这是决不允许的。香港的高度自治是有限度的，这是作为中华人民共和国的一个特别行政区域所实行的高度自治，是在基本法所规定的权限范围内的高度自治，而不应超越这一权限范围。而且，中央对香港的高度自治权拥有监督的权力。中央授予多少权力，香港就有多少权力，不存在有人提出的所谓剩余权力的问题。

（二）要坚持依照基本法治港。

我国宪法和香港基本法共同构成香港特别行政区的宪制基础。宪法是国家的根本大法。香港基本法是根据我国最高法律宪法制定的。它将“一国两制”方针政策法律化，是香港特区的基本法律，其法律地位高于特别行政区的其他所有法律。香港立法会制定的法律不得与基本法相抵触，香港特区的行政、立法、司法行为都必须符合基本法。

香港基本法是由全国人民代表大会制定的，修改权属于全国人民代表大会，解释权属于全国人大常委会。全国人大及其常委会在必要时就香港有关问题做出决定和对基本法有关条款做出解释，这是国家依法对香港行使管治权的重要体现。采取这些举措的目的是维护香港的法治，保证香港基本法得到正确的实施，保证香港沿着“一国两制”的正确轨道前进。

香港基本法是一个完整的体系，它的各项条文及附件都应该得到全面正确的理解和落实，而不应断章取义，做出片面解释。基本法关于香港政治体制的规定的核心是要保持香港的稳定。

邓小平同志早就指出：“中国恢复行使主权以后，香港也应该稳定。这是个关键。香港的稳定，除了经济的发展以外，还要有个稳定的政治制度。我说过，现在香港的政治制度就不是实行英国的制度、美国的制度，今后也不能照搬西方的一套。如果硬要照搬，造成动乱，那是很不利的。这是个非常实际的严重问题。”邓小平同志还强调：“我们说，这些管理香港事务的人应该是爱祖国、爱香港的香港人，普选就一定能选出这样的人来吗？”“即使搞普选，也要有一个逐步的过渡，要一步一步来。”“我们一定要切合实际，要根据自己的特点来决定自己的制度和管理方式。”邓小平同志作为一位具有丰富治国理政经验的伟大政治家，他的这些论述是非常有远见的，具有很强的现实指导意义和深远的影响。

正是根据邓小平同志这些指导思想，香港基本法规定了香港政治体制的原则。这些原则规定，体现了以行政为主导、行政与立法之间既互相制衡又互相配合，以保持繁荣稳定和提高行政效率。基本法还规定，香港政治体制的发展要从香港特区的法律地位和实际情况出发，坚持循序渐进和均衡参与的原则，以利于保持香港的长期繁荣稳定。

香港回归祖国以来的实践证明，继续坚持邓小平同志的上述指导思想和基本法关于政治体制发展的规定至关重要，有些人提出的所谓政改意见明显违背以上这些原则，这不利于香港的稳定，也不利于香港同胞的整体利益和长远利益。

基本法有的条款至今尚未得到落实。

基本法第二十三条规定：“香港特别行政区应自行立法禁止任何叛国、分裂国家、煽动动乱、颠覆中央人民政府及窃取国家机密的行为，禁止外国的政治性组织或团体在香港特别行政区进行政治活动，禁止香港特别行政区的政治性组织或团体与外国的政治性组织或团体建立联系。”

这是关系到维护国家主权和安全的重大问题。制定法律禁止危害国家主权和安全的违法活动，是世界各国和地区普遍的做法。英、美等国都是这样做的。

在港英时期，香港也是有类似法律规定的：藐视女王是犯法的；法律禁止煽动叛乱、颠覆女王政府以及窃取国家机密等行为；法律还禁止境外的政治性组织或团体在香港进行政治活动，禁止境外的政治性组织与香港政治组织建立联系。

香港回归祖国后，依照基本法规定进行这方面的立法是理所当然的。晚于香港之后回归祖国的澳门，已于2009年完成澳门基本法第二十三条的立法。

香港应当履行应尽的宪制责任，尽早完成这一立法。这样做，有利于香港社会的稳定，符合香港同胞的利益，有利于维护国家的主权、安全和发展利益。

（三）要增强忧患意识。

邓小平同志早在1984年10月会见港澳同胞国庆观礼团时就提出，“某种动乱的因素，捣乱的因素，不安定的因素，是会有的。老实说，这样的因素不会来自北京，却不能排除存在于香港内部，也不排除来自某种国际力量”，香港回归祖国后，“会有秩序地度过五十年，这我是有信心的，但切不要以为没有破坏力量。这种破坏力量可能来自这个方面，也可能来自那个方面”“总会有人捣乱的，但决不要使他们成气候”。

30多年前邓小平同志以其敏锐的洞察力对香港回归祖国后的政治形势做出估计。香港回归祖国19年来的形势发展再次充分证明了邓小平同志预见的英明。

香港回归祖国从20世纪80年代初启动到完成政权的交接经历了十几年跌宕起伏的艰难历程，而回归后19年来一路上风风雨雨的实践表明，要使“一国两制”方针在香港得到全面正确的实施，将是一个相当长的过程，这比香港回归前的过渡期要漫长得多，艰难得多。

其中，维护国家主权和安全的任务将尤为繁重。

英国人统治香港期间，对港人进行殖民教育，进行反华恐共宣传，培养了一批亲英人士。英国人从香港撤走前加紧移植英国的“代议制”，留下了不少隐患，对香港的行政主导体制和有效管理带来干扰和冲击。长期以来，美国人在香港也做了大量工作，美、英在香港留下广泛而深刻的影响。

香港存在一股反对“一国两制”方针的政治势力。他们只讲香港的“一制”，不讲“一国”，反对国家主体的社会主义制度和国家政权。由于香港人口构成有它的特殊性，他们在香港社会上仍有一定的市场，在立法会占据一些席位。多年来他们的种种表现暴露出他们妄想争夺香港管治权的图谋。

他们的这种政治图谋正适应了西方某些势力对华战略的需要。西方某些势力不愿看到中国的崛起和强大，而试图千方百计地加以阻挠和遏制。为此，它们正利用香港这股反对“一国两制”的力量来达到自己的目的。

所以，维护国家主权和安全的任务仍将是长期的、艰巨的、复杂的。

然而，上述内外势力的险恶用心正为越来越多的香港爱国同胞所识破和抵制，正遭到越来越多的内地广大群众的坚决而强烈的反对，他们的图谋是绝不会得逞的。香港继续沿着“一国两制”方针的正确轨道前进，这是任何势力都阻挡不了的。

第九章

议会外交：交锋与交流

如何减少美国国会对中美关系的干扰，成为对美关系中一个急待解决的大难题。要完全排除这一干扰是不可能的，毕竟两国国家利益不同。但是尽可能减少美国国会的干扰则是有现实可能性的，为此，就要设法增加同美国国会的接触和交流，以增进相互了解。

在当前国际格局下，加强中俄战略协作伙伴关系，并使之得到长期稳定的发展，符合两国人民的利益。同俄罗斯议会加强对话交流，有利于巩固和扩大中俄友好的社会基础。

2003 年 3 月，我被任命为第十届全国人大外事委员会主任委员，任期五年。

外事委员会是全国人大九个专门委员会之一，是全国人大的常设机构，在西交民巷 23 号院大楼里办公。

第十届全国人大外事委员会由 17 人组成，其中既有长期从事外交和新闻工作的同志，也有屡立战功为国家国防现代化做过重要贡献的解放军高级将领，还有卓有成就的科学技术专家学者。有着不同职业背景和经历的同志在一起共事，相互交流，我从同他们的接触交流中学到许多新的知识，受益匪浅。除学有所成、造诣较深的少数学者年纪较轻外，外事委员会成员大多已年过花甲，然而大家的勤奋认真不减当年，保持着这一代人昔日的传统。

外事委有两个正局级办事机构共 30 多人负责提供协助和服务。俗话说，铁打的营盘流水的兵。外事委正如其他专门委员会一样，都是每五年一换，我们都是“流水的兵”。办事机构由公务员组成，他们是“铁打的营盘”，这种人事机构配置有利于保证工作的连续性。

外事委的工作头绪繁杂，但实际上主要有三项：一是与外国议会开展交往；二是从事涉外立法，审议国际条约；三是承担全国人大新闻发言人工作。这些工作与过去成年累月高强度、超负荷的工作相比，自然要轻松许多，但要做好，也并不是那么简单，仍要付出相当的努力。

同美国国会的对话和交锋

我分工负责同美国国会的对话与交流，并参与同俄罗斯议会的交往。同美国人打交道，对我来说这不是第一次。早在 20 世纪 80 年代初我在美国进修期间，就曾同美国国会议员和政府高级官员有过接触。

去美国进修

20 世纪 80 年代初，外交部属下的国际问题研究所推荐我去报考美国洛克菲勒基金会国际问题高级研究员，结果被录取。我与时任外交学会副处长的妻子朱曼黎于 1981 年 8 月去美国进行了为期一年半的研究生活，先在哈佛大学国际事务研究中心当了一年研究员，后来的半年分别在布鲁金斯学会和霍普金斯大学当高级访问学者。

哈佛大学坐落在波士顿近郊的一个只有 10 万人口的小城镇剑桥。哈佛大学师生和教职员工占据这座城镇人口的近一半，剑桥实际上就是一座哈佛大学的大学城。

当哈佛大学研究员

国际事务研究中心下设欧洲、东亚、苏联东欧等 7 个地区性专业研究中心，这些专业研究中心侧重研究这些地区的内部情况。国际事务研究中心则侧重研究美国和这些地区有关国家的外交政策。该中心有 100 多名研究人员，其中包括来自欧、美、亚洲国家高级外交官、国际组织官员以及美国和芬兰等国校级军官共 24 人，我们夫妇俩也在其中。

9 月初，国际事务研究中心接连召开 15 次会议，请哈佛大学校长及其各机构主要负责人倾盆大雨似地向我们介绍情况。

哈佛大学这所不仅在美国而且在全世界著名的高等学府创立于 1636 年，至 1981 年已有 345 年的历史，比美国建国的历史要长得多。第一位资助人是位牧师，名叫约翰·哈佛（John Harvard），他将其私人图书馆和一半房地产捐赠给学校。为了纪念他，哈佛大学就以他的名字命名。现在哈佛大学校园里矗立着一座约翰·哈佛的铜像，以资纪念。这也成为哈佛大学校园的一景。

哈佛大学是所综合性大学，有9所学院，共占地450多英亩，共有学生1.55万人，外加暑期学生1万人。大学生中有40%靠领奖学金或贷款上学，一般情况下本人还要打些零工，以贴补生活。哈佛大学有教师和研究人员5000人，助教平均年龄在40岁左右，比别的大学助教平均年龄要大一些。助教95%都是从外面招聘的，只有5%来自哈佛，这样安排是为了避免近亲繁殖，有利于教学水平的提高。哈佛大学学生来自美国每个州和世界100多个国家，现有校友21.5万人，其中15万人获得学位。截至1981年，共有6位美国总统来自该大学。哈佛大学经费相当充裕，1981年时共接受赠款14亿美元。哈佛大学当时每年实际开支只需2.85亿美元。

哈佛大学当时的校长告诉我们，哈佛大学经费来源为学生学费、捐款和政府资助，这三项各为20%~25%左右，其余来自哈佛大学自身投资的收益。

当时哈佛大学内部正就是否请前国务卿基辛格回哈佛大学任教一事展开激烈的争论，基辛格从政前曾在哈佛大学国际事务研究中心任职。校内有两派意见，一派主张请，另一派则反对。后来基辛格没有回哈佛大学。

塞缪尔·亨廷顿把我安排在主宾席

哈佛大学国际事务研究中心主任是大名鼎鼎的塞缪尔·亨廷顿。亨廷顿一派学者风度。他向我们特别谈了他于1977年至1980年在卡特政府国家安全委员会工作期间的情况。1977年，卡特就任总统后不久就指示他和布热津斯基起草一份美国对外政策目标的文件。他们写了40页，提出对外政策的具体目标以及达到这些目标的时间表。其中，对华关系正常化是一项重要的目标，放在优先的位置。后来的事态发展表明，实现对华关系正常化的时间比原来的设想提前了。但在对苏政策方面，则同原先的考虑相差甚远。卡特没有让国务卿万斯看这份文件，而是另外要万斯提出报告。万斯提出的报告长达数百页。在对苏政策上，万斯同布热津斯基分歧很大。事实证明，布热津斯基对苏意图的估计更接近实际。

亨廷顿对我和我夫人很客气。他在家中设宴招待全体研究员，出人意料地把我们夫妇俩安排在主宾席上，当时在场的所有客人中间，我们夫妇俩年纪最轻，他做这样的安排，显然是因为我们是来自中国的第一批研究员，表现出他对美中关系的重视。此后，他宴请有关重要客人时有好几次也把我请上，并主动把我介绍给客人。我也专门回请了他们夫妇。

后来，亨廷顿于1993年在美国《外交》季刊上发表了《文明的冲突》一文，提出，在冷战结束后，世界冲突的根源不再是意识形态，而是文化方面的差异，是不同文明之间的冲突。他的这一论点在美国乃至国际学术界引起一场轩然大波。随后，他于1996年写成了《文明的冲突与世界秩序的重建》一书，进一步详细阐述他的文明冲突论。国际上对他的文明冲突论的评价褒贬不一，见仁见智。不少中国和发展中国家的学者对他的文明冲突论提出质疑和批评。

我们每个研究员都有自己的研究课题，在这里从事研究工作有许多方便条件。

哈佛大学国际事务研究中心聚集了一批西方第一流的国际问题专家。除国家安全政策专家亨廷顿外，还有苏联问题专家乌尔姆、中国问题专家费正清、欧洲问题专家霍夫曼、欧美关系专家帕特曼、日本问题专家夫格尔、防务专家约瑟夫·奈等。这些专家有些是在政府部门任职之后回到这里的，他们不仅有学术水平，而且有处理国际问题的实践经验。

我们研究员可以约谈有关专家。我在与这些教授专家的接触中感到，在政治上，他们毫无疑问是坚持美国的价值观，站在美国的立场，维护美国的利益；在专业上，他们知识渊博，勤于思考，不断地提问为什么，有一股打破砂锅问到底的劲头。他们观察问题敏锐，向别人提问，问题提得非常尖锐，有时近乎尖刻，分析论证则严谨缜密。同他们交谈自己感到受益匪浅。

我发现这里的学生很用功。平时晚上和周末夜晚，图书馆和不少教学楼都是灯火通明，学生们正在加班夜读。研究员可以自由进图书馆书库。哈佛大学怀登纳图书馆在美国各大学图书馆中是规模最大的，有1000万册藏书。研究员可以随意去选听任何一门讲课，课堂纪律和气氛同我们国内截然不同。学生坐在座位上往往不举手就提问，还不时打断教授的讲课，中间随意插话。教授对此也不以为然，习以为常。教授鼓励学生独立思考，多提问题。教授还分析讲解美国外交上的典型案例，如1962年古巴导弹危机等，让学生设想如果自己当时是美国国务卿或中央情报局局长，将会如何应对，向总统提出什么对策建议。教授还讲授谈判策略等等。这些授课具有很强的针对性和实用价值。

这里各种讨论会非常多，研究员不仅参加国际事务研究中心举办的各种讨论会，而且可以去参加附近的肯尼迪学院、麻省理工学院、弗莱彻学院等国际问题研究机构举办的各种讨论会。由于讨论会太多，我们只能结合自己的研究课题和兴趣，有选择性地参加其中很少的一部分。

这些讨论会一般是小范围的。主讲人大多是美国和西欧政要，如北约总司令罗杰斯、美国裁军署主任罗斯托、欧共体副主席图根哈特、法国前外长蓬塞等。

国际事务研究中心还专门组织我们去华盛顿，会见国家安全委员会、国务院和国防部有关负责官员，向他们了解美国里根政府的对外政策；还组织我们专程去布鲁塞尔和斯特拉斯堡，会见欧共体委员会、北约总部和欧洲议会有关负责人，直接向他们了解北约战略和欧美关系等问题。

欧美专家唇枪舌剑

当时，对苏政策是美国政府内部争论得相当激烈的一个问题。各个部门之间的分歧不时也公开暴露出来。美国助理国防部长理查德·帕尔会见我们时，开门见山就批评西欧对苏联态度软弱。他还埋怨美国国务院同国防部不合作，向国务院了解情况十分困难，简直好像去搞军事情报一样的难。这些话竟出自于一位助理国防部长之口，我们感到有些意外，甚至惊讶。这些会见使我感受到美国对外政策包括对苏联政策受国内各种因素影响的复杂性。

而西欧国家研究员对美国公开表示不满。有位研究员发言说，近些年来，西欧力量得到了加强，再也不能让美国在重大问题上独断专行了。在东西方关系、中东以及贸易这三大问题上，美国不再拥有真理，智慧已不再为美国人所独占，美国人已不再是西方无可怀疑的领导了。他讲这番话时，在座的几位美国研究员表情显得有些尴尬。法国研究员批评美国人做决定时不考虑西欧国家的要求和利益，而一味要求所有盟国听从。有的美国研究员毫不客气地说，欧、美由于在经济和战略核武器等方面力量对比的差异，双方不可能平等，只是在民族国家关系这个意义上说，可能有平等。这位美国研究员的看法实际上反映了许多美国人的真实思想。亲眼目睹这些情景，使我对欧美在对苏政策上的分歧有了感性的了解。

我的研究课题是“欧美对苏政策分歧”，我用几个月时间写成初稿，并专程去英国、法国、联邦德国和意大利，历时一个多月，走访这四个国家的外交部和主要国际问题研究机构负责人，同他们交换看法，返美后将论文做了进一步修改。1983 年我回国后以笔名公开发表。

中美《八一七公报》发表前后

当时，中美关系由于美国向台湾出售武器问题而出现紧张。

中美两国于 1979 年 1 月正式建交，结束了近 30 年的敌对和隔绝，开始了两国关系的新阶段。但在中美关系实现正常化之后不久，在建交谈判中遗留下来的美国向台湾出售武器问题就凸显出来。1979 年美国国会通过了《与台湾关系法》。1981 年里根总统上台执政后，声称要“充分实施”《与台湾关系法》，扬言中国无权过问美国对台政策，主张向台湾出售性能有所提高的武器。我国政府当然不能吞下这颗苦果，为此同美国就解决美向台湾出售武器问题举行谈判。谈判异常艰难，一度陷入僵局。经过尖锐的斗争，最后于 1982 年 8 月 15 日才最终达成协议，于 8 月 17 日公布，这就是著名的《八一七公报》。美国政府在公报中承诺，凡向台湾出售的武器，在性能和数量上将不超过中美建交后近几年供应的水平，并逐步减少对台湾的武器销售，经过一段时间导致这一问题的最后解决。美国还表示承认中国关于彻底解决这一问题的立场。

我现在写这一章节的时候，离发表《八一七公报》的 1982 年已过去了 33 年的漫长岁月。从这些年的实际情况来看，美国当年的承诺远远未能兑现。美国售台武器问题一直不断给中美关系带来困扰。美国的《与台湾关系法》始终是笼罩在中美关系上的一个阴影。美国想利用台湾问题牵制中国的崛起和强大，这是司马昭之心，路人皆知。

当时，中美关系是常常要谈及的一个重要问题。中国问题专家费正清在同我交谈中批评美国过去的对华政策是短视的、错误的。美国企业研究所主任罗伯特·普莱格向我们介绍美对华政策时说，美国的主流意见是执行“一个中国”的政策，但是里根政府内部是有分歧的。美国谋求同中国发展关系，以制衡苏联，这是标准的对华政策；但同时，美国还有自己的西亚战略，考虑海上力量。这两方面的考虑都对美国的对华政策产生影响。他这番话实际上是把台湾在美国海上战略考虑中的位置和盘托出。时隔30多年后的今天，这仍是美国对华政策中的一个重要因素。美国前国家安全助理理查德·艾伦在同我们座谈时以执行《与台湾关系法》为借口，极力为美国向台湾出售武器辩解。我当场发言对他进行批驳，强调指出，《与台湾关系法》是美国国内法，不应凌驾于美国政府同中国政府签订的国际协议之上。会后好几位西欧国家研究员过来同我握手，称赞我批驳得好。这几位研究员对美国在处理同西欧国家关系中常常把美国国内法置于同西欧国家之间的国际协议之上，也有不满，因此也就产生共鸣。

中美议会交流机制的建立和运作

中美关系在我国外交全局中具有特殊重要的位置。把中美之间的分歧和矛盾控制在一定范围内从而使中美关系相对平稳地向前发展，对于我国现代化建设顺利进行具有重要的意义。

美国实行行政、立法、司法三权分立，相互制约。国会是最高立法机构，由参、众两院组成。国会对美国内外政策包括对华政策的制定，具有独特的影响。根据同美国国会的接触，我感到，美国国会里有的议员对中国情况有一定的了解，但人数并不多，而相当部分的议员对中国情况了解甚少。有一些议员亲台反共，还有些议员对华偏见很深，经常提出涉华议案，在台湾、西藏、香港、涉疆等问题上干涉我国内政，在经贸和人权等问题上频频向我国施压，制造麻烦。从 2007 年 1 月至 10 月短短 10 个月，美国国会就提出 50 多件涉华议案。当年 10 月，美国国会授予达赖国会金奖，国会领导人和总统都出席颁奖仪式，原计划访美的我国全国人大常委会委员长吴邦国不得不推迟访问。美国国会的这些举动对中美关系的发展不断产生消极影响。

如何减少美国国会对中美关系的干扰，成为对美关系中一个急待解决的而又很难得到有效解决的难题。要完全排除这一干扰，是不可能的，因为中美两国国家利益不同。但是尽可能减少美国国会的干扰，则是有现实可能性的，为此，就要设法增加同美国国会的接触和交流，以增进相互了解。

第九届全国人大已同美国众议院建立了定期交流机制，到第十届全国人大时，又同美参议院建立了定期交流制度。

美国国会当时仅同少数几个国家，即两个邻国加拿大和墨西哥，以及作为美重要盟国的英国共三个国家的议会有定期会议机制，而与亚洲国家，并且是与美国社会制度不同的中国建立类似会议机制，这还是第一次。

我方同美国参议院会议机制中方主席为第十届全国人大常委会副委员长盛华仁，我担任执行主席，执行副主席是法律委副主任胡康生和外事委副主任吕聪敏。美方共同主席是临时参议长史蒂文斯和民主党资深参议员井上健。

同时，我还担任同美国众议院交流的中方主席，副主席是胡康生和吕聪敏。美方主席是众议院小企业委员会主席曼祖洛，副主席是众议院国际关系委员会成员希夫和克劳利。2006 年美国国会中期选举后，民主党取代共和党掌控国会，参议院同中方交流机制负责人也随之调整，井上健改任主席，史蒂文斯为副主席。众议院同我方交流小组负责人由克劳利任主席，曼祖洛为副主席。

在第十届全国人大任期内，同美国参议院共举行四次会议，同众议院则举行了五次会议，轮流在对方国家举行。双方参加会议的人员层次高，讨论问题比较充分和深入。双方不是按事先准备好的书面稿子照本宣科，而是现场对话讨论，一方提问题，另一方解答。规定每人每次发言一般不得超过五分钟。这种互动式讨论有利于把问题的讨论引向深入，谈得比较深，比较透。

美方代表团来华时，中方除吴邦国委员长会见外，胡锦涛主席或温家宝总理都出面会见，使美方有机会直接听到中国最高层的意见和看法。我们访美时，布什总统或切尼副总统会见我们，使我们有机会向美国最高行政当局陈述我们的意见和关切，并听取对方的看法。

通过这几年的对话交流，美方认为中方发言有分量，信息量大，对他们了解情况有帮助。史蒂文斯和井上健认为，这种对话机制可以起到一种有效管道的作用，双方通过这一管道传达各自的关切。

在台湾问题上的交锋

在第十届全国人大任期的这五年，即从 2003 年 3 月至 2008 年 3 月，台湾海峡两岸形势相当紧张。2000 年上台的陈水扁加紧推行激进的“台独”路线，妄图通过“宪改”和“公投”方式，谋求“台湾法理独立”，使台海形势陷入非常危险的边缘。美国虽认识到维护台海局势的稳定符合美中两国的共同利益，但它利用台湾问题牵制中国的战略目标没有改变。美国一方面重申坚持一个中国政策，不支持“台独”，另一方面又向台湾出售先进武器，允许陈水扁在美“过境”，推动提升同台湾的实质关系，不断向台湾当局发出混乱和错误的信号。陈水扁看透美国这一意图，在“台独”道路上越走越远。

面对这一严峻的形势，我国加紧了反对“台独”的斗争。第十届全国人大于 2005 年 3 月制定了《反分裂国家法》，画出我方的底线，表明我国捍卫国家主权和领土完整、绝不容忍“台独”的决心。2008 年 3 月，台湾地区举行领导人选举，陈水扁下台，认同“九二”共识的国民党重新执政，从而避免了一场可能发生的台海危机。

在同美国参、众两院的历次对话中，台湾问题一直是我方主动谈的重点问题，我方向美方介绍当时的台海形势，强调台湾问题是中国的核心利益，是中方最大的关切。中方谈得非常坦率和透彻，该说的话都说得很到位，绝不含糊，使美方受到触动，引起美方的重视。

2004 年 8 月，吴邦国委员长会见美国参议院代表团时严肃地指出，陈水扁的策略就是挑拨中美关系，想方设法把美国拖下水。如果陈水扁制造“台独”重大事端，我们将别无选择，只有不惜一切代价，采取果断措施维护国家主权和领土完整。吴邦国委员长这一番话，使美方受到震动。美方团长史蒂文斯说：“吴委员长的话说得很重。”在宴会上，史蒂文斯郑重表示，请全国人大转告中国政府和人民，“美方坚持一个中国政策，现在如此，将来也不会改变”“回国后，我们会仔细地审议近期售台武器项目，看看是否符合美国历届政府坚持的一个中国政策”。美方副团长井上健表示，“我们一定会把你们的意见如实反映给国会议员”。

2007 年 6 月，我们同美国参议院举行会议时，按照安排，我再一次出面重点谈台湾问题。我强调当时至 2008 年春是陈水扁搞“台独”冒险的高度危险期。看来美方有些议员并不了解当时台海局势的严峻性和紧迫性。史蒂文斯要求中方处理台湾问题要有耐心，对此，我指出，中国全国人大制定的《反分裂国家法》并没有规定和平统一的时间表，充分表明我们的诚意和耐心。现在的问题不是中方有没有耐心，而是陈水扁迫不及待地加紧了“台独”的步伐，已经走到了非常危险的边缘，如不及时加以制止，将会出现中美双方都不愿看到的严重局面，希望美国议员敦促美国政府采取实质行动，切实制止陈水扁的“台独”冒险活动。主持会议的井上健问我，中方认为美方向台湾发出了什么错误信号。我列举美把台湾纳入美国安全合作范畴、允许陈水扁在美“过境”等，这些都是错误的信号，可能使陈水扁误判美国的意图。史蒂文斯又问我，中方认为美方怎样才能制止陈水扁的冒险行动。我表示，我们相信，只要美国有意愿，美方完全有智慧、有能力、有手段制止陈水扁的“台独”冒险行动。美方有的议员说，既然台海局势这样严峻，我倒想去问问我们的国务卿赖斯，我们美国的立场和对策究竟是什么。

那一次在美国同参议院举行会议后，我率团同美众议院举行定期会议并分别会见参、众两院有关委员会负责人。我同他们也都重点谈了台湾问题。

美国众议院国际关系委员会主席兰托斯过去一向是亲台派，这次他却向我表示，台湾问题的确是一个十分重要的问题，美国国会和政府不支持任何旨在改变台海两岸关系现状、走向“独立”的单边行动。他个人和美国国会不支持任何宣布“台湾独立”、谋求以“台湾”名义加入联合国的举动。

参议院外委会共和党首席成员卢格资历较深，态度务实、稳重，他对我说，他们一直规劝台湾不要采取谋求“独立”的激进行动，不要做出冒犯大陆的举动，以免破坏这一地区和平稳定的总体框架。他还告诉我，他与行政当局（指美国总统和国务卿）经常保持沟通，他将向行政当局通报我今天所谈的情况，了解他们是如何看待这一问题的，以及应当向台湾当局传递什么信息。

在经贸关系问题上的说理斗争

这五年时间里，美方最关注的是中美经贸关系，这是双方讨论最热烈、花时间最多的议题。

2001 年 12 月我国加入世贸组织后，吸收外资、融入经济全球化的步伐大大加快。中美经贸关系快速发展，已从互利互惠发展到你中有我、我中有你、利益相互交织的阶段。中美货物贸易从 2002 年的 971.8 亿美元，增长到 2006 年的 2626.8 亿美元和 2007 年的 3020.8 亿美元。中美已互为第二大贸易伙伴。截至 2007 年 3 月，美累计在华实际投资达 546 亿美元。根据美财政部公布的数据，到 2007 年 6 月中国持有美国政府发行的债券达 3760 亿美元（到 2008 年底增加到 6962 亿美元），中美经济合作关系给中美两国人民带来实实在在的经济利益，并且成为推动中美关系发展的重要物质基础。

这几年美国内经济困难加重，财政赤字和对外贸易赤字急剧上升，失业增多。在这一背景下，美国国会不断将经贸问题政治化，贸易投资保护主义倾向上升。有些议员出于国内政治需要，把美国自身经济产生的困难同美中经贸关系联系起来，嫁罪于中国。他们不断就中美贸易不平衡、人民币汇率以及知识产权保护等问题向我国施压。其中最为突出的是，有的议员竟然提出议案，要求我国将人民币大幅度升值，否则就对从中国进口的商品征收 27.5% 的惩罚性关税。贸易和投资保护主义声浪一波接着一波，不断掀起汹涌的波涛。

在同美参、众两院分别举行会议时，几乎每一次我方都用大量翔实的事实和数据说明美方把美整个对外贸易逆差和国内失业增多同美中贸易不平衡联系起来是明显缺乏根据的，也是不公平的，希望美方客观理性地看待中美经贸关系，抵制保护主义倾向，不将经贸问题政治化，推动国会不审议、不通过任何有损两国经贸合作的议案。同时要求美方也重视解决中方的经贸关切，放宽对华高科技产品的出口。

2007 年 6 月，我们在同美国参、众两院交流时，再一次全面阐述我们对中美经贸关系的看法，并着重谈了中美经贸不平衡和人民币汇率问题。

关于中美经贸不平衡问题，我方主要强调以下几点：

第一，中美贸易的确存在不平衡，但中方顺差和美方逆差并没有美方所说的那样大。

第二，中国对美贸易顺差产生的原因比较复杂，这是在经济全球化背景下国际产业分工和中美产业结构差异的客观结果，是互补性而非竞争性的。

外资企业把制造业组装业务从亚洲其他国家转移到了中国，致使亚洲有关国家和地区同美国的贸易顺差被转移到中国大陆。这种变化导致美对华贸易逆差增加的同时，对日本、韩国和中国台湾的逆差不断缩小。而中国对日本、韩国、东盟和中国台湾的贸易逆差却相应急剧扩大。

2000—2006 年，中国对美贸易顺差从 297.4 亿美元增加到 1442.6 亿美元。同期，中国对日本、韩国、东盟和中国台湾的贸易逆差从 370.6 亿美元扩大到 1539 亿美元，增加逆差 1168.5 亿美元。据美方统计，2000—2006 年，中国占美外贸逆差的比重由 19.2% 上升到 28.2%，上升了 9 个百分点，而同期整个东亚占美外贸逆差的比重却下降了 2.4 个百分点。

第三，美对华出口实行种种限制，也加剧了中美贸易的不平衡。

第四，中国对美出口的主要是低技术含量的信息产品和服装、玩具等劳动密集型产品，这些产品大部分在美国内已不再生产，并不直接构成与美竞争，而正是美国所需要的。

第五，2005 年美第三产业即服务业占国民经济的 77%，第二产业即工业在国民经济中仅为 22%。美国由于“二战”后实行第三次产业结构调整，已把加工组装等低利润产业转移到包括中国在内的发展中国家，越来越集中在先进制造业和高新技术产业，占据产业价值链的最高端。

第六，中国对美贸易顺差的利益并非完全由中国获得。2005 年中国对美出口总额的 67% 和对美顺差的 73% 是由在华外商企业包括美国企业实现的。而中国只赚取其中的一小部分。

第七，货物贸易并不代表中美经贸关系的全貌。美在对华货物贸易上有逆差，但在服务贸易上对华有顺差。通过在华投资又实现了在华销售和对外出口收益每年约 1200 亿美元。而这些在双边货物贸易统计中都无法反映出来。

第八，中美经贸关系并不是仅对一方有利，而是互利的，给两国人民都带来实实在在的好处。中国是美出口增长最快的市场。过去十年中，美对华出口增长超过 35%，相当于同期美国对世界其他地区出口增幅的 6 倍。2001—2006 年，中国已由美第九大出口市场上升为第四大出口市场。中美贸易带动美国内就业人数约 400 万~800 万。价廉物美的中国产品为美消费者节省了大量开支。而且中国大量购买美国国债和各种债券，一定程度上有助于缓解美国贸易和财政双赤字的压力。

关于人民币汇率问题，我方重点指出：

第一，中国人民币汇率同中美贸易不平衡并没有直接的联系。连美联储主席格林斯潘也于 2005 年 5 月表示，中国调整人民币汇率“并不会自然而然地导致美总体贸易逆差下降”。亚洲开发银行 2006 年 1 月研究报告亦认为，美要求中国重估人民币汇率，即使人民币真的大幅升值，对美贸易赤字的影响也是微乎其微。实际上，美对外贸易逆差和制造业失业人数增多，主要是美经济自身的原因。过去日元升值，美贸易逆差依旧。近几年欧元对美元升值，美对欧元区的贸易逆差非但没有减少，反而增加。

第二，中国于 2005 年 7 月 1 日起实行人民币汇率机制改革，是符合中国国情的，同时也是对亚洲和世界经济稳定负责的。日本在 20 世纪 80 年代签订“广场协议”，日元大幅升值导致经济多年停滞，这一教训值得吸取。中国只能根据自身的实际办事，外部的施压不仅无济于事，而且对谁都没有好处。

对中方的以上阐述，美方有的议员做些辩解，有的则承认中方的意见是有一定道理的。

2006年3月，我会见美国参议院外委会主席卢格时，他听我阐述我方立场后表示，他本人完全支持发展美中经贸关系。他认为，美中经贸关系是对双方有利的。中国对美享有2000亿美元顺差（这是美方统计，我方统计则大大小于此数），而中国购买大量美国债券，贸易不平衡问题在一定程度上被中国购买美国债券抵消了。

那一次，我方正同美国众议院举行会议，我方在会上发言批评了美国投资保护主义。我举了两个例子：一是美方以“国家安全利益”为借口，阻止中国中海油并购主要业务在亚洲的美国尤尼科公司，而中方却照常让美国多家石油公司参与中国陆上和沿海的油气勘探开发。二是中国政府已批准多家美国银行和保险公司在华设立分行，仅花旗银行一家就在中国开设了7家分行。而过去10年来，中国商业银行申请在美国设立分行，至今一家也没有获得批准（到2008年才批准招商银行和工商银行在美设立分行）。美方议员听后无言以对。

有一次，我同美方对话中，谈到中美经贸关系问题时提出，美国应放宽对华高技术产品出口。美方有的议员相当坦率，他们承认美政府对华高科技产品出口限制过严，但认为这是一个政治问题，它取决于美国对美中两国关系的最终定位，只有美国把中国看作是地区和世界事务中的合作伙伴时，才有可能放宽对华高科技产品出口的限制。看来，这番话是实话。

非常有意思的是，2007年8月，多达1028名美国经济学家联合签名，强烈要求美国国会议员遵循自由贸易精神，抵制对华贸易保护主义倾向。这1028名经济学家中，半数属于民主党，半数属共和党，其中有四名是诺贝尔经济学奖获得者。这么多经济学家如此一致地表达看法，值得美国议员们深思和重视。与此同时，美中贸易委员会也发表报告认为，美国所有50个州、435个选区其实都是对华贸易的受益者，希望美国议员认真考虑，如果对中国产品征收惩罚性关税的议案得到通过，将会造成严重的负面影响，不仅使中国受到伤害，而且也会损害美国的利益。

对美国国会领导人的几点印象

第十届全国人大同美国参、众两院的交流进行得比较顺利，取得一定成效，除中方努力外，现在看来同当时中美关系总体状况有着密切的关系，同时，同美参、众两院主要领导人及有关负责人的个人态度也有一定的关系。

众议长哈斯特德：要对美中关系未来负责

美国众议院同中国全国人大建立定期交流机制是由当时的美国众议长哈斯特德倡议建立的，他任命小企业委员会主席曼祖洛出任美方主席。

哈斯特德当过中学教师，自 1968 年当选为联邦众议员后，一直连选连任，1998 年达到他事业的顶峰，出任众议院议长，直到 2006 年 11 月，在位长达 8 年，是任期比较长的众议院议长。

他担任议长之前曾三次访华，对我国的看法比较理性。2003 年我率领全国人大代表团访美时，他在一个宽敞会议室里会见我。这是我第一次同他面对面地接触。他身材高大魁梧，略显肥胖，戴着一副近视眼镜，面带微笑，待人和蔼，彬彬有礼。在这以后我又五次访美，每次他都会见我，谈话长达三刻钟甚至一小时。

他对我们说，美中关系能否顺利发展关系到全球的和平、稳定和发展。他认为，美中两国有许多共同的利益，只要双方坦诚对话，增进了解，美中关系就能取得更大的发展。他认为，美中议会交流对增进相互了解有着重要的作用。作为议会领导人，要对美中关系的未来负责。应通过友好合作，对亚太地区和世界的和平与稳定做出贡献。

2005 年 8 月他以众议院议长身份访华。当时因胡锦涛主席不在北京，难以安排会见，我们建议他改时来访。他因另择时间有困难，而如期来访。吴邦国委员长同他会谈并为他举行欢迎宴会，我陪他爬了长城。在 2006 年美国会选举中，哈斯特德再次连选连任，但在这次选举中，共和党失去了在众议院的控制权，哈斯特德宣布他将不再竞选众议院少数党领袖。他于 2007 年 11 月辞去议员职务，离开政坛。

唐纳德·曼祖洛是哈斯特德的同乡。经过几年打交道，我同曼祖洛建立了良好的工作关系。2005 年 6 月我率领全国人大代表团访美时，他背部疼痛，走路困难。但他坚持偕夫人一起到机场去迎接，并陪同我们参观华盛顿故居，我看他行动不便，劝他休息，但他坚持不肯，到中午又请我们在附近饭店用餐。

2006 年 3 月，我再次率团去华盛顿同他共同主持双方第八次会议。会议前我和吕聪敏先去他办公室。我们刚刚落座，他连欢迎之类的客套话都不说，就气势汹汹地指责中方保护知识产权不力，话说得很难听。我们都感到摸不着头脑，有些莫名其妙。经我们劝说，他才逐渐平静下来。在会谈结束休息时，他面带笑容，主动走过来把我拉到一边，对会前的失态一再向我表示道歉。

时隔一年，我们去华盛顿同美国众议院举行第九次会议时，他已经不再担任美方主席，而改任副主席。我打算专门单独宴请他，他非常高兴，但坚持由他出面在国会共和党俱乐部宴请我。我邀请他再次访华，他欣然接受，但遗憾的是他未能成行。后来，在 2012 年 3 月选举中，由于他所在选区重新划分，原属于他势力范围的大片地区被划出去，导致他落选。他就此离开国会，而改去一家经济研究所工作。

临时参议长史蒂文斯：飞虎队员的情结

我同美参议员接触比较多的是特德·史蒂文斯。

史蒂文斯在“二战”期间，曾在陈纳德的飞虎队服役，支援中国的抗日战争。

1970 年，他从阿拉斯加州进入参议院，连选连任参议员，长达 38 年之久，先后出任位高权重的商业委员会主席、拨款委员会主席和临时参议长。

我同史蒂文斯多次见面，他率团访华时我去机场迎送。我陪他爬长城，他步履轻快、稳健，根本看不出是位年过八旬的老人。

2004 年 8 月底，他率团访华期间，有一天早晨，在代表团日程安排之外，他偕其他几位参议员去毛主席纪念堂瞻仰毛主席遗容。他主动对中方工作人员说，毛泽东是位伟人，他的功过美方没有资格加以评论，但他使中国人民站了起来，赢得了尊严，没有他，就没有中国的今天。他的这番话充分说明他对中国现代史的深刻了解，他虽说对毛主席的功过，美方没有资格评论，但他实际上已对毛主席的功绩做了高度的概括和充分的肯定。

他多次同我讲到“二战”期间他在陈纳德领导的飞虎队里服务的经历。他驾驶的是C-47运输机，负责把战备物资和人员从昆明基地运送到抗战前线。他还高兴地谈起日本宣布投降后他是第一批飞抵北平的美国飞行员。有一次，他小心翼翼地从口袋里掏出一张折叠好的“救生地图”，这是他珍藏了几十年的丝绸质地的地图，既轻又薄。他把地图打开给我看，地图一面印着中国西南地区及东南亚的地图，另一面印着中国东南地区及其附近海域的地图。他解释说，当时每一名飞行员皮夹克里都缝着一张这样的地图，万一飞机出事，飞行员被迫跳伞降落后，就可凭借这张救生地图来辨别方位，寻求当地人的帮助。后来，他把这张珍贵的地图捐赠给我国南京抗日航空纪念馆。

2007年6月，他在欢迎盛华仁副委员长率领的中国全国人大代表团时说，他的中国情结始于他20岁左右，终身不弃。他和井上健是访华次数最多的参议员。他们之所以这样做，就是为了加强美中两国人民的相互了解和友谊，并向世界表明，美中两国之间完全可以通过对话和合作，以和平方式解决分歧和矛盾，实现双方的共同利益。盛华仁副委员长邀请他于2008年来北京出席奥运会开幕式，他欣然接受，但后来却未能成行，因为他不幸卷入一桩民事案件之中。

据报道，阿拉斯加一家石油公司首席执行官比尔·艾伦因违法而受审。在这一过程中他诬称，在承建史蒂文斯在阿拉斯加的度假别墅改造项目中，史蒂文斯少交了工程费用。而史蒂文斯坚持说，他如数足额交清了所有费用。由于这场官司，他的声誉受到了影响，在2008年选举参议员时他落选了。这一案件恰巧发生在美国国会选举前夕，其中是否涉及美国国内复杂微妙的政党之间的斗争，我们作为外国人，就无从了解，也不得而知。但我们后来得到的消息是，2009年美国最高法院做出了史蒂文斯无罪的判决，还了史蒂文斯一个清白。可惜的是做出这一裁决为时已晚，史蒂文斯为了这场官司付出了沉重的代价，失去了他保持了近 40 年的参议员席位。

我最后一次同史蒂文斯见面是 2010 年夏天，当时他偕夫人和女儿访华，除北京外，还去了南京和上海。盛华仁全程陪同，我和吕聪敏在上海陪同。他兴致勃勃参观了上海近郊的古镇，游览了城隍庙，并乘坐磁悬浮列车。我们在浦东机场一直把他们送上飞机。8 月 9 日我收到他返美后写给我的感谢信。不料第二天我竟得到关于史蒂文斯前一天在其家乡阿拉斯加不幸坠机遇难的消息。这简直令人难以置信，但经核实，不幸这是真的。我为我国失去这样一位美国朋友而感到惋惜。他年轻时事业在蓝天，到晚年他又最终归宿于蓝天。

如何将交流机制延续下去

2006 年我们同美国参、众两院进行定期交流的时候，就考虑到双方不久均面临换届和在换届后如何使双方定期交流机制延续下去的问题。我方向美方提出，中美议会交流机制应长期坚持下去，应保持连续性，不应当因议员换届而中断，也不应因领导人的变更而改变。美方表示完全同意这一意见。

议会换届，双方人员出现变动，这是自然的事，总有曲终人散的时候。

我国全国人大虽然每五年换届一次，但新一届常委会领导和专门委员会负责人在方针政策上与上一届保持连续性是有保证的。

而美国的情况则不同。不同政党掌控国会，在具体政策上很可能会出现调整。果不其然，美国国会选举后，情况发生了相当大的变化。

2006 年 11 月美国国会选举，民主党取代共和党掌控国会。民主党的伯德接替史蒂文斯担任临时参议长，众议长由民主党的佩洛西担任。

临时参议长伯德已年过九旬，体弱多病，他会见我们全国人大代表团时讲话声音微弱无力，简单表态后即退席离去。美国议员没有退休的规定，当议会领导人往往是论资排辈。可是伯德毕竟已是风烛残年，担任临时参议长，从事这样繁重的工作，体力和精力早已不支，已不能正常视事，不久就由年逾 80 但身体尚属健康的资深参议员井上健担任代理临时参议长。井上健属民主党，他同共和党的史蒂文斯关系非同一般，相互称兄道弟，他以参议院美中小组主席身份主持了同我国全国人大的第四次会议。后来他因出任新成立的美日议会交流小组美方主席，遂辞去同中方交流小组美方主席的职务，而新的美方主席迟迟没有产生。后来，隔了很久，美国参议院才确定由默里和钱伯里斯参议员出任美方主席，但这两人的地位和权威同其前任已不可同日而语。

新任众议长佩洛西意识形态色彩强烈，对我国怀有很深的偏见。当然，她身为众议长，总要受美决策层对华政策框架的约束，而不能完全自行其是，同中国全国人大的交流机制她还要继续下去，过了几个月后还是任命了众议院同中方交流的美方主席，不过，她任命的美方主席是克劳利，因克劳利并非众议院专门委员会负责人，其影响力远不及曼祖洛，在组团访华同我方进行交流的安排上困难重重，访华一再向后推迟。据说，到第十一届全国人大期间，我方虽然继续派团去美交流，但美方却一直未能组团访华。

我们衷心希望双方好不容易建立起来的定期交流机制能继续坚持下去，继续为增进相互了解、推动中美关系健康稳定发展做出应有的贡献。

苏联解体后的俄罗斯和中俄议会交流

路过莫斯科

在过去 40 多年里，我曾多次路过苏联。我年轻时先是在我国驻英国使馆工作，后又在外交部西欧司任职。而很长时间我国同西欧国家之间没有直达航班，往返西欧大多需取道莫斯科。

1964 年岁末，我乘火车从北京去莫斯科，然后飞抵伦敦。那时中苏关系处于紧张阶段，从北京到莫斯科这趟国际列车乘客不多。列车行走了五天六夜，经过蒙古的大漠戈壁进入苏联境内，从车窗望出去，尽是白皑皑的林海雪原，连绵不断。苏联广袤的土地和丰富的自然资源给我留下终生难忘的记忆。在莫斯科，我们下榻于列宁山上的我国驻苏大使馆招待所。在使馆同志带领下，我们冒着刺骨的寒风在红场排队瞻仰列宁遗容。红场并不像我此前想象的那么大，这使我感到几分意外。但克里姆林宫雄伟的宫墙、巍峨的塔楼，以及中央商场的繁华给我留下很深的印象。这是我第一次途经苏联。

1971 年春天，我同中国银行驻伦敦分行负责人结伴从伦敦回国休假，从莫斯科搭乘火车回北京。窗外尽是绿色的原野、山丘和茂密的森林，无边无际。整趟列车乘客稀少，我们这一节车厢更是空荡荡的，除我们两人外，还有一位我国驻苏联大使馆的同志，总共只有三个人。我们偶尔去餐厅用餐，喝莫斯科红菜汤。一般情况下我们三人就同主动热情的我方列车乘务员一起搭伙，在贝加尔湖附近车站我们还买些鲈鱼炖汤。沿途停站时，我们去月台上活动活动手脚，有时看见三三两两苏联人提着行李上下车，偶尔也有苏联乘客走过我们这一节车厢，只是打个招呼就走，很少同我们聊天。

1991 年底苏联解体，普京称之为"20 世纪最严重的地缘政治灾难"。苏联原由 15 个加盟共和国组成，除俄罗斯以外的 14 个加盟共和国分离出去自行独立。剩下的俄罗斯国土面积比苏联面积减少近 1/4，人口骤降近一半，经济总量锐减约 30%，俄罗斯大多数人民的实际生活水平急剧下降。

就在苏联刚解体不久的 1992 年春季，我从西欧访问后取道莫斯科回国，在莫斯科逗留一天。从机场到我国驻俄罗斯使馆途中所经过的街道市面萧条，冷冷清清。使馆同志告诉我，原来卢布对美元的比价是 2：1，即用两个卢布兑换一个美元。苏联解体后，卢布对美元的汇率一泻千里，竟是几百甚至上千卢布兑一美元。我在使馆招待所安顿后去附近街上逛逛，在街角的墙边倚坐着一位俄罗斯中年妇女，拿着一件毛衣在兜售变卖。我走进一家商店，里面空空荡荡，一个个货架上空空如也，什么商品都没有，只有两三块黄油孤零零地放在冰柜的一个角落，一幅凄惨景象。

过去 40 多年里，我路过莫斯科不下十来次，这期间正是苏联从强盛到衰落以至解体和俄罗斯逐渐恢复元气的过程，也正是中苏关系长期严重对立和中俄关系恢复和发展的时期。

苏联解体后，俄罗斯政局经历了由乱到治的过程。俄罗斯起初仿照西方模式建立三权分立政体，但运作起来困难重重，政出多门，议会同政府之间相互对峙，后又遇上亚洲金融危机的冲击，使社会陷入严重危机。叶利钦四度更迭政府，最后选定普京为接班人。普京于2000年出任总统后，着力改变中央软弱无力的状况。他控制了议会的主导权，提高政党进入议会的门槛，使支持普京的统一俄罗斯党在2003年12月国家杜马选举中大获全胜，在议会占据2/3以上的绝对多数。他在全俄罗斯建立了7个联邦区，实行向各个联邦区派驻总统全权代表的制度，加强对地方的监督和控制。通过这些措施，他牢牢掌握了从中央到地方的大权。他主张民主应符合俄罗斯历史传统和发展现状，抵御西方策划“颜色革命”的影响，他还打击车臣分裂主义势力。随着上述举措的实施，俄罗斯的政局逐渐趋于稳定。

俄罗斯独立之初，在经济上全盘接受美国等西方国家推荐的经济改革方案，实行“休克疗法”，试图在一夜之间就直接从计划经济过渡到市场经济。结果，只有“休克”，没有“治疗”，俄罗斯经济陷入了延续多年的严重危机。普京上台后，推行稳健的社会经济政策，逐渐结束了向市场经济过渡初期的混乱局面；加上国际能源价格上涨，给能源出口大国俄罗斯带来滚滚财源，俄罗斯的经济逐渐恢复元气，自2000年起，经济连续几年快速增长，到2003年，俄国内生产总值达4652亿美元，外贸总额为2092亿美元，外汇储备创下历史新高，达840亿美元。后来，到2007年，俄国内生产总值已超过1万亿美元，俄经济大体上恢复到1991年的水平。到2014年，俄国内生产总值约2.06万亿美元，外贸总额7938亿美元，外汇储备约4210亿美元。

叶利钦当政初期对外强调向西方一边倒，结果吃了大亏上了大当。然后改为“双头鹰”政策，一方面重视同西方的关系，另一方面重视同东方的关系。普京上台后，在继承“双头鹰”政策的同时，提出“强国富民”路线，要重振俄罗斯的大国地位。为了争取一个和平稳定的国际和周边环境，在外交上他除巩固同独联体等近邻关系外，重点放在对美国和欧洲的关系上，与此同时，他也重视同中国等亚洲国家的关系。

自20世纪90年代初以来，中俄两国关系有了全面迅速的发展。从1992年宣布“相互视为友好国家”，经过1994年建立“建设性伙伴关系”，到1996年确立了“战略协作伙伴关系”。2001年，两国元首签署了《中俄睦邻友好合作条约》，为两国发展长期稳定的睦邻友好合作关系打下了坚实的基础。中俄两国形成了国家元首、政府首脑定期会晤机制，有力地推动了两国战略协作伙伴关系的发展。

中俄两国经贸关系也取得了快速发展，自1999年以来连续五年保持增长。2003年，中俄贸易达157.6亿美元，俄罗斯成为我国第八大贸易伙伴，而我国成为俄罗斯的第四大贸易伙伴。2011年，中俄贸易额达792.4亿美元，俄罗斯是我国第九大贸易伙伴，我国是俄罗斯第一大贸易伙伴。

当然，两国贸易在快速发展的过程中，也存在贸易商品结构有待改善、相互投资规模较少、贸易秩序不够规范等问题。

中俄议会高级别对话机制的建立

正是在上述背景下，在普京总统第二个任期伊始，我国全国人大常委会委员长吴邦国于2004年5月下旬对俄罗斯进行了访问。我有幸作为陪同人员参加。访问行程从东向西，先参观远东和西伯利亚的哈巴罗夫斯克和伊尔库茨克，然后去莫斯科，最后访问圣彼得堡。俄罗斯方面对此访十分重视，派联邦委员会副主席梅津采夫全程陪同。

俄罗斯是实行总统制的国家。俄罗斯议会是立法机关，由上、下两院即联邦委员会和国家杜马组成，每届任期四年。后来在2008年底通过宪法修正案，将议会每届任期改为五年。

联邦委员会共有170多名代表，由俄罗斯89个联邦主体各派两名代表组成，一名由该联邦主体的立法机关推选产生，另一名则由该地方行政长官委任。俄罗斯前驻华大使罗高寿是联邦委员会代表，就是由阿穆尔州布拉戈维申卡地区行政长官委任的。

国家杜马有450个议席，其中一半按简单多数原则从全国225个选区选出，另一半由按比例代表制原则从国家杜马选举中得票率超过 5% 的入围党派中分配产生。

联邦委员会和国家杜马在职能上各自独立运作，但从实际权限看，国家杜马拥有更多的实权。

俄议会主要领导人都相对比较年轻。

国家杜马主席格雷兹洛夫 50 多岁，修长的身材，长得英俊，给人的印象是为人稳重。他是无线电工程师出身，长期从事技术工作，1999 年起从政，曾任俄罗斯内务部长，2003 年起任国家杜马主席。他是执政党统一俄罗斯党的主要领导人。

联邦委员会主席米罗诺夫比格雷兹洛夫还要小几岁，20 世纪 70 年代曾在苏联空降兵部队服役，后任工程师，1994 年改行从政，2001 年起被选为联邦委员会主席。他比格雷兹洛夫略微矮胖一些，留有小胡子。

吴邦国委员长同俄普京总统和弗拉德科夫总理以及议会两院主要领导人会见、会谈都谈得很融洽，气氛友好。双方都对中俄关系的迅速发展表示满意，并就进一步推动中俄战略协作伙伴关系发展的有关问题深入交换了意见，达成了广泛的共识，在不少国际和地区问题上双方有着相似的看法和立场。

在吴邦国委员长同俄国家杜马主席格雷兹洛夫会谈接近结束时，格雷兹洛夫慎重地提出一个建议，即成立俄中议会合作委员会，该委员会由双方议长出任主席，定期举行会议。俄方提出这一建议比较突然，中方事先没有准备预案。吴邦国委员长考虑了一下表示，这个建议很好，我们将予以认真研究。会谈结束后，吴邦国委员长嘱咐我牵头进行研究。

随后我同何椿霖等有关同志商量。何椿霖曾任国务院常务副秘书长、九届全国人大常委会秘书长、十届全国人大内务司法委员会主任委员，这次也作为陪同人员之一随吴邦国委员长出访。据了解，俄罗斯国家杜马在 20 世纪 90 年代先后同法国、印度和意大利等国议会建立了定期会晤机制。截至今年，我国全国人大同外国议会建立的定期会晤机制中还没有由委员长出面担任中方主席的，最高的是由副委员长出面，这就涉及是否要打破这一惯例的问题。考虑到俄罗斯在我国外交全局中的重要性和俄国家杜马在俄罗斯政治生活中的重要作用，我们建议可以打破这一惯例，对俄方的建议应予积极回应。全国人大常委会领导采纳了这一意见，并据此答复了俄国家杜马。

2005年6月，俄国家杜马主席格雷兹洛夫访华期间，吴邦国委员长同他共同签署了成立中国全国人大同俄国家杜马合作委员会章程文件。根据这一文件，合作委员会俄方由格雷兹洛夫任主席，国家杜马副主席库普佐夫任副主席；中方由吴邦国委员长任主席，中国全国人大中俄友好小组主席何椿霖同志任副主席，成员由十多人组成，我是其中之一，协助何椿霖同志负责会议的政治准备工作。

就在双方准备签署上述文件之前三个月，俄罗斯联邦委员会负责人约见我国驻俄大使刘古昌，提出也希望同中国全国人大建立定期交流机制，中方很快答复同意。2005年9月，俄联邦委员会主席米罗诺夫访华期间，吴邦国委员长同他正式签署了有关文件。中方同俄国家杜马建立的合作委员会全部人马兼任同联邦委员会合作委员会的负责人及其成员。俄方主席则为米罗诺夫，副主席是古谢夫。

中俄两国建立议会议长定期会晤，这是继中俄建立国家元首和政府总理定期会晤机制后的又一高层定期会晤机制，为中俄两国高层交往开辟了新的渠道，并使两国议会交往实现机制化和制度化。这也是我国全国人大同外国议会建立的定期交流机制中级别最高的。

中俄双方对此都十分重视，胡锦涛主席会见俄国家杜马主席和联邦委员会主席时强调，中俄议会友好交往是中俄战略协作伙伴关系的重要组成部分，也是推动中俄关系发展的一支重要力量。胡锦涛主席还从战略高度和长远着眼，希望两国议会交流和合作，要为巩固中俄友好的社会基础服务，推动形成支持中俄关系发展的广泛力量，不断壮大维护中俄友好的队伍，使中俄友好事业世代相传。

合作委员会每年开一次会议。十届全国人大期间，中方同俄国家杜马和联邦委员会都分别举行了两次合作委员会会议，先后在莫斯科和北京举行。中俄双方参加会谈的大多是各自专门委员会的负责人。双方重点讨论了中俄关系、议会交往、两国在经贸、能源、地方和环保等领域的合作，以及共同关心的国际和地区问题。讨论的议题广泛而深入，态度务实，气氛友好。

中俄关系重新焕发生机

双方的战略考虑

俄罗斯议会、政府以及有关部门负责人都强调俄方对俄中关系的高度重视，提出发展俄中关系的原则和主张，归纳起来，主要有以下几点：

1. 发展对华长期友好关系是俄外交政策的优先方向和既定方针，这一方针不会改变。俄方在这里使用的措辞是“长期友好关系”。

俄外交部负责人会见我时把俄对华政策的战略性和长期性做了生动而形象的表述。他说，俄罗斯与中国建立战略协作伙伴关系，这不仅是俄罗斯现在领导人和俄外交部像他本人这一代要坚持的政策，而且也是俄罗斯今后领导人和俄外交部下一代外交人员要继续坚持的方针。显然，这不仅仅是他个人的意见。

2. 俄中关系是名副其实的战略协作伙伴关系。双方都主张世界多极化，是维护国际法准则、联合国地位和作用的重要保障。俄中关系不仅是维护地缘政治稳定的因素，而且是真正开放型国际伙伴关系的范例。这种关系有利于建立更加公正合理的国际秩序。

3. 俄各党派都坚定支持俄中友好，俄各种政治力量在对华关系的认识上都完全是一致的。

4. 俄中两国已不存在影响双边关系进一步稳定发展的重大问题，两国已顺利地解决了历史遗留的边界问题。

5. 俄中两国在经济上互补性强，合作潜力巨大。

6. 俄中都处于经济转型时期，面临许多带有共性的问题，俄希望借鉴中国在经济改革方面的经验。欧洲政治、经济学界一直在研究如何将市场经济同社会主义结合起来。现在看来，真正将这一科学理论变成现实的只有中国，邓小平为此做出了卓越的贡献。

俄方着重阐述的以上六点，反映了俄方近一段时期在发展对华关系方面的主要考虑和思量。

俄罗斯想重振世界大国的地位，为此它需要有一个和平稳定的国际和周边环境。然而，美国出于推行单独称霸世界的战略考虑，对俄罗斯继续执行遏制和削弱的政策。美国和欧洲推行北约和欧盟双东扩的方针，把前苏联势力范围的国家一个个地吸收进北约和欧盟，从而把欧盟特别是北约的范围逼近到俄罗斯的边境，大大压缩俄的战略缓冲地带。美还以应对伊朗核问题和朝鲜核问题为借口，加紧在俄罗斯周边地区部署反导系统，直接对俄罗斯的安全构成进一步的威胁。俄罗斯对此反应强烈。普京总统于 2007 年 2 月在德国慕尼黑安全会议上公开发表措辞强硬的抨击美国的讲话。

为应对美欧的战略压力，争取周边安全，维护战略稳定，俄罗斯需要稳定和发展对华关系。俄还希望通过发展对华经贸关系来促进俄经济的发展。看来这是俄国家领导层和各种政治力量的主流意见。俄国内各政党在对华政策上的共识正不断增多。

与此同时，我们也不时听到俄国内在对华关系上出现不同的声音。俄国内有些政治势力出于偏见或受西方的挑拨，不时散布“中国威胁论”，提出要警惕中国在西伯利亚和远东地区的所谓“渗透”。它们对中国的崛起怀有一种矛盾复杂的心理，既想借助中国以制约美国的霸权主义，又对中国的崛起心存疑虑。在中俄两国关系快速发展的过程中，难免也会出现一些问题和矛盾，俄国内有些势力就往往借此兴风作浪。还有人对中国的崛起和俄国力衰微形成的反差在心理上有些不平衡。

针对以上这些情况，中方在同俄方会谈会见中，反复向俄方介绍我国坚持走和平发展道路和我国对俄政策考虑，以增加俄方对我国的了解，减少对我国的误会和疑虑。

吴邦国委员长向俄方领导人强调，中国高度重视对俄关系，视俄为主要战略伙伴，愿同俄一道，把两国在各领域的务实合作不断推向更高水平。这是中国的长期战略，绝不是权宜之计。

吴邦国委员长还指出，中俄关系是当今世界上最为稳定最具活力的一对大国关系。中俄是世界上有着重要影响的大国，又互为最大邻国。中俄加强战略协作，有利于推动世界多极化进程，也有利于世界的和平与稳定。同时，发展对俄关系也是中国自身发展战略的需要。中国需要一个和平稳定的国际和周边环境。

中方就发展经贸关系提出新思路

1999—2007年，中俄贸易连续八年保持快速增长，平均每年增长近30%。1999年中俄贸易仅为57亿美元，2004年达212亿美元，2007年又增至400亿美元，俄成为中国第八大贸易伙伴，而中国则是俄第三大贸易伙伴。中俄经贸关系虽有快速的发展，但与政治关系相比显得相对滞后。进一步扩大经贸合作，有利于夯实中俄政治关系的物质基础。中方对此高度重视。

俄方对俄中贸易的快速增长表示满意。俄方最关心的是机电产品在对华出口中比重下降，敦促中方有关部门能增加从俄机电产品的进口。俄对华机电产品出口少是俄外贸结构性问题，这不是对华贸易中的特殊现象，而是带有普遍性，俄对其他主要贸易伙伴的机电产品出口比重也在下降。这主要是由于俄机电产品的竞争力不强所导致的。

中方对俄方提出的上述问题十分重视。提出希望双方开拓思路，探索新的合作方式，进一步扩大中俄经贸合作的总体思路。

2004年5月，吴邦国委员长访俄会见普京总统时提出，我们认为，有必要确定一批对两国经贸关系真正有拉动和支撑作用的大项目，比如在油气、木材、资源深加工、核电站设备、离心机、发电设备、电力等领域双方应加强合作。普京总统对这一思路表示赞同。

吴邦国委员长还向俄总理弗拉德科夫提出，中俄两国需要实现从单纯的商品贸易向贸易、投资和技术合作相结合的转变。双方应全面规划在能源、油气、矿业、森工、电信以及基础设施建设等领域的合作战略；抓紧大项目的落实，鼓励和扶持有实力的大公司、大企业参与经济合作，使之成为贸易和相互投资的主体；同时，双方还应加强在高科技领域的合作。我们希望通过上述措施，改善贸易结构，提高合作水平，扭转经贸关系落后于政治关系的局面。

中方在提出这些大的思路的同时，还采取了一系列措施，鼓励从俄进口机电产品。两国有关方面已达成从俄进口 14 台热电设备和 5 架图–204 飞机的协议，并继续与俄在田湾核电站项目上开展合作。随着中俄经贸合作领域的扩大和大项目的上马，我国从俄进口机电产品逐渐增加。

俄方在能源合作上从犹豫转为明朗

俄罗斯拥有丰富的石油和天然气资源，其石油和天然气探明储量分别占世界的 20% 和 35%。2002 年，俄罗斯石油产量达 3.79 亿吨，超过沙特，跃居世界第一，天然气产量为 5585 亿立方米；当年俄出口石油近 2 亿吨，出口天然气 1300 多亿立方米，成为世界第一大能源出口国。

俄能源出口对俄经济起着至关重要的作用，占俄国内生产总值的约 13%，占俄外贸出口总额的 40%。俄需要通过出口大量能源换取资金来发展经济。俄能源出口长期以来主要面向欧洲，随着欧洲局势的变化和欧洲能源市场的基本饱和，近年来，俄从整个国家安全和对外政策全局考虑，制定了能源出口多元化的方针。根据俄罗斯制定的国家能源战略目标，俄力争在 2030 年之前把向亚洲出口的能源比重从目前的 8% 提高到 20%~30%。

我国随着经济的持续快速发展和人民生活水平的日益提高，对能源的需求不断增加，但国内能源生产尤其是石油和天然气生产不能满足不断增长的需求，供需之间的缺口不断扩大。自 1993 年我国成为石油净进口国以来，石油进口逐年增加。2002 年，我国自产石油 1.689 亿吨，进口 7184 万吨，占我国石油消费的 30%。2009 年，我国原油消费达 3.88 亿吨，其中自产 1.89 亿吨，进口 1.99 亿吨，石油对外依存度超过 50%。我国一半以上石油进口来自中东和海湾地区，而这一地区局势持续动荡不定，而且来自中东和海湾地区的石油运输需要经过马六甲海峡，面临的运输风险也很大。因此我国急需扩大利用国外的能源资源，并使能源进口多元化。

目前俄罗斯78%的石油和87%的天然气产自西西伯利亚地区。俄东西伯利亚和远东地区油气储量丰富，但需进一步勘探和开发。而俄东西伯利亚和远东地区与我国东北地区邻近，有地理优势。加强中俄能源合作，既有利于俄取得我国巨大而又稳定的能源市场，也有利于我国取得安全可靠的能源，有利于我国实现能源进口多元化。这是一项互利双赢的合作领域。

2001年，我国中石油集团同俄罗斯尤科斯石油公司和俄石油管道运输公司签署了开展管道工程可行性研究的原则性协议。计划铺设从俄伊尔库茨克附近的安加尔斯克到我国黑龙江省大庆的石油管线，全长2400公里，2003年开工建设，2005年交付使用，每年向中方提供2000万~3000万吨石油。

然而到2002年下半年，中俄能源合作出现波折。俄国家杜马以中国中石油系国有企业为由，禁止中石油参与竞购俄斯拉夫石油公司74.95%的股份和国际竞拍活动。俄国内在西伯利亚铺设石油管线走向问题上亦发生了激烈争论，不仅出现从贝加尔湖以北铺设管道的南线和北线之争，而且发生了是以中国为石油管道的终点还是以俄在太平洋的港口为终点的争论。有些人提出，只铺设从安加尔斯克至中国大庆的管道，可能会使中国垄断俄东西伯利亚和远东地区的石油出口，而主张铺设从安加尔斯克至俄海参崴附近的纳霍德卡的石油管道，这有利于俄争取同日本及其他亚太国家的合作。2003年3月，俄总理卡西亚诺夫提出一个折中方案，声称俄决定铺设从安加尔斯克到纳霍德卡石油主管道，同时建设至大庆的分管道。当年9月，俄自然资源部正式否决了尤科斯公司提出的安—大线项目。此后，对铺设至大庆的石油管道事宜，俄国家决策层一直犹豫不决。此事长期处于不明朗状态，一拖就是几年。

我国全国人大同俄议会交流过程中讨论能源合作问题正是在这种背景下进行的。我方向俄方反复强调能源合作的互利双赢，不断敦促俄方早做决断。

2005年6月，俄国家杜马主席格雷兹洛夫访华期间告诉中方，俄政府已决定，将铺设从泰舍特至纳霍德卡的石油管道。第一阶段拟从泰舍特铺设至位于阿穆州的斯科沃罗季诺的石油管道，斯科沃罗季诺距中国边境仅有 78 公里，完全可以铺设从斯科沃罗季诺至中国大庆的原油支线管道向中国供油。

格雷兹洛夫主席这番话表明俄政府已经做出决断，通往中国的石油管道终于明朗化了。

两个多月后，普京总统首次公开就泰纳线石油管道问题阐明立场，表示，泰舍特至纳霍德卡石油管道将先通往中国，之后再到达俄太平洋沿岸。

俄罗斯最终决定将这条石油管道的起点和终点都在俄境内，这是可以理解的。后来，俄从泰舍特至斯科沃罗季诺的石油管道于 2009 年 12 月建成，从斯科沃罗季诺至海参崴附近的纳霍德卡的石油管道于 2012 年 12 月建成并投入使用。

2008 年国际金融危机爆发后，俄罗斯经济受危机和石油价格暴跌的双重打击而陷入衰退。俄寻求同西方在西伯利亚和远东地区能源合作方面进展缓慢。俄罗斯政府对同中国能源合作的态度转趋积极，最终迈出了重大实质性步伐。

2008 年 10 月，温家宝总理访俄与俄普京总理会谈。双方签署了石油领域合作谅解备忘录。据此，中国将向俄石油公司和石油管道运输公司分别提供 150 亿和 100 亿美元的贷款，建设俄东线石油管道支线。未来二十年，俄每年向中国提供 1500 万吨石油。2009 年 4 月，中俄两国签署了《中俄石油领域合作政府间协议》，双方有关管道建设、原油贸易、贷款等一揽子协议随即生效，这标志着中俄两国能源合作实现重大突破。

从斯科沃罗季诺至我国黑龙江大庆的中俄石油管道后来于 2011 年 1 月建成并正式投入运营。管道全长约 1000 公里，2011 年按计划向我国输油 1500 万吨。

2009 年，中俄还签署了天然气领域合作谅解备忘录。经过长达十年的谈判后，中俄两国于 2014 年 5 月正式签订了为期 30 年、总额高达 4000 亿美元的天然气供应协议。双方将修建东、西两线天然气管道，俄方通过两线每年向中国输气 680 亿立方米。

俄增加对中国能源出口，不仅有利于俄实现能源出口多元化，而且可以借助对华出口来开发西伯利亚和远东地区。对我国来说，增加从俄能源进口，取得稳定的能源，有利于我国实现能源进口多元化战略。

用“中国风”扬俄罗斯的“经济帆”

我国早在1998年就确定了西部大开发战略，之后于2003年提出振兴东北老工业基地战略。我国东北三省和内蒙古自治区同俄罗斯远东和西伯利亚地区毗邻，产业结构和经济发展互补性强，双方邻近地区地方负责人对加强相互合作有强烈的愿望，积极性很高。密切双方邻近地区的合作，不仅有利于推动两国能源合作，而且可为两国经贸合作挖掘新的潜力。

中俄两国领导层都重视并适时提出了加强两国地方合作的课题。

2004年10月，普京总统访华期间特地赴西安会见我国西北五省、自治区负责人。

2005年7月，胡锦涛主席访俄期间，在新西伯利亚同西伯利亚联邦区负责人举行了座谈。在莫斯科同普京总统会谈时，胡锦涛主席提出协调两国地区发展规划的建议，这一建议立即得到普京总统的赞同。

随后，两国有关部门启动了协调两国地区发展规划的工作。

在此期间，我国全国人大在同俄议会特别是俄联邦委员会的交往中，把推动两国地方合作作为双方会谈的一项重要议题。

2004年5月，吴邦国委员长在莫斯科出席了中国全国人大同俄联邦委员会共同举办的“中俄边境和地区合作论坛”开幕式，并发表了演讲。我国有关省市自治区负责人及企业家组成约100人的代表团参加。

吴邦国委员长在同俄上、下两院主席会谈时提出，他这次访俄的主要目的之一是促进两国地方合作。现在中俄双方已有六十几对友好城市和省州，九对经贸结对省州，我们应大力促进地方合作使之成为中俄经贸合作新的增长点。俄上院主席米罗诺夫对此表示赞同，中方派团参加了俄上院于当年9月在伊尔库茨克举行的第三届“贝加尔经济论坛”。随后，中国全国人大同俄联邦委员会继续共同举办了一系列活动，其中包括2005年9月在大连举行的“中俄地区经贸合作论坛”和2006年9月中方派团参加俄方举办的“贝加尔经济论坛”，通过这些活动为推动两国地区合作提供了平台。

2005 年 9 月，俄联邦委员会主席米罗诺夫访华期间在会见胡锦涛主席时表示，俄方十分重视远东地区的发展并制定了发展纲要。双方可考虑协调各自地区发展规划，开展更加密切的合作，使俄远东和中国东北地区成为东北亚新的经济增长点。

在同俄议会合作委员会工作会谈中，中方向俄方提出我国东北地区和俄远东及后贝加尔地区各自推出一批有实力的大企业开展务实合作，双方改善投资环境、提高通关能力以及改善口岸基础设施条件等具体建议，引起俄方的注意和重视。

俄国家杜马与中方合作委员会副主席斯托格持在会上提出，希望中方进一步加大在俄的投资，特别是参与俄西伯利亚和远东地区的建设。

俄国家杜马主席格雷兹洛夫在 2007 年 5 月向吴邦国委员长表示，俄方对中方扩大对俄森林加工领域的投资表示满意。中方已在伊尔库茨克和哈巴罗夫斯克边疆区投资兴建了年产几十万吨的纸浆项目。

前些年，俄方对我国有些企业只从俄进口原木，很少在俄境内加工很有意见。俄方的这一意见引起了中方的重视。我国政府有关部门鼓励有实力的大企业去俄投资森林加工业，现已取得进展，效果比较好，获得了俄方的好评。中方的这些实际行动进一步调动了俄方的积极性。

格雷兹洛夫还向中方介绍说，俄正在制定远东地区发展战略，将在远东地区兴建包括石油管道、造船基地、码头、边民贸易中心等一批大项目，还在与中国毗邻地区建设经济特区，这将为两国合作提供新的机遇。

2009 年 9 月，中俄两国元首正式批准了《中国东北地区同俄罗斯远东及东西伯利亚地区合作规划纲要（2009—2018 年）》这一规划纲要的批准和落实，对推动中俄两国毗邻地区的长远合作具有重要意义。

俄方在落实能源合作和协调两国邻近地区发展规划的态度越来越积极，还有着更深层的战略考虑。

普京于 2011 年秋发表文章，特别提到亚太地区在全球经济和政治进程中的地位正在上升，并强调了加强与中国合作对俄振兴西伯利亚和远东地区经济的意义。他主张利用中国潜力对俄远东地区进行经济开发，用“中国风”扬俄罗斯的“经济帆”。他在文章中强调“俄罗斯需要一个繁荣和稳定的中国”。

2012 年 5 月，普京颁布总统令，宣布成立远东发展部，负责西伯利亚和远东地区的开发。该部所在地不在莫斯科而是在哈巴罗夫斯克，这是前所未有的。前哈巴罗夫斯克州长维克托·伊沙耶夫被任命为该部部长，兼任总统驻远东联邦区全权代表。

普京宣布的这些政策和措施，不仅宣示俄罗斯“转向东方”的决心，而且表明加紧部署西伯利亚和远东地区的实际开发。

在 2008 年中俄议会各自换届后，双方合作委员会的定期交流机制并未像中美议会交流机制那样遇到困难，而是继续顺利地坚持和延续了下去，成为我国全国人大同外国议会定期交流机制中影响最大最有成效的机制之一。

沧海桑田

从 2004 年到 2007 年这四年期间，我除两次随同吴邦国委员长访俄外，还率领外事委员会代表团对俄罗斯进行了访问。

我过去多次到过莫斯科。这是一座世界闻名的大都市，位于市中心的是金碧辉煌的克里姆林宫古建筑群及其附近的红场。美丽的莫斯科河流经市内。市区既有沙皇时代华丽的教堂和宫殿、斯大林时期风格独特高大宏伟的建筑，也有许多现代化的高楼大厦。我注意到，近些年来，城市建设又呈现新的变化，不少新的综合大型商场和公寓楼在近郊拔地而起，这反映了俄罗斯近些年经济的恢复和发展。

我们代表团向克里姆林宫附近的亚历山大公园里的无名烈士墓敬献了花圈。这座无名烈士墓是为纪念在战争中牺牲的战士而于 20 世纪 60 年代修建的。无名烈士墓上刻有寓意深刻并富有诗意的碑文：“你的名字无人知晓，你的业绩与世长存。”

这是我第一次去圣彼得堡和伏尔加格勒。圣彼得堡是一座有着光荣传统的历史文化名城。“阿芙乐尔”号巡洋舰炮轰冬宫，揭开了十月革命的序幕，列宁领导的世界上第一个苏维埃政权由此诞生。我们根据主人的安排，参观了一直停泊在涅瓦河上的“阿芙乐尔”号巡洋舰。俄方官员还告诉我们，在卫国战争期间，德国法西斯军队围困这座城市长达900天，食物奇缺，市民饿死不计其数。该市军民浴血奋战，壮烈牺牲多达47万人。在纪念馆里我们观看到描绘圣彼得堡被围困期间进行英勇顽强不屈斗争的全景画。

伏尔加格勒也是一座有着光荣历史的英雄城市。伏尔加格勒曾称斯大林格勒。卫国战争期间，在这里进行了世界闻名的斯大林格勒战役，有部电影《斯大林格勒大血战》就真实地记录了这次战役，50万德国纳粹官兵战死，100万苏联红军阵亡，整个城市几乎被夷为平地。这场规模宏大的战役是整个卫国战争的转折点，自此之后，苏联红军从战略防守转为战略反攻，直到挥师西进，攻克柏林，取得最后的胜利。我们参观了曾经是斯大林格勒大血战主战场的马马耶夫冈。在这块高地上，苏军和德军激战140个日日夜夜，双方死亡人数超过30万。激战后，尸横遍野，血流成河，鲜血不仅把山冈的积雪浸染成紫褐色，而且深深渗透入积雪下的泥土层。第二年春天，整座山冈寸草不生。我们从远处就看到在山冈最高处耸立着一座高达85米的巨型雕像，一位年轻的母亲持复仇之剑，振臂召唤儿女们奋勇杀敌。这座被称为“祖国母亲在召唤”的雕像成为伏尔加格勒市的象征。我们还参观了巨大、形象逼真的斯大林格勒大血战的全景画，观看了保存至今的当年两幢满布枪痕弹孔的断墙残壁。

在此之前，我们参观了位于莫斯科城区西部的气势磅礴、规模宏大的俯首山卫国战争纪念馆。苏联人民为反法西斯战争的胜利所做的英勇牺牲和所建立的不朽功勋，深深地打动了我们，对苏联人民的敬仰在我心中油然而生。我向陪同我们一起参观的俄罗斯朋友表示，我们也不会忘记苏联人民在我国抗日战争期间和新中国成立初期给予我国的无私援助和巨大支持。出乎意料的是，对方没有直接回应我的话，而向我们流露出他对苏联时期的怀念、对苏联瓦解的惋惜，以及对当时领导人的怨恨。他说，你们国家幸运，因为你们有了邓小平，我国出了一个戈尔巴乔夫，国家才落到今天的地步。他说这两句话时内心的痛苦和无奈我可想而知。但我无法用语言来安慰他，只是紧紧地同他握手告别。后来，我在访问伏尔加格勒时，当地一位官员私下也向我流露出他对苏联解体的惋惜。有的俄罗斯朋友告诉我，有相当一些俄罗斯中老年人仍然怀念昔日的苏联时期。

我们不仅沉浸在对历史的追忆之中，也更多地了解到今天俄罗斯的现实。

我们访问了位于莫斯科的赫鲁尼契夫国家宇航科研生产中心。呈现在我们眼前的是高大明亮一尘不染的厂房和精密的仪器设备。主人非常好客，特地安排我们走进宽敞的宇航舱仔细观看。我们走访了圣彼得堡历史悠久的北方造船厂。该厂当时正在为我国建造导弹驱逐舰，工程技术人员正在导弹驱逐舰上安装设备。我们对俄罗斯具有世界领先水平的宇航工业和军工企业感到钦佩和羡慕。

我们参观了莫斯科联邦大厦项目主体结构工程。这一建筑是当时欧洲正在施工中的第一高楼，高达354米。整个项目由俄方投资，其主体结构工程是由中国中建总公司通过竞标而负责承建的。圣彼得堡市女市长马特维延科在会见我们代表团时，重点谈上海实业集团在该市投资十多亿美元搞的一个大型综合社区项目，名为“波罗的海明珠”。这是当时该市最大的外来投资项目。这两个项目恰巧在俄罗斯第一、第二大城市，它们从一个侧面反映出我国企业工程技术水平的进步和实力的增强。

通过近四年期间对俄罗斯的三次访问，我抚今追昔，百感交集。

我情不自禁地回首中苏两国各自的沧桑巨变。俗话说，三十年河东，三十年河西。在自己亲身经历的这短短50年里，中苏两国的走向形成巨大反差。勃列日涅夫时期，苏联国家体制和政策僵化，对外大肆扩张，不惜血本同美国进行军备竞赛，国内经济长期停滞，党和政府严重脱离群众，问题积重难返。戈尔巴乔夫上台后，病急乱投医，又走向另一个极端，竟然放弃党的领导，推行所谓“新思维”，结果搞乱了自己，一个有着70年光荣历史的苏联社会主义大厦在短短一年时间里轰然倒塌，分崩离析。它从两个超级大国之一的峰巅上跌落下来，可谓一落千丈，大多数人民的生活急剧恶化。苏联解体后，俄罗斯经历了十几年的混乱和动荡才逐渐趋于稳定，但广大人民已历经磨难，为此付出了惨痛的代价。

在这期间，中国经过“文化大革命”十年动乱后，痛定思痛，总结了经验教训，把工作重心从阶级斗争转移到经济建设上来，实行对内改革对外开放。与此同时，继续坚持中国共产党的领导，在进行经济改革的同时，稳步推行政治改革，政治改革的目的不是采用西方议会民主，而是加强社会主义的民主和法制建设。在渡过 1989 年北京政治风波的困难阶段后，继续坚持改革开放，正确处理改革、发展、稳定这三者之间的关系，坚持走中国特色社会主义道路，中国经济社会发展取得了举世瞩目的巨大成就。经济总量从 1979 年的位居世界第十位上升到目前的第二位。人民生活水平也随之上了几个大台阶。尽管在我们前进道路上还有不少困难和问题，但我国人民对今后的发展前景充满信心。

我们深感庆幸的是，我们有政治上坚定而成熟的领导人在正确掌舵。我国能有今天确实来之不易，我们要倍加珍惜。

这几次访问给我留下的一个很深刻的印象是，中俄友好正逐渐深入人心。在过去 60 多年时间里，两国关系经历了从结盟到破裂、对峙再到重新友好的过程，中俄两国人民也从亲如兄弟到相互隔阂再到重归于好。自 20 世纪 90 年代初以来，双方的共同利益使两国重新走到一起。两国关系经过近 20 年的发展，两国人民之间往昔的隔阂有所消除。我们每到一处，都感受到俄罗斯人民的友好情谊。在俄议会宴请我们时，我团 50 年代曾在苏联留过学的朱育理等同志用地道的俄语演唱俄罗斯歌曲，背诵俄罗斯国歌全文，在场的俄方人员感动得热泪盈眶。伊尔库茨克州州长戈沃林对我们说，该州人民对中国怀有特殊的感情，50 年代有许多中国人在这儿工作和学习。圣彼得堡市市长马特维延科曾任俄副总理，她对我们说，她多次访问过中国，对中国经济的发展和社会的进步感到由衷的钦佩。

俄国家杜马有关负责人告诉我们，2006 年 5 月俄罗斯一家权威民调机构公布了一项关于“谁是俄盟友”的民调结果，有 26% 的俄罗斯公民认为，中国是俄罗斯最好的朋友，这一比例比 2005 年提高了一倍，排在中国前面的是白俄罗斯和哈萨克斯坦。在俄罗斯民众心目中，中国是前苏联地区以外对俄最友好的国家。俄罗斯《生意人报》2015 年 6 月 8 日报道，俄罗斯民调机构列瓦达中心指出，认为白俄罗斯和中国是俄罗斯的主要朋友的人，分别占受访者总数的 55% 和 43%。看来，中俄友好在俄罗斯已有一定的民意基础。我们应继续努力加强同俄罗斯各界、各阶层的交流，使中俄友好的社会基础不断得到巩固和扩大。

这几次访问使我增加了对俄罗斯的感性认识。

俄罗斯经济结构调整的任务繁重。人口增长下降也是长期困扰俄罗斯的一个难题。俄罗斯探索适合自己国情的发展模式依然任重而道远。

俄罗斯复兴的进程虽然不会一帆风顺，但总的趋势不会逆转。

俄罗斯是一个具有悠久历史文化传统的民族，也是一个历史上曾打败过法国拿破仑和德国希特勒的英勇不屈的民族。今日的俄罗斯是名副其实的地大物博，是世界上自然资源唯一能够完全自给自足的大国。它不仅有着极其丰富的能源、矿产、森林和淡水资源，而且有坚实的工业技术基础、规模宏大的装备制造业和高科技产业；它的军事实力雄厚、技术先进，是仅次于美国的世界第二大军事强国；它有着很高的科技水平，科研队伍强大，人民的文化素质高。俄罗斯具备进一步发展的良好条件和巨大潜力。经过苏联解体的混乱之后，广大民众人心思定。只要俄罗斯继续保持政局稳定，有强势的领导，政策对头，重振俄罗斯作为世界大国的地位，只是一个时间上的问题。一个强大繁荣的俄罗斯有利于世界多极化的形成，有利于国际战略的平衡和稳定，也符合中国的利益。这是作为一个中国人衷心祝福俄罗斯的原因。

审议边界条约

外事委的一项经常性工作是审议涉外条约。凡是有关涉外条约和协定，在国务院提请全国人大常委会讨论批准前，先由外事委审议提出建议，然后提交常委会审议决定。这五年期间，外事委审议的国际条约和协定中，最重要的是两个边界条约，即《中越关于两国在北部湾领海、专属经济区和大陆架的划界协定》(以下简称《中越北部湾划界协定》) 和《中俄国界东段补充协定》。

边界问题直接涉及国家的领土主权，关系到国家的根本利益，关系到中华民族的子孙后代。我们在审议有关边界条约议案时，抱着对国家、对人民、对历史负责的高度责任感，来投这庄严的一票。

中越北部湾协定

北部湾是中越两国陆地和中国海南岛所环抱的一个半封闭海湾，面积约12.8 万平方公里。

历史上，中越两国从未划分过北部湾。20 世纪 60 年代以前，中越双方只按各自宣布的领海宽度行使管辖权，湾内资源共享，一直相安无事。70 年代越方开始挑起争议，要求与我国举行谈判。两国政府举行了两轮谈判，由于两国关系恶化和双方立场尖锐对立，谈判未能取得结果而搁浅。1991 年中越关系正常化后，两国从 1993 年至 2000 年期间举行了多轮艰苦的谈判，最终达成《中越北部湾划界协定》。

北部湾划界协定确定了中越两国在北部湾领海、专属经济区和大陆架的分界线。根据协定，中越两国在北部湾所得海域面积实际比例为 47.19 ： 52.81。

这个结果符合双方的利益。北部湾是我国广西、广东和海南三省（自治区）渔民的传统作业渔场。中越双方签订了渔业合作协定，对如何保障划界后我国渔民利益也做出妥善安排，后来双方又进行了渔业协定后续谈判，于 2004 年 4 月签署了补充议定书。

经过审议，大家认为,《中越北部湾划界协定》有利于维护我国领土主权，批准这个协定符合我国国家的整体利益，有利于促进中越两国关系的健康发展。2004 年 6 月 25 日，第十届全国人大常委会第十次全体会议对上述议案举行表决，结果以 148 票赞成、1 票反对和 8 票弃权，批准了《中越北部湾划界协定》。

中俄国界东段补充协定

2004年10月14日，中俄两国政府签署《中俄国界东段补充协定》。

2005年4月，全国人大外事委员会收到国务院提请全国人大常委会审议中俄国界东段补充协定的议案后，连续召开两次会议进行审议。

中俄边界线全长4300公里，分东、西两段。东段4270公里，西段54公里。经过长期艰苦谈判，我国与俄罗斯分别于1991年和1994年签署了东段协定和西段协定，并先后于1992年2月和1994年获得了全国人大常委会的批准。这两个协定确定了中俄两国98%的边界线。还剩下东段边界两块地区尚未解决，这就是处于黑龙江和乌苏里江交汇处的黑瞎子岛和位于满洲里附近的额尔左纳河上游的阿巴该图洲渚，有待继续谈判解决。

2001年至2004年7月，中俄两国经过多轮艰难谈判，终于就解决这两块争议地区达成一致，于2004年10月签署了《中俄国界东段补充协定》。根据这一协定，黑瞎子岛面积约335平方公里，我方划得171平方公里，俄方划得164平方公里。我方船只从乌苏里江经俄罗斯哈巴罗夫斯克城下至黑龙江的往返航行的权利仍予保留。阿巴该图洲渚面积64平方公里，我方划得约38平方公里，俄方划得24平方公里。

这两块争议地区主要是黑瞎子岛问题。根据清政府和沙俄政府于1860年签订的《北京条约》，两国划界以黑龙江和乌苏里江为界。黑瞎子岛位于黑龙江和乌苏里江主航道中方一侧，根据国际法，该岛理应属于中方。但是条约附图与条约正文不一致，存在矛盾。使问题更为复杂的是，过去70多年黑瞎子岛一直为苏联和俄方所实际占领。

黑瞎子岛被俄方占领，其导火线是1929年张学良发动的中东铁路事件。中东铁路是沙俄从18世纪末开始修建的，这是沙俄侵略中国的产物。中东铁路主线是从满洲里经哈尔滨至绥芬河，支线从哈尔滨经长春、沈阳至大连。1929年张学良受人怂恿，逮捕了苏联驻哈尔滨总领事等人，试图以武力收回从满洲里至绥芬河的中东铁路主线，但由于事先准备不足，又得不到蒋介石南京政府的实际支援，数月后被战败。苏联借机派兵登上黑瞎子岛，占领、控制和经营开发至今。

经过艰苦谈判，中俄达成解决上述争议地区的《中俄国界东段补充协定》，解决了谈了40年之久的这两块争议地区的问题。

在审议中，外事委委员们认为，黑瞎子岛理应属于我国。由于《北京条约》附图与正文存在矛盾，特别是1929年中东铁路事件，该岛为苏联所实际占领，这是清政府和国民党政府腐败无能造成的后果。谈判解决该岛归属是经过40年的艰苦谈判达成的，是相互妥协的产物，是比较现实的结果。从承认历史、面对现实的原则出发，解决中俄剩余边界问题，消除了两国关系中一个隐患，有利于维护我国北部边界的长期和平安宁。绝大多数委员都赞成提请常委会审议。

2005年4月下旬，十届全国人大常委会第十五次会议审议了《中俄国界东段补充协定》的议案。外交部对议案做了全面和详细的说明，并介绍了我国对历史上被沙俄侵占150多万平方公里土地问题的原则立场。审议时有34位常委委员发言，会议气氛严肃而凝重。

审议中委员们情不自禁地联想到沙俄侵占我国150多万平方公里土地的历史。

鸦片战争后，清朝政府继续腐败无能，国家实力进一步衰败，任人宰割。沙俄通过逼迫清朝政府签订《瑷珲条约》《北京条约》《中俄勘分西北界约记》《修改条约》等一系列不平等条约，侵占了我国150多万平方公里的土地。这是一段令人痛心疾首的历史。

1949年新中国成立后，我国政府在对沙俄侵占我国150多万平方公里土地的问题上，所采取的立场是一贯的和明确的，这就是有关中苏边界的条约是不平等的，但从现实状况出发，我方还是愿意以界约为基础解决边界问题，而不要求收回被沙俄侵占的土地。

从1962年开始，中苏边界谈判所谈的都不是要求收回那150多万平方公里的土地，而是要解决这150多万平方公里之外由于俄方违约越界、条约规定不明确或双方对条约理解不一致等种种原因而形成的一系列争议地区的问题。黑瞎子岛就是其中之一。

对那一段屈辱的历史，委员们发言中有的悲愤、无奈和感慨，但更多的是以现实和理性的态度，呼吁要永远记住贫穷落后、国力虚弱就会受人欺侮；我国现在能有今天，经济社会发展能取得如此巨大的成就，确实来之不易，我们要倍加珍惜；全国人民一定要继续发奋图强，不断增强国家的经济、科技和军事实力，以及民族凝聚力，推进中华民族伟大复兴的进程，这样，才能更加有力地维护国家的主权、领土完整和安全。

第十届全国人大常委会第十五次会议最后以144票赞成、3票反对、7票弃权的结果批准了《中俄国界东段补充协定》。

新闻发布会的台前幕后

相对于此前在外交部和中央驻港工作机构的工作，我在全国人大外事委的工作任务并不怎么繁重，安排也不那么紧张，我感到相对轻松。然而在这一段轻松中也有不轻松的时刻，那就是我担任全国人大新闻发言人的时候。

2002年底，在参加第九届全国人大常委会的一次活动时，全国人大常委会秘书长何椿霖把我拉到会场旁边告诉我，明年3月第十届全国人大一次会议拟由我担任大会新闻发言人，由于此事需提前预作准备，他要我早做安排。

我在外交部和在香港工作期间，虽然无数次面对过中外记者，回答他们的提问，但是我从未担任过新闻发言人。虽然外交事务和港澳事务是我所熟悉的范围，而担任全国人大新闻发言人，所需要了解的则是一个全新的领域，要求我从头学起，从零开始。

全国人大每次大会的新闻报道工作由大会新闻发言人同全国人大常委会分管新闻工作的副秘书长共同负责。第十届全国人大期间，常委会分管新闻工作的副秘书长先是姜云宝，之后是李连宁。我同他们一起共事，密切合作，相互配合，共同完成了各次大会的新闻报道任务。

疏忽闹出笑话

大会新闻发言人的新闻发布会是在全国人大会议正式开幕的前一天举行。2003 年 3 月 4 日上午，我举行第一次新闻发布会。这一天，先开大会预备会议，产生主席团，紧接着举行主席团会议，以按电子表决器方式通过各项议程。有一项议程是表决通过大会副秘书长人选，选出盛华仁、汪洋和我等为大会副秘书长，我兼大会新闻发言人。这项议程后，主席团会议继续进行，因为下面还有好几项议程。但是在宣布我为大会新闻发言人后，我就马上从座位上站起来，快速而又轻手轻脚地走出会场，赶去举行新闻发布会。

走进新闻发布厅，里面中外记者已经挤得满满的，约有三四百人。新闻发布会由姜云宝副秘书长主持，我主讲，主要是介绍大会的议程及有关安排，随后回答十来位记者的提问，历时一个多小时。整个新闻发布会进行得比较顺利。

新闻发布会结束后，我去餐厅用餐，听到有同志议论说，今天主席团会议，执行主席一再提醒大家在表决时要按表决器，但在后面好几项议题，总是有一人未按表决器，真不像话。我一听，呵，这下可坏了，这不是我吗，我提前离开了会场。我连忙说，对不起，是我中途离开会场去举行新闻发布会，忘了请假，才犯了这样初级的技术性错误。从这以后，每年大会主席团会议，我中途退场，都事先向大会秘书处请假，并说明原因，避免再出纰漏。

面对记者

每次新闻发布会，我在发布人大会议有关新闻后，在回答记者提问前，都要限定一下回答问题的范围，强调我愿就大会议程和人大的有关工作回答大家的提问。但对这两个方面无论从广义还是从狭义理解，其实领域都相当宽，范围都相当广。

当一个部门的新闻发言人不容易，而当全国人大新闻发言人的难度就更大。主要难点在于新闻发布会上所要回答的问题大多不是他平时主管的事务。我所在的外事委的立法、调研和对外交往，只是全国人大工作很小的一部分，而且不是主要的部分。全国人大工作的重点是立法和监督。而立法和监督工作主要集中在法律委、财经委等其他八个专门委员会和有关的工作委员会，整个全国人大的工作和规划、协调和运作则由常委会办公厅负责。要准备回答的有关人大工作问题，大多是新闻发言人平时不熟悉的事项。至于要回答与本次会议议程有关的问题，这个范围的伸缩性就更大。每次会议还有政府工作报告、计划和预算报告、人大常委会工作报告和高法、高检工作报告以及其他专门重大议题。而这些报告涵盖范围几乎涉及内政、外交、国防等方方面面的问题。有经验的记者一般不会提与全国人大工作无关的问题，但有的记者特别是从境外来的记者就可能什么问题都问。这样你就不能不有所准备。

2003 年 3 月的新闻发布会上，我国《法制日报》记者问我，国外媒体说，当前中国的腐败是“制度性腐败”，问我是否同意这种说法。我回答说，腐败是人类的顽症和痼疾，古今中外概莫能外。远的不说，最近一些年来很多国家和地区贪污腐败丑闻接连不断。我国的确存在腐败现象，而且一些腐败现象还相当严重。但是，我看不出这同我国的社会政治制度有什么关系。接着我介绍了我国党和政府在反腐败斗争方面的决心和措施，然后着重说明人大在反腐败斗争方面的作用。

2004 年 3 月，我回答了记者提出的有关 1999 年修改宪法后，为什么现在又要修宪，宪法修正案主要内容是什么等问题后，有记者进一步问，中共中央向全国人大常委会提出修改宪法的建议是否有法律依据？我回答说，这是有充分根据的。我国《宪法》规定，中国共产党是中国社会主义事业的领导核心，中国共产党是我们国家的执政党，修宪是我们国家政治生活中的一件大事。执政党的重要职责之一就是提出立法建议，通过法定程序，把执政党的主张变成国家的意志。这是中国共产党依法执政的重要体现。

2004 年台湾举行地方领导人选举，3 月初正是台湾选举前夕，台湾中天电视台记者问我对这次台湾选举有何看法？对此，我回答说，我们对台湾地方选举本身从来不介入，我们不关心选举本身，我们关心的是选举之后，不论哪个党，哪个人掌权，都希望他能够接受一个中国的原则，在一个中国原则的基础上，举行两岸对话和谈判，直接开放“三通”，推进祖国和平统一的进程。

2005 年 3 月，第十届全国人大三次会议将审议通过《反分裂国家法》，在我的新闻发布会上有四位记者从不同角度提出问题。我在回答他们提问时介绍了这部法律的立法考虑和宗旨等。中新社记者问我说，有人说，《反分裂国家法》是战争动员令，是对台动武法，问我对此有何评论？我在阐述这部法律主要精神实质后，指出这部法律绝不是所谓的“对台动武法”，更不是“战争动员令”，而是一部促进两岸关系发展、促进和平统一的法律，是一部反对和遏制“台独”分裂势力分裂国家、维护台湾地区和平稳定的法律，是一部维护国家主权和领土完整、符合中华民族根本利益的法律。我们制定这部法律是为了反对和遏制“台独”势力分裂国家，绝不是针对广大台湾同胞的。

有记者问，什么是重大的“台独”事变，在《反分裂国家法》中对此是否有明确的规定？这是一个极其敏感的问题。我回答说，关于什么是“台独”重大事件或者重大事变，这将由我们国家根据“台独”分裂势力分裂活动造成的事实，或者它的危害程度，依法慎重地做出判断。

又有记者问，如果发生重大的“台独”事变，北京 2008 年奥运会是否还能如期举行？这个问题有些刁钻，如你直接正面回答，很可能会上当。我于是避开直接回答，而是指出：奥运会是全世界爱好和平人民的盛会。北京已经取得举办 2008 年奥运会的主办权，办好 2008 年北京奥运会是包括台湾同胞在内的全体中国人民的共同愿望。如果“台独”分裂势力错误判断形势，敢于制造“台独”重大事变，这不仅将是对包括台湾同胞在内的全体中国人民的严重挑衅，而且也会遭到国际社会的普遍唾弃，其结果必然同他们的愿望相反。

在 2005 年 3 月的新闻发布会上，有一位巴西记者问我，全国人大这次是不是批准增加 2005 年的国防经费，具体会增加多少？关于国防经费问题，这本来是应该由我国军方有关部门回答的，但是当时以及随后几年我国军方还没有建立新闻发言人制度，在这种情况下，我不得不做回答。

我回答说，根据国务院向本次会议提出的预算案，建议把 2005 年的国防经费定为2477亿元人民币，约合300亿美元。我具体说明国防经费增加主要用于哪几个方面后，指出，中国国防费用与其他大国相比处于一个比较低的水平，中国国防费用占中国财政支出的比重以及占国内生产总值的比重都是比较低的。

从这次回答国防费用的问题后，随后在2006年、2007年、2008年都有外国记者向我提中国国防费用的问题。我在回答这个问题时批驳了当时西方对我国增加国防费用的指责。2008年3月我说，由于外界对中国军费问题以及军力问题有各种议论，我想强调指出三点：一是近年来中国在经济持续平衡较快发展和财政收入快速增长的基础上，适度增加了国防费，但这种增长是属于弥补国防基础薄弱的补偿性增长。1979—1989年，中国国防费平均每年下降5.83%；2003—2007年国防费用年均增长15.8%，明显低于同期财政收入年均增长22.1%的水平。二是我以各种数字更具体有力地说明我国国防费用，无论从绝对值，还是占财政支出的比重，还是占国民生产总值的比重，与美国和其他西方大国相比，都处于比较低的水平。三是我国坚持奉行防御性的国防政策。中国有限的军事力量完全是为了维护国家的独立、主权和领土完整，不会对任何国家构成威胁。

2006年3月新闻发布会上，法国《观点周刊》记者问我，中国最近一个时期进行改革问题的讨论，这是1992年以来第一次有这样的讨论，是不是中国领导人现在在考虑修改一下中国特色社会主义思想？对这一问题，我想了一下回答说：自从改革开放以来，中国经济社会发展取得了举世瞩目的巨大成就，全国人民的生活水平有了明显的、大幅度的提高。这些巨大的成就充分地说明，我们走中国特色社会主义的道路的正确性，充分说明中国特色社会主义道路是符合中国国情的，是符合中国人民根本利益的，我们将坚定不移地继续走中国特色社会主义道路。

2008年3月有记者问我，今年是中国改革开放30周年，前段时间有人在网络上提出看法，主张对改革开放进行反思，请问你对此有何评价？

我回答说：我国改革开放30年来，在经济社会发展等各方面都取得了巨大成就。在这里，我有一系列的数字和事实，但是因为时间关系，我就不具体展开讲了。我们全国各族人民对改革开放30年取得的巨大成就的认识是高度一致的，国际社会对此也是公认的。我接着指出，去年召开的党的十七大对改革开放的历史进程做了全面而深刻的回顾和总结，充分肯定了改革开放取得的伟大成就和宝贵经验。同时，对今后一个时期推进改革开放做出了全面部署。我还强调，我国改革开放的方向和道路是完全正确的，成效和功绩不容否定，停顿和倒退是没有出路的。我们也深深知道，改革开放是十分深刻的社会变革，在今后的道路上还会遇到这样那样的困难和问题，广大人民群众对深化改革也有不少新的期待。我们深信，只要坚定不移地坚持中国特色社会主义道路，紧紧依靠广大人民群众，提高改革决策的科学性，增强改革措施的协调性，改革开放的伟大事业就一定能不断取得新的胜利。

几点想法

“台上一分钟，台下十年功”，这是成功的京剧演员和杂技演员多年经验的总结。这句话在一定意义上也适用于新闻发布会。全国人大新闻发言人的新闻发布会，虽然只有短短的一个多小时，但事先所涉及的准备工作不知道要超出多少倍。

每年元旦假期一过，我就连续召开10场座谈会，参加座谈会的有全国人大各单位、中央各部委和有关方面，总共有50多个部门，我向他们请教，同他们一起讨论、研究当时国内外媒体关注的热点和难点问题。各部门对此都十分重视，给予全力支持和配合。

不打无准备之仗。事先做充分准备，这是新闻发布会取得成功的基本前提和保证。然而实践证明，不管你自以为事先准备得怎样充分与周全，到现场，总还会不时出现“冷门”，冒出你意想不到的情况和问题。这时，要看你平时长年累月的信息和知识的积累，如果积累深厚，你可以临场发挥，融会贯通，信手拈来，应付自如。这就叫功夫不负有心人。

当全国人大新闻发言人责任重大。第一，他必须准确阐述国家的方针、政策和立场，绝不能出现闪失和差错；第二，他既要考虑记者的期待，尽可能多地给记者提供新闻和信息，口不能太严太紧，又不能被记者牵着鼻子走，该讲的讲，不该讲的一句也不能多讲；第三，要有群众观点，要让普通群众能听得懂，回答记者提问要简明扼要，抓住重点，通俗易懂。

而要做到这些，根据我这几年的实践，我感到应从以下几个方面做出努力。

第一，要勤奋。笨鸟先飞，以勤补拙，多阅读，多动脑，勤动笔。

第二，平时要加强学习。从党和国家的方针、政策到经济社会发展情况，从国内问题到国际形势，以及对外关系都要认真学习和掌握。要浏览国内外重要报刊，持之以恒，细水长流，逐步积累。

第三，要虚心向别人学习和请教。充分发挥工作班子的作用，紧紧依靠他们的支持，齐心协力，相互配合。

第四，发布会前，要集中一段时间全力以赴全身心地投入到准备工作中去。

第五，要多设想尖锐刁钻的问题并考虑如何应对。对有的刁难问题，不能受记者提问思路的影响，而要针对对方的问题，以我为主，按照自己的逻辑和思路来回答，这样才不至于陷入被动，掉进对方预设的陷阱。

按惯例，每一届全国人大从一次会议开始，其大会新闻发言人就由这一届新闻发言人担任。2007 年 3 月初是我举行的第五次新闻发布会，理所当然也是我的最后一次新闻发布会。发布会当晚，我夫人特地为我略备酒菜，庆贺我任务的顺利完成。过去的五年，每年春节都正值我要为新闻发布会预做准备的紧张阶段，全家都为 2008 年可以过一个轻松安稳的春节而感到高兴。

然而，到 2007 年 11 月的一天，盛华仁副委员长兼秘书长找我谈话，告诉我 2008 年 3 月第十一届全国人大一次会议仍要我担任大会新闻发言人，这是我万万没有料到的。我再三推辞也不行，只得接受。我深知，这是组织上对自己的信任，于是就又一次投入到紧张的准备工作中去。

全国人大新闻发言人举行新闻发布会，这是一项极具挑战性的工作。这是对他政策水平、业务能力、知识面、心理素质、语言表达能力，以及临场反应能力的全面综合的考验。然而，这也是一次难得的学习、锻炼和提高的机会。

经过辛勤的付出之后，它所带给你的成功的喜悦，是什么也换不来的。

2008 年 3 月 4 日，我举行了最后一次新闻发布会，整个发布会进行得比较顺利，有些问题是我事先没有考虑到的，我对自己的临场发挥也并不完全满意，然而我的回答没有出现差错。这次新闻发布会，如同前五次一样，也通过了“考试”，为我连续六年的新闻发言人工作画上了一个基本圆满的句号。

这次新闻发布会结束之日，也是我整个工作生涯的最后谢幕之时。然而，我丝毫没有谢幕时的失落和伤感，而是感到莫大的欣慰和如释重负的轻松。

结语

我在学生时代曾想当一名工程技术人员，可是后来却意外地走上外交工作岗位，一干就是四十四年，成为我终生的事业。

我这个年龄层次的人出生于旧社会，在新中国成立后接受系统教育，参加工作，逐步锻炼成长。个人的命运和前途同国家的命运和前途紧紧相连，密不可分。我们经历了国家为探索适合本国国情的发展道路所付出的艰辛，更亲眼看到我们伟大祖国的壮丽辉煌，一步步从贫穷迈向小康，从落后走向强大，在国际上的地位大幅提升，从世界舞台的边缘逐渐接近舞台的中央。

历史、现实和未来从来都有着内在的联系。现实是从历史走过来的。历史是一座宝库，它给人们留下无穷的经验、教训和启示。了解历史才能更加深刻地认识、理解和珍惜现实，从而激励人们为祖国更加光明灿烂的未来而努力奋斗。

我参加工作的四十多年里大多从事与西方特别是西欧大国有关的工作，亲身体验我国外交在这方面所走过的一段极不寻常的路程。在写完这本拙作的时候，我常常闭卷沉思，多年的往事不断在脑海中浮现，引起我无尽的联想和思索。

成就巨大，仍要有忧患意识

我过去在伦敦、波士顿和华盛顿工作、进修、居住的时候，我不敢想象，在我有生之年能亲眼看到北京、上海、广州有像伦敦、纽约那样四通八达的地铁网络，北京、上海、广州等大城市之间有像纽约、华盛顿、波士顿之间那样快捷的穿梭航班；20世纪八九十年代我陪同我国领导人访法乘坐巴黎至里昂的高速火车时，我未曾想到二三十年后的2015年，我国自主建造的高速铁路已覆盖我国各大城市之间，通车里程已占世界高铁总里程的一半以上；当时，我陪我国领导人参观欧洲“空中客车”飞机制造厂时，我更未想到我国自主研发的支线飞机已于2015年飞上蓝天，我国研发的相当于空客320和波音737的大型商用飞机C919已完成总装；1996年我在伦敦工作时，我国的经济规模还不及英国，十多年后，在21世纪的头十年，我国经济规模竟接连分别超过几个西欧大国，并于2010年超过日本，成为世界第二大经济体。我国经济发展速度之快、国家面貌变化之大、人民生活水平提高之迅速，几乎超出了所有人包括我们自己的预料。这是多么了不起的成就，我为此感到兴奋不已，感到由衷的骄傲和自豪。

与此同时，我注意到有些同胞在巨大成就面前，有些扬扬自得，滋生盲目自大的情绪。我深切地感到，我们对我国的综合国力和国际力量对比仍要有非常清醒的估计和冷静理性的思考。

目前我国尚处于崛起的初期阶段。在经济科技发展水平和军事实力方面，我国同西方大国相比，仍有相当大的差距。我国对有些高科技关键和核心技术的突破和掌握，还需要有一个过程。我国虽然从未像今天这样接近中华民族伟大复兴的目标，但是我们离这一宏伟目标的实现还有一段异常艰难的路要走。

对内要避免“中等收入陷阱”。2014年，我国人均国内生产总值约为7800美元，在世界上排名在第90位左右。我国要争取到2020年人均国内生产总值达到1.2万美元，进入高收入国家行列，难度不小。

对外要防止“修昔底德陷阱”，避免所谓新兴大国同守成大国之间必然发生的冲突。美国对华强硬派把我国的崛起看作是对美国全球霸权地位的威胁，它正调整战略部署，重返亚太，实行“亚太再平衡”，纠集日本等国对我国加以遏制和围堵。它从来没有放弃而且一直对我国实行“西化、分化”战略，这场较量将是长期的，极其尖锐复杂。

我国要解决台湾问题实现祖国的完全和平统一，我国要维护国家主权、领土完整、安全和发展利益的任务都仍然十分艰巨。

国际形势错综复杂，瞬息万变，我们不仅要克服目前可以预见的困难，还要准备应对尚难预料的困难和挑战。我们既不应低估自己，也不能高估自己，而应继续保持清醒的头脑。我们一定要有忧患意识，每个人都做好自己的本职工作，脚踏实地向中华民族伟大复兴的宏伟目标迈进。

不能抱有不切实际的幻想

我国根据自身国情和历史、文化传统决定走和平发展道路，这不是一时的权宜之计，而是长期的基本国策。我国已形成“和平发展、不称霸、不对外扩张、不干涉别国内政、相互尊重、互利共赢、共同发展”的外交理念。从新中国成立初期同印度、缅甸共同倡导的和平共处五项原则，直到后来不结盟、不以社会制度和意识形态画线，同世界各国发展友好关系，奉行独立自主的和平外交政策，这都是一脉相承的。

西方大国从自己的对外扩张史和同别国博弈中产生自己的外交方针，信奉弱肉强食的丛林原则。近些年来，西方内部有不少有识之士主张应根据形势的变化采取务实的外交政策，但冷战思维和零和博弈在西方大国某些领导层中仍根深蒂固，占有相当的地位。

1. 国家之间的关系本质上是利益关系，国家关系的好坏，取决于双方的国家利益以及双方国家领导层对于本国的国家利益的判断和界定。国家关系不可能是一成不变的，而是随着国际形势的演变和双方利益的状况而变化。现实生活中，国家关系既有长期稳定发展的，也有经常磕磕碰碰、跌宕起伏，甚至是大起大落的，这都不足为奇。

2. 我国对国家利益的界定非常慎重、严谨、负责。我国把国家核心利益界定为维护国家的主权、领土完整、统一、安全和发展利益。我国坚持适合本国国情的社会制度、价值观念和发展模式，尊重各国人民自主选择本国制度和发展模式的权利。但西方有的大国对其国家利益的界定相当宽泛，把维护它在全世界的支配地位及其主导的政治、经济、货币、军事体系作为目标，在全球推行它所倡导的西方民主和价值观。它以维护自身国家利益为名，肆意干涉别国内政，损害别国主权和领土完整，甚至不惜发动一场又一场战争推翻别国合法政府，强行输出西方议会民主和价值观。这种对国家利益的判断和界定不仅给别国带来灾难，造成国际秩序的混乱，最终也会给自己带来损害，搬起石头砸自己的脚。

3. 新中国成立以来，我国政府一向讲究信义，说话算数，做出的承诺一定兑现。至于西方大国，不能一概而论，而要具体情况具体分析。在近代外交史上，有些西方国家撕毁国际协议、背信弃义的案例比比皆是。在当今世界上，今天签订的国际协议明天不认账，上届政府做出的庄严承诺，下届政府不兑现，也是不乏其例。1982 年中美经过艰苦谈判，达成《八一七公报》。美方在公报中承诺："逐步减少它对台湾的武器出售，并经过一段时间导致最后的解决。"这项承诺白纸黑字，公布于世。至今 33 年已经过去了，人们并没有看到美售台武器的减少和终结。80 年代末 90 年代初那场国际格局大变动中，有的西欧国家公然置两国建交公报规定的原则于不顾，插手干涉中国内政，向中国的台湾省出售武器。对同我国签订的国际协议，西方有的国家一旦认为对它有束缚和不利时，它就会找出种种借口不予遵守或公然违背，对此，我们不能抱有任何天真和不切实际的幻想。

4. 在西方大国中，影响其对华政策的因素错综复杂，我们切不可简单化，而应实事求是地进行深入的具体分析和研究。不愿看到中国崛起，主张对华加强遏制，妄图西化、分化中国，使中国放弃自己选择的中国特色社会主义道路的对华强硬派大有人在。同时，也要看到，在西方内部也确实存在主张对华采取务实态度的意见。基辛格博士在他《论中国》一书中明确提出，"美中关系不必也不应成为零和博弈"。他认为，"美中关系对全球稳定与和平至关重要"，他还说，哲学家伊曼纽尔·康德在其著作《论永久和平》中指出，永久和平最终将以两种方式中的一种降临这个世界，或者由于人类的洞察力，或者因为在巨大的冲突和灾难面前，除了永久和平人类别无他择。我们现在正处于这样的关头。

我想，争取和促使美国等西方大国采取比较务实的对华政策，最关键的是我国自身的实力。自身实力不够，在我国境内外有分裂主义势力等民族败类，有空子可钻，西方大国就会打你的主意，动坏脑筋搞你。只有把我们自己国家的事情切实办好，拥有足够强大的经济实力、科技实力、军事实力，以及强大的民族凝聚力，对方就拿我们没有办法，这才不敢欺侮我们，更不敢轻举妄动，这才是最根本的对策。

对欧工作仍大有可为

中欧关系经过五年的波折和震荡后，从20世纪90年代中期至2015年的20年间，处于发展伙伴关系的新阶段。

我国同英、法、德三大国，欧盟委员会以及中东欧国家都建立了领导人定期会晤机制，双方高层往来频繁而密集，中欧经贸合作得到全面迅速的发展。中国同欧盟15国货物贸易额从1998年的488.98亿美元增长到2000年的690.37亿美元。欧盟从15国扩大到28国后，中国同欧盟贸易继续加快发展。中国同欧盟28国货物贸易额从2010年的4976.19亿美元，增长到2014年的约5880亿美元。欧盟连续11年是中国第一大贸易伙伴。中国连续12年是欧盟第二大贸易伙伴。截至2014年，欧盟在华投资存量接近1000亿美元，中国在欧盟投资存量超过500亿美元。目前，中国同欧盟每年人员往来达550万人次。

在这期间，我国同欧洲各自经济状况都发生了巨大的变化。欧洲经济发展缓慢，欧债危机更使它步履维艰。而我国经济继续相对较快发展，到21世纪头十年，我国经济规模分别接连超越英国、法国和德国，而且比英、法、德三国经济总量加在一起还要大。这种力量对比的变化对中欧关系的发展不能不产生深刻的影响。

欧洲对我国的迅速崛起，心情是矛盾复杂的。它对我国这种跨越式的跑在欧洲前面的发展方式，感到不是滋味。长期以来，欧洲一直习惯于把中国看作是它商品的出口市场，如今随着中国经济转型升级、技术进步，出口的商品开始从低端逐渐向中高端发展，今后同欧洲产品的竞争势必会增加，摩擦会增多。欧洲对我国保持防范心理，至今仍对我国维持军售禁令。按照我国加入世界贸易组织时达成的协议，西方国家最迟应于2016年12月承认我国作为市场经济的地位，现在出于贸易保护主义的考虑，欧盟正寻找借口，立场后退。欧洲国家是“二战”后现行国际经济货币等秩序和规则制定的参与者和受益者，我国和其他新兴大国的崛起，涉及触动现行国际经济、货币等秩序的问题，难免不触动欧洲的利益。

欧洲同我国的社会制度、意识形态和价值观念不同，欧洲有些国家领导人不时以人权为幌子干涉我国内政，同我国发生摩擦和矛盾，给双边关系带来消极影响。

欧洲在输出西方议会民主、意识形态和价值观方面同美国有共同的利益，往往相互配合和呼应，但在做法上不像美国那样咄咄逼人，富于进攻性。在安全上，欧洲依靠美国主导的北约来制约逐步恢复元气的俄罗斯，防范和约束日益强大的德国。欧洲支持美国在东南亚、中东、北非等广大地区继续发挥主导作用，藉以维护欧洲在这些地区的利益和影响。在经贸方面，欧洲同美国关系紧密，欧美相互在对方有巨大的投资。截至2012年，欧洲在美国的直接投资累计达1.1509万亿美元，占所有外国在美累计投资的44.2%；而美国对欧盟直接投资存量高达2.1997万亿美元，约占美国全部对外投资存量的一半。欧美还互为对方的第一大贸易伙伴，2014年，美国同欧盟货物贸易额为1.0112万亿美元，约占美国全部对外货物贸易的20%，欧美经济相互融合很深。

但另一方面，欧洲同美国的分歧和矛盾亦有所发展。美国经济和财政实力同它称霸全球的需求之间的差距明显，更加力不从心。美国要欧洲为它的全球战略多出钱，多出力，而欧洲由于自身财政困难而难以满足。苏联解体后，美国成为唯一的超级大国，由于战略力量对比的严重失衡，美国为维护和巩固它的全球霸主地位，妄图用西方社会制度和价值观一统天下。它更加我行我素，独断专行。它发动阿富汗和伊拉克两场战争，企图用西方民主来改造中东、南亚和北非，结果使这些地区各种传统力量平衡被彻底打破，造成局势极度混乱，催生极端恐怖主义势力的蔓延和上百万难民，殃及欧洲。欧洲在基本顺从美国的同时，对美国某些鲁莽政策造成的后果也不无怨言。当年积极追随美国出兵攻打伊拉克的英国前首相布莱尔接受英国议会的调查，并于2015年10月首次公开承认错误，以应对民众的不满情绪。在美国接连政策失误，对全球控制力有所削弱的同时，德国主导的欧盟不断扩大，中国和印度逐渐崛起，俄罗斯逐步恢复元气，整个世界格局酝酿着重大变化，多极化趋势加速发展。在这种形势下，有的欧洲大国开始重新思考和估量同中国等新兴大国的关系。

欧洲许多有识之士意识到，中国同欧洲在地理上相距遥远，在安全上相互不构成对对方的直接威胁，双方不存在根本的利益冲突，而在推动世界向多极化方向发展方面，欧洲同中国有着共同的利益。在经贸方面，中欧摩擦虽然可能增多，但总的来说，中国经济的持续发展为欧洲克服经济停滞推动经济发展提供了巨大的机遇。中国巨大的市场和充裕的资金对欧洲有相当的吸引力。对我国来说，欧洲在向我国转让技术方面的态度比美国和日本要积极一些，对我国企业去西欧投资的限制比美国和日本要小一些。双方发展互利共赢的经贸合作仍有相当大的空间和余地。

总的看，欧洲是西方发达国家最为集中的地区。目前它虽然困难重重，但是它底子厚，仍有着雄厚的经济、金融和科技实力，在国际上有着广泛的政治影响，同我国有不少共同利益。进一步发展同欧洲长期稳定的互利合作伙伴关系，对于推动世界多极化趋势的发展、争取有利的和平的国际环境、推进我国现代化建设的进程都具有重要的意义。

需要大批高素质的外交人才

我国综合国力和国际地位的大幅提升，在国际事务中的影响越来越大，外交事业的大发展需要大批德才兼备的外交人才。

近些年来，我在同青年学生的接触中发现，他们有些人有志于外交工作，但他们对从事外交工作需要具备什么条件了解不多。我想在这里谈一点个人的心得体会。

外交人员的一言一行代表的不只是他个人，而是代表国家。这一工作性质决定了对外交人员要求的极其严格。有志于外交工作的年轻人首先应该朝这方面来要求自己、锻炼自己、准备自己。

一名外交人员首先要树立正确的人生观和价值观。一个人活着是为了什么，是为了个人的名利还是为自己的国家和人民做点有益的事，对这个最根本的问题，能否做出正确的选择和回答，将影响一个人的一生。

中华传统文化向来重视个人对国家对社会的责任，所谓“天下兴亡，匹夫有责”。在汉语里，“国家”这个词包含着丰富和深刻的哲理。“国”和“家”两个字组成国家，国在前，家在后。国虚弱，就容易遭受外来欺凌和侵略，家庭作为这个国家最基础的单位及其成员的安全就失去保障，就会任人宰割。这是一部中国近代史告诉我们的最严酷的血淋淋的教训。过去一百多年来，我国无数革命先烈为了反抗外来侵略争取国家的独立富强而献出了宝贵的生命。只有国家的独立和强大，一个个家庭和13亿人民的安全和幸福才有根本的保证。

对自己的祖国绝对忠诚，热爱祖国，有高度的使命感和强烈的责任心，这是对外交人员最起码也是最重要的要求和条件。忠于祖国，不仅表现在平时，而且在形势动荡变化，国家遭遇暂时困难的时候，更是对一名外交人员立场是否坚定的考验。

我国之所以有今天的成就和地位，离不开中国共产党的领导。中国共产党是坚定的爱国主义者。正是中国共产党领导人民实现了国家的独立和民族的解放，也正是中国共产党领导全国各民族人民，经过60多年的艰苦奋斗，把一个贫穷落后的旧中国建设成一个初步繁荣昌盛的现代化国家。我国能取得如此辉煌的成就，在世界上是罕见的。中国共产党还提出两个一百年的奋斗目标，到中国共产党建党一百年的时候全面建成小康社会，到新中国成立一百年的时候达到中等发达国家水平，实现中华民族的伟大复兴。现在我们正在为这两个目标的实现而努力奋斗。历史事实证明，在我国，只有中国共产党才有这个能力领导我们国家实现中华民族的伟大复兴。

我们外交人员忠诚于祖国，同时忠诚于中国共产党，这两者不能分割而是一致的。这是中国现代史告诉我们的一条最基本的道理。

我们党在历史上的确犯过错误，甚至是严重的错误，走过不少弯路。这是国情极其错综复杂的东方大国为了探寻适合我国具体情况的革命和建设道路而难以避免、不得不付出的代价。世界上有哪个国家的政党没有犯过错误，走过弯路？我们应该看到，我们党具有自我调节和修正的能力，我们党正沿着正确的轨道前进。

作为中国外交人员，我们理所当然地要忠诚于自己的祖国，忠诚于自己的党。

我们外交人员对外交涉谈判取得成绩，这其中固然同外交人员个人的才干和努力分不开，但要看到更重要的是因为有国家的强大实力作后盾。旧中国的外交官顾维钧，不能说他没有才能，但他屡遭挫折、困难和无奈，因为当时国家支离破碎，政府腐败软弱无能，弱国无外交，他生不逢时。我们新中国外交人员是幸运的，因为我们祖国越来越强大，我们党领导下的政府坚定地捍卫国家和民族的根本利益。新中国第一代外交人员经受过战争的洗礼和生死考验，他们有坚定的信念、高超的外交才干，把自己的一生无私奉献给祖国的外交事业，为我们树立了榜样。我们这个年龄层次的外交人员正是在他们培养教导带领下成长的，懂得无论在何种复杂的国内外环境中，都要忠诚于自己的祖国和党，经受住各种严峻的考验，为维护国家的利益而竭尽自己的努力。我们希望这一优良传统在外交人员中一代代传承下去。

拥有大批足智多谋的高级外交人才，是外交事业发展的迫切需要。我们打交道的对手大多是经过严格训练的对方国家的精英。同他们交手，要道高一尺，魔高一丈。我们必须有渊博的知识，透彻了解国际关系，深刻领会并掌握我们党和国家的外交方针、政策和策略，有广阔的视野和深厚的语言功底，我们必须对国际形势和我们的对手有深入和透彻的研究，做出接近实际的判断。对国际局势的发展变化、对方国家的外交举措，我们要提出看法，提供中肯可行的对策和建议，供上级参考。

外交无小事。我们在重视宏观的同时，不能忽视细节，细节往往影响事情的成败，绝不能马马虎虎，大而化之，而要一丝不苟。在现实生活中，由于粗心大意而误事的例子不少。有的同志把时间记错，而耽误大使去机场迎接重要代表团的事，就曾不止一次地发生过。

外交人员要自觉地接受纪律的约束。外事纪律既是出于工作的需要，也是对外交人员个人的爱护。外交机密性很强，不该说的不说，不该看的不看，不该问的不问。机密事项如有不慎泄露出去，会给国家造成损失。为了工作的需要，对外要广交朋友，深交朋友，但交友要有一条界线，这就是内外有别。如越过这条界线，变成"亲密无间"，往往会出事。在无人监督的情况下，要做到慎独。对外交往，要及时请示汇报。要说真话，不能报喜不报忧，而要实事求是，以便上级领导做出正确判断和决策。

要正确处理物质生活与精神生活的关系。过去，我国外交人员待遇不高，但比当时在国内工作的同志要好多了。现在外交人员的工资比过去要高多了。国家十分关心外交人员，保证外交人员享有与对外工作需要相适应的物质待遇。对我们个人来说，切不要同别国尤其是西方国家外交人员相攀比；我们应该把主要精力放在工作上，自己的言行要有利于维护国家的尊严而绝不能有损于国家的声誉；要廉洁奉公，出污泥而不染；要经受住各种诱惑，要耐得住长期远离祖国和亲人所伴随的孤独和寂寞，做一个有高尚道德情操的人。

对外交人员的要求是很高很严格的，然而，从事外交工作是极其光荣、崇高的事业。我们这一代外交人员是充实和幸福的。现在和将来从事外交工作的同志将比我们更加幸运。他们身上肩负的担子更重，责任更重大，更光荣。他们有为我们伟大祖国外交事业施展自己才华的更加广阔的天地和舞台。我在此向他们送上我衷心的祝福。

后记

我作为一名外交人员，这一生绝大部分时间主要从事西欧和港澳事务，后期则涉及同美国和俄罗斯议会的对话和交流。

西欧是我国外交的一个重要方面，在我国外交全局中占据着重要的位置。自新中国成立至今六十多年来，我国同西欧国家特别是西欧大国关系的发展走过了一条崎岖不平的道路。我参加工作后经历了中欧关系的几个主要阶段。经过数十年的工作实践，我对西欧大国的国情以及价值观念、思维方式等各方面情况的了解逐渐增多，认识不断深化。我体会到，只有对西欧大国的对外政策，尤其是对华政策，有全面而深入的了解，才有利于弄清楚它们在国际形势发展不同时期同我国在战略上的利益汇合点以及差异与分歧，从而对双方合作的空间和局限性做出比较现实的判断和估计。

我有幸参与香港回归后过渡期的有关准备工作，并在香港回归祖国后在香港第一线参加贯彻落实“一国两制”方针的成功实践。通过实际工作，我对香港问题的重要性、复杂性以及艰巨性增加了许多生动鲜活的感性认识。我既体会到香港具有的独特优势，又看到了它所存在的深层次的问题。对香港和内地有些人提出的有关疑问和困惑，也不能不引起我进行一些思考。

我想，如果将自己四十多年的主要工作经历以及个人看法和体会一并写出来，留下一点可能有价值的史料，对这段往事感兴趣的读者也许会有所助益，这就是我写这本书的初衷。我希望此书能有助于读者了解中欧关系的发展过程、西欧大国对华政策的演变、香港局势和今后走向以及美、俄议会的对华态度。

我写这本书，从搜集整理资料、构思到动笔，一字一句、一节一章地写，其间又几易其稿，总共历时四年，与去年岁末得以完成。

本书的问世，得益于许多同事的关怀、支持和帮助。

戴秉国同志过去同我曾在外交部合作共事多年。他身居高位，志虎忠纯，待人热情、诚恳。最近我详细拜读了他的回忆录《战略对话》，受益匪浅。

曾建徽同志长期来一直是我国新闻和外宣战线上的重要负责人之一，一位知名的大笔杆子。

宋明江同志对国际形势和我国对外政策素有研究，曾任我国驻欧盟大使、中国国际问题研究所所长。

秉国、建徽和明江等三位同志为我这本拙作写了热情洋溢的序言，对他们给予的鼓励和支持，我表示由衷的感谢。

在完成此书的过程中，我还得到了外交部和港澳办有关负责同志的关心、外交部档案室和欧洲司的支持和配合，以及许多同事的关怀和帮助。马灿荣、关呈远、王德俊、王凤超、乌兰木伦以及刘山在等同志分别详阅书稿有关章节，提出了许多中肯有益的意见。特别是吕聪敏同志不仅阅读书稿，提出宝贵意见，而且热情地给予多方面的帮助，耗费了不少时间和精力。在此，我一并向以上有关部门和各位同志表示深切的谢意。

我秘书欧阳文平同志负责全部书稿的打印，他为此付出了辛劳。

我的家人一直给我全力支持，此书的完成也凝聚着他们的亲情、心血和汗水。

此书不当之处，诚请读者指正。

姜恩柱

二〇一六年六月十六日